Анатолий Кузнецов

Бабий Яр

Анатолий Кузнецов
Бабий Яр

роман-документ

издательство **АСТ**
Москва

УДК 821.161.1-311.6
ББК 84(2Рос=Рус)6-44
К89

На обложке: фотографии из архива Гамбургского Института социальных исследований (Archives of the Hamburg Institute for Social Research)

Художественное оформление и макет Андрея Бондаренко

Кузнецов, Анатолий Васильевич.

К89 Бабий Яр : / Анатолий Кузнецов. — Москва: Издательство АСТ : CORPUS, 2026. — 704 с.

ISBN 978-5-17-086415-7

Эта книга — полная авторская версия знаменитого документального романа "Бабий Яр" об уничтожении еврейского населения Киева осенью 1941 года. Анатолий Кузнецов, тогда подросток, сам был свидетелем расстрелов киевских евреев, много общался с людьми, пережившими катастрофу, собирал воспоминания других современников и очевидцев. Впервые его роман был опубликован в журнале "Юность" в 1966 году, и даже тогда, несмотря на многочисленные и грубые цензурные сокращения, произвел эффект разорвавшейся бомбы — так до Кузнецова про Холокост не осмеливался писать никто. Однако путь подлинной истории Бабьего Яра к читателю оказался долгим и трудным. В 1969 году Анатолий Кузнецов тайно вывез полную версию романа в Англию, где попросил политического убежища. Через год "Бабий Яр" был опубликован на Западе в авторской редакции, однако российский читатель смог познакомиться с текстом без купюр лишь после перестройки.

УДК 821.161.1-311.6
ББК 84(2Рос=Рус)6-44

ISBN 978-5-17-086415-7

Оглавление

Вторая часть

Третья часть

Избранные выступления на радио "Свобода"

Алексей Кузнецов
“Я дошел до такой точки, после которой я уже не мог работать”

Это слова моего отца, писателя Анатолия Васильевича Кузнецова, произнесенные им в августе 1969 года в эфире “Радио Свобода”. Сегодня они слышатся мне лишь слабым отголоском тех событий, которые разом перевернули его и мою жизнь, разделив ее на “до” и “после” его эмиграции в августе 1969 года.

В конце 60-х Анатолий Кузнецов считался в СССР одним из самых ярких, талантливых и прогрессивных литераторов, одним из “отцов-основателей” так называемой “исповедальной прозы”. Его роман-документ “Бабий Яр” стал едва ли не самым крупным событием в советской литературе того времени. В основу романа легли записи, которые в детстве будущий писатель вел тайком от всех, стараясь запомнить все, что происходило с ним в оккупированном Киеве. Его рассказ “Артист миманса”, опубликованный в 1968 году в “Новом мире”, сравнивали с гоголевской “Шинелью” и “Бедными людьми” Достоевского. Его книги выходили огромными тиражами, переводились на множество языков, по ним ставили спектакли и снимали фильмы.

И вдруг: “Я дошел до точки…”

И вдруг — отчаянное, авантюрное бегство, клеймо “невозвращенца”, глухое раздражение и показное непонимание коллег по писательскому цеху, шепот в коридорах Центрального Дома литераторов: “Ну чего ему не хватало?..”

А затем — практически полное забвение, искоренение из истории, вытаптывание памяти о нем. Тогда казалось — навеки.

Но вот пришли 80-е годы, грянула перестройка, и постепенно в литературный обиход стали возвращаться запрещенные имена: Солженицын, Галич, Бродский, Некрасов, Аксенов, Войнович, Гладилин, Владимов... всех не перечесть.

А вот Анатолия Кузнецова словно бы и не было. Его имя так и оставалось скрытым неким странным флером молчания — в том числе и среди прогрессивной "перестроечной" общественности.

В 1989 году молчанием обошли его 60-летие.

В 1991-м, когда отмечалось 50-летие страшных событий в Бабьем Яре, мне удалось провести два творческих вечера памяти отца. И если в Киеве, на его и моей родине, вечер прошел с огромным вниманием прессы и общественности, то в Москве, в ЦДЛ едва набралось ползала тех, кому была интересна эта фамилия. Пользуясь случаем, хочу еще раз поблагодарить тех, кто тогда пришел и помог мне вспомнить Анатолия Кузнецова — Олега Табакова, Владимира Лазарева, Марию Озерову, Игоря Минутко, Юлиана Панича. А многие — не пришли.

Тогда же, в 1991-м, "Бабий Яр" впервые был издан в СССР в полном виде — не в том, изуродованном советской цензурой в середине 60-х, а таким, каким хотел видеть его отец, каким он издал его в 1970 году на Западе. И вновь — тишина в прессе, словно и не было 100-тысячного тиража в "Советском писателе". Да и сейчас интерес к творчеству отца заметен скорее на Украине. В 2008 году там был впервые в истории опубликован перевод "Бабьего Яра" на украинский язык, который я сделал лет за десять до этого – и долгое время не мог его издать, потому что в украинской культуре "не было интереса", как говорили в разных издательствах. В 2009 году в Киеве на Куреневке будет поставлен памятник отцу работы талантливого скульптора Владимира Журавеля. В Музее Великой Отечественной войны будет отмечаться его 80-летие. В России же широкого интереса к творчеству и личности Анатолия Кузнецова по-прежнему, на мой взгляд, нет.

Этот странный "заговор молчания", конечно, не был таким уж "непробиваемым". В нескольких журналах вышли воспоминания о нем, опубликованы некоторые его письма. На "Радио Свобода", где я имею честь работать, я делал несколько программ, посвященных его памяти. Но по-настоящему частью литературного процесса и литературной истории страны творчество Анатолия Кузнецова еще назвать сложно.

В чем же причина этой непонятной на первый взгляд тенденции?

Мне представляется, таких причин три. По-человечески они вполне объяснимы.

Во-первых, совершенно очевидно, что Анатолий Кузнецов стал невольной жертвой своей творческой манеры — а именно "исповедальности". Предельная откровенность, честность не только перед самим собой, но и перед читателями, разумеется, в советское время никак не приветствовалась. Ни одна из его книг — ни одна! — не дошла в СССР до читателя в том виде, в каком она была задумана и написана. Это, конечно, не было единичным явлением — в таких условиях жили и работали все советские писатели. Но кто-то вполне комфортно уживался с этим, принимая цензуру как неизбежное зло, кто-то уходил в переводы, в так называемую "внутреннюю эмиграцию", лишаясь при этом возможности публиковать свои произведения. А кто-то — и Анатолий Кузнецов в их числе — счел для себя возможным эмигрировать по-настоящему.

Способ он избрал, надо сказать, неординарный. В командировку в Лондон в августе 1969 года отец был отправлен накануне 100-летия Ленина. Он заявил, что пишет роман о II съезде РСДРП. Этот съезд частично проходил в Лондоне, и отец в творческой заявке написал, что ему необходимо побывать на месте событий, постоять на могиле Карла Маркса на Хайгейтском кладбище, поработать в библиотеке Британского музея, где в свое время трудился Ленин, словом – "прочувствовать атмосферу". Что ж, план его удался — прогрессивный писатель был командирован в британскую столицу, где он тут же ушел от своего "опекуна" и попросил политического убежища.

Отчаянная злоба обманутых советских чиновников выплеснулась на страницы печати с такой силой, что этот мутный поток захлестнул тогда и тех отцовских друзей и коллег, которые внутренне готовы были ему посочувствовать и даже посмеяться втайне над околпаченными "большевиками". Имя отца было так старательно вычеркнуто изо всех советских анналов, что инерция этого вычеркивания сохранилась и тогда, когда советская власть приказала долго жить.

Это — первая формальная причина. Она была бы легкопреодолима, если бы не две последующие.

Вторая также связана с "исповедальностью" Анатолия Кузнецова. Вскоре после "невозвращения", летом 1969 года, в английской газете "Санди Телеграф" было опубликовано интервью, данное им известному лондонскому журналисту и будущему своему коллеге по работе на радио Дэвиду Флойду. Желая избавиться от лжи, которая окружала его всю прошлую жизнь, наивно и немного по-детски веря, что, попав в нормальное общество, он может говорить правду безо всяких ограничений, Анатолий Кузнецов подробно и обстоятельно рассказал о своих связях с КГБ, о том, как с ним работали, как его вербовали, как он дал формальное согласие на сотрудничество, лишь бы ему позволили выехать за границу.

История простая: не пойман — не вор. А признался — получи клеймо доносчика, а заодно и "изменника".

От него отвернулись даже некоторые левые деятели Запада, которые до появления книг Солженицына с охотой подвергали сомнению всю ладно выстроенную советскую систему воздействия на людей. В частности, в жесткую полемику с Анатолием Кузнецовым вступил Артур Миллер. Кроме того, резкие высказывания отца о либеральной интеллигенции в СССР также вызвали полемику и неприятие его взглядов и поступков. Наиболее известен заочный спор отца с Андреем Амальриком, спор, в котором пределы корректности преодолевались сторонами с легкостью — в полемическом запале, конечно.

Наиболее порядочная часть оставшихся в стране деятелей литературы и искусства главным доводом считала возможность внутренней свободы, для отца же существование в таких условиях было неприемлемо. Вопрос этот не разрешен и до сих пор, но некоторая "рассерженность" на Анатолия Кузнецова жива и по сей день. Именно его, кажется, вывел Василий Аксенов (увы, я пишу эти строки в день похорон Василия Павловича на Ваганьковском кладбище в Москве) в своем романе "Ожог" под именем скульптора Серебро, и подобный взгляд на проблему там выражен наиболее точно и ясно.

Что уж и говорить о менее порядочных коллегах-писателях! Не секрет, что огромное большинство из них подвергались вербовке КГБ, и многие, согласившись, работали не формальности ради, чтобы отвязались, а искренне и со всем возможным рвением. Не секрет, что выезд за рубеж тогда для писателя почти автоматически означал сотрудничество с "органами". И вот один из их коллег честно признался в таком сотрудничестве — признался, чтобы на своем примере привести тяжелые и страшные доказательства невозможности жить по-старому, а также потребности жить в соответствии с тогда еще не выведенной Солженицыным чеканной формулой — не во лжи. Казалось бы, всем, кто подобно отцу хоть раз в жизни согласился на такое сотрудничество, надо было бы устыдиться, поняв, что все тайное обязательно станет явным!

А вышло наоборот: многие из тех, чья стукаческая деятельность была секретом Полишинеля, громче всех закричали "Держи вора!", прекрасно продолжая при этом ездить в зарубежные командировки и поражая соотечественников произведениями, написанными по мотивам этих поездок. Надо ли называть их имена? Надо ли говорить о том, что они, оказавшись после перестройки в прекрасной форме, продолжили свое участие в творческом процессе и предпочли забыть человека, чье честное признание стало для них вечным укором? Право же, повезло многим, что отец умер в 1979 году после третьего инфаркта, не дожив всего двух месяцев до 50-летия. А так... что ж: не стало человека — не стало и проблемы с совестью. Потому-то так легко его и забыли, заклеймив "пособником КГБ" — его, человека, о чьей смерти до сих пор шепчутся как о результате тайной деятельности советских "ниндзя".

Но и эта причина — еще не самая главная. Наверное, важнее все же другое. Все авторы-эмигранты, постепенно вернувшиеся в литературную жизнь страны, в эмиграции, как говорится, продолжали свое дело. То есть — писали книги. Можно обсуждать их достоинства и сравнивать уровень литературы — но при наличии "объекта обсуждения". То есть — собственно литературного творчества. Случай же с Анатолием Кузнецовым — особый. Почти уникальный. За неполных 10 лет в эмиграции он не написал ни одной новой книги. НИ ОДНОЙ.

И это — самая главная причина забвения.

Однако точку ставить рано.

Сам он в начале 70-х на вопрос, когда же будут новые произведения, отвечал бесшабашно и все так же по-детски: "А я теперь, слава богу, свободен. Хочу — пишу, хочу — не пишу".

Но, разумеется, все было не так просто. Отказавшись раз и навсегда от выдающегося метода "социалистического реализма", которому только и учили в Литературном институте имени Горького (а отец, между прочим, стал известным писателем еще до окончания этого знаменитого вуза), он решил сделать две вещи. Во-первых, прочесть побольше запрещенной в СССР литературы — Оруэлла, Кафку, Замятина, Бердяева... и много еще кого! — чтобы понять, как же надо и как можно писать в свободном мире. Во-вторых, написать что-нибудь "эдакое", в манере "потока сознания" или постимпрессионизма, отдаться свободному творчеству, не стесненному запретами и законами "соцреализма".

Лучше всего сказал об этом он сам: "Социалистический реализм обязывает писать не столько так, как было, сколько так, как это должно было быть, или, во всяком случае, могло быть. Ложный и лицемерный этот метод, собственно, и загубил великую в прошлом русскую литературу. Я отказываюсь от него навсегда".

И вот, проделав все запланированное, Анатолий Кузнецов вдруг осознал, что писать, например, как Джойс, он не в состоянии. Попросту не получается. Некоторые отрывки из незавершенного его романа "Тейч файв" были даже опубликованы, но реакция друзей, критиков и, что самое важное, самого автора, была единодушной: слабое и формальное подражательство. А писать по-другому он попросту не умел — и, не умея лгать в первую очередь самому себе, честно признавался в этом. "Я теперь, почитав настоящих, понял, что мне марать бумагу нечего. А ведь думал, что писатель". Эти слова, услышанные его ближайшим лондонским другом Леонидом Владимировым, стали для Анатолия Кузнецова последней и самой беспощадной рецензией на собственное творчество.

Конечно, сейчас повторять эти слова всерьез не стоит. В конце концов, автор волен судить себя по самой высокой шкале, однако “Бабий Яр” или “Артист миманса” написаны, безусловно, талантливейшим писателем — сегодня в этом нет сомнения. Однако десятилетнее творческое молчание говорит о многом. И именно поэтому Анатолий Кузнецов выпал из литературного процесса у себя на родине — поговорив, потирая руки, о творческом кризисе и духовном опустошении эмигранта, на родине о нем благополучно забыли.

И вот тут-то мы подходим к самому главному.

Не было творческого кризиса!

В этом легко убедиться, прочитав книгу, которую вы держите в руках. В ней впервые в России (после публикации в “Новом мире”) выходят тексты его избранных программ на “Радио Свобода”.

Уникальность ситуации — все в той же творческой манере Анатолия Кузнецова. Исповедальность его прозы, ее максимальная откровенность и открытость — это уже не реализм, а нечто большее. Если хотите, это уже не вполне литература. Недаром же главный труд его жизни – “Бабий Яр” — имеет весьма красноречивый подзаголовок “роман-документ”. И, как это ни рискованно звучит, позволю себе предположить, что по складу своего дарования Анатолий Кузнецов был не столько писателем — литератором, облекающим в словесную форму некие мысли и чувства, сколько летописцем — человеком, которому ближе всего прямые, “нелитературные” высказывания.

Вспомним, что он говорил тогда, в августе 1969 года, в эфире “Радио Свобода”: “Жить и писать — для меня это одно и то же... Я уходил из Советского Союза — как зверь инстинктивно спасается от стихийного бедствия. Я ни о чем не думал, это было спасение... Ой, ребята, ребята, это фантастично, это представить себе невозможно, какое это все-таки счастье: наконец говоришь то, что ты хочешь”.

Вот и ключ к разгадке его “ухода” из литературы.

Леонид Владимиров, работавший в те годы в лондонском бюро “Радио Свобода”, предложил отцу работу на радио, за что ему огромное спасибо. Как оказалось, предложение это было не просто своевременным — оно определило на ближайшие годы творческую судьбу Анатолия Кузнецова.

В самом деле: что могло быть более подходящим для "исповедального" писателя, чем возможность напрямую, без каких-либо литературных условностей обращаться к своим читателям?

И писатель-летописец стал публицистом. А читатели стали слушателями.

Нет смысла обсуждать тексты его радиопрограмм. Обращаясь к слушателям "Радио Свобода", Анатолий Кузнецов получил долгожданную творческую свободу, и его талант летописца расцвел и проявился в полной мере. Грустно сознавать, что множество этих великолепных образчиков художественной публицистики были забиты советскими глушилками и в полной мере не дошли до слушателей. Возможность прямого обращения к ним стала для писателя уникальным творческим стимулом, а широкая тематика его радиобесед — от лирических описаний английской природы до сверхполитизированных откликов на события в СССР — дала ему возможность создать уникальную картину жизни британского и советского общества глазами писателя-эмигранта. Авторский цикл бесед Анатолия Кузнецова с радиослушателями по праву входит в золотой фонд — причем не только "Свободы", но теперь, надеюсь, и русской литературы.

С выходом в свет этой книги в творчестве Анатолия Кузнецова заполняется гигантский пробел. Тексты его радиопрограмм не требуют комментариев, а актуальность их для своего времени совершенно не мешает воспринимать их сегодня, когда реалии нового времени кажутся совершенно иными.

К сказанному мне остается добавить лишь несколько подробностей.

Во-первых, приношу глубокую благодарность руководству "Радио Свобода", которое любезно предоставило мне тексты радиобесед Анатолия Кузнецова.

Во-вторых, следует заметить, что тексты эти сохранились, к сожалению, не полностью — некоторые потеряны, некоторые невозможно прочесть. Именно этим, а также и тем, что какие-то из них выглядят сегодня все же слишком "привязанными" к реалиям середины 70-х годов XX века, объясняется публикация в этой книге избранных бесед, а не полного их собрания.

В 2002-м увидели свет письма Анатолия Кузнецова, написанные им его матери (и моей бабушке) из Лондона в Киев в середине 70-х. Эта книга названа мной “Между Гринвичем и Куреневкой”, снабжена моими комментариями, и фактически именно она является первой книгой Анатолия Кузнецова, созданной им в Лондоне и опубликованной в России. И вот, наконец, вместе с авторской версией “Бабьего Яра” опубликованы беседы Анатолия Кузнецова на “Свободе”.

Две эти книги словно дополняют друг друга. Переписка с матерью — дело глубоко личное, в ней не затрагивается политика, в ней нет критики социализма. Здесь просто описывается нормальная и спокойная жизнь в Лондоне, та самая жизнь, которая в глазах советских обывателей была чем-то кошмарным. В своих письмах Анатолий Кузнецов, как и подобает летописцу, рассказывая о ней, незаметно заставлял читателей осознать тот простой факт, что такая жизнь, спокойная и размеренно-счастливая, — не есть нечто уникальное и недоступное большинству людей на земле. А в беседах на “Свободе” он уже говорил открыто, активно обсуждая политические события и критикуя советский строй.

Имя одного из талантливейших русских писателей возвращается в литературный обиход страны. Нет сомнения, что, проживи Анатолий Кузнецов хотя бы до начала XXI века, книг было бы больше, а участие его в жизни современной России было бы заметным.

Но эта история, увы, не знает сослагательного наклонения...

Бабий Яр

К читателям

Первоначальную рукопись этой книги я принес в журнал "Юность" в 1965 году. Мне ее немедленно — можно сказать, в ужасе — вернули и посоветовали никому не показывать, пока не уберу "антисоветчину", которую поотмечали в тексте.

Я убрал важные куски из глав о Крещатике, о взрыве Лавры, о катастрофе 1961 года и другие — и официально представил смягченный вариант, в котором смысл книги был затушеван, но все же угадывался.

Тогда в СССР было еще свежо хрущевское "разоблачение культа личности Сталина", многим казалось, что начинается серьезная либерализация, опубликование "Одного дня Ивана Денисовича" А. Солженицына вселяло надежду, что, может, наконец возможна настоящая литература.

Но смягченный вариант моего "Бабьего Яра" опять озадачил редакторов. Рукопись была нарасхват, все читали, восторженно отзывались в личном разговоре, а официально выдвигали убийственную критику, и редакция не отваживалась на публикацию без специального позволения. На советском языке это именуется: "Мы должны посоветоваться с вышестоящими товарищами".

Рукопись пошла по инстанциям — вплоть до ЦК КПСС, где ее прочел (но без ряда глав), как мне сказали, Суслов, и он в общем разрешил. Решающим для "вышестоящих товарищей" оказался ловкий аргумент редакции, что моя книга якобы опровергает известное стихотворение Евтушенко о Бабьем Яре, вызвавшее в свое время большой скандал и шум.

Нет, конечно, я это великолепное стихотворение не опровергал. Более того, Евтушенко, с которым мы дружили и учились в одном институте, задумал свое стихотворение в день, когда мы вместе однажды пошли к Бабьему Яру. Мы стояли над крутым обрывом, я рассказывал, откуда и как гнали людей, как потом ручей вымывал кости, как шла борьба за памятник, которого так и нет.

"Над Бабьим Яром памятника нет..." — задумчиво сказал Евтушенко, и потом я узнал эту первую строчку в его стихотворении. Я не противопоставлял ему свою книгу, просто размер романа позволял рассказать о Бабьем Яре куда больше и во всех его аспектах. В некоторых зарубежных изданиях к моему роману вместо предисловия ставили стихотворение Евтушенко, что лучше всего говорит само за себя.

Так или иначе публикация была разрешена, но поскольку в ЦК читали без ряда глав, следовало в первую очередь эти главы убрать. Затем главный редактор "Юности" Борис Полевой, ответственный секретарь Леопольд Железнов и еще много других людей сделали столько купюр, изменений, пометок, что порой за их разноцветными исправлениями не видно было текста.

С огромным трудом удалось сохранить название, его категорически требовали изменить ("Чтобы не вызывало воспоминаний о стихотворении Евтушенко"), но тщательно убрали все критические упоминания о Сталине ("Есть такое мнение, что сейчас не время"), вообще малейшую критику чего-нибудь советского ("Роман антифашистский, критикуйте только гитлеровский режим").

Доходило буквально до анекдота. В начале романа есть фраза, что у немцев орудия тянули огромные рыжие кони-тяжеловозы, перед которыми лошаденки, на которых отступала Красная Армия, показались бы жеребятами. Фразу немедленно вычеркнули. Я доказывал, что в конце книги описываю, как немцы отступают на наших малорослых лошаденках, ибо их рыжие тяжеловозы передохли, не выдержав. На это Б. Полевой возражал: "Пока читатель дочитает, он забудет начало, а в памяти у него останется лишь, что у немцев лошади были лучше, чем у нас". После отчаянных споров и всеобщих обсуждений фразу оставили в смягченном виде, но это было едва ли не единственное исключение.

О брошенном подбитом танке я, например, писал:

"Прекрасной игрушкой для деревенских детей был этот танк". Вычеркнули, изрисовав поля знаками вопроса и ругательствами: оказывается, в этой фразе заключена страшная крамола — пацифизм. "Мы не бесхребетные пацифисты, мы не можем воспитывать у молодежи подобные настроения и неуважение к танкам".

Или я отважился высмеять негодные воинские повозки, которые, "храни Бог войны, ездить не годятся", — это уже вычеркивалось, как прямая антисоветчина, с какой-то патологической ненавистью. И что-то доказать, отстоять хоть единое слово — невозможно. Само собой разумеется, что такие главы, как "Людоеды" или "Горели книги", перечеркивались одним взмахом, и о них даже речи не могло быть. В романе есть три главы под одинаковым названием "Горели книги" — сперва книги горят в 1937 году во время сталинских чисток, затем они горят в 1942 году при немцах и, наконец, в 1946 году после выступления Жданова. Была оставлена только средняя глава, как книги горят при немцах.

Я спорил отчаянно, доказывал, что критически описывал злоупотребления культа личности, которые ведь осуждены. Мне возражали так: "Партия осудила достаточно. И нечего дальше об этом писать". А когда уж не было аргумента, то, при плотно закрытых дверях, многозначительно говорили мне:

"Они нам этого не пропускают, понятно?"

"Кто они? — спрашивал я. — Дайте мне с ними поговорить, вдруг сумею их убедить". Но существует правило: никогда, ни при каких обстоятельствах не допускать контакта автора с профессиональным цензором. И сколько я ни пытался, так ни разу не смог увидеть таинственных "их" и не знаю их имен.

■

До неузнаваемости переделывались и все мои прежние работы, как и писателей, с которыми я был знаком. Мы старались читать произведения друг друга в рукописях, а не напечатанными, потому что разница — огромная.

Перед писателем в СССР эта дилемма стоит всегда: либо вообще не печататься, либо печатать хотя бы то, что цензура позволила. Многие считают, что лучше донести до читателя хоть что-нибудь, чем ничего. Я тоже так считал. Была у меня переписка с Солженицыным на эту тему, я рассказывал, как меня уродует цензура и как всякий раз, несмотря на отчаянное мое сопротивление, добивается своего, так что в свет выходят книги-уроды, которые мне самому становятся ненавистны. Он писал, что на разумные уступки цензуре идти можно и приходится, но — до известного предела, очевидно.

Когда я увидел, что из "Бабьего Яра" выбрасывается четверть особо важного текста, а смысл романа из-за этого переворачивается с ног на голову, я заявил, что в таком случае печатать отказываюсь — и потребовал рукопись обратно.

Вот тут случилось нечто уж совсем неожиданное. Рукопись не отдавали. Словно бы я уже не был хозяином ее. Помните заявления Солженицына, что он не имеет никакого контроля над своими рукописями? Так вот, отдав рукопись редакторам, я не мог получить ее обратно. Дошло до дикой сцены в кабинете Б. Полевого, где собралось все начальство редакции, я требовал рукопись, я совсем ошалел, кричал: "Это же моя работа, моя рукопись, моя бумага, наконец! Отдайте, я не желаю печатать!" А Полевой цинично, издеваясь, говорил: "Печатать или не печатать — не вам решать. И рукопись вам никто не отдаст, и напечатаем, как считаем нужным".

Потом мне объяснили, что это не было самодурством или случайностью. В моем случае рукопись получила "добро" из самого ЦК, и теперь ее уже и не публиковать было нельзя. А осуди ее ЦК, опять-таки она нужна — для рассмотрения "в другом месте". Но я тогда, в кабинете Полевого, не помня себя, кинулся в драку, выхватил рукопись, выбежал на улицу Воровского, рвал, набивал клочками мусорные урны вплоть до самой Арбатской площади, проклиная день, когда начал писать.

Позже выяснилось, что в "Юности" остался другой экземпляр, а может, и несколько, включая те, что перепечатывались для ЦК. Редакция позвонила мне домой и сообщила, что вся правка уже проделана, новый текст заново перепечатан, а мне лучше не смотреть, чтобы не портить нервы. Идя навстречу, Б. Полевой согласен проставить на первой странице: "Роман печатается в сокращении". На это я написал письмо, что подам в суд. Но, подумав, понял, что суд найдет способ, как отказать мне, и при этом все будут говорить: "Что вам надо, ведь редакция сама заявляет, что публикует роман в сокращении".

Последнее как-то убеждало и меня, опять исходя из принципа "хоть что-нибудь". И может, люди, увидев сноску, насторожатся, будут искать смысл между строк...

Переделанная без меня рукопись пошла в набор, прислали мне гранки, начал их читать, и у меня потемнело в глазах, точно помню, в прямом смысле. Я еще не знал, что и это не все. Потом еще из гранок продолжали вырезать да переверстывать, что я обнаружил, лишь уже когда купил в киоске журнал. И внизу была едва заметная, ничего не говорящая сноска "Журнальный вариант" вместо обещанной "Печатается в сокращении"...

■

К тому времени у меня был договор на издание романа отдельной книгой — с издательством “Молодая гвардия”. Оставалась еще надежда что-нибудь восстановить: должна же “полная” книга чем-то отличаться от журнального варианта.

Сразу выяснилось, что издательство и слышать не хочет о добавлениях, наоборот, требует еще новых сокращений. Здесь началась история, возможная только в Советском Союзе.

Журнал “Юность” поступил за границу. И сразу во многих странах роман принялись переводить. Мне посыпались недоуменные письма переводчиков: они не понимали многих мест.

Например, цензура досокращалась до того, что в главе “Профессия — поджигатели” не осталось поджигателей, ни намека, даже слова такого нет, а оставлено лишь несколько абзацев о том, как герой читает Пушкина.

Или: вырезан парень с гармошкой, среди всеобщего отступления отрешенно играющий полечку, — но повторное упоминание о нем по недосмотру осталось, и оно совершенно непонятно без первого. Ругань деда Семерика в адрес советской власти, когда он называет ее порядки “кракамедией”, вырезана, — и в другом месте непонятно, о каких “кракамедиях” дед снова говорит. И так далее.

Но главное, переводчики запрашивали полный текст в отличие от журнального варианта, наивно принимая сноску “Юности” в прямом смысле и всерьез. Они посылали запросы официально через “Международную книгу”. Ни я, ни “Международная книга” не знали, что им отвечать.

Наконец, где-то на верхах было решено снова обратиться к рукописи. С трудом удалось отобрать страниц тридцать машинописного текста, которые вне контекста выглядели безобидно, и после великих трудностей, с поддержкой Иностранной комиссии Союза писателей, "Международная книга" исхлопотала штампы цензуры на каждой из страниц — исключительно для доказательства иностранцам, что полный текст есть.

Но пока эти страницы кочевали по инстанциям со всей их бюрократией, заграничные переводы повыходили, и страницы со штампами цензуры опоздали.

Тогда я отнес их в "Молодую гвардию"; это были главы "Профессия — поджигатели", "Осколки империи", "Миллион рублей" (но опять-таки сильно урезанные), несколько кусочков к другим главам. В издательстве долго не хотели их вставлять. Я доказывал: "Это разрешено даже для заграницы", мне возражали: "Для заграницы, может быть, разрешено, но это еще не значит, что разрешено для СССР". Потом решились вставить, но при условии, что и я смягчу в других местах и допишу идейно выдержанные абзацы "для равновесия", содержание которых мне редакторы буквально диктовали.

Чтобы спасти книгу в целом, я дописывал. Иногда читаешь хорошую книгу советского писателя — и вдруг натыкаешься на места, такие безвкусные, "идейные", что плюнуть хочется. Автор их дописывал, отлично зная, что они вызовут только недоумение и презрение читателя, но далеко не все читатели знают, что только такой ценой могло выйти в свет произведение. Особенно ярко это проявляется в книгах стихов. Они должны открываться стихами дежурно-идейными, которыми автор зарабатывает право поместить дальше уже и подлинную поэзию. Поэтому многие читатели начинают читать сборники стихов с конца, т. е. с лучшего.

Воевать за каждую фразу, торговаться, дописывать идейщину мне приходилось всегда. В СССР, с его иезуитским издательским делом, все запутано, сложно, любая книга обрастает наслоениями и зияет цензурными дырами. Издашь в журнале сколько сумеешь, потом в отдельной книге потихоньку что-то добавишь, а при переиздании еще чуточку, но вдруг меняется ситуация, и то, что легко проходило прежде, сегодня уже — страшная крамола, и наоборот.

И рукописи у меня существовали как минимум в двух вариантах: главный — только для себя, глубоко запрятанный, для печати *же* предлагается смягченный.

"Ситуация" изменилась в СССР как раз во время выхода "Бабьего Яра" отдельной книгой. Компетентные люди мне говорили, что с книгой мне повезло, еще месяц-другой — и она бы не вышла. Книга вдруг вызвала гнев в ЦК ВЛКСМ, затем в ЦК КПСС, публикация "Бабьего Яра" вообще была признана ошибкой, переиздание запрещено, в библиотеках книгу перестали выдавать; начиналась новая волна государственного антисемитизма.

■

У меня, однако, оставалась главная рукопись. Я продолжал над ней работать, уже, так сказать, "для себя и для истины". Вставил обратно переработанные и улучшенные куски к Крещатику, Лавре, катастрофе, добавлял новые факты, причем теперь уже о цензуре не думал, и рукопись стала такой, что я ее дома не хранил. У меня во время отъездов делались обыски, а однажды неизвестно кем был подожжен и сгорел мой кабинет. Важнейшие рукописи были у меня пересняты на пленки, которые в железной коробке были зарыты недалеко от дома, а сами рукописи я зарыл в стеклянных банках в лесу под Тулой, где они, надеюсь, лежат и сейчас.

Летом 1969 года я бежал из СССР, взяв с собой пленки, в том числе и пленку с полным "Бабьим Яром". Вот его выпускаю как первую свою книгу без всякой политической цензуры и прошу только данный текст "Бабьего Яра" считать действительным.

Здесь сведено воедино и опубликованное, и выброшенное цензурой, и писавшееся после публикации, включая окончательную стилистическую шлифовку. Это, наконец, действительно то, что я написал. Но главные различия я решил сохранить, и вот зачем.

Для тех, кто этим интересуется, они могут дать представление об условиях, в каких выпускаются книги в СССР. Еще раз подчеркиваю: мой пример не исключение, наоборот, он самый рядовой и типичный. Читая книгу советского автора, всегда делайте поправку на цензуру, мысль ищите между строк.

Далее, изуродованный цензурой текст "Бабьего Яра" печатался миллионами экземпляров. Людям, которые его читали, а хотели бы знать полный текст, достаточно будет прочесть в этом издании лишь то новое, что публикуется впервые. Тем более что в выделенных текстах заключается главный смысл книги, ради которого она вообще написана.

Должен сказать, что выделить тексты было не так просто. Засчитывать ли как выброшенное цензурой то, что я сам сократил после того, как мне вернули первую рукопись с отмеченной "антисоветчиной" и советом никому не показывать? Нет, очевидно. Это была самоцензура, вынужденная, но самоцензура. Потом я эти куски и переработал, и восстановил, но это уже мое дело, а подлинная цензура их не видела.

Далее, с каким текстом сравнивать? Тираж "Юности" — 2 миллиона экземпляров, тираж "Молодой гвардии" — 150 тысяч, то есть большинству читателей известен текст "Юности". Тридцать машинописных страниц были добавлены цензурой вынужденно, только благодаря иностранным запросам, переиздание запрещено, и главное, все без исключения переводы на другие языки делались только с "Юности". Я и беру этот текст как образец подцензурного издания.

Следующая сложность. При цензурных сокращениях иногда для логики требовались связующие слова, грамматические перестроения предложений, редакция это делала, и еще несколько особо ненавистных мне слов дописал Борис Полевой.

Восстанавливая текст, я убираю эти правки, а попутно делаю кое-где стилистические улучшения текста "Юности". Так что если кто-нибудь с журналом в руках станет буква в букву сверять текст, то он обнаружит кое-где мелкие разночтения, на смысле, однако, совершенно не отражающиеся. По-моему, отмечать их было бы чересчур громоздко. Главную задачу я себе ставил: показать действительно серьезные и принципиальные цензурные вмешательства.

■

Различия в настоящем издании сделаны так:

Обыкновенный шрифт — это было опубликовано журналом “Юность” в 1966 г. Курсив — было вырезано цензурой тогда же.

Взятое в скобки [ ] — дополнения, сделанные в 1967–1970 гг.

Автор
Лондон, 1970

Вступительная глава
Пепел

Все в этой книге — правда.

Когда я рассказывал эпизоды этой истории разным людям, все в один голос утверждали, что я должен написать книгу.

[Но я ее давно пишу. Первый вариант, можно сказать, написан, когда мне было 14 лет. В толстую самодельную тетрадь я, в те времена голодный, судорожный мальчишка, по горячим следам записал все, что видел, слышал и знал о Бабьем Яре. Понятия не имел, зачем это делаю, но мне казалось, что так нужно. Чтобы ничего не забыть.

Тетрадь эта называлась “Бабий Яр”, и я прятал ее от посторонних глаз. После войны в Советском Союзе был разгул антисемитизма: кампания против так называемого “космополитизма”, арестовывали еврейских врачей-“отравителей”, а название “Бабий Яр” стало чуть ли не запретным.

Однажды мою тетрадь нашла во время уборки мать, прочла, плакала над ней и посоветовала хранить. Она первая сказала, что когда-нибудь я должен написать книгу.]

Чем больше я жил на свете, тем больше убеждался, что обязан это сделать.

Много раз я *принимался писать обычный документальный роман, не имея, однако, никакой надежды, что он будет опубликован.*

Кроме того, со мной самим произошла странная вещь. Я пытался писать обыкновенный роман по методу социалистического реализма — единственному, который я знал, которому учили со школьной парты и далее всю жизнь. Но правда жизни, превращаясь в "правду художественную", почему-то на глазах тускнела, становилась банальной, гладенькой, лживой и, наконец, подлой.

[Социалистический реализм обязывает писать не столько так, как было, сколько так, как это должно было быть или, во всяком случае, могло быть. Ложный и лицемерный этот метод, собственно, и загубил великую в прошлом русскую литературу. Я отказываюсь от него навсегда.]

Я *пишу эту книгу, не думая больше ни о каких методах,* [ни о каких властях, границах, цензурах или национальных предрассудках.]

Я *пишу так, словно даю под присягой юридическое показание на самом высоком честном суде — и отвечаю за каждое свое слово. В этой книге рассказана только правда* — ТАК, КАК ЭТО БЫЛО.

[Я, Кузнецов Анатолий Васильевич, автор этой книги, родился 18 августа 1929 года в городе Киеве. Моя мать — украинка, отец — русский. В паспорте у меня была поставлена национальность "русский".]

Вырос я на окраине Киева Куреневке, недалеко от большого оврага, название которого в свое время было известно лишь местным жителям: Бабий Яр.

Как и прочие куреневские окрестности, он был местом наших игр, местом, как говорится, моего детства.

Потом сразу в один день он стал очень известен.

Два с лишним года он был запретной зоной, с проволокой под высоким напряжением, с концентрационным лагерем, и на щитах было написано, что по всякому, кто приблизится, открывается огонь.

Однажды я даже побывал там, в конторе концлагеря, но, правда, не в самом овраге, иначе бы эту книжку не писал.

Мы только слышали пулеметные очереди через разные промежутки: та-та-та, та-та... Два года изо дня в день я слышал, и это стоит в моих ушах сегодня.

Под конец над оврагом поднялся тяжелый, жирный дым. Он шел оттуда недели три.

Понятно, что когда все кончилось, мы с другом, хоть и боялись мин, пошли смотреть, что *же* там осталось.

Это был огромный, можно даже сказать величественный овраг — глубокий и широкий, как горное ущелье. На одном краю его крикнешь — на другом едва услышат.

Он находился между тремя киевскими районами: Лукьяновкой, Куреневкой и Сырцом, окружен кладбищами, рощами и огородами. По дну его всегда протекал очень симпатичный чистый ручеек. Склоны —

крутые, обрывистые, иногда просто отвесные, и в Бабьем Яре часто бывали обвалы. Впрочем, для тех мест он обычен: правый берег Днепра сплошь изрезан такими оврагами, главная улица Киева Крещатик образовалась из Крещатого Яра, есть Репьяхов Яр, Сырецкий Яр и другие, их много там.

Мы шли и увидели, как с одной стороны оврага на другую перебирается оборванный старик с торбой. По тому, как уверенно он шел, мы поняли, что он где-то здесь обитает и ходит не первый раз.

— Дед, — спросил я, — евреев тут стреляли или дальше?

Дед остановился, оглядел меня с ног до головы и сказал:

— А сколько тут русских положено, а украинцев, а всех наций?

И ушел.

Мы знали этот ручей как свои пять пальцев, мы в детстве запруживали его маленькими плотинами — "гатками", и купались.

В нем был хороший крупнозернистый песок, но сейчас он был весь почему-то усыпан белыми камешками.

Я нагнулся и поднял один, чтобы рассмотреть. Это был обгоревший кусочек кости величиной с ноготь, с одной стороны белый, с другой — черный. Ручей вымывал их откуда-то и нес. Из этого мы заключили, что евреев, русских, украинцев и людей других наций стреляли выше.

И так мы долго шли по этим косточкам, пока не пришли к самому началу оврага, и ручей исчез, он тут зарождался из многих источников, сочившихся из-под песчаных пластов, отсюда-то он и вымывал кости.

Овраг здесь стал узким, разветвлялся на несколько голов, и в одном месте песок стал серым. Вдруг мы поняли, что идем по человеческому пеплу.

Рядом тут, размытый дождями, обрушился слой песка, из-под него выглядывали гранитный тесаный выступ и слой угля. Толщина этого угольного пласта была примерно четверть метра.

На склоне паслись козы, а трое мальчишек-пастушков, лет по восьми, усердно долбили молотками уголь и размельчали его на гранитном выступе.

Мы подошли. Уголь был зернистый, бурого оттенка, так примерно, как если бы паровозную золу смешать со столярным клеем.

— Что вы делаете? — спросил я.

— А вот! — Один из них достал из кармана горсть чего-то блестящего и грязного, подбросил на ладони.

Это были полусплавившиеся золотые кольца, серьги, зубы.

Они добывали золото.

Мы походили вокруг, нашли много целых костей, свежий, еще сырой череп и снова куски черной золы среди серых песков.

Я подобрал один кусок, килограмма два весом, унес с собой и сохранил. Это зола от многих людей, в ней все перемешалось — так сказать, интернациональная зола.

Тогда я решил, что надо все это записать, с самого начала, как это было на самом деле, ничего не пропуская и ничего не вымышляя.

Вот я это делаю, потому что, знаю, обязан это сделать, потому что, как говорено в "Тиле Уленшпигеле", пепел Клааса стучит в мое сердце.

Таким образом, слово "ДОКУМЕНТ", проставленное в подзаголовке этого романа, означает, что здесь мною приводятся только подлинные факты и документы и что ни малейшего литературного домысла, то есть того, как это "могло быть" или "должно было быть", здесь нет.

Первая часть

Советская власть кончилась

От Советского Информбюро
ВЕЧЕРНЕЕ СООБЩЕНИЕ
21 сентября 1941 года

В течение 21 сентября наши войска вели бои с противником на всем фронте. После многодневных, ожесточенных боев наши войска оставили Киев*.

Я увидел, как они бегут, и понял, что это конец. Красноармейцы — в своей защитной, выгоревшей форме, одни со скатками, иные *уже и* без *ружей* — редко побежали через дворы, по огородам, перепрыгивали заборы.

Говорили потом, что они забегали в дома, умоляли дать штатское платье, и бабы давали поскорее какое-нибудь тряпье, они переодевались, надеясь скрыться, и бабы топили в выгребных ямах бесполезное оружие и гимнастерки со знаками отличия.

* "Правда", *22 сентября 1941 г. Киев был сдан 19 сентября, а не 21 сентября, как сообщает сводка.*

Стало очень тихо. Много дней шли бои, гремела канонада, выли сирены, бомбежки были одна за другой, по ночам весь горизонт освещался зарницами и заревами, мы спали на узлах в окопе, земля тряслась и сыпалась нам на головы.

И вот стало тихо — та тишина, которая кажется страшнее всякой стрельбы. И было неизвестно, где мы: *еще под Сталиным, уже под Гитлером или на узкой полосе посредине?*

С железнодорожной насыпи четко и близко чесанул пулемет. Со старого вяза над окопом посыпались мелкие веточки и листья. Я грохнул люком и обрушился в яму, где дед зашипел на меня и дал по уху.

Наш окоп, вырытый на огороде, был типовой противовоздушной защитой — "щелью" — тех времен: в форме буквы "Т", два метра глубиной, сантиметров семьдесят шириной. Такими щелями были изрыты дворы, скверы и улицы, советское радио призывало их рыть и объясняло как.

Но мы с дедом работали несколько дней, улучшая схему. Земляные стенки мы обшили досками, пол выложили кусками кирпича, а сверху сделали покрытие. У нас, конечно, не было бревен, чтобы сделать три наката, но мы намостили поверх окопа полутораметровые дровяные плашки и вообще навалили сверху все дрова, какие только нашлись в сарае.

Дед рассуждал так: если на окоп упадет бомба, она, значит, шарахнет в эти дрова, поленья разлетятся, как бильярдные шары, а нас взрыв не достанет: куда ему, подлому, разрушить такую крепость!

Для прочности мы еще набросали на дрова земли, для маскировки обложили дёрном, так что получился внушительный и ярко приметный холм, под которым, если опустить входной люк, было глухо и темно, как в могиле.

Наше счастье, что поблизости ничего не взорвалось и не попал хотя бы приличный осколок, а то все эти дрова так бы и рухнули нам на головы. Но тогда мы этого еще не знали, гордились делом рук своих и были уверены, что сидим в великолепной безопасности.

Прежде, пока у нас не было такого хорошего бомбоубежища, мы с дедом и бабкой прятались от бомб под кроватью.

Кровать была старинная, добротная, со спинками из листового железа, на которых были нарисованы масляными красками картины: мельницы, озера с лебедями и замки. Мы думали так: если бомба упадет, она пробьет крышу, потолок, подпрыгнет на пружинном матраце с периной, разорвется, а перина да еще два ватных одеяла осколков, естественно, не пропустят.

Чтобы не лежать на голом полу, бабка постелила и под кроватью одеяло, положила подушки, так что вышло очень уютно.

И когда начиналась стрельба и стекла зудели от воя бомбардировщиков, дед кидался под кровать первым. Он закатывался подальше и прижимался к стенке. За ним вкатывался кубарем я и прижимался к нему. А бабка, вечно замешкавшись у печки, прихватывала кота Тита, ложилась с краю, закрывая всех нас собой, и так мы спасались.

Дед шептал молитвы и ругался в мой адрес:

— От, гомон, чего ты крутишься, будто червяк в тебе сидит?

Закончив строительство нашего мощного окопа, мы стали бегать в него в той же последовательности, только бабка всегда бежала с подушками и одеялом (она их в окопе не оставляла, чтобы не сырели).

Кот Тит привык к войне; при первых же выстрелах, задрав хвост, огромными прыжками несся прямо к люку в окоп и с мукой в глазах мяукал, чтобы его спустили. Потому что по отвесной лестнице он мог только вылезать, а спускаться не научился.

До сих пор не знаю, что это за слово — гомон. Дед умер, я забыл у него спросить. А червяк любознательности мучил меня всегда. Я высовывался, чтобы разглядеть самолеты и увидеть на них жуткие кресты, пытался разглядеть, как рвутся бомбы.

Но вот когда побежали красноармейцы и стало ясно, что это конец, мне стало страшно видеть это, понастоящему, наконец, страшно.

В окопе горела керосиновая лампа, пахло чадом. Мать (до этого она днями и ночами дежурила в своей школе) сидела на табуретке с ужасом в глазах. Дед ел — он у нас всегда ел, когда волновался. Его седая борода, разделенная на два клинышка, резко двигалась, потому что из-за вставных челюстей он не жевал, а "жамкал", как говорила бабка, и крошки сыпались ему в бороду. Бабка едва слышно молилась, крестясь перед иконой Божией Матери, которую принесла сюда. Я сам забивал в доску гвоздик, чтобы повесить; эта икона мне нравилась, из всех бабкиных икон она была у меня самая любимая.

А в стенах за досками что-то тихо шуршало, возилось: там жили своей личной жизнью, абсолютно безразличной к войне, жуки и черви и деятельные муравьи.

Земля, наконец, перестала вздрагивать и сыпаться с потолка. И в этой жуткой тишине казалось, что сейчас произойдет что-то ужаснейшее, какой-то немыслимый взрыв.

Я сидел, едва дыша, ожидая этого взрыва...

Вдруг раздался глухой топот, люк поднялся, и соседка Елена Павловна, возбужденная, на себя не похожая, закричала с *радостным изумлением, с торжеством:*

— Что вы сидите? Немцы пришли! Советская власть *кончилась!*

Мне было двенадцать лет. Многое для меня в жизни происходило впервые. Немцы пришли тоже впервые. Я прежде всех вылетел из окопа, зажмурился от яркого света и отметил, что мир стал какой-то иной — *как добрая погода после шторма,* — хотя внешне как будто все оставалось по-прежнему.

Елена Павловна, захлебываясь, взмахивая руками, говорила *умиленно, радостно:*

— ...молоденький, такой молоденький стоит!.. Мои же окна на улицу. Машина ушла, а он, молоденький, *хорошенький*, стоит!..

Я немедленно рванул через двор, взлетел на забор.

У ограды сквера на нашей Петропавловской площади стояла низенькая, хищная, длинноносая пушка на толстых надутых шинах. Возле нее — действительно очень молоденький, белокурый, розовощекий немецкий солдатик в необычно чистой и ладно сидящей на нем серо-зеленой форме. Он держал винтовку на весу, заметил, что я смотрю на него, и загордился. Очень мило загордился так, зафасонил.

Был у меня друг жизни, старше меня года на три, Болик Каминский, я еще о нем расскажу. Его эвакуировали с училищем фабрично-заводского обучения —

ФЗО. Так вот этот парнишка был очень похож на друга моего Болика.

Понимаете, я ожидал всего: что немцы — страшные гиганты, что ли, все сплошь на танках, в противогазных масках и рогатых касках, и меня потрясло, что этот парнишка такой обыкновенный, ну, ничего особенного, совсем как наш Болик.

Зафасонил, ага, я б тоже зафасонил, имей такую пушку.

В этот момент раздался тот самый невероятный взрыв, которого я так ждал. Я задохнулся, ударился подбородком о забор, чуть не свалился. А солдатик позорно присел и съежился, перепуганно прижавшись к пушке.

Но нужно отдать ему должное: он тотчас опомнился, независимо встал и принялся смотреть куда-то поверх моей головы. Я обернулся и увидел, как в синем небе, за вершинами деревьев, опадают, крутясь и планируя, обломки досок.

— Ах, подорвали-таки мост, *проклятые босяки!* Э! — сказал дед, подходя к забору и высовывая нос, чтобы тоже поглядеть на первого немца. — Фью-фью, вот это да!.. Ну куда ж с ними *Сталину* воевать, господи прости. Это же — армия! Это *не наши разнесчастные — голодные да босые.* Ты посмотри только, как он одет!

Действительно, солдатик был одет превосходно. На *газетных* карикатурах и в советских кинофильмах немцев изображали оборванными бродягами и бандитами, а советские *воины были всегда красивые, подтянутые, розовощекие.*

Вздымая пыль, подлетела угловатая, квадратная и хищная машина, лихо развернулась (мы с дедом жадно смотрели), и такие же *подтянутые,* ловкие, как фокусники, молодые ребята-немцы прицепили пушку в один миг, повскакали на подножки и, вися по обеим сторонам машины, лихо умчались в сторону Подола.

— Да-а... — сказал потрясенный дед и перекрестился широко. — *Слава тебе господи,* кончилась эта босяцкая власть, а я *уж думал, не доживу...* Ступай, помогай носить вещи в хату: в яме все отсырело. *Будем теперь жить.*

Не весьма охотно поплелся я к окопу. Там мама подавала из темной дыры узлы, чемоданы, табуретки, бабка принимала и складывала в кучу, а я стал носить.

Столько раз за последнее время мы это дело повторяли: в окоп, из окопа, вниз, вверх, хоть бы было что порядочное прятать, а то ж одни шмотки на шмотках, какой-то кожух царских времен, в заплатах, молью съеденный, *штаны застиранные,* подушки... В общем, занятие не для мужчины.

Из-за забора высунулась голова второго моего друга жизни — Шурки Мацы. Делая огромные глаза, он закричал:

— По трамвайной линии немцы идут! Пошли!

И меня как ветром сдуло.

Вся *Кирилловская* улица *(при советской власти она называлась улицей* Фрунзе, *но название не прививалось)* была, сколько видно в оба конца, забита машинами и повозками. Автомобили были угловатые, со всякими выступами, решетками, скобами.

У каждой машины есть лицо, она смотрит на мир своими фарами безразлично, или сердито, или жалобно, или удивленно. Так вот эти, как и первая, что увезла пушку, смотрели хищно. Отродясь я не видел таких автомобилей, и мне казалось, что они очень мощные, они заполнили улицу ревом и дымом.

Кузова некоторых грузовиков представляли собой целые маленькие квартиры, с койками, привинченными столами.

Немцы выглядывали из машин, прогуливались по улице — чисто выбритые, свежие и очень веселые. *Будешь свежим и веселым, если у них пехота, оказывается, не шла, а — ехала!* Они смеялись по любому поводу, что-то шутливо кричали первым выползающим на улицу жителям. Между фурами со снарядами и мешками лихо юлили *мужественные* мотоциклисты в касках, с укрепленными на рулях пулеметами.

Доселе нами невиданные, огромнейшие, огненно-рыжие кони-тяжеловозы, с гривами соломенного цвета, медлительно и важно ступая мохнатыми ногами, запряженные шестерками, тянули орудия, будто играючи. Наши малорослые русские лошаденки, *измордованные и полудохлые,* на которых отступала Красная Армия, показались бы жеребятами рядом с этими гигантами.

В ослепительных белых и черных лимузинах ехали, весело беседуя, офицеры в высоких картузах с серебром. У нас с Шуркой разбежались глаза и захватило дыхание. Мы отважились перебежать улицу. Тротуар быстро наполнялся, *люди бежали со всех сторон, и все они, как и мы, смотрели на эту армаду потрясенно, начинали улыбаться немцам в ответ и пробовать заговаривать с ними.*

А у немцев, почти у всех, были книжечки-разговорники, они листали их и кричали девушкам на тротуаре:

— Панэнка, дэвушка! Болшовик — конэц. Украйна!
— Украина, — *смеясь,* поправили девушки.
— Йа, йа! У-край-ина! Ходит гулят шпацирен битте!

Девчонки захихикали, смущаясь, и все вокруг посмеивались и улыбались.

От Бондарского переулка образовалось какое-то движение: видно было, как торжественно плывут головы, и вышла процессия стариков и старух.

Передний старик, с полотенцем через плечо, нес на подносе круглый украинский хлеб с солонкой на нем. Толпа повалила на зрелище, затолкались.

Старики опоздали и растерялись: кому вручать?

Передний двинулся к ближайшему белому лимузину, откуда, улыбаясь, смотрели офицеры, и с поклоном подал поднос. Мы с Шуркой потеряли друг друга. Я изо всех сил пытался протиснуться. Там что-то говорили, грохнул смех, задние спрашивали: “Что он сказал? Что он сказал?” — но колонна двинулась дальше, я только увидел, как в проезжающем автомобиле офицер передавал хлеб с полотенцем на заднее сиденье.

Вокруг стали говорить, что где-то тут немцы кричали: “Масло, булки!” — и сбросили прямо на трамвайную линию ящик с маслом и корзины с булками — бери, мол, кто хочешь. Я заметался, пытаясь понять, где это, и побежал к мосту над Вышгородской улицей.

У моста масла и булок не оказалось, но был пожар. Угловой кирпичный дом горел спокойно и лениво, подожженный влетевшим в окно снарядом. Забор уже свалили прямо на росшие у дома цветы, по ним топтались. Две женщины и девочка лопатами копали землю и кидали на огонь, потому что воды не было. Из толпы зевак вышел мужчина, взял палку и стал безжалостно бить стекла в окне.

Немец спрыгнул с машины, прицелился фотоаппаратом, приседал и выгибался, снимая пожар крупным и общим планом.

Мужчина полез в окно и стал подавать женщинам стулья, ящики с бельем из шкафа, вышвыривал пальто и платья, и все его хвалили, и я тоже подумал: какой молодец!

Войска продолжали тучей валить из-под моста. Ярко светило солнце, не было никакой пальбы — только рев моторов, грохот колес, голоса, смех. После долгого сидения в яме я совсем одурел от всего этого; пошатываясь, побрел домой отчитываться.

А у нас во дворе стоял серо-зеленый солдат с ружьем через плечо и с веревкой в руках — простецкий такой, с белесыми ресницами и красным лбом, равнодушно поглядывал по сторонам, а дед, жестикулируя, приглашал его в сарай:

— Тут ниц, ниц, ниц, а там, может быть, ист! Надо посмотреть, битте.

Солдат неохотно поплелся в сарайчик.

— Они пленных ищут, — сказала мне бабка с крыльца.

В сарае был люк в погребок. Солдат стал показывать руками:

— Шпицки, пшицки.

Дали ему спички. Он зажег и осторожно заглянул в дыру.

— Партизан! — громко и иронически сказала бабка.

Солдат отпрыгнул, как ужаленный, вертя головой и подозрительно глядя на всех нас.

— Я смеюсь, — сказала бабка, — иди, иди, не бойся. Нет партизан.

Но солдат что-то недовольно сказал, в погреб лезть не захотел, а строго показал деду на красный домовый флаг, который мы по праздникам должны были вывешивать на воротах.

— Это.

— Да, да, — засуетился дед, взял флаг и оторвал от древка. — Марфа, скорей кинь в печку. А *палка хорошая, на метлу пойдет.*

Пришел другой солдат, тоже с веревкой, возбужденно кликнул первого, и они побежали. Бабка поманила меня в сени.

— На, полезь на чердак, засунь там, в газету какую-нибудь заверни.

— *Да на что он, бабка?*

— Никто *ничего не знает, сынок... Да и у немцев вон красные флаги, велят цеплять — опять новую материю покупай. Делай, сынок, как я говорю.*

Я понял. Полез на чердак, пробрался по-пластунски в дальний угол, затискал сверток под балку, а когда, наевшись паутины, спустился, бабка стояла в воротах с Еленой Павловной и звала:

— Старый! Иди быстро, партизана ведут.

Наш краснолобый солдат вел по улице здоровенного грязного кабана, захлестнув его веревкой поперек туловища, другой подгонял хворостиной, и вокруг шли еще другие солдаты кучкой, удовлетворенно голготали.

Делая большие глаза и ахая, Елена Павловна рассказывала, что солдаты совсем не пленных ищут, а... грабят. И у Каминских взяли кабана, и кожухи тащат, а у нее заглядывали в шкаф, под кровать, сняли с подушек наволочки и зачем-то полотенце с гвоздика. Сосед не хотел отдать кабана, так они оставили расписку, сказав: “Официр плати”. Нам, выходит, повезло, если ничего не взяли, может, оттого, что дед немецкие слова говорил, они постеснялись.

Дед озабоченно посмотрел вслед мужественной вооруженной процессии с кабаном.

— А ну, — строго сказал он, — давайте носить вещи обратно в окоп. Трясця его матери, я и забыл, это же их право победителя: три дня грабить все, что хотят!

Грабить *чертовски интересно, но* нужно уметь

Сосед отправился с распиской в школу, где уже расположился, похоже, штаб. Я немедленно увязался за ним, думая: вот ему дадут немецкие деньги, а я попрошу их посмотреть.

У ворот я остался. Он там, во дворе, объяснялся, вошел в дверь. Потом я увидел, как он с грохотом вылетел из нее, нелепо взмахивая руками, солдаты закричали, защелкали затворами, я испугался, что сейчас будут стрелять, и драпанул за угол.

Через площадь все шли войска, но реже. А от базара бежали какие-то подозрительного вида люди с набитыми мешками, и лица у всех были жадно-возбужденные. Поняв, что меня там явно не хватает, я тоже кинулся к базару.

Там грабили большой обувной магазин. Витрина была вдребезги разбита, в нее, деловито пихаясь локтями, хрустя стеклами, лезли дядьки и тетки. Я кинулся за ними, успел увидеть, как хватают коробки с ботинками и калошами. Боже мой, какое сказочное добро по тем временам! Но пока я пробился, полки опустели, как ветром выметенные, а толпа забурлила в углу. Я заметался, прыгая на чужие спины, досадуя: ну вот же, вот же, прямо на глазах все хватают, а мне не дотянуться. Друг у друга из рук рвали уже связки шнурков и коробочки ваксы.

Тогда я сквозь витрину выпрыгнул обратно на улицу, осматриваясь: нет ли другого, еще не разграбленного магазина? Эх, какая досада: пока я метался в обувном, рядом разбили хозяйственный магазин, и уже тащили оттуда банки с красками, связки лопат и замков.

Я вбежал, заработал локтями, протискиваясь к прилавку, но видел только ноги, топчущие рассыпанный мел и замазку. Заметил, что мужики повалили в подсобку, полез, получил в дверях по голове, по зубам. От боли я озверел, разбежался и вклинился между двумя мужиками, меня сдавили так, что захрустели ребра, но прямо передо мной наконец был разломанный ящик.

В нем, переложенные соломой, лежали новенькие керосиновые лампы, без стекол. Я дотянулся, отталкивая чужие руки, схватил одну, другую — и ламп уже не стало.

Я дрожал, я понимал, что эта моя добыча – тьфу. Но магазин пустел, грабители бежали дальше. Я выбежал и чуть не заревел: разбили “Галантерею”, а ведь она была еще целой, когда я сюда пришел. Кажется, грабили ее одни бабы, визжали, и магазинчик, казалось, ходуном ходил.

Тут я, извиваясь, пробился туда и схватил с полки коробку. Бабы ее у меня потянули, но я уцепился, как кот за мясо, у меня вытряхивали душу, коробка треснула, из нее посыпались простые черные пуговицы для пальто. Десятки рук стали загребать эти пуговицы, и я тоже бешено загребал и насыпал их в карманы, потому что у меня все-таки было больше прав на них, чем у других...

Заметил, что под ногами катаются одежные щетки, стал их ловить, выудил штук пять, но выронил одну лампу, которую у меня прямо из-под носа тут же схватила какая-то подлая баба.

Измолоченный, покачиваясь, я вышел наружу, увидел, как из продовольственного волокут мешки с солью, но, пока я добежал, там остались лишь бумага да пустые ящики.

Я готов был зарыдать, я сроду не был жадным, был у бабушки таким воспитанным, вежливеньким внучком, и вдруг этот грабеж захватил меня, как горячая лавина, у меня горло сдавило от жадности и азарта.

И главное, я понимал, что это был неповторимый, редчайший случай — так богато, так великолепно, так безнаказанно пограбить. А я все пропустил, опоздал на какую-то малость!.. Что значит отсутствие опыта. "Ну, ладно же, — подумал я, утешая сам себя. — Зато уже в следующий раз..." А когда же он будет, этот следующий раз?..

Собрал с горя по прилавкам гири от весов и понес все добро домой.

Из окон, из ворот выглядывали люди. Сосед Павел Сочава на всю улицу иронически сказал:

— А вот и Толя награбил. Иди скажи своей матери, чтобы она тебя выпорола.

Меня словно окатили холодной водой. Я так гордо нес свою лампу и щетки, а тут поскорее юркнул во двор, выгрузил в сенях добычу... Мама ахнула:

— Это что еще такое?

Бабка посмотрела, качнула головой:

— Или у нас лампы нет, сынок?

Зато дед меня понял и похвалил:

— А вот и пусть! Молодец! *Большевики сами у народа все ограбили да втридорога же и продавали, это наше.* Ах, я не знал, прозевал, ах, прозевал!

Шатковский вон полгастронома вынес, бочку с подсолнечным маслом прикатил. Какой был случай! А тут только нас грабят.

Оказывается, пока я был на базаре, пришли шесть солдат, потребовали: "Яйка, млеко!" — полезли всюду, как у себя дома, забрали картошку, капусту, помидоры...

Ну, чертовщина, гляди, что на свете делается: одни там грабят, другие, значит, тут. Дела!

Меня все еще трясло от возбуждения и подстегнула дедова похвала, я побежал звать Шурку Мацу, мы вдвоем понеслись опять на базар. Он был уже пуст. Как мы ни шарили — ничего, как метлой подметено, магазины усыпаны только бумагой, соломой и стеклом. В *обувном мы залезли в кассу, стали крутить ручку. Навыбивали себе чеков на тысячи рублей, вышли, разбрасывали их по улице и, уже равнодушные,* смотрели, как в город все вступают и вступают войска.

Шли тягачи, вездеходы, ехали колонны солдат на велосипедах и обозы на простых телегах. Те, что вошли и разместились, носили узлы с барахлом, перекинутые через плечо шубы.

Поднялся ветер, гонял солому и бумагу, нес дым от машин, войска все шли, шли тучей, и не было им конца, и все исправно, как саранча, принимались что-нибудь тащить. Спокойный такой, вроде нормальный, прозаический грабеж... Это была пятница, 19 сентября 1941 года.

Итак, мы в этой новой жизни

> Киев в руках немецких войск
>
> Главная квартира Фюрера 20 сентября
> Верховное Командование
> Немецких Вооруженных Сил сообщает:
>
> Наряду с операциями по окружению советских армий на востоке было начато наступление на столицу Украины — Киев. После отважного прорыва сильных укреплений на западном берегу Днепра наши войска вошли в город. Над цитаделью Киева с сегодняшнего утра развевается немецкое военное знамя. Наступательные операции на восток от Днепра неудержимо идут вперед. В боях за укрепления Ленинграда имеем крупные успехи...*

Газета "Украинское слово" к моменту взятия немцами Киева вышла пятнадцатым номером, печатаясь сперва в Житомире. Ее не то продавали, не то раздавали на

* *"Українське слово", 21 сентября 1941 г. Газета на украинском языке, издававшаяся оккупационными властями.*

улицах *торжествующие энтузиасты*, это дед ее добыл, как святыню принес и жадно хотел читать.

Но в чтении мелкого шрифта, да еще на дрянной, словно оберточной бумаге, он не был силен и перепоручил это дело мне, сам же слушал, философски осмысляя.

Привожу только заголовки из этой газеты:

КИЕВ В РУКАХ НЕМЕЦКИХ ВОЙСК
ПОЛТАВА ЗАНЯТА
ВЫДАЮЩИЕСЯ УСПЕХИ ПОД ЛЕНИНГРАДОМ
ЗАНЯТИЕ ДАЛЬНЕЙШИХ ТЕРРИТОРИЙ ПОД ЛЕНИНГРАДОМ
100.000 КГР. БОМБ СБРОШЕНО НА ПОРТ ОДЕССЫ
ГИГАНТСКИЕ ДОСТИЖЕНИЯ НЕМЕЦКИХ ВОЙСК В БОЯХ НА ПЛАЦДАРМЕ НИЖНЕГО ТЕЧЕНИЯ ДНЕПРА
БОРЬБА УКРАИНСКОГО НАРОДА
РОСТ ИСКУССТВА В ЖИТОМИРЕ
ВОЗРОЖДЕНИЕ ЦЕРКВИ НА ХОЛМЩИНЕ
"КИЕВУ", СТИХОТВОРЕНИЕ ЯКОВА НАГОРНОГО.

...Здесь я сделаю традиционное отступление и хотя бы самым беглым образом расскажу о нашей маленькой семье: кто мы были, какие и почему.

Сам я терпеть не могу в книгах подобные отступления, пропускаю их, и если вам мое отступление покажется неинтересным, вы тоже смело пропускайте его, потому что главное в этой книге — гораздо дальше.

Но если вам интересно, как человек мечтает о Гитлере, прочтите хотя бы про моего деда.

Семерик Федор Власович, мой дед, ненавидел советскую власть *всей своей душой и страстно ждал нем-*

цев, как избавителей, полагая, что хуже советской власти уж ничего на свете быть не может.

Нет, он отнюдь не был фашистом или монархистом, националистом или троцкистом, красным или белым, он в этом вообще ни черта не смыслил.

По происхождению он был из украинских крепостных, крестьянин-бедняк. По социальному положению — городской рабочий с долгим стажем. А по сути своей — *самый простой*, маленький, *голодный*, запуганный обыватель Страны *Советов, которая ему — мачеха.*

Дед родился в 1870 году — в одном году с Лениным, но на этом общее между ними кончалось. *Дед не мог слышать самого имени Ленина, хотя тот давно умер, как умерли или были перебиты многие ленинцы. Он считал, что именно от Ленина все беды, что тот "играл в Россию, как в рулетку, все проиграл и сдох".*

Когда он такое говорил, бабка в ужасе *оглядывалась по сторонам и демонстративно* восклицала во дворе:

— *Перестань молоть, малахольный.* Вот хорошие люди умирают, а ты, паразит, все живешь.

Дед родился и вырос в селе Шендеровке Каневского уезда, в какой-то отчаянной селянской семье с одиннадцатью детьми, жившей, по его словам, в полуразрушенном курене.

Юность он провел в батраках у немецких колонистов на Херсонщине, навсегда оставив семью. Отслужив в солдатах, пошел на заработки в Киев, слонялся в поисках работы, был дворником у генерала, женился на прачке, пошел на трамвай кондуктором и все мечтал о своем домике и достатке: чтоб можно было досыта наесться и не думать о завтрашнем дне — вот был предел его мечтаний.

Они с бабкой голодали, холодали, складывали копейку к копейке, угробили свою молодость, но купили наконец крохотный кусочек болота на Куреневке, сами осушили его, сами долго строили хату — и тут грянула революция.

Добра она не принесла, лишь новый голод, страх, — и начисто отняла мечту. *Красивым словам большевиков о земном рае в туманном будущем дед не верил. Он был практик.*

Много лет затем дед работал на обувной фабрике № 4 слесарем-канализатором, в *вонючей робе лазил с ключами по трубам, ранился у станка — уж такой рабочий класс, что дальше некуда.* И все эти годы он не переставал ненавидеть власть "этих босяков *и убийц*" и "нет, не хозяев".

Его, бывшего крестьянина, в окончательный ужас привела коллективизация с ее колхозами, вызвавшая невиданный голод. Строительство заводов, *шумно расписываемые в те годы Днепрогэс,* завоевание Северного полюса там или неба — были деду решительно "до лампочки".

Северный полюс завоевали, зато когда дед с бабкой завели *наконец свою радужную мечту* — корову, ее нечем было кормить. Очереди за комбикормом были как туча. Рядом с хатой, за железнодорожной насыпью огромный *богатый* луг *пропадает,* а пасти нельзя. Как *уж* дед ни изворачивался, кому только ни совал, чтобы достать сена! Рыскал с мешком и серпом по Бабьему и Репьяхову Ярам, *аккуратно срезал траву под заборами.* Сам не пил молока — посылал на базар бабку продавать. *Помнил, что у барина-немца была корова, дававшая в день три ведра молока, и думал, что если нашу облезлую Лыску кормить, она, может, тоже столько будет давать.*

В общем, он был великий комбинатор. И *от постоянных неудач, судорожной бедности противен стал и* завистлив необычайно. Завидовал половине Куреневки, особенно тем, у кого был хороший огород и кто мог таскать корзинами на базар редиску. Куреневка испокон веков спасалась редиской, а также поросятами и курами, глухая ко всяким наукам, искусствам или политике, вернее, требуя в политике одного: чтоб разрешали продавать редиску.

У Горького в "Детстве" есть такая песня:

Один нищий вывесил портянки сушить,
А другой нищий портянки украл.

Так вот, мой дед был завистлив. Но ему не дотянуться было до подлинных куреневских "куркулей": огород его можно было измерить ладонями, *полоски шагов в восемь шириной*, у хаты и сарайчика. За забором были грядки коллективного огородного хозяйства. Однажды ночью дед выкопал новые ямки и перенес забор на полметра, украв у огородников метров пять квадратных земли, и *равнодушное колхозное начальство* этого не заметило! Дед целую неделю был в отличном настроении и торжествовал, строя планы, как через несколько лет он снова подвинет забор на полметра.

К старости он стал страшно вздорный, тайком обрывал соседские груши, свешивавшиеся через забор на "его землю", убивал палкой соседских кур, если они забредали к нам, и потому он перессорился со всей улицей.

Когда он, брызжа слюной, ругался, слышно было до самого базара: "У-ту-ту-ту!" — и его прозвали "Семерик-тру-ту-ту-три-ведра-молока".

Водки дед не пил от скупости, не курил, в кино не ходил, на трамвае старался проехать зайцем, штаны и пиджаки донашивал до того, что они сопревали и расползались на нем. Если по улице ехал воз с сеном и терял клок, дед первым оказывался на мостовой, старательно сгребал палочкой клок и с торжеством нес домой.

Корова не оправдала себя, пришлось продать.

Дед на пробу завел уток, мы с ним ходили на пруд, бултыхались там с драной корзиной, собирая "ряску", чтоб их кормить, да на ряске утки выросли костлявые, мослатые.

Дед переключился на кур: те, мол, ходят, гребутся и сами добывают себе пропитание. Куры с голоду щипали рассаду на грядке, а нестись не хотели. Заводил поросят, чтоб не пропадали объедки и помои. Поросята у деда росли длинноногие, мускулистые, поджарые, как гончие псы. И как раз перед приходом немцев оба поросенка заболели чумкой и сдохли. Пришлось закопать.

Очень энергичный был дед, воевал и толокся целый день с рассвета до темна, но разбогатеть не мог.

[Были вокруг такие, что "жили": партийцы, чекисты, воры, стукачи, разные профсоюзные деятели. Раскатывали в казенных автомобилях, нежили брюхо на кавказских курортах, получали в конвертах секретные зарплаты. Дед за свое ужасное лазанье по канализационным трубам получал жалованье в месяц вдвое меньшее, чем стоил простой костюм. И за всю жизнь костюма у него не было, он так и умер, не поносив ни разу костюм.

Но были люди, которые смотрели на жизнь дедовой семьи как на райское благо. В колхозах вокруг Киева крестьяне работали, как при крепостном праве. Нет, хуже. При крепостном праве помещик оставлял им дни для работы на себя, на своем маленьком поле. А в колхозе человек не имел и таких дней, как не имел и поля. За выход на работу ему ставили в ведомости палочку — "трудодень", а осенью что-то платили, а может, не платили, а то платили одну копейку за трудодень.]

Так что когда приходил гость, у моего деда была только одна тема для разговора: как в старину было хорошо, и люди были сыты, и богатели, а большевики-босяки все загубили.

Но когда в 1937 году его дружка, старика Жука, арестовали за рассказанный в очереди глупый анекдот *и этот Жук сразу пропал без вести, как утонул,* дед страшно перепугался, *замкнулся,* и у него осталось только полтемы, то есть как в старину было хорошо.

Я *полагаю, что он был так же прав, как и не прав. Это самое "хорошо" — познается лишь в сравнении. И бедному деду моему в* 1937 *году царская Россия уже казалась справедливым, потерянным раем.*

Он почему-то не вспоминал курень своего отца, арендовавшего клок чужой земли, но запомнил, как славно жил генерал и как он был щедр. Какие при царе были цены: булка стоила пять копеек, селедка две копейки, а *на воблу никто и смотреть не хотел.*

Про свою же ненависть к большевикам он теперь рассказывал только Богу, *подолгу стоя перед иконами на коленях, и все шептал, шептал, страстно рассказывал им что-то:* знал, *что уж кто-кто, а Бог выслушает — и* не продаст.

И вот вскоре после начала войны на нашу крышу упала немецкая листовка и с утренней росой прилипла там у трубы. Дед увидел, приставил лестницу и послал меня достать. С трудом я снял раскисший листок, и мы стали читать.

В листовке писалось, что Германия призвана уничтожить большевиков и устанавливает новый, справедливый порядок, когда *“кто не работает — тот не ест”, зато* “каждый, кто честно трудится, получает по заслугам”. Что жизнь на освобожденной земле прекрасна: масло стоит десять копеек фунт, хлеб — семь копеек, селедка — три.

У деда полезли глаза на лоб. Это было послание лично ему.

Он выучил листовку наизусть, только после этого порвал на меленькие клочки. Ему шел семьдесят второй год, и вот его мечта — с *ума сойти!* — возвращалась, *и может, на лугу еще будет пастись его корова, дающая три ведра молока, и в доме будет запас еды, на завтрашний день и даже на послезавтрашний день, и может быть, он даже купит себе наконец-то первый костюм.*

Семерик (в девичестве Долгорук) Марфа Ефимовна, моя бабушка, родилась и выросла в селе Деремезна Обуховского уезда, в проклятущей халупе, где, как и в дедовой семье, некуда было плюнуть из-за детей.

[Детство великого украинского поэта из крепостных Тараса Шевченко прошло в такой халупе:

Не називаю її раем

Мої там сльози пролились,
Найперші сльози. Я не знаю,
Чи е на світі люте зло,
Щоб у тій хаті не жило.]

Их там было так много, бабкиной родни, в Деремезне, и в Перегоновке, и в Киеве "по наймах", что я так никогда и не разобрался, сколько их, кто кем мне приходится: Гапка и Конон, Ганна и Нина, Фома и юродивая Катька... Они иногда приезжали, бабка их кормила, дарила кому старую юбку, кому стоптанные калоши.

Только о юродивой Катьке я понял, что она мне — двоюродная тетка. После тифа она впала в слабоумие, стала нищенкой, она сидела с сумой под церквями, просила по дворам, приносила кусочки хлеба в суме, дед накидывался и отбирал для поросят, бурча: "Подумать только, вот же живут эти нищие, а сколько им на Пасху подают!"

Я любил ее, Катьку, она была, как святая, безобидная и добрая. Если ей подавали конфетку, она ее непременно берегла для меня, а иногда на *собранные копейки покупала на базаре мне гостинец — глиняную свистульку-лошадку. Я потом и вырос, а она этого не замечала, приносила свистульки и все что-то невнятно бормотала, бормотала... Умерла она на улице, тихо и незаметно, как погибают воробьи, ее погрузили на телегу и где-то закопали.*

Двенадцати лет бабка моя пошла в люди, нянчила чужих детей, была прислугой, потом стала прачкой. Как я ни спрашивал, она никогда не хотела вспоминать ни молодость свою, ни любовь, может, потому, что вспоминалась одна муть.

Она была совершенно неграмотна. Не знала даже цифр. Бумажные деньги она различала по рисунку и цвету, монеты — по величине.

Поскольку мать моя, учительница, работала в школе по две смены да еще оставалась после уроков, я полностью вырос при бабке. Она меня будила, умывала, кормила, лупила, забавляла украинскими "казочками", и все она топала, варила, мешала, толкла, делала пойло поросенку, гоняла кота, гнулась на грядках, колола дрова, и у нее постоянно болела поясница, так что она время от времени ложилась, тихо стонала, потом поднималась и опять бралась за работу.

Она была мягкая, рыхлая, с грубым деревенским лицом, всегда в сером ветхом платке или косынке в горошек.

Как и деда, ее не восхищали ни самолеты, ни дирижабли, которые тогда летали, наоборот, они ее пугали. Укладывая меня на печи спать, она рассказывала:

— Так, когда я маленькой была, забьемся мы на печку, один к одному лепимся, голенькие, босенькие, голоднючие, как черва, а бабуся наша покойная пугает: вы сидите тихо, это еще хорошо, а придет время, страшное время, когда по земле пойдет враг и всю землю опутают проволоками, а в небе будут летать железные птицы и клювами своими железными будут клевать людей, и то уже будет перед концом света...

А мы стучим зубенятами от страха и молимся: не приведи, господи, дожить до того... Не внял Господь, дожили мы. Все так вышло, как предсказывала бабуся: и проволоки, и птицы железные, и скоро, видно, конец света...

Вероятно, в ожидании его бабка совершенно не заботилась о материальном "добре", а очень много раздавала ради спасения души. Может, мы и жили бы чуточку лучше, но бабка могла сама не съесть, а другому отдать. Несла она копейки на церковь, нищим, то вдруг готовила какие-то передачи в больницы, знакомым, соседям.

Дед выходил из себя, вопил: "Злыдни! Кого ты кормишь, мы сами голодные". Но бабка только рукой махала. Пряталась от него, и "злыдни" прятались по всем углам, когда дед с работы являлся. Чтобы не ругаться и не впадать в грех, бабка становилась на колени и молилась.

У нее было много икон. Целый иконостас в углу комнаты, с таинственно теплящейся лампадкой, щепотками ладана, пучками трав, двумя деревянными крестиками — для деда и для нее, чтобы вложить в руки в гробу, — и книжечками-"граматками", куда я под ее диктовку вписывал многочисленные имена родственников "во здравие" и "за упокой".

В *центре находилась строгая, измученная, с фанатическим взглядом Богоматерь. Даже младенец у нее походил на маленького сердитого старичка, который говорит: "Нельзя, нельзя!" У них были такие выразительные взгляды, что если долго смотреть — мороз шел по коже. Икона была в футляре под стеклом, с богатым позолоченным окладом: какие-то невиданные цветы с пупырышками, гроздья металлических ягод... И мне ужасно хотелось потрогать эти ягоды, но под стеклом они были недосягаемы. Когда бабка уходила на базар, я подставлял табуретку и готов был часами разглядывать эти ягоды, мечтая, что, когда бабка умрет, я-то уж до них доберусь.*

Был там ласковый Николай-угодник с белокурой бородкой, храбрый Георгий Победоносец, а сбоку сто-

яла еще одна Богоматерь — с золотистыми волосами и нежным, до удивления знакомым лицом. Она улыбалась, и мальчишка у нее на коленях был пухленький, очень довольный жизнью, с ямочками на голом тельце.

И хотя она была без украшений, я в эту икону был по-настоящему влюблен. У нас на Куреневке много таких девушек — белокурых, мягких и нежных. Они идут за первых красавиц; выйдя замуж, рожают вот таких пухленьких детей с ямочками, но, к сожалению, быстро блекнут и старятся. Моей самой первой детской любовью был образ такой женщины с бабкиной иконы, а когда потом, после войны, я уж совсем вырос, я первым делом влюбился в живую именно такую девушку.

Отец мой был революционер и коммунист, мама — учительница. Поэтому, когда я родился, о крещении не могло быть и речи.

Но однажды, когда родители ушли на службу, бабка закутала меня в платок, отнесла в церковь Петра и Павла, и там меня бултыхнули в купель. Бабка не могла допустить, чтобы я остался без рая после смерти. Тайну эту она открыла, лишь когда мне минуло десять лет, и вспоминала, что я протестовал и хватал попа за бороду:

"Вот *же вылупок, такое маленькое, а уже заодно с нынешними антихристами...*"

Под руководством бабки, однако, я лет до шести был религиозным человеком. Она *водила меня в церковь Петра и Павла, причащала*, ставила перед иконами, брала мою руку своей коричневой, изъеденной морщинами рукой, учила креститься и произносить магические слова, которых, по-моему, сама не понимала. Потому что вот как у нее звучало и как я выучил на всю жизнь:

— Оченаш жои си на небеси. Да светится имя твое, да прииде царство твое. Я — ко на неби. Та — ко на земли. Хлеб наш насушный даж нам несь. Да не прости нам долги наши, да не избави нас от лукавого...

Бабке, видимо, не было известно, что таинственное "Оченаш" — это "Отче наш". Я же решил, что Оченашем зовут Бога, что это имя светится в темноте, что бабка просит сухарей — "хлеба насущного", и автоматически повторял за ней это "не прости нам" и "не избави".

Но вот *заметил это отец, пришел в ужас и велел матери срочно вырвать меня из когтей "религии — опиума для народа". Мама, которой я очень верил, повела со мной беседы и, главное, сказала:*

— Бога нет. Летчики летают в небе и никакого Бога не видели.

Это меня потрясло. Я немедленно сообщил бабке этот убийственный довод. Она огорчилась и возразила, что таким безбожникам, как летчики, Бога видеть не дано. Я размышлял и пришел к заключению, что лучше бы Бог показался им, ну, не всем, но хотя бы самым храбрым и знаменитым на весь мир летчикам Чкалову или Байдукову, они бы спустились, рассказали всем, что Бог есть, и споры прекратились бы. Если он есть и сидит там на тучах, так почему он прячется, почему вообще позволяет летать неугодным безбожникам, какой же он всемогущий?

У нас с бабкой начались богословские споры, они ни к чему не привели, она осталась при своем мнении, я при своем, но в церковь за ней шел все неохотнее, а когда в школу пошел, так и вовсе перестал.

Спрашивал деда, но он в божественных вопросах занимал осторожную позицию. Он вспоминал, что когда в 1890 году он батрачил и его призвали в солдаты, он очень молился, чтобы не взяли, все иконы в церкви перецеловал, а все равно взяли. *Опять же таки, двадцать лет молится, чтобы большевиков дьявол забрал, а они все есть.* И довод с летчиками он признавал убедительным, но, когда запутывался в долгах, хотел достать комбикорм или просто некому было пожаловаться, он подолгу стоял на коленях, бился лбом о пол, подметал его бородой — и убеждал иконы, молил их, канючил, клянчил хоть какую-нибудь удачу.

В отличие от деда, у бабки не было ни единого врага, а по всей улице были только друзья. К ней бежали с бедой, с нуждой, она всем советовала, одалживала, улаживала семейные конфликты, присматривала за грудными детьми, всех лечила травами от желудка, выгоняла глистов.

[Она видела таинственные и непонятные вещи, верила в чудеса, которых советская власть не признает. Я тоже верю в чудеса. Одно я видел.

Мне было лет десять. Бабка поздно вечером вышла во двор, тотчас вернулась и закричала: “Скорее, идите. Бог на небе!”

Мама засмеялась и принципиально не пошла, а мы с дедом побежали. На черном звездном небе светилась людская фигура, похожая на Николая-угодника. Вернее, она как бы состояла из контуров, прочерченных едва различимыми точками-звездочками. Почему-то меня охватил такой ужас, что я кинулся в сени и спрятался за дверь. Бабка радостно звала: “Не бойся, иди скорее, перекрестись". Но я только, задыхаясь от ужаса, выглядывал из-за двери, а дед и бабка посредине двора, подняв лица, крестились на небо. Потом видение померкло, они пошли в хату, и весь вечер бабка была просветленная, неземная, а дед — задумчив, крайне озабочен.

Я не знаю до сих пор, что это было и как объясняется.]

Бабка умела знахарствовать. Очень хорошо она снимала сглаз. Это болезнь без причин, просто потому, что кто-то на тебя посмотрел дурным глазом. В детстве я этому был сильно подвержен.

Вот мне стало нехорошо, поднялся жар, затошнило, заныли суставы... Бабка посмотрела, как я маюсь, налила в чашку святой воды из бутылки, бросила туда угольки из печи, смотрела, какие тонут, какие нет. Угольки показали, что меня сглазили карие глаза. Мы выходим под чистое небо, бабка держит руки на моей голове и что-то шепчет. Я запомнил только из этих формул: "От карих глаз сойди беда, как с гуся вода". И вдруг мне становится хорошо, спокойно, блаженство разливается по телу, болезни как не бывало.

Бабка излечивала малярию-"пропасницу", или еще, как говорят на Украине, "трясцю", излечивала экзему. Только свою поясницу вылечить не могла.

Кузнецова Мария Федоровна, моя мать, была единственной дочкой у деда и бабки, и вот ей-то революция дала много. Быть бы ей прислугой или прачкой, да открылись курсы, она закончила их в 1923 году, стала учительницей первых — четвертых классов и преподавала она потом всю жизнь.

Была она очень красивой, начитанной, способной, пела и играла в самодеятельности Народного дома, и вот стал дед замечать, что к нему придирается милиция.

Участковый милиционер Вася Кузнецов все приходит да приходит: то улица плохо подметена, то домовой номер надо сменить. Короче говоря, когда Василия избрали членом Киевского горсовета, дед решил, что такой зять вполне подходит: они, горсоветчики, для себя все достанут.

Как же он ошибся!

Это была одна из крупнейших ошибок деда в жизни. Он потом до самой смерти не мог простить зятю того, что он ничего в дом не нес, и даже когда дед ходил в милицию на перерегистрацию подворной книги, ему приходилось сидеть в очереди на прием к своему зятю, как и всем прочим. Василий Кузнецов был большевик.

[И он тогда был честный большевик. Таких, как он, в 1937 году отправляли в лагеря либо на тот свет под их же ошалелые крики "Да здравствует Сталин!".]

Он был настоящий русак, курский, в 1917 году стоял у станка, когда подошел дружок: "Васька, вон записывают в Красную гвардию. Пишемся?" — "Пишемся!" — сказал Василий и пошел.

Он громил буржуев, вступил в партию в 1918 году, партизанил на Украине, стал командиром пулеметчиков и под командой Фрунзе брал Каховку, брал Перекоп и сбрасывал Врангеля в Черное море.

Он казался мне необыкновенным человеком, [и слово его было для меня свято. Однажды мама решила учить меня английскому языку. Мы сидели за столом, когда вошел отец. Посмотрел, как я заучиваю "мазе", "фазе", говорит возмущенно матери: "Это что такое? Буржуйскому языку ребенка учишь? Прекратить!" И прекратили.]

Иногда он очень здорово пел красивым баритоном, хохотал, но почему-то никогда ничего всерьез не рассказывал.

— Ну, как же вы там в Крыму босяковали? — спрашивал дед.

— А что? — смеялся отец. — В Крыму хорошо, вина много. Прогнали Врангеля и буржуев, все винзаводы — открыты. Мы к чанам. Гляжу: один уже плавает в вине по уши, как есть — с пулеметными лентами и в сапогах. Тут я с братвой поспорил на маузер, что выпью четверть портвейна.

— Три литра? — ахал дед.

— И выпил.

— Ну вот, что от них, *пропойц*, ждать? — плевался дед. — *Пропили Россию.* Ты скажи, что тебе твоя революция дала, голодранцу?

— А меня представили к ордену Красного Знамени, — хвастался отец. — Это были самые первые ордена, только ввели, Фрунзе представили и еще кое-кого. А мы в то время гор-рячие были, непримиримые. Шумим: "При царе были ордена, а теперь опять эти висюльки? *Может, и погоны введете?* Мы не за висюльки кровь свою проливаем". Я взял и отказался. *Мне комиссар говорит: "Из партии погоним". Я в бутылку: "Пошли вы к такой матери, значит, если вы такая партия". И исключили.*

— Господи! А как же ты сейчас партеец?

— А я потом обратно заявление подал. Восстановили. А орден уже не дали.

— Ох, дурак! — всплескивал руками дед. — Ты б по нему деньги получал. А так что у тебя есть, одни-единственные штаны милицейские.

Отец действительно вышел из гражданской войны гол как сокол. [Демобилизовав, его направили в Киев, служить в милиции. По пути в поезде он крепко выпил и сел играть в очко. Не доезжая километров сто до Киева, он проиграл все, проиграл свою командирскую форму и остался в одних кальсонах. Сердобольный дежурный на каком-то полустанке пожертвовал ему ветхое тряпье с лаптями, в котором бывший командир пулеметчиков и предстал перед начальством в Киеве. Ему выдали форму, и начал Василий бороться против спекуляции и за чистоту улиц.]

Мама и бабка любили его, заботились наперебой, у них он скоро отъелся, похорошел, и наконец общими силами справили ему первый костюм, которым дед его при всяком удобном случае попрекал.

У отца было два класса приходской школы образования. Он пошел на рабфак, закончил его вечерами, бросил милицию и поступил в Политехнический институт.

Ночами он сидел над чертежами. Его надолго оторвали — послали под Умань проводить коллективизацию. *Мама ездила к нему и возвращалась в ужасе.* Потом он защищал диплом и взял меня на эту защиту. Когда он кончил, ему аплодировали. Он стал инженером-литейщиком.

Тут они стали срезаться с дедом всерьез. Отец гремел:

— Зарываешься, тесть, бузу мелешь, оскорбляешь революцию! Ты посмотри: твоя дочка выучилась, зять выучился, работа есть, спекуляции нет, конкуренции, обмана, а то ли еще будет.

— Ты разу-умный, — ехидничал дед. — А ты позволь мне десять коров держать и луг дай под выпас.

— Луг колхозный. Любишь коров — иди в колхоз.

— Да-да! Сам иди в свои *каторжные* колхозы!

К этому времени вовсю пошли и нелады отца с матерью. Там была другая причина — ревность. Мама была очень ревнивая. Я тогда ничего не понимал, ощущал только, что характеры у папы и мамы ого-го. В доме начались сплошные споры да слезы.

И вдруг я от бабки узнал, что отец с матерью уже давно съездили в суд и развелись, только расстаться никак не могут. Наконец, отец взял под мышку свои чертежи и уехал работать на Горьковский автозавод, где вскоре женился.

[Это случилось как раз в 1937 году, и я много думал потом, почему моего отца, такого непримиримого, миновала чаша та. Член партии в те времена мог избежать ее только двумя путями: либо молчать, либо доносить на других. А отец вдруг стал на ГАЗе начальником литейного цеха, получил квартиру, машину... Но это из писем. Такого отца я уже не знал.] Мама [запрещала с ним переписываться, но] продолжала любить его всю жизнь и никогда больше замуж не вышла.

Когда началась война и стало ясно, что немцы войдут в Киев, мать, однако, послала отцу несколько отчаянных телеграмм, чтобы он принял нас. Но ответа на них не пришло.

Мать истерически плакала по ночам. Бабка утешала:

— Да ничо́го, ничо́го, Маруся, проживем *и при немцах.*

— Что я буду делать при немцах? — говорила мать. — Учить детей славить Гитлера? *То учила славить Сталина* — то *Гитлера?* Возьму Толика и поеду, будь что будет.

— Мы ж без тебя пропадем... — плакала бабка. Это верно, вся семья держалась на маминой зарплате. Она была гордая, не хотела подавать на алименты на отца, лишь незадолго перед войной дед ее все-таки донял, и нам стали приходить переводы из бухгалтерии ГАЗа, война их оборвала.

Мама вела два класса в обычной школе, но часто ей удавалось подрабатывать еще и в вечерней для взрослых. Ей разрешали, потому что она была старательной, талантливой учительницей. [Много раз ее собирались наградить, но никогда даже самой крохотной премии ей не дали, как беспартийной. Только на словах хвалили да подгоняли. Знакомые же ее учительницы, вступившие в партию, и на курорт бесплатно ездили, и орденами сверкали. Иная уж такая бездарь, бревно бревном, класс развалила, ничему детей научить не может — а ее в депутаты, в президиумы... А класс отдают матери, чтоб восстановила, и мать сидит дни напролет с детьми, сидит ночи над тетрадями. Но в партию она не пошла, для нее это было просто дико.

Детям она отдала всю жизнь, а к себе относилась как монахиня.] Иногда ее ученики-вечерники, взрослые усатые дяди, рабочие, приходили к нам жениххаться.

Дед их очень любил, потому что они приносили колбасу, консервы, выпивку, он с ними толковал, заказывал достать гвоздей или белил, а мама сердито сидела минуту-другую и уходила спать. Женихи скисали и исчезали.

Последнее время мать дежурила в пустой школе возле телефона — на случай воздушных тревог, зажигательных бомб. Учителей в организованном порядке не эвакуировали, мы сидели на чемоданах, но уехать так и не смогли, и мать встретила немцев с ужасом, не ожидая ничего хорошего.

Кот Тит — мой верный друг и товарищ, с которым прошло все мое детство. Я подумал и решил, что погрешу против правды, если не упомяну и его как члена нашей семьи. По крайней мере для меня он таковым был всегда, и он сыграл в моей жизни немаловажную роль, о чем будет сказано дальше.

Кот Тит был старый, душевно ласковый, но внешне весьма сдержанный и серьезный. Фамильярностей не любил и очень чутко различал, кто к нему относится действительно хорошо, а кто только сюсюкает и подлизывается.

Бабка его любила, а дед ненавидел лютой ненавистью — за то, что он дармоед.

Однажды дед посадил Тита за пазуху и повез в трамвае на четырнадцатую линию Пущи-Водицы, это примерно пятнадцать километров, и все лесом. Он выпустил его там, в лесу, и пугнул.

Тит явился домой через неделю, очень голодный, запуганный и несчастный.

Дед пришел в ярость, посадил Тита в мешок, повез через весь город на Демиевку и выкинул там в Голосеевском лесу.

Оттуда Тит явился только через три месяца, с оторванным ухом, перебитой лапой — ему ведь пришлось идти через весь огромный город. Но после этого озадаченный дед оставил его в покое.

Когда потом мне попалась потрясающая повесть Сетона-Томпсона о кошке, которая через города и реки упрямо идет к тому мусорному ящику, где когда-то родилась, я верил каждому слову. *Кошки умеют* это.

Наш Тит, хотя и приучился прятаться от фашистских самолетов в окопе, все же в политике не разбирался совершенно. Он был, так сказать, самым аполитичным из всех нас, а напрасно, потому что новая жизнь существенно касалась и его.

Вот такими мы были к приходу фашизма и вообще к приходу войны: незначительные, невоеннообязанные, старики, женщина, пацаненок, то есть те, кому меньше всего нужна война и которым, как назло, как раз больше всего в ней достается.

Но ни в коем случае я не собираюсь дальше показывать: вот, мол, смотрите, как от войны страдают женщины, дети и старики. Хотя бы потому, что доказывать это никому не нужно. Конечно, я рассказываю много личного, но меньше всего, — подчеркиваю, — меньше всего здесь ставится цель рассказывать о всяких личных передрягах.

Эта книга — совсем о другом.

— Что это за медали? — спросил дед, разглядывая газету.

Целую полосу занимала "Борьба украинского народа" — исторический обзор с портретами-медальонами князя Святослава, княгини Ольги, Владимира Крестителя, Богдана Хмельницкого, Мазепы, Шевченко, Леси Украинки и Симона Петлюры.

[Сочетание было невероятное, на что я, мальчишка, и то вытаращил глаза. Святослав, Ольга и Владимир — основатели Руси, тогда не было Украины и России, а просто Киевская Русь. Ладно, тут все в порядке. Святые предки у украинцев и русских общие.

Но дальше... Хмельницкий Украину к России присоединил.

Мазепа хотел оторвать. Тарас Шевченко и Леся Украинка — поэты, которых превозносила советская власть.

А Петлюра боролся в революцию за независимую Украину, и всех петлюровцев постреляли и сгноили в советских лагерях.]

— И Богдан у них великий? — удивился дед.

— Да.

— Чудно! Мазепа... Петлюра... — Дед озадаченно погладил бороду. — Насчет того черта не знаю, давно было, при Петре Первом, а Петлюру сам видел — и паразит, и горлохват. Что они только тут творили!..

Мать в другой комнате перешивала мне пальто к зиме. Она вышла, глянула в газету.

— Не верю я ничему, — пробормотала она. — Кошмар какой-то. *Не было хороших царей. Убивали все от Святослава до Сталина.*

— Про Сталина забудь, дурная! — весело сказал дед. — И ныне, и присно, и во веки веков. *Будет хороший царь.*

— Нет, — сказала мать. — Может, где-нибудь на Мадагаскаре, в Америке, в Австралии, только не в России. В России — нет.

Я принялся читать подробности возрождения церкви на Холмщине и бурного роста искусства в Житомире. Дед выслушал с большим удовольствием, солидно кивая головой.

— Очень хорошо, — сказал он. — Немцы знают, что делают. Вот послушай: когда я был молодой и работал у немецких колонистов, я уже тогда понял, что немцы — это хозяева. Они работу любят, а ленивых ненавидят: что ты заработал, то и получай. А воровства у них нет: уходят из дому, дверь палочкой подопрут — и никаких замков. А если, случись, поймают вора — так уж бьют его, бьют, пока не убьют. Вот теперь ты сам посмотришь, какая будет справедливая жизнь. Рай на земле!

— Ничего не будет, — сказала мама как-то странно. — И большевики еще вернутся.

Мы не стали с ней спорить, потому что знали, о чем она думает, только не говорит: что, может, вернется когда-нибудь отец, которого она любит и будет любить до самой смерти.

— Ах, ты счастливый, — сказал дед. — К нам с бабкой вот только на старости пришла новая жизнь. Маруся ничего не понимает. А ты счастливый, ты молодой, *ты еще так поживешь!*

Я подумал: вот черт возьми! Я ведь в самом деле молодой, и *сразу так повезло:* вот пришли хозяева-немцы, даже воров и замков не будет. И от предчувствия грядущего счастья стало мне тревожно и удивительно.

— Ладно, шут с ним, пускай хоть Петлюра, *хоть* черт, *хоть дьявол с рогами висит у них* иконой, — с внезапной ненавистью сказал дед, — лишь бы не *тот Сталинюга, сапожник проклятый, грузин недорезанный, убийца усатый с его босячней! Боже, боже, такую страну довести до разорения. За несчастным ситцем тысячи душатся в очередях, да я при царе последний батрак был, а этого ситцу мог штуками покупать.*

— Що старэ, що малэ... — вздохнула бабка у печи. — Много ты его напокупал?

— *Мог! Мог купить.* Потому что он был. Все было! Я батрак, а ты прачка — а мы себе дом построили. Попробуй сейчас построй. *Раньше, бывало, один муж в семье работает, семья семь душ, он один кормит всех. А при этих большевиках и муж работает, и жена работает, и дети работают, и все равно не хватает. Это для того царя скинули?*

— *При царе было плохо! — воскликнул я.*

— *Да, вас теперь так в школах учат. А ты видел?*

— *Царь людей в тюрьмы сажал и в ссылки ссылал.*

— *Дурачок ты, дурачок, — сказал дед. — Людей сажают и ссылают во все времена. Ленин больше народу загубил, чем все цари до него. А уж того, что Сталин натворил — никаким царям, никаким кровопивцам не снилось. Были у нас и Грозные, и Петры, да такого Сталина Бог, видно, перед концом света на нас послал. Дожились до того, что самой тени своей боишься. Одни стукачи кругом, слова не скажи. Только одну "славу партии" можно кричать. Да милиция тебе штраф влепит, если флаг на ворота не прицепишь на их праздник да на их проклятущие выборы. С утра, чуть свет — уже тарабанят в окна: "К шести часам на выборы, все как один, всенародный праздник, стопроцентное голосование!" Ах, чтоб вы подавились моим голосованием!*

Сами себя выставляют, сами себя назначают, сами меж собой делят — а мне говорят, что это я их выбрал! Это ж кракамедия сплошная. Кто живет при советской власти? Кто горластый подлец. Разевает пасть: "Наш великий, гениальный, мудрый вождь, солнце ясное в небе, наша родная партия, под водительством!" Тра-та-та! За это и получает, и жрет, злыдень. Развели одних паразитов. Один работает, трое при-

сматривают, шестеро караулят. Да жрут, как гусень, да в автомобилях разъезжают. Буржуев свергли — сами буржуями похлеще заделались. Благодетели!..

— От язык без костей, — испуганно сжалась бабка у печки. — Шо ты кричишь, на всю улицу слышно!

— *Вот? Я ж говорю: мы привыкли уже только шепотом говорить. Пусть слышно! Я хочу хоть перед смертью в голос поговорить. Нет их власти больше, нету их ГПУ, драпанули распроклятые энкавэдисты. Чтоб он сдох, тот Сталин! Чтоб она сдохла, их партия! Вот! И никто меня больше не арестует. Это ж я при проклятых буржуях последний раз мог в голос говорить. Двадцать лет как воды в рот набрали. Добрые люди, пусть лучше Гитлер, пусть царь, пусть буржуи, турки, только не те а-ди-о-ты, бандиты с большой дороги!*

— *Да, турки много тебе добра дадут... И при буржуях много ты его видел, — вздохнула бабка.* — Забыл уже про батыгов курень? Тебе советская власть пенсию дала, хоть бы за то спасибо сказал. А буржуи бы тебе дулю дали.

— Буржуй — сволочь! — закричал дед ("Ну, началось, — подумал я, — теперь опять до вечера скандал".). — Буржуй — сволочь, но он хоть дело знал. *Большевики буржуев постреляли — а сами что развели? Несчастная Россия, не было в ней добра — и не будет с такими босяцкими порядками. И сами мы, видать, того стоим. Быдло мы, батогом нами управлять.* Вот нам немцы нужны, пусть нас поучат. Эти кракамедиями заниматься не станут. Хочешь честно работать? Работай. Не хочешь — иди к растакой матери. *А этих, которые языком чесать привыкли да жопу Сталину лизать, — этих немцы в два счета выведут...*

Господи, слава тебе за то, что живыми пережили мы твое испытание, эту большевистскую чуму!.. А ну, сынок, читай, что там еще пишут?

Я покопался в газете и нашел объявление, подтверждающее слова деда. В нем говорилось, что "некоторые безработные мужчины, от 16 до 55 лет, уклоняются от работы". Им предлагалось немедленно явиться на регистрацию.

— Ага. Вот! — с торжеством сказал дед, поднимая палец.

От автора

Ребята рождения сороковых, пятидесятых и далее годов, не видевшие всего этого и не пережившие.

Для вас, естественно, то, что я рассказываю, — чистой воды история.

Вы не любите сухую школьную историю. И я ее не люблю. Иногда она кажется *скоплением царств,* дат, *идиотских битв, которыми я зачем-то должен восхищаться.* Да еще — книжных ужасов, *подлости на подлости, глупости на юродстве, так что становится стыдно: и это-то есть история цивилизации?*

Иные занятные старики не устают твердить о том, что ваше счастье в том, что ваша юность пришлась на мирное время. Что ужасы войн существуют для вас только в книгах. Вы слушаете и не слушаете. Говорите: надоело. *Говорите: а пошли вы с вашими войнами, с вашим хаосом в мире, который вы же натворили и в котором сами не можете разобраться, — а пошли вы к чертовой матери.*

Хорошо сказано. Вас понял.

Ну а если я [из своего слухового окошка каркну] вам: "Осторожно!" — вы меня поймете? [Выдвигаю антенны, перехожу на прием.

Слышу много музыки, слышу пенье, звон разбиваемых бутылок и стекол, рев мотоцикла и вдруг хором скандируемое “Мао”. Вежливый голос полицейского: он просит хиппи подвинуться, у фонтана на Пикадилли идет уборка.]

Все-таки как это хорошо: *плевать на всю и всяческую политику,* танцевать, любить, *пить вино, спать, дышать. Жить. О, дай вам бог!*

Только [из своего слухового окошка смотрю я и вижу, как, пока одни любят и спят, другие деятельно штампуют для них наручники. Зачем? А вот это вопрос. В мире такая пропасть благодетелей. И все хотят непременно облагодетельствовать целый мир. Никак не меньше. Для этого нужно немного: мир должен уложиться в схему, которая бог весть как формируется в их малосильных, измученных комплексами мозгах.

Они не плюют на политику, они ее делают. Строгают свою дубину. Потом опускают дубину на чужие головы, проводя таким образом свою политику в жизнь.

Осторожно, люди!]

На основании своего, чужого, всеобщего опыта, на основании многих мыслей, поисков, тревог и расчетов говорю вам: ГОРЕ СЕГОДНЯ ТОМУ, КТО ЗАБЫВАЕТ О ПОЛИТИКЕ.

Я не сказал, что люблю ее. Я ее ненавижу. Презираю. Не призываю вас любить ее или уважать. Только говорю вам:

НЕ ЗАБУДЬТЕ.

Если вы уже взяли в руки эту книгу и у вас хватило терпения дочитать до этих строк, я вас поздравляю, и я вас попрошу: пожалуйста, в таком случае не бросайте ее и дочитайте до конца.

Ведь я вам предлагаю все-таки не обычный роман. Это документ, точная картина того, что было. А представьте себе, что, родись вы на одно историческое мгновение раньше, — и это уже была бы ваша жизнь, а *не книжное чтиво. Судьба играет нами, как хочет, — малыми микробами, ползающими по земному шару.* Вы могли быть мною, родиться в Киеве, на Куреневке, а я вот в этот момент мог быть вами и читать эту страницу.

Я приглашаю вас: войдите в мою судьбу, вообразите, что вы живете в моей оболочке, и другой у вас нет, и вам двенадцать лет, а в мире идет война, и неизвестно, что будет дальше. Только что вы держали в руках газету с объявлением об уклоняющихся от работы. Только что. Сейчас.

Теперь пойдем на улицу. Над цитаделью развевается немецкое военное знамя. *Советской власти нет.* Теплый осенний день, *хорошая погода.*

К вопросу о рае на земле

Нам предстоял далекий путь, через весь город, на Зверинец, и потому бабка положила в кошелку хлеба, яблок, две бутылки воды.

Кирилловская улица была усыпана соломой, бумагами, конским навозом: никто не убирал. Все витрины разбиты, стекло хрустело под ногами. Кое-где бабы стояли в открытых окнах и смывали крестообразные бумажки.

Из ручья, вытекающего из Бабьего Яра, толпа брала воду. Черпали кружками, стаканами, наливали в ведра. Воды в водопроводе не было, поэтому весь город потянулся с разной посудой к ручьям, к Днепру, подставляли тазы и бочки под водосточные трубы, чтобы собирать дождевую воду.

На рельсах стоял трамвай — там, где его застало отключение тока. Я вскочил внутрь, бегал среди сидений, занял место вагоновода и стал крутить ручки, звякать. Красотища: весь трамвай твой, делай с ним, что хочешь. Лампочки в нем уже повывинчивали и начали вынимать стекла.

Брошенные трамваи стояли по всей линии и иные не только без стекол, но уже и без сидений.

На заборах еще висели советские плакаты с карикатурами на Гитлера, но в одном месте они были заклеены немецкими. На черном листе желтыми штрихами были нарисованы картинки счастливой жизни, которая теперь будет: упитанные чубатые мужики в казацких шароварах пахали волами землю, потом размашисто сеяли из лукошка. Они весело жали хлеб серпами, молотили его тоже вручную — цепами, а на последней картинке всей семьей обедали под портретом Гитлера, украшенным рушниками.

И вдруг я рядом прочел такое, что не поверил своим глазам:

“ЖИДЫ, ЛЯХИ И МОСКАЛИ - НАИЛЮТЕЙШИЕ ВРАГИ УКРАИНЫ!”

У этого плаката впервые в жизни я задумался: кто я такой? Мать моя — украинка, отец — русский. Наполовину украинец, наполовину “москаль”, я, значит, враг сам себе.

Дальше — хуже. Мои лучшие друзья были: Шурка Маца — наполовину еврей, то есть жид, и Болик Каминский — наполовину поляк, то есть лях. Сплошная чертовщина. Немедленно сообщил бабке.

— Не обращай внимания, сынок, — сказала она. — То дураки написали.

Допустим, дураки. Но не написали, а напечатали. Зачем такой бред печатать и расклеивать по заборам?

На Подоле улицы кишели озабоченными, занятыми людьми — все тащили вещи, шныряли с мешками. Старик и старуха, надрываясь, волокли зеркальный шкаф. Ехал ломовик с испитым лицом, вез ослепительный концертный рояль. И тут все магазины, парикмахерские, сберкассы разбиты, усыпаны стеклом.

Немцы ходили компаниями и поодиночке, тоже носили разное барахло. Они никого не трогали, и на них не обращали внимания. Каждый грабил сам по себе, все *были заняты делом: этакий всегородской передел имущества.*

Чем ближе к Крещатику, тем больше попадалось офицеров. Они ходили четко, чеканя шаг, с высоко поднятой головой, все они были в фуражках, расшитых серебром и надвинутых на самые брови.

Висели красные немецкие флаги. *Они были потрясающе похожи на советские, если их не развевал ветер. На советских красных флагах — серп и молот. На немецких красных флагах — свастика. Что-то меня озадачили эти красные фашистские флаги.*

Иногда рядом *с красным* свисал украинский флаг националистов — жовтоблакитный, то есть из желтой и голубой полос. *Желтое — это пшеница, голубое — небо. Хороший, мирный флаг.*

День был прекрасный. Осень, желтели каштаны, грело солнце. Бабка размеренно шла и шла себе, а я носился по сторонам, как борзой щенок. И так мы миновали Крещатик, где дядьки тащили ряды кресел из кинотеатра, поднялись на Печерск, забитый войсками. И вдруг перед нами открылась Лавра.

[Киево-Печерская лавра — великая историческая святыня. Почти тысячу лет назад, после крещения Руси, первые монахи, удалясь из города, выкопали в днепровских склонах пещерный монастырь. Он стал оплотом христианства, а с ним культуры.]

Теперь Киево-Печерская лавра — это целый город, обнесенный древними стенами с бойницами, город фантастический: церкви, купола, белоснежные дома причудливой архитектуры, белоснежная колокольня, самая высокая на Руси, и все это утопало в буйной зелени...

Я успел ее узнать и полюбить, потому что в нее собрали все главные музеи Киева.

Лавра стала называться “Музейный городок”.

Там — страшные лабиринты пещер с мощами в гробах под стеклом, туда водили экскурсии при свете сперва свечей, а потом проведенных тусклых электрических лампочек. В одном гробу под стеклом лежит Нестор-летописец, автор “Повести временных лет”, благодаря которой мы и знаем свою историю.

В центре Лавры — Успенский собор XI века, и у его стены — могила Кочубея, казненного Мазепой. Когда-то над нею стоял Пушкин и списывал стихи, отлитые старинной вязью на чугунной плите, и с этого началась его “Полтава”. Там похоронен даже основатель Москвы князь Юрий Долгорукий.

Мы с бабкой сели в траву и стали смотреть. Церкви, стены, купола — все это так и сверкало под солнцем, выглядело таким красивым, необычным. Мы долго, долго молча сидели. И мир был у меня в душе.

Потом бабка сказала:

— Не доверяй, сынок, людям, которые носят фуражку на самые глаза.

— Почему?

— Это злые люди.

— Почему?

— Я не знаю. Меня мать так учила.

— *Это ты говоришь про немцев?*

— *И про немцев, и про русских, про всех. Вспомни разных бандюг, милицию, энкавэдэшников, как они картузы носят...* Я этих немцев сегодня как насмотрелась, так сердце упало: враги! Враги, дитя мое. Идет горе.

У бабки слово "враг" было очень емкое: и болезнь приключалась потому, что в человека забирался враг, и антихриста обозначало оно: "пойдет по земле враг".

— Дед говорит: "рай на земле".

— Не слушай его, старого балабона. Рай на небе — у Бога. На земле его никогда не было. И не будет. Сколько уж тех раев людям сулили, все кому не лень — все рай обещают. А несчастный человек как бился в поте лица за кусок хлеба, так и бьется. А ему всё рай обещают... Твой дед селедку да ситец помнит, а как я по чужим людям за пятнадцать копеек в день стирала от темна до темна, — он это помнит? А ты спроси у него, как его петлюровцы расстреливали в Пуще-Водице. Да что там говорить, не видела я на земле добра. Вон там — рай.

Она кивнула на Лавру и стала бормотать молитву. Мне стало тревожно, не по себе. Я-то ведь давно был безбожником, и учился в советской школе, и знал точно, что и того, бабкиного, рая нет.

Дело на Зверинце у нас было следующее.

Там бабкина племянница, тетя Оля, и ее муж перед самой войной выстроили себе домик. Они работали на заводе "Арсенал" — и теперь эвакуировались вместе с ним. Уезжая, пустили в дом одинокую женщину по имени Маруся, чтобы жила и присматривала за домом. Но все документы и доверенность оставили бабке, чтобы она время от времени наведывалась и убеждалась, все ли в порядке.

Домишко не сгорел, не был разграблен, и все было в порядке. Маруся встретила нас хорошо. У нее сидел веселый, смуглый и небритый дядька, которого она отрекомендовала своим новым мужем. Бабка тут же расцеловала ее и поздравила.

Сосед Грабарев из-за забора окликнул бабку. Она ахнула:

— А вы почему тут?

— Да вот такая глупость вышла, — сказал Грабарев. — Я ведь, Марфа Ефимовна, вывозил “Арсенал”, уехал на Урал, жду семью, шлю телеграммы, а *тут паника, вокзалы бомбят*, они никак не могут выехать. Тогда я все бросил, примчался сюда — а они только что эвакуировались. Я бросаюсь обратно — а Киев уже окружен. Вот они уехали, а я застрял.

Был он грустный, ссутулившийся и постаревший. Я отметил, что у него фуражка сидит на затылке, и мне стало его жаль.

— О господи, — сказала бабка, — но вы же — коммунист!

— А что вы думаете, из-за этого окружения мало коммунистов в Киеве осталось? Да и какой я там коммунист... *Вступал в партию, как все, чтобы прожить.* Числился да взносы платил. Летом меня ведь исключали, вы разве не слышали? Только до конца не довели: война приостановила. Ну, теперь, раз я остался в оккупации, — точно исключили.

Бабка сочувственно покачала головой.

— Что ж вы делать будете?

— Работать. Столярничать.

Он насыпал полный картуз яблок и передал мне через забор.

Мы остались ночевать. Мне хорошо спалось на новом месте, но среди ночи меня разбудила бабка.

— Сынок, проснись, сынок! — тормошила она. — Переберись под кровать.

Пол и стекла дрожали от стрельбы, отвратительно завывали самолеты. Мы с бабкой залезли под кровать, где уже лежало одеяло (ну предусмотрительная же бабка!), и прижались друг к дружке.

Это бомбили уже советские самолеты, и в кромешной тьме взрывы бомб казались особенно близкими и мощными. Кровать так и ходила ходуном, и весь домик пошатывало, как при землетрясении. *Бомбили не нас, а железнодорожный мост через Днепр у Лавры, но, боюсь, в темноте они сыпали бомбы куда попало.*

— Оченаш, жои си на небеси... — страстно шептала бабка и толкала меня. — Молись! Молись! Бог нас спасет.

Я стал бормотать:

— Да прииде царство твое. Я — ко на неби. Та — ко на земли. Хлеб наш насушный...

Утром Маруся сказала бабке:

— Я вас очень уважаю, Марфа Ефимовна, но только вы сюда больше не ходите. Этот дом будет наш с мужем. Советы не вернутся, а вам он не нужен, мы его запишем на себя.

Бабка всплеснула руками.

— Так сейчас все делают, — объяснила Маруся. — Дома эвакуированных берут себе, которые нуждающие. Тем более что это дом коммуниста, паразита. Кончилось их время! Доверенность вашу мне не показывайте, она советская, недействительная. И не забывайте, что вы сами — родственница коммуниста.

Вышел небритый веселый ее муж, стал в дверях, уперев руки в бока, поигрывая мускулами. Бабка и про совесть упоминала, и про Бога, и что она пойдет жаловаться — он только, забавляясь, усмехался.

Обратный путь наш был унылым. Бабка шла как оплеванная.

У начала Крещатика нас вдруг остановил патруль.

— Юда? — спросил солдат у бабки. — Пашапорт!

Бабка испуганно полезла за пазуху доставать паспорт. Рядом проверяли документы у какого-то старичка.

— Да, я еврей, — тоненьким голосом сказал он.

— Ком! — коротко приказал немец, и старичка повели.

— Я украинка, украинка! — испуганно заговорила бабка.

Солдат просмотрел паспорт, отдал и отвернулся. Мы скорее кинулись вниз по Владимирскому спуску на Подол. Тетка сказала бабке:

— Утром видели, как по улице бежала девушка-еврейка, выстрелила из пистолета, убила двух офицеров, а потом застрелилась сама. И они стали евреев вылавливать. Говорят, их проверяют и гонят разбирать баррикады... Господи, то их строили, то теперь разбирать, а все жителям, ходят по дворам, всех молодых на разборку выгоняют...

У афишной тумбы стояла кучка людей, читая объявления. Я немедленно протолкался. Это были первые приказы комендатуры. Привожу их содержание по памяти.

ПЕРВЫЙ. Все вещи, взятые в магазинах, учреждениях и пустых квартирах, должны быть не позднее завтрашнего утра возвращены на место. Кто не выполнит этого приказа и оставит себе хоть малый пустяк, будет РАССТРЕЛЯН.
ВТОРОЙ. Все население обязано сдать излишки продовольствия. Разрешается оставить себе запас только на двадцать четыре часа. Кто не выполнит этого приказа, будет РАССТРЕЛЯН.
ТРЕТИЙ. Все население обязано сдать имеющееся оружие, боеприпасы, военное снаряжение и радиоприемники. Оружие и радиоприемники надлежит доставить в комендатуру на Крещатике, военное снаряжение — на Крещатик, дом 27. Кто не выполнит этого приказа, будет РАССТРЕЛЯН.

Волосы у меня поднялись дыбом; побледнев, я отошел. Я вспомнил про свои награбленные щетки, гири, лампу, пуговицы...

Только сейчас я обратил внимание, что на улицах совершенно нет грабителей, только кучки людей читают приказы и быстро расходятся.

Мы с бабкой пришли домой крайне встревоженные. Мама сложила кучкой мое награбленное добро и коротко велела:

— Неси.

— Не надо хоть гири! — завопил дед. — У нас есть весы, пусть докажут, что это не наши гири, на них не написано, что они из магазина! А пуговицы я выкину в уборную.

В общем, меня заставили вернуть только лампу и щетки, поскольку вся улица видела, как я их нес. Страшно и стыдно мне было идти к базару. Еще никто ничего не сносил, я оказался первым. И я долго выжидал, пока поблизости не будет прохожих. Выбрав такой момент, сунул лампу в витрину, зашвырнул щетки — и ходу.

Дома все озабоченно обсуждали, что делать с продуктами. Учитывали торбочки с горохом, гречку, сухари — их было недели на полторы, и дед был готов на казнь, только бы не сдавать.

— Это они пугают! — жалобно кричал дед. — Это пусть такие, как Шатковский, что грабили масло бочками, возвращают! Мы сначала поглядим.

Вечером меня послали поглядеть. Магазины были такие же разбитые и пустые. В витрине не было уже моей лампы, не было и щеток.

Никто ничего не вернул и не сдал. Но на всякий случай дед спрятал продукты в сарае под сено. Узлы и чемоданы были в окопе под землей. Оружия и приемника у нас сроду не было.

Пришли двое солдат на другой день. Мы так и затряслись. Но они походили по дому, взяли старый бабкин платок и ушли, не сказав ни слова. Мы ошарашенно смотрели им вслед: никак не могли привыкнуть. Бабка сказала:

— И правда, замки не нужны, можно палочкой подпирать... Уж и три дня прошло, а они все грабят.

— Значит, продлили на пять, — не сдавался дед. — Киев — большой город, столица, его разграбить не так легко, вот им и дали пять дней. Помянете мое слово, двадцать четвертого числа все кончится.

Он очень ошибался.

Двадцать четвертого сентября все только и началось.

Крещатик

19 сентября 1941 года германские войска входили на Крещатик с двух сторон.

Одна колонна шла с Подола — это были те, которых встречали еще на Куреневке, бравые, веселые, на автомобилях. Другая входила с противоположной стороны, через Бессарабку, эти были на мотоциклах, прямо с поля боя, закопченные, и шли они тучей, захватывая тротуары, наполнив весь Крещатик треском и бензиновым дымом.

Это походило на колоссальный и неорганизованный военный парад, полный задержек, путаницы и бестолковщины. *Из подъездов смотрели жители, зеваки сбегались отовсюду, некоторые охотно помогали отодвигать противотанковые ежи или соскабливали со стен советские плакаты.*

Очевидно, по заранее намеченному плану войска стали занимать пустые здания Крещатика. Дело в том, что там было больше учреждений и магазинов, чем квартир. Из квартир же почти поголовно все жители эвакуировались. *На этой центральной улице Киева жили сплошь партийные работники, чекисты, изве-*

стные актеры, и они все, конечно, уехали. Крещатик был пуст.

Комендатура облюбовала себе дом на углу Крещатика и улицы Прорезной, где на первом этаже был известный магазин "Детский мир". Немецкий штаб занял огромную гостиницу "Континенталь". Дом врача превратился в Дом немецких офицеров.

Все было продуманно, четко организовано в самое короткое время: прямо на тротуарах ставились движки с динамо-машинами, дававшими ток, воду привозили из Днепра цистернами.

Это *выглядело как энергичное и деловитое новоселье шумно прибывших гостей, прибывших не гулять, а действовать, и город выжидательно смотрел на них.*

Грабеж Крещатика из-за этих войск начался не сразу, а позднее, а именно ночью, когда стало ясно, что войска заняты лишь своим устройством. После того, как первые осторожные грабители потянули из-под носа у немцев полные мешки, на Крещатик побежали люди со всего города.

К утру все витрины были уже выбиты, по Крещатику метались фигуры, тащившие рулоны ковров и стопы сервизов, связки ученических портфелей и занавеси из театров. Среди них орудовали немцы. С грозным криком и подзатыльниками они разгоняли грабителей и лезли грабить сами. Как в разворошенном муравейнике — каждый что-нибудь куда-нибудь тащил.

После обеда вдруг ожил Бессарабский рынок: первые торговки вынесли горячие пироги с горохом и вареную картошку, справедливо полагая, что грабящие проголодались. Они сами толком не знали, какую спрашивать цену: давай пачку махорки и наедайся “от пуза”.

Открылись две парикмахерские. Расчет предприимчивых евреев-парикмахеров был точный: к ним повалили немецкие офицеры.

Все это происходило так весело, чуть ли не празднично, и солнышко светило, подогревая хорошее настроение.

Ключи от запертых квартир *сбежавших партийцев и бюрократов* хранились в домоуправлениях. Немцы вместе с домоуправами или дворниками пошли по квартирам, вскрывали их, занимали или брали все, что им нравилось.

Тут-то эти домоуправы и дворники, разные сторожа и лифтеры кинулись “прибарахляться”. Они захватывали квартиры по пять-шесть комнат, принадлежавшие каким-нибудь секретарям горкома, полные невиданных, сказочных вещей (особенно если учесть, что еще недавно этот дворник за двумя метрами ситцу дрался два дня в очереди!). В эти свои новые квартиры они стаскивали барахло со всех этажей, превращая их в подлинные склады. Рассказывали, что один дворник, переселясь из подвала в бельэтаж, натащил к себе двенадцать роялей, ставя их в два этажа один на другой.

Никто ничего этого не вернул, когда появились приказы комендатуры. *Это было как бы немыслимо. За свои двенадцать роялей ошалевший дворник, возможно, пошел бы под расстрел, но вот так, своими руками, взять и вернуть он просто не мог. Не мог!*

Но *ненавистное* оружие и *опасные* радиоприемники — понесли. Возможно, кто-то первый понес, и все, испугавшись, понесли. Особенно много несли противогазов. Отнес противогаз — и как бы уже частично выполнил приказы. Их сбрасывали в кучу в помещении кафе-кондитерской напротив комендатуры, в доме 27 по Крещатику, и вскоре горы противогазов забили кафе до потолка.

Первыми созвали (найдя списки и адреса в отделе кадров) работников киевского радио. Радиокомитет со студией был на углу Крещатика и Институтской улицы. Только что назначенный немец-шеф вышел на эстраду, оглядел собравшихся в зале и начал очень необычно:

— Евреи, встать!

В зале наступила мертвая тишина. Никто не поднялся, только пошевелились головы.

— Евреи, встать!! — повторил шеф громче и покраснел.

Опять никто не поднялся.

— Жиды, встать!!! — закричал шеф, хватаясь за пистолет.

Тогда в разных местах зала стали подниматься музыканты — скрипачи, виолончелисты, — некоторые техники, редакторы. Наклоняя головы, гуськом побрели к выходу.

Шеф дождался, пока за последним закрылась дверь. Затем на ломаном русском языке он объявил оставшимся, что мир должен услышать голос свободного Киева. Что в считаные дни нужно восстановить радиостанцию и с завтрашнего дня — все за работу. Кто уклонится, будет рассматриваться как саботажник. Начинается мирная созидательная работа.

Притихшие, озадаченные люди поднялись, чтобы расходиться.

И тут раздался первый взрыв.

Это было 24 сентября, в четвертом часу дня.

Дом немецкой комендатуры с “Детским миром” на первом этаже взорвался. Взрыв был такой силы, что вылетели стекла не только на самом Крещатике, но и на параллельных ему улицах Пушкинской и Меринга. Стекла рухнули со всех этажей на головы немцев и прохожих, и многие сразу же были поранены.

На углу Прорезной поднялся столб огня и дыма. Толпы побежали — кто прочь от взрыва, кто, наоборот, к месту взрыва, смотреть.

В первый момент немцы несколько растерялись, но потом стали строить цепь, окружили горящий дом и хватали всех, кто оказался в этот момент перед домом или во дворе.

Волокли какого-то долговязого рыжего парня, зверски его били, и разнесся слух, что это партизан, который принес в “Детский мир” радиоприемник — якобы сдавать, но в приемнике была адская машина.

Всех арестованных вталкивали в кинотеатр здесь же рядом, и скоро он оказался битком набитым израненными, избитыми и окровавленными людьми.

В этот момент в развалинах того же самого дома грянул второй, такой же силы, взрыв. Теперь рухнули стены, и комендатура превратилась в гору кирпича. Крещатик засыпало пылью и затянуло дымом.

Третий взрыв поднял на воздух дом напротив — с кафе-кондитерской, забитой противогазами, и с немецкими учреждениями.

Немцы оставили кинотеатр и с криками: “Спасайтесь, Крещатик взрывается!” — бросились бежать кто куда, а за ними арестованные, в том числе и рыжий парень.

Поднялась невероятная паника. Крещатик действительно взрывался.

Взрывы раздавались через неравные промежутки в самых неожиданных и разных частях Крещатика, и в этой системе ничего нельзя было понять.

Взрывы продолжались всю ночь, распространяясь на прилегающие улицы. Взлетело на воздух великолепное здание цирка, и его искореженный купол перекинуло волной через улицу. Рядом с цирком горела занятая немцами гостиница “Континенталь”.

Никто никогда не узнает, сколько в этих взрывах и пожаре погибло немцев, их снаряжения, документов, а также мирных жителей и имущества, так как никогда ничего на этот счет не сообщалось [ни большевиками, ни фашистами.]

Стояла сухая пора, и потому начался пожар, который можно сравнить, пожалуй, лишь со знаменитым пожаром Москвы во время нашествия Наполеона в 1812 году.

На верхних этажах и чердаках зданий было заготовлено множество ящиков боеприпасов и противотанковых бутылок с горючей смесью, *ибо советское военное командование собиралось драться в Киеве за каждую улицу, для чего весь город был изрыт рвами и застроен баррикадами.* Теперь, когда к ним подбирался огонь, эти ящики ухали с тяжким характерным взрывом-вздохом, обливая здания потоками огня. Это и доконало Крещатик.

Немцы, которые так торжественно сюда вошли, так удобно расположились, теперь метались по Крещатику, как в мышеловке. Они ничего не понимали, не знали, куда кидаться, что спасать.

Надо отдать им должное: они выделили команды, которые побежали по домам всего центра Киева, убеж-

дая жителей выходить на улицу, эвакуируя детей и больных. Много уговаривать не приходилось. Жители — кто успел схватить узел, а кто в чем стоял — бежали в парки над Днепром, на Владимирскую горку, на бульвар Шевченко, на стадион. Было много обгоревших и раненых.

Немцы оцепили весь центр города. Пожар расширялся: горели уже и параллельные Пушкинская и Меринга, поперечные улицы Прорезная, Институтская, Карла Маркса, Фридриха Энгельса, Пассаж. Было впечатление, что взрывается весь город.

До войны в Киеве начинали строить метро, и теперь поползли слухи, что то было не метро, а закладка чудовищных мин под всем Киевом. *Но более правдоподобными были запоздалые воспоминания, что по ночам во дворы приезжали грузовики и люди в форме НКВД что-то сгружали в подвалы. Но куда в те времена не приезжали по ночам машины НКВД и чем только они не занимались! Кто и видел из-за занавески — предпочитал не видеть и забыть.* И никто понятия не имел, где произойдет следующий взрыв, поэтому бежали из домов далеко от Крещатика.

Откуда-то немцы срочно доставили на самолете длинные шланги, протянули их от самого Днепра через Пионерский парк и стали качать воду мощными насосами. Но до Крещатика вода не дошла: среди зарослей парка кто-то шланги перерезал.

Над чудовищным костром, каким стал центр Киева, образовались мощные воздушные потоки, в которых, как в трубе, высоко взлетали горящие щепки, бумаги, головни, посыпая то Бессарабку, то Печерск. Поэтому на все крыши повзбирались немцы, полицейские, дворники, *добровольцы,* засыпали головни песком, затаптывали угли. Погорельцы ночевали в противовоздушных щелях, в кустах бульваров и парков.

Немцы не могли даже достать трупы своих погибших *или жителей,* они сгорали дотла. Горело все, что награбили немцы, *горели шестикомнатные квартиры, набитые роялями, горели радиокомитет, кинотеатры, универмаги.*

После нескольких отчаянных дней борьбы с пожаром немцы прекратили сопротивление, вышли из этого пекла, в котором, кажется, уже не оставалось ничего живого, и только наблюдали пожар издали.

Крещатик продолжал гореть в полном безлюдье, только время от времени в каком-нибудь доме с глухим грохотом рушились перекрытия или падала стена, и тогда в небо взлетало особенно много углей и факелов.

Город насквозь пропитался гарью; по ночам он был залит красным светом, и это зарево, как потом говорили, было видно за сотни километров и служило ориентиром для самолетов.

Сами взрывы закончились 28 сентября. Главный пожар продолжался две недели, и две недели стояло оцепление из автоматчиков.

А когда оно было снято и немцы туда пошли, то улиц, собственно, не было: падавшие с двух сторон здания образовали завалы. Примерно месяц шли работы по прокладке проездов. Раскаленные развалины дымились еще долго; даже в декабре я своими глазами видел упрямо выбивающиеся из-под кирпича струи дыма.

■

Взрыв и пожар Крещатика, *нигде и никем до сего не описанные*, должны, по-моему, войти в историю войны принципиальной вехой.

Во-первых, это была первая в истории строго подготовленная акция такого порядка и масштаба. Нужно уяснить, что значил Крещатик для Киева. (При соответствующем масштабе это все равно как если бы взорвался центр Москвы в пределах Бульварного кольца, Невский проспект в Ленинграде с окружающими улицами или, скажем, сердце Парижа до Больших бульваров. *До Крещатика такое и вообразить было трудно, а вот НКВД вообразило и, так сказать, открыло в войнах новую страницу.* Только после Крещатика *и* у немцев, *и у советских* родилось это правило: обследовать каждое занятое здание и писать “Проверено. Мин нет”. *Понятным было уничтожение при отступлении мостов, военных и промышленных объектов.*

Но здесь взрывалось сердце города сугубо мирное, с магазинами и театрами.

Во-вторых, многие приняли акцию с Крещатиком как первое такого размаха проявление подлинного патриотизма. Ни одна столица Европы не встретила Гитлера так, как Киев. Город Киев не мог больше обороняться, армия оставила его, и он, казалось, распластался под врагом. Но он сжег себя сам у врагов на глазах и унес многих из них в могилу. Да, они вошли, как привыкли входить в западноевропейские столицы, готовясь пировать, но вместо этого так получили по морде, что сама земля загорелась у них под ногами. *Где это было до Крещатика, скажите?*

[С другой стороны, уничтожать древний и великолепный центр столицы ради одной патриотической пощечины врагу, губя при этом и множество мирных жителей, — не слишком ли это? И вот тут начинаются вещи странные.

Никогда, ни в то время, ни после советские власти не признались во взрыве Крещатика, а, наоборот, приписали этот взрыв... немцам. Они кричали в печати о варварстве фашистов, а потом после войны обтыкали развалины плакатами и писали во всех газетах: “Восстановим гордость Украины Крещатик, зверски разрушенный фашистскими захватчиками”.

Весь Киев, вся Украина, весь народ прекрасно знали, что Крещатик разрушен советскими, а им вдалбливалось, что это сделали проклятые немцы. То есть что они вошли в прекрасный город, заняли его великолепный центр, пять дней трудились, закладывая мины под собой, чтобы их под собой же и взорвать. Зачем? На это ответ точный: фашисты есть варвары. С этим никто не спорит, фашисты — варвары, но Крещатик взорвали большевики.

Только в 1963 году КГБ выдало для публикации небольшую “Справку КГБ при Совете Министров УССР о диверсионно-разведывательной деятельности группы подпольщиков г. Киева под руководством И.Д. Кудри”.]

[Справка эта не говорит об уничтожении Крещатика, но лишь о “взрывах”, совершенно обходя само слово “Крещатик”.]

Из нее высняется, что И.Д. Кудря, под кличкой Максим, был работником органов безопасности, по их заданию был оставлен в городе вместе с группой, в которую входили Д. Соболев, А. Печенев, Р. Окипная, Е. Бремер и другие. Цитирую:

"В городе... не прекращались пожары и взрывы, принявшие особенный размах в период с 24 по 28 сентября 1941 года, в числе других был взорван склад с принятыми от населения радиоприемниками, немецкая военная комендатура, кинотеатр для немцев и др. И хотя утвердительно никто не может сказать, кто конкретно осуществлял подобные взрывы, уносившие в могилу сотни "завоевателей", нет сомнения, что к этому приложили руку лица, имевшие отношение к группе Максима. Главное же состояло в том, что заносчивым фашистским "завоевателям" эти взрывы давали понять, что хозяином оккупированной земли являются не они".

Далее сообщается, что Д. Соболев погиб при одной из своих многочисленных операций, А. Печенев застрелился, раненный, в постели, когда его хватали гестаповцы. Кудря—Максим, Р. Окипная и Е. Бремер были схвачены в Киеве в июле 1942 года, но где они умерли, достоверно неизвестно.

В 1965 году в "Правде" был опубликован без всяких комментариев указ о присвоении И.Д. Кудре посмертно звания Героя Советского Союза.

[Более двадцати лет для колебаний по поводу такого решения, видимо, понадобилось, чтобы убедиться, что Кудря действительно погиб, а не переметнулся к немцам и не работает сейчас где-нибудь на Западе.

Подробности эпопеи Крещатика могло бы осветить только КГБ, но оно хранит тайну. И остается масса неясного, непроверенного.] Существует много слухов и легенд: о каком-то чекисте-смертнике, который ворвался в вестибюль "Континенталя", включил взрыватели и погиб при этом сам. О том, что другой смертник взорвал во время сеанса кинотеатр Шанцера, когда он был набит немцами, и прочее. Все это трудно проверить.

[Несомненно одно: мины закладывались основательно, обдуманно, задолго до взятия немцами Киева и по крайней мере в основной своей части имели систему взрывания, позволявшую их взрывать выборочно и в намеченное время.

Живы свидетели, видевшие доставку взрывчатки на грузовиках НКВД за месяц-полтора до взрывов. Им тогда и в голову не приходило, что это закладываются мины, потому что немцы были далеко от Киева, а газеты и радио захлебывались, заявляя, что Киев ни за что не будет отдан врагу. Но видимо, органы безопасности лучше отдавали себе отчет в ситуации.

Так зачем же все-таки был взорван Крещатик? Я выскажу мнение свое и мнение большинства киевлян, а вы судите сами.

Взорван был центр, принадлежавший аристократии, бюрократии и самим чекистам. Им, конечно, не хотелось покидать свои квартиры, свои мягкие кресла. И они решили устроить сюрприз. Взорвав Крещатик вместе с немцами, они так злорадно потирали руки, что даже не догадались придать этому патриотическую окраску, а немедленно свалили вину на врагов. В этом — смысл слов из их вымученной справки-признания: "заносчивым фашистским "завоевателям" эти взрывы давали понять, что хозяином оккупированной земли являются не они".

Взрывая мирный Крещатик, они, однако, действительно наносили немцам и ощутимый военный урон, а то, что при этом погибнет втрое больше мирных жителей, это советскую власть никогда не волновало. Тем более что по советским понятиям люди, оставшиеся на оккупированной территории, — не патриоты, значит, и не люди.

Чекисты выжидали целых пять дней, держа руки на взрывателях, чтобы побольше немцев разместилось на Крещатике, чтобы определить порядок взрывов. Первой была взорвана комендатура. И еще эти пять дней давали возможность все свалить на немцев.

Но был еще один, самый зловещий аспект Крещатика: обозлить немцев для того, чтобы, озверев, они сняли чистые перчатки в обращении с народом. Госбезопасность СССР провоцировала немцев на беспощадность. Благо в беспощадности они были хорошими учениками.

И немцы на это клюнули. Свой ответ на Крещатик они обнародовали тоже спустя пять дней, а именно — 29 сентября 1941 года.]

Нет, они официально в связи с Крещатиком ничего не объявили и никого не казнили публично. [Но они стали мрачны и злы, начисто исчезли улыбки. На них, закопченных и озабоченных, жутковато было смотреть, и похоже, они к чему-то готовились.]

Приказ

Утром 28 сентября к нам вдруг явился Иван Свинченко из села Литвиновки. Он шел домой из окружения.

Это был добрый, простодушный и малограмотный крестьянин, великий труженик и отец большой семьи. До войны, приезжая из деревни в город на базар, он ночевал у деда с бабкой. Никогда не забывал для меня какой-нибудь немудрящий деревенский гостинец, только я его дичился, может, потому, что у него был дефект речи: иногда в разговоре он захлебывался, и тогда слышалось одно невнятное бормотание "балабала". Очень странный дефект.

Как все окрестные колхозники, он и раньше вечно был в каком-то тряпье, грязен. Но сейчас он явился такой уж оборванный, такой страшный, что его трудно было узнать. Где-то он сменял свою военную форму на это тряпье.

Вот что с ним произошло.

Вместе со своей частью Иван Свинченко защищал Киев, потом пришел приказ отступать, и они перешли через Днепр на левый его берег, в Дарницу. Там они долго *и бессмысленно* кружили по лесам и проселкам, их бомбили, косили пулеметами с воздуха, никто *из командиров понятия не имел, что делать. Потом командиры вообще куда-то исчезли,* и все *стали кричать, что надо идти по домам. У всех было ощущение, что войне конец.*

Но в глухом лесу наткнулись на партизан. *Ими руководили энкавэдисты, и* партизаны были хорошо экипированы, с возами, продовольствием, имели много оружия, они пугали немцами и звали к себе. Иван энкавэдистов *ненавидел, и он* затосковал.

— То я подождав, бала-бала, ночи — и утик! — объяснил он.

Несколько дней он шел полями и лесами, и повсюду брели такие же, *не хотевшие воевать. А за что, спрашивается, — за колхозы, за колымские лагеря, за нищету? А вокруг была родная Украина, и совсем недалеко где-то — хата, жена и дети. Украинцы шли по домам, русские, чьи дома были у Советов, брели сами не зная куда или искали немцев, чтобы сдаться в плен.*

Иван наткнулся на колонну, сотни в две, таких сдавшихся. Их вели всего двое немцев, да и то повесив на плечо явно ненужные винтовки. Ивана присоединили. Мужики приняли Ивана с хохотом и свистом, они были рады, что отвоевались и идут отдыхать в плен. Но этот чудак Иван не хотел отдыхать, а все думал о семье.

— *То я пройшов трошки, бала-бала, сховався в яму — и утик!*

Бабка кормила оголодавшего Ивана, сердобольно ахала. Дед по какому-то делу пошел было на улицу, но почти тотчас затопотал ногами по крыльцу и ввалился в комнату:

— Поздравляю вас! Ну!.. Завтра в Киеве ни одного жида больше не будет. *Видно, правду говорят, что это они Крещатик сожгли. Слава тебе господи! Хватит, разжирели на нашей крови, заразы.* Пусть теперь едут *в свою Палестину, хоть немцы с ними справятся.* Вывозят их! Приказ висит.

Мы стремглав побежали все на улицу. На заборе была наклеена серая афишка на плохой оберточной бумаге, без заглавия и без подписи:

> Все жиды города Киева и его окрестностей
> должны явиться в понедельник 29 сентября
> 1941 года к 8 часам утра на угол Мельниковской
> и Дохтуровской (возле кладбищ). Взять с собой
> документы, деньги, ценные вещи, а также теплую
> одежду, белье и проч.
> Кто из жидов не выполнит этого распоряжения
> и будет найден в другом месте, будет расстрелян.
> Кто из граждан проникнет в оставленные жидами
> квартиры и присвоит себе вещи, будет расстрелян*.

Ниже следовал этот же текст на украинском языке, еще ниже, мелким петитом, на немецком, так что афишка получилась трехэтажная.

Я перечитал ее два раза, и почему-то холодок прошел по коже. Уж очень жестоко, с какой-то холодной ненавистью написано. Да еще день был холодный, ветреный, на улице пустынно. Я не пошел в дом, а, взволнованный, сам не зная почему, побрел к базару.

Через три двора от нас — большой двор коллективного огородного хозяйства. Там одна к одной ле-

* Центральный государственный архив Октябрьской революции, Москва. Фонд 7021, опись 65, единица хранения 5.

пились мазанки, сарайчики, коровники, и там жило и работало много евреев, *убогие, темные, такие уж жалкие...* Я заглянул — у них во дворе стояла тихая паника, они метались из халупки в халупку, таскали вещи.

Афишки висели и в других местах. Я останавливался, перечитывал, все равно чего-то не понимая.

Во-первых, если евреев решили вывезти, действительно в отместку за Крещатик, то при чем здесь все? Может, взрывали какие-нибудь десять человек, а остальные за что должны страдать? Правда, понять можно: немцы не могут выявить поджигателей, и тогда они решили просто вывезти всех. Жестоко, но верно?

Во-вторых, улиц Мельниковской и Дохтуровской в Киеве нет, но есть улицы Мельникова и Дегтяревская, — приказ явно сочиняли сами немцы и с плохими переводчиками. Эти улицы действительно возле русского и еврейского кладбищ на Лукьяновке, а поблизости — товарная станция Лукьяновка. Значит, их повезут? Но куда? *Неужели в Палестину, как предполагает дед?*

Но опять это жестоко: выгонять силой тысячи людей из родных мест, везти туда, где у них ни кола ни двора, а сколько их заболеет и умрет в дороге! И все из-за того, что несколько из них оказались поджигателями?

Это значит, что и Шурка Маца поедет? Но его мать — русская, и она с отцом разошлась, и Шурка давно не знает своего отца, как и я. Значит, Шурку повезут одного? Мать останется, а он поедет? Мне стало жалко его, жалко навсегда с ним расставаться.

И вдруг — неожиданно для самого себя, прямо как-то стихийно — я подумал словами деда, даже с его интонацией и злобой: "А! Ну и что? Вот пусть и едут в свою Палестину. Хватит, разжирели! Здесь Украина, а они, видите ли, расплодились, расселись, как клопы. И Шурка Маца — тоже жид пархатый, хитрый, вредный, сколько книг у меня зажилил! Пусть уезжают, без них будет лучше, дед мой умный, дед прав".

Так размышляя, я дошел до Куреневского отделения милиции, где когда-то служил мой батя. Теперь здесь была полиция. В окне они выставили портрет Гитлера. Гитлер смотрел строго, почти зловеще, он был в разукрашенном картузе. И картуз этот был надвинут на самые глаза.

Конечно, я не мог пропустить такое невероятное зрелище, как вывоз евреев из Киева. Дождавшись рассвета, я выскочил на улицу.

Они выходили еще затемно, чтобы оказаться пораньше у поезда и занять места. С ревущими детьми, со стариками и больными, плача и переругиваясь, выползло на улицу еврейское население огородного колхоза. Перехваченные веревками узлы, ободранные фанерные чемоданы, заплатанные кошелки, ящички с плотницкими инструментами... Старухи несли, перекинув через шею, как гигантские ожерелья, венки луку — запас провизии на дорогу...

Понимаете, когда всё нормально, всевозможные калеки, больные, старики сидят дома, и их не видно. Но здесь должны были выйти все — и они вышли.

Меня потрясло, как много на свете больных и несчастных людей.

Кроме того, еще одно обстоятельство. Здоровых мужчин мобилизовали в армию, остались одни инвалиды. Кто мог эвакуироваться, у кого были деньги, кто мог уехать с предприятием *или используя блат,* те уезжали.

[Один куреневский продавец по фамилии Клоцман сумел уехать вместе с семьей, уже когда Киев был окружен. Не знаю, правда ли, но говорят, он заплатил баснословные деньги каким-то летчикам, и те погрузили его с вещами в самолет. (И после войны он явился на Куреневку живой и здоровый.)]

А осталась в городе самая настоящая шолом-алейхемовская беднота, и вот она выползла на улицы.

“Да зачем же это? — подумал я, *сразу начисто забыв свой вчерашний антисемитизм.* — Нет, это жестоко, несправедливо, и очень жалко Шурку Мацу; зачем это вдруг его выгоняют, как собаку?! *Пусть он книжки зажиливал, так это потому, что он забывчивый, а я сам — сколько раз его несправедливо лупил?*”

В судорожном возбуждении я шнырял от кучки к кучке, прислушивался к разговорам, и чем ближе к Подолу, тем больше людей становилось на улицах. В воротах и подъездах стояли жители, смотрели, вздыхали, *посмеивались или кричали евреям ругательства. Одна злобная старуха в грязном платке вдруг выбежала на мостовую, вырвала у старухи-еврейки чемодан и побежала во двор. Еврейка закричала, но в воротах ей заступили дорогу здоровенные усатые мужики. Она ры-*

дала, проклинала, жаловалась, но никто за нее не заступился, и толпа шла мимо, наклоняя головы. Я заглянул в щелку и увидел, что во дворе лежит уже целая куча отнятых вещей.

Краем уха услышал разговоры, что где-то тут извозчик, специально нанятый, вез багаж нескольких семей. Он хлестнул коня и погнал в переулок — и его не догнали.

По Глубочице поднималась на Лукьяновку сплошная толпа, море голов, шел еврейский Подол. О, этот Подол!.. [Этот самый вопиющий район Киева можно было узнать по одному тяжкому воздуху — смеси гнили, дешевого жира и сохнущего белья. Здесь испокон веков жила еврейская нищета, голь перекатная: сапожники, портные, угольщики, жестянщики, грузчики, шорники, спекулянты, воры... Дворы без зелени, зловонные мусорные ямы, покосившиеся сараи, полные огромных жирных крыс, уборные с выгребами и роями мух, пыльные и грязные улички, разваливающиеся дома и сырые подвалы — таким был этот галдящий, плодючий и разнесчастный Подол.]

От шума и галдения у меня голова лопалась. Сплошь разговоры: куда повезут, как повезут?

В одной кучке только и слышалось: "Гетто, гетто!" Подошла взволнованная немолодая женщина, вмешалась: "Люди добрые, это смерть!" Старухи заплакали, как запели. Разнесся слух, что где-то тут прошли караимы (я первый раз слышал это слово, оказывается, это такая маленькая семитская народность) — древние старики шли в хламидах до пят, они всю ночь провели в своей караимской синагоге, вышли и проповедовали: "Дети, мы идем на смерть, приготовьтесь. Примем ее мужественно, как принимал Христос".

Кто-то возмущался: как можно так сеять панику! Но уже было известно, что какая-то женщина отравила своих детей и отравилась сама, чтобы не идти. У Оперного театра из окна выбросилась девушка, лежит, накрытая простыней, и никто ее не убирает.

Вдруг все заволновались, заговорили, что впереди, на улице Мельникова, стоит оцепление, туда впускают, а обратно нет.

Тут я испугался. Я устал, у меня гудела голова от всего этого, и я испугался, что не выберусь обратно и меня увезут. Стал проталкиваться против толпы, выбрался, потом долго шел по опустевшим улицам — по ним почти бегом спешили редкие опоздавшие, из ворот *им свистели и улюлюкали вдогонку.*

Придя домой, увидел деда. Он стоял на середине двора, напряженно прислушиваясь к какой-то стрельбе, поднял палец.

— А ты знаешь, — сказал он потрясенно, — ведь их не вывозят. Их стреляют.

И тут до меня дошло.

Из Бабьего Яра неслись отчетливые, размеренные выстрелы из пулемета: та-та-та, та-та...

Тихая, спокойная, размеренная стрельба, как на учениях. Наш Бабий Яр лежит между Куреневкой и Лукьяновкой, чтобы попасть на кладбища, стоит только перейти его. Их, оказывается, гнали оттуда, с Лукьяновки, в этот наш овраг.

Дед выглядел озадаченным и испуганным.

— Может, это стрельбище? — предположил я.

— Какое стрельбище! — жалобно закричал дед. — Вся Куреневка уже говорит, на деревья лазили — видели. Виктор Македон прибежал — жену-еврейку провожал, едва спасся, Матерь Божья, Царица Небесная, что же это, да зачем же это их?

Мы пошли в дом, но сидеть там было невозможно. Стрельба, стрельба.

Дед пошел к Македону узнавать, там сидело много народу, и этот парень (он женился перед самой войной) рассказывал, что там смотрят паспорта и бросают их в костер, а он закричал: "Я русский!", тогда от него жену оторвали и повели в Яр, а его полицейский выгнал...

На дворе было холодно, все так же дул пронзительный ветер, как и вчера.

Я все выбегал, прислушивался. Бабка вынесла мне пальто и шапку, слушала сама, заламывала руки, бормоча: "Боже, и бабы там, и деточки маленькие..." Мне показалось, что она плачет. Обернулся — она крестилась, стоя лицом к Бабьему Яру:

— Оченаш, жои си... на небеси...

На ночь стрельба прекратилась, но утром поднялась снова. По Куреневке говорили, что за первый день расстреляно тридцать тысяч человек, остальные сидят и ждут очереди.

Бабка пришла от соседей с новостью. Во двор огородного хозяйства прибежал четырнадцатилетний мальчик, сын конюха колхоза, рассказывает ужасы: что там всех раздевают, ставят над рвами по нескольку человек в затылок, чтобы одной пулей убивать многих; положат штабель убитых, присыпают, потом снова кладут, а много недобитых, так что земля шевелится, и некоторые выползают, *их бьют по голове и снова запихивают в землю. А его не заметили,* он выполз и прибежал.

— Его надо спрятать! — сказала мама. — В окоп.

— Сынок, — воскликнула бабка, — беги скоренько, поклич его, накормим да сховаем.

Я поспешил в огородное хозяйство.

Но было уже поздно. У ворот стояла телега, запряженная понурым коньком, на ней сидел немецкий солдат с кнутом. Другой солдат, с ружьем под мышкой, вел из ворот бледного мальчишку. Собственно, он даже не вел, а они как-то вышли рядом.

Они подошли к телеге, сели на нее с двух сторон, и солдат даже сдвинул сено, чтобы мальчишке было удобнее. Он положил ружье в сено, а мальчишка лег боком, опершись на локоть. Его большие карие глаза спокойно и безразлично скользнули по мне.

Солдат взмахнул кнутом, чмокнул, и телега тронулась — так просто и буднично, словно они поехали на луг косить сено.

Бабы во дворе громко спорили, я подошел и послушал. Одни возмущались, другие возражали:

— Она правильно сделала. Всех их подушить. Это им за Крещатик!

В колхозе жила одинокая женщина-русская, работала скотницей. Мальчишка из Яра прибежал в свою квартиру. Она его увидела, разохалась, выслушала его повесть, поставила на стол кувшин с молоком, велела сидеть тихо, не выходить, чтобы никто не увидел, затем пошла в полицию — и заявила. Да еще, вернувшись, постерегла, пока не приехала подвода с немцами.

Из самого оврага Бабий Яр в те дни спаслась женщина, мать двоих детей, актриса Киевского театра кукол Дина Мироновна Проничева. Это — единственный свидетель, вышедший оттуда. Привожу ее рассказ, записанный лично мною с ее слов, не добавляя ничего.

Бабий Яр

Она ходила читать приказ, быстро прочла и ушла: у листков с приказом вообще никто долго не задерживался и разговоров не возникало.

Весь день и вечер шли обсуждения и предположения. У нее были отец и мать, дряхлые уже, мать перед приходом немцев вышла из больницы после операции, вот все думали: как же ей ехать? Старики были уверены, что на Лукьяновке всех посадят в поезд и повезут на советскую территорию.

Муж Дины был русским, фамилия ее русская, кроме того, и внешность совсем не еврейская. Дина была скорее похожа на украинку и знала украинский язык. Спорили, гадали, думали и решили, что старики поедут, а Дина их проводит, посадит в поезд, сама же останется с детьми — и будь что будет.

Отец был стекольщиком, они с матерью жили на Тургеневской, дом 27. Дина с детьми — на Воровского, дом 41.

Она пошла домой поздно, пыталась заснуть, но так и не спала в ту ночь. По двору все время бегали, топотали: ловили одну девушку из этого дома. Эта девушка спасалась на чердаке, потом пыталась спуститься по пожарной лестнице, мужские голоса кричали: "Вон она!"

Дело в том, что перед приходом немцев эта девушка говорила:

— Они ни за что не войдут в Киев, а если войдут, я оболью дом керосином и подожгу.

Так вот теперь жена дворника вспомнила это и, боясь, как бы она в самом деле не подожгла, заявила немцам, и как раз в эту ночь ее ловили.

Это была муторная, напряженная, жуткая ночь. Дину всю трясло. Она так и не поняла, схватили ту девушку или нет.

Когда стало светать, она умылась, причесалась, взяла документы и пошла к старикам на Тургеневскую — это рядом. На улицах было необычно много народу; все куда-то деловито спешили с вещами.

У родителей она была в седьмом часу утра. Весь дом не спал. Уезжающие прощались с соседями, обещали писать, поручали им квартиры, вещи, ключи.

Старики много нести не могли, ценностей у них не было, просто взяли необходимое и еду. Дина надела на спину рюкзак, и в восьмом часу утра они вышли.

По Тургеневской шло много людей, но на улице Артема уже было сплошное столпотворение. Люди с узлами, с колясками, разные двуколки, подводы, изредка даже грузовики — все это стояло, потом подвигалось немного, снова стояло.

Был сильный говор, гул толпы, и было похоже на демонстрацию, когда улицы так же запружены народом, но не было флагов, оркестров и торжества.

Странно с этими грузовиками: откуда их добывали? Было, что целый дом складывался и нанимал под вещи транспорт, и так уж они все держались по бокам своей подводы или грузовика. Среди узлов и чемоданов лежали больные, гроздьями сидели детишки. Грудных детей иногда везли по двое, по трое в одной коляске.

Очень много было провожающих: соседи, друзья, родственники, украинцы и русские, помогали нести вещи, вели больных, а то и несли их на закорках.

Все это шествие двигалось очень медленно, а улица Артема очень длинная. У одних ворот стояли немецкие солдаты, смотрели, особенно на девушек. Видимо, Дина им понравилась, они стали звать ее во двор, показывая, что, мол, нужно вымыть полы:

— Ком вашен!

Она отмахнулась. Очень, очень долго, до одури долго длилось это гудящее шествие, эта "демонстрация" с толкотней, разговорами и детским плачем. Дина была в меховой шубке, ей стало жарко.

Лишь где-то после обеда дошли до кладбищ. Она помнит, что направо была длинная кирпичная стена еврейского кладбища с воротами.

Здесь поперек улицы было проволочное заграждение, стояли противотанковые ежи — с проходом посредине, и стояли цепи немцев с бляхами на груди, а также украинские полицаи в черной форме с серыми обшлагами.

Очень рослый деятельный дядька в украинской вышитой сорочке, с казацкими висящими усами, очень приметный, распоряжался при входе. Толпа валила в проход мимо него, но обратно никто не выходил, только изредка с криками проезжали порожняком извозчики: они уже где-то там сгрузили вещи и теперь перли против толпы, орали, размахивали кнутами, это создавало толкучку и ругань.

Все было очень непонятно. Дина посадила стариков у ворот кладбища, а сама пошла посмотреть, что делается впереди.

Как и многие другие, она до сих пор думала, что там стоит поезд. Слышалась какая-то близкая стрельба, в небе низко кружил самолет, и вообще вокруг было тревожно-паническое настроение.

В толпе обрывки разговоров:

— Это война, война! Нас вывозят подальше, где спокойнее.

— А почему только евреев?

Какая-то бабушка весьма авторитетным голосом предполагала:

— Ну потому, что они — родственная немцам нация, их решили вывезти в первую очередь.

Дина с трудом проталкивалась в толпе, все больше беспокоясь, и тут увидела, что впереди все складывают вещи. Разные носильные вещи, узлы и чемоданы в кучу налево, все продукты — направо.

А немцы направляют всех дальше по частям: отправят группу, ждут, потом через какой-то интервал опять пропускают, считают, считают... стоп. Как бывает, в магазин за ситцем пропускают очередь десятками.

Опять разговоры в шуме и гаме:

— Ага, вещи идут, конечно, багажом: там разберемся на месте.

— Какое там разберемся, такая пропасть вещей, их просто поровну *между всеми* поделят, вот *вам и не будет богатых и бедных.*

Дине стало жутко. Ничего похожего на вокзал железной дороги. Она еще не знала, что это, но всей душой почувствовала, что это не вывоз. Все, что угодно, только не вывоз.

Особенно странными были эти близкие пулеметные очереди. Она все еще не могла и мысли допустить, что это расстрел. Во-первых, такие огромные массы людей! Так не бывает. И потом — зачем?!

Можно уверенно предположить, что большинство чувствовало то же, что и Дина, чувствовало неладное, но продолжало цепляться за это "нас вывозят" вот еще по каким причинам.

[Когда вышел приказ, девять евреев из десяти слыхом не слыхали о каких-то фашистских зверствах над евреями.

До самой войны советские газеты лишь расхваливали да превозносили Гитлера — лучшего друга Советского Союза, и ничего не сообщали о положении евреев в Германии и Польше. Среди киевских евреев можно было найти даже восторженных поклонников Гитлера как талантливого государственного деятеля.

С другой стороны,] старики рассказывали, как немцы были на Украине в 1918 году, и тогда они евреев не трогали, наоборот, весьма неплохо относились к ним, потому что — похожий язык и все такое...

Старики говорили:

— *Немцы есть разные, но в общем это культурные и порядочные люди, это* вам не дикая Россия, это Европа — и европейская порядочность.

Или такой — уже совсем свежий — факт. Два дня назад какие-то люди на улице Воровского захватили квартиру эвакуированной еврейской семьи. Оставшиеся в доме родственники пошли в штаб ближайшей немецкой части и пожаловались. Тут же явился офицер, строго приказал освободить квартиру и любезно поклонился евреям: “Пожалуйста, всё в порядке”. Это было буквально позавчера, и все это видели, и об этом сразу разнеслись слухи. А ведь немцы очень последовательны и логичны, уж чем-чем, а последовательностью они отличались всегда.

Но если это не вывоз, то что же тут делается?

Дина говорит, что в этот момент она чувствовала только какой-то животный ужас и туман — состояние, ни с чем не сравнимое.

С людей снимали теплые вещи. Солдат подошел к Дине, быстро и без слов ловко снял с нее шубку.

Тут она кинулась назад. Отыскала стариков у ворот, рассказала, что видела. Отец сказал:

— Доченька, ты нам уже не нужна. Уходи.

Она пошла к заграждению. Тут довольно много людей добивались, чтобы их выпустили назад. Толпа валом валила навстречу. Усач в вышитой сорочке все так же кричал, распоряжался. *Все называли его “пан Шевченко”. Может, это была его подлинная фамилия, может, кто-то назвал его так за усы, но звучало это довольно дико, как “пан Пушкин”, “пан Достоевский”.* Дина протолкалась к нему и стала объяснять, что вот провожала, что у нее остались в городе дети, она просит, чтобы ее выпустили.

Он потребовал паспорт. Она достала. Он посмотрел графу “национальность” и воскликнул:

— Э, жидивка! Назад!

Тут Дина окончательно поняла: это расстреливают.

Судорожно она стала рвать паспорт на мелкие кусочки. Она бросала их под ноги, налево, направо. Пошла обратно к старикам, но ничего им не сказала, чтобы не волновать преждевременно.

Хотя она была уже без шубки, ей стало очень душно. Вокруг было много народу, плотная толпа, испарения; ревут потерявшиеся дети; некоторые, сидя на узлах, обедают. Она еще подумала: "Как они могут есть? Неужели до сих пор не понимают?"

Тут стали командовать, кричать, подняли всех сидевших, подвинули дальше, и задние напирали — получалась какая-то немыслимая очередь. Сюда кладут одни вещи, туда — другие вещи, толкаются, выстраиваются. В этом хаосе Дина потеряла своих стариков, высматривала, увидела, что их отправляют в группе дальше, а перед Диной очередь остановилась.

Стояли. Ждали. Она вытягивала шею, чтобы понять, куда повели отца и мать. Вдруг подошел огромнейший немец и предложил:

— Иди со мной спать, а я тебя выпущу.

Она посмотрела на него как на ненормального, он отошел. Наконец, стали пропускать ее группу.

Говор затих, все умолкли, словно оцепенели, и довольно долго молча шли, а по сторонам стояли шеренгами фашисты. Впереди показались цепи солдат с собаками на поводках. Позади себя Дина услышала:

— Дети мои, помогите пройти, я слепой.

Она обхватила старика за пояс и пошла вместе с ним.

— Дедушка, куда нас ведут? — спросила она.

— Детка, — сказал он, — мы идем отдать Богу последний долг.

В этот момент они вступили в длинный проход между двумя шеренгами солдат и собак. Этот коридор был узкий, метра полтора. Солдаты стояли плечом к плечу, у них были закатаны рукава, и у всех имелись резиновые дубинки или большие палки.

И на проходящих людей посыпались удары.

Спрятаться или уклониться было невозможно. Жесточайшие удары, сразу разбивающие в кровь, сыпались на головы, на спины и плечи слева и справа. Солдаты кричали "Шнель! Шнель!" и весело хохотали, словно развлекались аттракционом, они исхитрялись как-нибудь покрепче ударить в уязвимые места, под ребра, в живот, в пах.

Все закричали, женщины завизжали. Словно кадр в кино, перед Диной промелькнуло: знакомый парень с ее улицы, очень интеллигентный, хорошо одетый, рыдает.

Она увидела, что люди падают. На них тотчас спускали собак. Человек с криком подхватывался, но кое-кто оставался на земле, а сзади напирали, и толпа шла прямо по телам, растаптывая их.

У Дины в голове от всего этого сделался какой-то мрак. Она выпрямилась, высоко подняла голову и шла, как деревянная, не сгибаясь. Ее, кажется, искалечили, но она плохо чувствовала и соображала, у нее стучало только одно: "Не упасть, не упасть".

Обезумевшие люди вываливались на оцепленное войсками пространство — этакую площадь, поросшую травой. Вся трава была усыпана бельем, обувью, одеждой.

Украинские полицаи, судя по акценту — не местные, а явно с запада Украины, грубо хватали людей, лупили, кричали:

— Роздягаться! Швидко! Быстро! Шнель!

Кто мешкал, с того сдирали одежду силой, били ногами, кастетами, дубинками, опьяненные злобой, в каком-то садистском раже.

Ясно, это делалось для того, чтобы толпа не могла опомниться. Многие голые люди были все в крови.

Со стороны группы голых и куда-то уводимых Дина услышала, как мать кричит ей, машет рукой:

— Доченька, ты не похожа! Спасайся!

Их угнали. Дина решительно подошла к полицаю и спросила, где комендант. Сказала, что она провожающая, попала случайно.

Он потребовал документы. Она стала доставать из сумочки, но он сам взял сумочку, пересмотрел ее всю. Там были деньги, трудовая книжка, профсоюзный билет, где национальность не указывается. Фамилия "Проничева" полицая убеждала. Сумочку он не вернул, но указал на бугорок, где сидела кучка людей:

— Сидай отут. Жидив перестреляем — тоди выпустым.

Дина подошла к бугорку и села. Все тут молчали, ошалелые. *Она боялась поднять лицо: а вдруг кто-нибудь ее здесь узнает, случайно совершенно, и закричит: "Она — жидовка!" Чтобы спастись, эти люди ни перед чем не остановятся. Поэтому она старалась ни на кого не смотреть, и на нее не смотрели.* Только сидевшая рядом бабушка в пушистом вязаном платке тихо пожаловалась Дине, что провожала невестку и вот попала... *А сама она украинка, никакая не еврейка, и кто бы мог подумать, что выйдет такое с этим провожанием.*

Здесь все были провожающие.

Так они сидели, и прямо перед ними, как на сцене, происходил этот кошмар: из коридора партия за партией вываливались визжащие, избитые люди, их принимали полицаи, лупили, раздевали — и так без конца.

Дина уверяет, что некоторые истерически хохотали, что она своими глазами видела, как несколько человек за то время, что раздевались и шли на расстрел, на глазах становились седыми.

Голых людей строили небольшими цепочками и вели в прорезь, наспех прокопанную в обрывистой песчаной стене. Что за ней — не было видно, но оттуда неслась стрельба, и возвращались оттуда только немцы и полицаи, за новыми цепочками.

Матери особенно копошились над детьми, поэтому время от времени какой-нибудь немец или полицай, рассердясь, выхватывал у матери ребенка, подходил к песчаной стене и, размахнувшись, швырял его через гребень, как полено.

Дину словно обручами схватило, она долго-долго сидела, втянув голову в плечи, боясь взглянуть на соседей, потому что их все прибывало. Она уже не воспринимала ни криков, ни стрельбы.

Стало темнеть.

Вдруг подъехала открытая машина, и в ней — высокий, стройный, очень элегантный офицер со стеком в руке. Было похоже, что он здесь главный. Рядом с ним был русский переводчик.

— Кто такие? — спросил офицер через переводчика у полицая, указывая на бугорок, где сидело уже человек пятьдесят.

— Цэ наши люды, — ответил полицай. — Нэ зналы, треба их выпустыть.

Офицер как закричит:

— Немедленно расстрелять! Если хоть один отсюда выйдет и расскажет по городу, завтра ни один жид не придет.

Переводчик добросовестно перевел это полицаю, а люди на бугорке сидели и слушали.

— А ну, пишлы! Ходимо! Поднимайсь! — закричали полицаи.

Люди, как пьяные, поднялись. Время было уже позднее, может, потому эту партию не стали раздевать, а так и повели одетыми в прорезь.

Дина шла примерно во втором десятке. Миновали коридор прокопа, и открылся песчаный карьер с почти отвесными стенами. Было уже полутемно. Дина плохо разглядела этот карьер. Всех гуськом, быстро, торопя, послали влево — по очень узкому выступу.

Слева была стена, справа яма, а выступ, очевидно, был вырезан специально для расстрела, и был он такой узкий, что, идя по нему, люди инстинктивно жались к песчаной стенке, чтобы не свалиться.

Дина глянула вниз, и у нее закружилась голова — так ей показалось высоко. Внизу было море окровавленных тел. На противоположной стороне карьера она успела разглядеть установленные ручные пулеметы, и там было несколько немецких солдат. Они жгли костер, на котором варили, похоже, кофе.

Когда всю цепочку загнали на выступ, один из немцев отделился от костра, взялся за пулемет и начал стрелять.

Дина не столько увидела, сколько почувствовала, как с выступа повалились тела и как трасса пуль приближается к ней. У нее мелькнуло: "Сейчас я... Сейчас!" Не дожидаясь, она бросилась вниз, сжав кулаки.

Ей показалось, что она летела целую вечность, вероятно, было действительно высоко. При падении она не почувствовала ни удара, ни боли. Сначала ее обдало теплой кровью, и по лицу потекла кровь, так, словно она упала в ванну с кровью. Она лежала, раскинув руки, закрыв глаза.

Слышала какие-то утробные звуки, стоны, икоту, плач вокруг и из-под себя: было много недобитых. Вся эта масса тел чуть заметно пошевеливалась, оседая, уплотняясь от движения заваленных живых.

Солдаты вошли на выступ и стали присвечивать вниз фонариками, постреливая из пистолетов в тех, кто казался им живым. Но недалеко от Дины кто-то по-прежнему сильно стонал.

Она услышала, как ходят рядом, уже по трупам. Это немцы спустились, нагибались, что-то снимали с убитых, время от времени стреляя в шевелящихся.

Тут же ходил и полицай, который смотрел ее документы и забрал сумочку: она узнала его по голосу.

Один эсэсовец наткнулся на Дину, и она показалась ему подозрительной. Он посветил фонариком, приподнял ее и стал бить. Но она висела мешком и не подавала признаков жизни. Он ткнул ее сапогом в грудь, наступил на правую руку так, что рука хрустнула, но не выстрелил и пошел, балансируя, по трупам дальше.

Через несколько минут она услышала голос наверху:

— *Демиденко!* Давай прикидай!

Зазвякали лопаты, послышались глухие удары песка о тела, все ближе, и наконец груды песка стали падать на Дину.

Ее заваливало, но она не шевелилась, пока не засыпало рот. Она лежала лицом вверх, вдохнула в себя песок, подавилась и тут, почти ничего не соображая, забарахталась в диком ужасе, готовая уж лучше быть расстрелянной, чем заживо закопанной.

Левой, здоровой рукой она стала сгребать с себя песок, захлебывалась, вот-вот могла закашляться и из последних сил давила в себе этот кашель. Ей стало легче. Наконец она выбралась из-под земли.

Они там наверху, *эти украинские полицаи, видимо, устали после тяжкого* дня, *копали лениво* и только слегка присыпали, побросали лопаты и ушли. Глаза Дины были полны песку. Кромешная тьма, тяжелый *мясной* дух *от массы свежих трупов.*

Дина определила ближайшую песчаную стену, долго, долго, осторожно подбиралась к ней, потом встала и принялась левой рукой делать ямки. Так, прижимаясь к этой стене, она делала ямки, поднимаясь пядь за пядью, каждую секунду рискуя сорваться.

Наверху оказался куст, она его нащупала, отчаянно уцепилась и, когда переваливалась через край, услышала тихий голос, от которого чуть не кинулась обратно:

— Тетя! Не бойтесь, я тоже живой.

Это был мальчик, в майке и трусиках, он вылез, как и она. Мальчик дрожал.

— Молчи! — шикнула она на него. — Ползи за мной.

И они поползли куда-то, молча, без звука.

Они ползли чрезвычайно долго, медленно, натыкаясь на обрывы, сворачивая, и ползли, очевидно, всю ночь, потому что начало светать. Тогда они нашли кусты и залезли в них.

Они были на краю большого оврага. Недалеко увидели немцев, которые пришли и стали сортировать вещи, складывать их. У них там вертелись и собаки на поводках. Иногда приезжали грузовики за вещами, но чаще — просто конные площадки.

Когда рассвело, они увидели бежавшую старуху, за ней мальчика лет шести, который кричал: "Бабушка, я боюсь!" Но старуха от него отмахивалась. Их догнали два немецких солдата и застрелили: сначала старуху, потом малыша.

Потом по противоположной стороне оврага человек семь немцев привели двух молодых женщин. Они спустились пониже в овраг, выбрали ровное место и стали по очереди насиловать этих женщин. Удовлетворившись, закололи женщин кинжалами, так что те и не вскрикивали, — а трупы так оставили, голые, с раскинутыми ногами.

Немцы постоянно проходили то внизу, то поверху, разговаривали. Все время стояла стрельба где-то тут, рядом. Столько стрельбы, что Дине стало казаться, будто она всегда была и вообще не прекращалась, что она и ночью была.

Они с мальчиком лежали, забывались, просыпались. Мальчик сказал, что его зовут Мотя, что у него никого не осталось, что он упал вместе с отцом, когда стреляли. *Он был хорошенький, с красивыми глазами, которые смотрели на Дину как на спасительницу.* Она подумала, что, если удастся спастись, она усыновит его.

К вечеру у нее начались галлюцинации: пришли к ней отец, мать, сестра. Они были в длинных белых халатах, все смеялись и кувыркались. Когда Дина очнулась, над ней сидел Мотя и жалобно говорил:

— Тетя, не умирайте, не оставляйте меня.

Она с большим трудом сообразила, где находится. Поскольку стало опять темно, они выбрались из кустов и поползли дальше. Днем Дина наметила путь: по большому лугу к роще, видневшейся вдали. Иногда она забывалась, приподнималась, тогда Мотя цеплялся за нее, прижимал к земле.

Кажется, она теряла сознание, потому что однажды свалилась в овраг. Они не ели и не пили больше суток, но об этом мысль не приходила. Это был какой-то шок.

Так они ползли еще ночь, пока не стало светать. Впереди были кусты, в которых они решили спрятаться, и Мотя полез разведать. Они так делали много раз, и если там все благополучно, Мотя должен был шевельнуть кустом. Но он пронзительно закричал:

— Тетя, не ползите, тут немцы!

И раздались выстрелы. Его так на месте и убили. На ее счастье, немцы не поняли, что кричал Мотя. Она отползла назад, очутилась среди какого-то песка. Она сделала ямку, потом аккуратно засыпала ее холмиком, воображая, что хоронит Мотю, своего спутника, — и поплакала. Она была уже как помешанная.

Светало, и Дина обнаружила, что сидит, покачиваясь, прямо на дороге, что слева заборы, проулок, мусорная свалка.

Она бросилась ползком на свалку, зарылась в мусор, набросала на себя всяких тряпок, коробок, надела на голову драную корзину — "верейку", чтобы под ней дышать.

Лежала так, затаившись. Однажды прошли мимо немцы, остановились, закурили.

Прямо перед собой, на краю огорода, она увидела два зеленых помидора. Чтобы достать их, надо было подползти. Вот только тут ей захотелось пить, и начались муки.

Она старалась думать о чем угодно, закрывала глаза, убеждала себя, приказывала не думать, а ее, как магнитом, поворачивало в сторону помидоров. Она не вылезла и пролежала дотемна.

Лишь в сплошной темноте выбралась, нащупала помидоры, съела и опять поползла на животе. Она уже столько наползалась, что кажется, разучилась ходить на ногах.

Ползла долго, провалилась в окоп с колючей проволокой, забывалась. Под утро увидела хату, за ней сарай и решила забраться в этот сарай. Он не был заперт, но едва она влезла, во дворе тявкнула собака. Залаяли соседние собаки. Ей показалось, что лаяли сотни собак — так не нужен был ей этот шум.

Вышла сонная хозяйка, закричала:

— Тихо, Рябко!

Она заглянула в сарай и увидела Дину. Вид у хозяйки был хмурый, и когда она стала расспрашивать, кто такая Дина да почему здесь, Дина вдруг стала врать, что идет с рытья окопов, издалека, заблудилась, решила в сарае переночевать. Спросила дорогу к коменданту города.

— А дэ ж ты була?

— У Билий Церкви.

— У Билий Церкви? *И оцэ тут — дорога з Билои Церквы?* Ну, ну...

Вид у Дины был, конечно, аховый: вся в засохшей крови, в грязи и песке, туфли потеряла еще в карьере, чулки изорвались.

На шум вышли соседки, понемногу окружили Дину, *разглядывали. Хозяйка позвала сына, мальчика лет шестнадцати.*

— *Ванькe,* иды приводы нимця, мы ий зараз покажем дорогу.

Дина стояла и понимала, что она не может побежать — сил нет, и потом эти бабы закричат, спустят собак. Хозяйку они называли Лизаветой.

Немцы, видимо, были близко, потому что Ванько почти сразу привел офицера.

— Ось, пан, юда!

Офицер оглядел Дину, кивнул:

— Ком.

И пошел по тропинке вперед. Дина за ним. Он ничего не говорил, только поглядывал, идет ли она. Она сложила руки на груди, сжалась, ей стало холодно, болела правая рука — она была в крови, болели ноги — они были разбиты.

Вошли в одноэтажный кирпичный дом, где десятка два солдат завтракали, пили кофе из алюминиевых кружек. Дина хотела сесть в углу на стул, но офицер закричал — тогда она села на пол.

Вскоре немцы стали брать винтовки и расходиться. Остался лишь один солдат — дневальный. Он ходил, убирал, показал Дине на стул: садись, мол, ничего.

Она пересела на стул. Солдат посмотрел в окно и подал Дине тряпку, показывая, чтобы она протерла стекла. Окно было большое, чуть не во всю стену, в частых переплетах, как на веранде. И тут сквозь окно Дина увидела, что ползала она вокруг да около Яра и попала опять в то же место, откуда бежала.

Солдат стал тихо говорить. Дина его понимала, но он думал, что она не понимает, и изо всех сил старался втолковать:

— Ты пойми хоть немножко. Начальство ушло. Я даю тебе тряпку, чтобы ты удрала. Ты вытирай окно и смотри в окно, куда удрать. Да пойми же, думм-копф, дурная голова!

Он говорил сочувственно. Дина подумала, что это не похоже на провокацию. Но тогда она была в таком состоянии, что не верила уже ничему. На всякий случай вертела головой с непонимающим видом.

Солдат с досадой сунул ей веник и послал подметать соседний домик, где вообще не было никого. Дина заметалась, готовая бежать, но послышался шум и плач.

Явились офицер с *Ваньком, сыном Лизаветы,* ведя двух девушек лет по пятнадцати—шестнадцати.

Девчонки кричали, рыдали, бросались на землю и пытались целовать сапоги офицера, умоляли заставить делать их все, что угодно, *спать с ними,* только не расстреливать.

Они были в одинаковых чистеньких темных платьях, с косичками.

— Мы из детдома! — кричали они. — Мы не знаем, кто мы по национальности. Нас принесли грудными!

Офицер смотрел, как они валяются, и отодвигал ноги. Велел им и Дине следовать за ним.

Вышли на ту площадь, где раздевали. Здесь попрежнему валялись кучи одежды, туфель. За вещами, в сторонке, сидели тридцать или сорок стариков, старух и больных. Верно, это были остатки, выловленные по квартирам.

Одна старуха лежала парализованная, завернутая в одеяло.

Дину и девочек посадили к ним. Девочки тихо плакали.

Они сидели под каким-то уступом, а по уступу прохаживался туда-сюда часовой с автоматом. Дина исподлобья следила за ним, как он то удаляется, то приближается. Он заметил это, стал нервничать и вдруг закричал яростно, по-немецки:

— Что ты следишь? Не смотри на меня! Я ни-че-го не могу тебе сделать. У меня тоже дети есть!

К ней подсела девушка в гимнастерке и шинели — увидела, что Дина дрожит от холода, и прикрыла ее шинелью. Они тихо разговорились. Девушку звали Любой, ей было девятнадцать лет, она служила медсестрой и попала в окружение.

Подъехал грузовик с советскими военнопленными, у всех были лопаты. Старики в ужасе заволновались: неужели будут закапывать живьем? Но один из пленных посмотрел издали, сказал:

— Вам повезло.

Всех стали поднимать и загонять в кузов этого же грузовика. Двое солдат подняли старуху в одеяле и, как бревно, сунули в кузов, там ее подхватили на руки.

Кузов был открытый, с высокими бортами. Один немец сел в кабину, другой в кузов, и четверо полицаев поместились по бортам.

Куда-то повезли.

Трудно было усмотреть в этом какую-то знаменитую немецкую логику или последовательность: одних раздевали, других нет, одних добивали, *других оставляли медленно умирать*, тех везли сюда, этих отсюда...

Грузовик приехал на улицу Мельникова, где было большое автохозяйство. На просторный двор выходило много ворот гаражей и мастерских. Открыли одни ворота — оказалось, что там набито людей как селедок, они кричали, задыхались — так и вывалились из ворот. *Среди прочих вывалилась старушка и сразу же стала мочиться под дверью. Немец закричал и выстрелил ей в голову из пистолета.*

Парализованную старуху в одеяле вынули из кузова и сунули в гараж прямо по головам. С трудом, под крики и визг, немцы поднатужились и закрыли эти ворота, *вкатив туда же и труп убитой*, и стали озабоченно говорить между собой, что нет *мест.*

Это сюда загнали на ночь толпу с улицы, и именно здесь люди сидели по нескольку суток, ожидая очереди на расстрел.

Дина понимала немецкую речь, слушала и соображала: что же дальше?

Машина стала задним ходом сдавать из двора. Немец из кузова спрыгнул, остались четыре полицая: двое у кабины, двое у бортов, но они сели не у самого заднего борта, а ближе к середине. Они выглядели усталыми, но не злыми.

Дина и Люба стали сговариваться: надо прыгать.

Будут стрелять — пусть. По крайней мере будет быстрая смерть, а не ждать очереди.

Поехали быстро. Люба прикрыла Дину от ветра шинелью. Петляли по улицам. Оказались на Шулявке, двигались куда-то к Брест-Литовскому шоссе.

Покрытая шинелью, Дина перевалилась через задний борт и прыгнула на большом ходу. Она упала, разбилась в кровь о мостовую, но с машины ее не заметили. А может, не захотели заметить?

Ее окружили прохожие. Она стала бормотать, что вот ехала, надо было сойти у базара, а шофер не понял, она решила спрыгнуть... Ей и верили и не верили, но вокруг она видела человеческие глаза. Ее быстро увели во двор.

Еще через полчаса она была у жены своего брата, польки по национальности. Всю ночь грели воду и отмачивали на ее теле сорочку, влипшую в раны.

■

Д.М. Проничева потом много раз еще была на краю гибели, скрывалась в развалинах, в Дарнице, затем по селам под именем Нади Савченко. Ее детей спасли люди, она долго разыскивала их и нашла в самом конце войны. В 1946 году она была свидетелем обвинения на Киевском процессе о фашистских злодеяниях на Украине. [Но из-за последовавшего вскоре разгула антисемитизма она стала скрывать, что спаслась из Бабьего Яра, скрывала опять, что она — еврейка, опять ее выручала фамилия "Проничева".]

Она вернулась в Киевский театр кукол, где работает и поныне актрисой-кукловодом. [Мне стоило огромного труда убедить ее рассказать, как ей, единственной из расстрелянных в сентябре 1941 года 70 000 евреев, удалось спастись, она не верила, что это может быть опубликовано и что это кому-нибудь нужно. Ее рассказ длился несколько дней и перемежался сердечными приступами. Это было в том же доме на улице Воровского, откуда она уходила в Бабий Яр, в старой разрушающейся комнате.

Только в 1968 году Д.М. Проничевой удалось выхлопотать маленькую квартиру в новом доме, и она прислала мне письмо, где писала, что после выхода этой книги к ней приходил один киевлянин, сказавший, что он тоже спасся из Яра. Он тогда был совсем ребенком и вылез, как и Мотя, его скрывала украинская семья, он принял их фамилию, в паспорте у него стоит “украинец”, и он никогда никому не рассказывал, что он из Бабьего Яра. Судя по деталям, которые он помнит, рассказ его правдив. Но он просто так посидел, повспоминал — и ушел, не назвав себя.]

Глава воспоминаний

1. *Людоеды*

Самый большой за всю историю Украины голод был при советской власти в 1933 году. Это первое осмысленное воспоминание моей жизни.

Бабка месила в деревянном корыте мамалыгу, я вертелся рядом: не перепадет ли кусочек. А отец, осунувшийся и усталый, сидел на табуретке и рассказывал.

Он только что вернулся из-под Умани, где проводил коллективизацию. Раньше, бывало, приезжая, он привозил муку, горшочки с медом, потом перестал; и на этот раз не привез ничего.

— Ну загнали мы крестьян в колхозы револьверами, — говорил отец. — А они работать не хотят. Опустили руки и ничего не делают. Скот передох, поля остались незасеянными, заросли бурьянами. Говорить с людьми, столковаться — нет никакой возможности. Замкнутые, тупые, молчат, словно не люди. Сгоним на собрание — молчат, велим разойтись — расходятся. В общем, нашла коса на камень. Мы им:

колхозы или смерть. Они на это: лучше смерть. Говорят: Ленин пообещал нам землю, за это революция была. И вот это одно задолбили, и стоят на том. Какая-то немыслимая, полоумная крестьянская забастовка, жрать больше нечего...

— Господи, — охала бабка, — так что ж ты там ел?

— Нам, коммунистам, выдавали по талонам, чтоб не сдохли, немножко деревенским активистам тоже, а вот что ОНИ жрут — это уму непостижимо. Лягушек, мышей уже нет, кошки ни одной не осталось, траву, солому секут, кору сосновую обдирают, растирают в пыль и пекут из нее лепешки. Людоедство на каждом шагу.

— Людоедство! Господи! Как же это?

— Очень просто. Скажем, сидим мы в сельсовете, вдруг бежит деревенский активист, доносит: в такой-то хате девку едят. Собираемся, берем оружие, идем в эту хату. Семья вся дома в сборе, только дочки нет. Сонные сидят, сытые. В хате вкусно пахнет вареным. Печка жарко натоплена, горшки в ней стоят.

Начинаю допрашивать:

— Где ваша дочка?

— У город поихала...

— Зачем поехала?

— Краму (ткани — укр.) на платье купить.

— А в печи в горшках что?

— Та кулиш...

Выворачиваю этот "кулиш" в миску — мясо, мясо, рука с ногтями плавает в жире.

— Собирайтесь, пошли.

Послушно собираются, как сонные мухи, совсем уже невменяемые. Идут. Что с ними делать дальше? Теоретически — надо судить. Но в советских законах такой статьи — о людоедстве — нет! Можно — за убийство, так это ж сколько возни судам, и потом, голод — это смягчающее обстоятельство или нет? В общем, нам инструкцию спустили: решать на местах. Выведем их из села, свернем куда-нибудь в поле, в балочку, пошлепали из пистолета в затылок, землей слегка присыпали — потом волки съедят. [Голод был вызван искусственно, по приказу Сталина. У сопротивлявшихся коллективизации крестьян были реквизированы все запасы. Вымирали многие села до последнего человека. На железнодорожных станциях, по городам лежали тысячи опухших и умиравших крестьян, бежавших из сел в поисках хлеба. Исходя из цифр переписей, показаний свидетелей и других данных, исследователи находят, что число погибших превышало 7 миллионов человек. Сталин в беседе с Черчиллем обронил фразу, что ему тогда понадобилось ликвидировать сопротивление 10 миллионов противников. "Десять миллионов, — сказал он, подняв руки. — Это было страшно. Это длилось четыре года" (Уинстон Черчилль. Вторая мировая война. Лондон, 1951. Том 4, книга 2. Стр. 447).]

2. *Кто принес елочку?*

Мое детство окружала ложь.

Я пошел учиться в первый класс школы в историческом 1937 году (тогда начинали учиться с восьми лет). Здание было древнее, ветхое, в классах было по пятьдесят учеников, занятия шли в три смены.

Мы распевали песенку про козла и учили букву "О". Мама научила меня грамоте с четырех лет. В классе мне было скучно, потому что я читал, как пулемет, уже прочел главные романы Гюго и “Размножение” Золя, где меня особенно потрясло то, что хирургическое предупреждение беременности приводит женщину к преждевременной старости. Там осуждается женщина, которая не хотела беременеть, а только свободно спать с мужчинами и веселиться, и врач ей что-то вырезал, и через несколько лет она стала старухой. Я очень жалел эту женщину, но слащавая картина чудовищного многодетного семейства, которую Золя нарисовал как образец, мне почему-то показалась еще более противной. Я про себя решил, что, когда вырасту, ни за что не женюсь на матроне, плодовитой, как жирная самка тутового шелкопряда, а буду гулять, спать и веселиться.

На праздник 20-й годовщины революции мы переселились в новую школу. Она встала на нашей Куреневке среди кособоких домишек и купеческих особняков, как Гулливер среди лилипутов — с огромными окнами, колоннами, широкими лестницами, истинный символ нового, живой пример заботы партии и лично товарища Сталина.

Нам, маленьким клопикам, постоянно говорили это на уроках. Мы переселились в новую школу со знаменами, барабанным боем и песнями о любимом Сталине. Нас возили в грузовиках на демонстрацию, где мы восторженно визжали “ура!”.

В школьном зале по субботам бесплатно показывали кино. Мы, первоклассники, занимали лучшие места на полу под экраном и смотрели, задрав головы, разинув рты.

Никто не знал заранее, какое будет кино, потому что коробки с кинолентами привозили в самый послед-

ний момент. Из-за этого случались неувязки. Так, одной из первых показали картину, сюжет которой был такой.

Молодой рабочий-ударник, комсомолец женится на отсталой мещанской девице. Входит в мещанскую семью. Бурные сцены борьбы коммунистической и мещанской идеологий. Молодой муж уходит из дому и ночует у приятеля. В это время престарелый отец героини утирает ей слезы, а затем спит с ней, в результате чего рождается ребенок. Молодой муж узнает об этом у станка, выполняя очередную ударную норму. Он ломает голову: от кого ребенок? Из-за этого он делает брак и не выполняет норму. Название и конец фильма не остались у меня в памяти, но на всех нас, сидевших в первых рядах на полу, он произвел глубокое впечатление.

Напротив школы открылась детская агротехническая станция, и разные тети приходили записывать в юннаты, чтобы по методу академика Лысенко выращивать невиданные урожаи. Мы с Жориком Гороховским немедленно записались, нам дали участок земли и пакет с арахисом. К сожалению, мы его попробовали и уже не могли остановиться, пока не съели весь. Посмотрели друг на друга и, ни слова не говоря, удрали навсегда, пожертвовав карьерой последователей Лысенко.

В старом особняке открылась детская техническая станция — ДТС — с кружками фотографии, радио, авиамоделизма, и мы записались в фотокружок. Первой работой, которую нам поручил руководитель, была фотография бюста Сталина.

На нашей кривой и противной улице асфальтировались тротуары, по тем временам это было истинное чудо.

В газетах сообщалось, что по предложению выдающегося сталинского соратника Постышева вводится новый праздник — Новый год с елкой. До той поры с самой революции елки не было, и для нас, детишек, это было открытие. В новой школе установили елку, девочки изображали снежинок, я декламировал стихи про Мороза, который дозором обходит владенья свои. И в заключение мы пели песню, которая была напечатана в газете и кончалась словами: "И эту чудо-елочку нам Постышев принес".

Бабка сказала:

— Это Рождество. Елку Иисус Христос принес.

Я возражал:

— Нет, Постышев. Никакого Иисуса Христа нету и не было! Это советская власть дала детям елку.

— Ты — щеня, — сказала бабка, и мы жестоко поссорились. Мама сказала:

— Вот, Толя, какой ты везучий. Только пошел учиться — построили тебе новую школу, открыли агростанцию и ДТС, ввели елку, даже асфальт вам проложили, — только учитесь. Ты пользуйся этим и учись, но только читай побольше, читай и читай, в книгах — мудрость.

Однако очень скоро выяснилось, что в книгах не все мудрость. Как-то на уроке нам велели раскрыть учебники на странице с портретом Постышева и эту страницу вырвать: Постышев оказался врагом народа.

И его расстреляли, хоть он и елочку принес. Для наших детских мозгов это было потрясением, но нам и сообразить не дали, сразу сделали это системой, чем-то обыкновенным и привычным. То велели вырывать новые страницы, то — густо замазывать чернилами какие-то строчки и имена. Портить учебники — это было даже весело, это всем ужасно понравилось.

Однажды во время урока вдруг распахнулась дверь класса, вошли взволнованные директор, завуч и парторг, скомандовали:

— Тетради — на парты!

На обложках тетрадей для красоты был напечатан букет цветов. Все тетради с букетом немедленно отобрали и отнесли в кочегарку, где сожгли в топке. Школьный телефон надрывался от звонков из гороно: все ли тетради изъяты? Оказалось, что среди цветов обнаружена замаскированная царская корона. Как в загадочной картинке: "Где охотник?" — листики, штрихи, завитушки, а если перевернуть вверх ногами да некоторые линии обвести карандашом, то в аляповатом букете при желании можно было обнаружить корону. А можно и лошадку... И говорили, что много людей было арестовано за эту проклятую тетрадку и исчезли они неизвестно куда.

3. Горели книги

— А ну, — сказала мама, — разорви эту книгу, клади в печку и разжигай.

Книг у нас было много, мама собирала их и постоянно покупала новые. И вот она стала пересматривать их, стопу за стопой — и отправлять в печь. Книги горят долго и упрямо, их надо ворошить кочергой. Была теплая погода, и вскоре от раскаленной печки стало жарко, пришлось открыть окна — и все равно душно.

Довольно много из наших книг я уже прочел, подобно этому самому "Размножению" Золя, но еще больше не успел. Особенно жаль было великолепно иллюстрированных, переплетенных годовых комплектов "Иностранной литературы" с 1890 по 1910 год, напечатанную при царе "Русскую историю в картинах", не говоря уж о книгах Горького.

— Это вредительские книги, — объяснила мать. Понятно. Если в школе тетради жгут, то вредительские книги надо и подавно — в печь. Горький не так давно умер, но вокруг все шепотом говорили, что его отравили. Сперва сына его убили, а потом и самого "залечили" в Кремлевской больнице. А раз такое дело, лучше его книг не держать.

Но я буквально завизжал, когда к сожжению были приговорены японские сказки:

— Не надо, мама, не надо!

Это была самая любимая книга моего детства, по ней я выучился читать. В ней рассказывалось о занятных и поучительных историях, происходивших с мальчиком Таро и девочкой Такэй, а на картинках были прудики с золотыми рыбками и японские домики среди карликовых сосенок. Я вцепился в книгу, а мать стала вырывать, и она была сильнее, и мои Таро и Такэй полетели в огонь. Обложка была плотная, лакированная и долго не хотела гореть. Лежит великолепная детская книга среди огня — и не горит.

— Японцы — капиталисты и наши враги, — сказала мать. — Нельзя держать в доме японские книги.

Чтобы я не разревелся, она дала мне ножницы и велела кромсать семейные фотографии. Ставила крест на лицах, которые надо вырезать, это были враги народа, и я их аккуратно вырезал. Что-то у нас оказалось подозрительно много знакомых врагов народа.

После моей обработки фотографии выглядели презабавно. Вот, например, большая групповая фотография, ряды проглотивших аршин мужчин и женщин, надпись: "Учительская конференция 1935 года". А в этих рядах теперь, после моих ножниц, — пустые дырки в форме человеческих силуэтов, словно не люди были, а привидения. Все они оказались врагами народа, теперь их уж нет, их надо забыть.

И начались ночи.

По ночам мама почти не спала. Ходила из угла в угол, прислушивалась к каждому звуку. Если на улице гудел мотор автомобиля, она вскидывалась, бледнела и металась. Но это были просто проезжающие мимо автомобили.

Приходя с работы, рассказывала, что очень трудно: не пришел такой-то учитель, и такой-то учитель, и она одновременно работала с двумя классами, и каждый день происходят слияния классов, перестановки, потому что учителей все арестовывают и арестовывают... Она ждет своей очереди.

Бабка плакала и причитала:

— Ой, ты ж ничего не зробыла, Маруся. Тебя ж нэма за що арестувать!

— А их за что?

— Ой, Маты Божа, за що ж така кара?

Приятель деда старик Жук был тихим и смирным дедушкой, регулярно подметал улицу, красил забор, бежал голосовать в шесть часов утра и всегда вывешивал красный флаг на 7 ноября и другие праздники. Однажды он стоял в очереди за ситцем.

Ткани тогда были большой ценностью. Их можно было купить, только простояв сутки в очереди. Очередь была жуткая, многотысячная, и выстраивалась она не у магазина, а так, чтобы ее не видно было с Кирил-

ловской улицы, где ездили правительственные машины и иностранные гости, — вдоль ограды сквера, как раз напротив наших ворот. Галдела она сильно, и люди в очереди завтракали, обедали, спали по ночам на земле.

Милиция наводила порядок, отсчитывала десятки и вела их в магазин. Забавно они шли: цепко ухватясь за бока друг друга, в затылок, как дети играют в поезд — это чтобы одиннадцатый не примазался, — измученные, всклокоченные, но судорожно-счастливые, достоялись, наконец! При входе в магазин милиция их опять пересчитывала, так что все было очень культурно, и порядок соблюдался образцовый, и их впускали в магазин, как в храм. Что они там получат — никто не знал. Чего в данный момент привезли целую машину, то и "дают" по несколько метров на душу, и счастливцы выходили все с совершенно одинаковыми кусками.

Так вот Жук стоял в этой очереди, что-то сказал, а кто-то услышал и, может быть, за это получил кусок ситца вне очереди. Ночью у дома Жука погудел мотор машины, и его увезли. После этого и у деда пропал сон. Он перебирал в памяти все свои высказывания против большевиков, прикидывая, кто же из друзей их вспомнит.

Бабка приготовила две корзинки с бельем, сухарями, положила по кусочку мыла и зубной щетке. Сама вскидывалась при гуле проезжающей машины. Мутные, жуткие ночи.

Мама снова перебрала все бумаги, листик за листиком, снова горела печь, и моя работа пропала: фотографии с дырками мать решила вообще не хранить, побросала в огонь. И остались у нас только самые распроверенные советские книги да еще шеститомное собрание сочинений Пушкина.

После людоедов это был второй ужас в моей жизни.

■

[Не могу здесь удержаться от комментария, как в те времена люди понимали события.

Едва был убит Киров, как сейчас же все заговорили, что Киров убит по приказу Сталина. То же самое об Орджоникидзе. О Горьком упрямо говорили, что он отравлен, так как не был согласен со *Сталиным.* Никто никогда не отделял Сталина от НКВД. В Киев Сталиным был послан Вышинский, занял под свою резиденцию Октябрьский дворец и принялся подписывать смертные приговоры сразу под огромными списками. Многих убивали тут же во дворце и сбрасывали трупы из окон в овраг. Все это Киев прекрасно знал, и даже на что уж темная, глухая Куреневка, и та точно ориентировалась в событиях.

Поэтому, когда много лет спустя Хрущев занялся "разоблачениями" Сталина, в Советском Союзе это не составило новости. Новостью был лишь сам курс на "разоблачение" и нескончаемые ряды чудовищных подробностей.

И тут некие "честные коммунисты" стали бить себя в грудь и кричать, что они, оказывается, ничего не знали. Или что знали, но верили, что уничтожаются подлинные враги. Или что думали, будто во всем виновато НКВД, а любимый Сталин не знает и партия — свята. Появилось много таких "честных коммунистов", отделяющих Сталина и партию от "ежовских" или "бериевских" преступлений.

Лицемеры. В душе все прекрасно все знали и понимали. Лишь только тот, КТО НЕ ХОТЕЛ ЗНАТЬ — "не знал". И лицемерил, и спасался лицемерием, и был стоек в своем лицемерии, и не без его помощи выжил и оказался уже настолько органически лицемерием пропитан, что и сейчас лжет, доказывая, что миллионы членов партии были так умственно недоразвиты.

Так после разгрома Гитлера некоторые "честные фашисты" заявляли, что они не знали о чудовищных злодеяниях в лагерях смерти или что верили, будто во всем виновато лишь одно гестапо. Лицемеры. Еще раз повторяю: не знал лишь тот, кто не хотел знать.

Ибо, если на секунду поверить и допустить, что так называемые "честные коммунисты", взявшиеся диктовать миру условия жизни, видели, понимали и мыслили, как пятилетние дети, — то тогда еще страшнее.]

4. *Пионерия*

Придя в школу грамотеем, я учился шутя, получил четыре похвальные грамоты подряд, и меня выбрали председателем совета пионерского отряда.

Это было свирепое казенное идиотство для детей: мы заседали, совсем как взрослые, приучались говорить казенные фразы. Время от времени выстраивались, и звеньевые по-военному докладывали мне:

— Председателю совета отряда. В звене номер один по списку десять человек, на линейке присутствует девять человек. Один отсутствует по болезни. Рапортует звеньевой Жора Гороховский.

При этом я чувствовал себя дураком, Жорик чувствовал себя дураком, и все остальные стояли как остолбенелые. Потом выносили знамя, потом уносили знамя, потом вожатый учил нас быть такими же юными ленинцами, как знаменитый пионер Павлик Морозов, который донес на своих собственных родителей и его убили кулаки.

К счастью, наш вожатый Миша, симпатичный еврей, любил детей, и он еще таскал нас по музеям Лавры, водил всей оравой на Днепр купаться, мы ездили в Пущу-Водицу на военные игры, выступали на олимпиадах, все были в кружках.

Эта сторона жизни осталась для меня яркой, звонкой, солнечной. Перед нами действительно все было открыто. В школы приезжали представители разных институтов и упрашивали, уговаривали старшеклассников идти к ним.

Мы с Жориком Гороховским, занимаясь в фотокружке, делали "пионерскую летопись", снимали отличников-активистов, а за фотомонтаж, посвященный Сталину, попали на выставку.

Она была устроена в фойе кинотеатра "Октябрь", и мы там дежурили у своего отдела, чтобы не растащили экспонаты. Красота! Один дежурил, а другой бежал в зал и бесплатно смотрел кино.

Перед каждым фильмом непременно шел киножурнал-боевик "Пребывание В.М. Молотова в Берлине". Я насмотрелся его так, что знал наизусть каждый кадр.

Из него явствовало, что у Советского Союза нет большего друга, чем Гитлер. У советского народа есть Ста-

лин, а затем — Гитлер. И вот Молотов едет в Германию, у нас с ней пакт о дружбе и ненападении. Его встречают в Берлине оркестрами, цветами и овациями. Изумительно маршируют гитлеровские войска. Захватывающая военная музыка. Гитлер по-братски радушно встречает Молотова, долго-долго трясет ему руку, они о чем-то увлеченно говорят, а вокруг толпа фотографов, вспышки. И опять сногсшибательно маршируют немецкие войска с развернутыми знаменами, на которых — такая мужественная, дружественная нам свастика.

И я начинал захлебываться от восторга, глядя на экран: хотелось вот так же лихо маршировать. Вот бы наш пионерский отряд научился так ходить, а наши военные игры походили бы на немецкие операции в Европе!.. Ах, как они лихо действовали, эти немцы. Советский Союз едва поспевал им неумело подражать.

Состоялась расчудесная война с Польшей. Гитлер с запада, мы с востока — и Польши нет. Конечно, для отвода глаз мы назвали это “освобождением Западной Украины и Белоруссии” и развесили плакаты, где какой-то оборванный хлоп обнимает мужественного красноармейца-освободителя. Но так принято. Тот, кто нападает, всегда — освободитель от чего-нибудь.

Папа Жорика Гороховского был мобилизован, ходил на эту войну и однажды по пьянке рассказал, как их там в самом деле встречали. Прежде всего, они там, от самого большого командира до последнего ездового, накинулись на магазины с тканями, обувью и стали набивать мешки и чемоданы. Господи, чего только не навезли наши бравые воины из Польши. Один политрук привез чемодан лакированных ботинок, но они вдруг стали расползаться после первых шагов. Оказалось, что он схватил декоративную обувь для покойников, сшитую на живую нитку. А Жоркин папа привез даже кучу велосипедных звонков. Мы носились с ними, звякали и веселились:

— Польше каюк!

Буржуйским Литве, Латвии, Эстонии был каюк. У Румынии взяли и отобрали Бессарабию. Хорошо быть сильным. И все же это не шло ни в какое сравнение с подвигами Гитлера.

Дед каждый день требовал, чтобы я читал ему в газетах про Гитлера. Немцы всюду только побеждали. Они бомбили, топили суда водоизмещением в тысячи брутто-тонн, шутя занимали страны и столицы. Неповоротливые растяпы англичане доживали последние дни, Бельгии каюк, Франции каюк.

Когда дед отдыхал, я пристраивался к нему, и у нас начиналась увлекательная игра. Дед поднимал ладонь, планировал ею в воздухе, жужжал и с криком “бомбовозы!” пикировал на меня. Я хохотал.

5. *Если завтра война*

Под эту песню росло мое поколение. Предвоенные годы без нее просто невозможно представить:

Если завтра война, если завтра в поход,
Если темная сила нагрянет, —
Как один человек, весь советский народ
За любимую родину встанет.
На земле, в небесах и на море
Наш напев и могуч и суров:
Если завтра война, если завтра в поход, —
Будь сегодня к походу готов!

Это была песня из кинофильма, и народ призывался быть готовым к войне с каким-то абстрактным врагом, в общем, буржуем и чудовищем, которое лезло, а великолепный советский воин, под восторженно-животный гогот зала, давал ему прикладом "по кумполу".

Застрочит пулемет, полетит самолет, Загрохочут железные танки, И машины пойдут, и пехота пойдет, И помчатся лихие тачанки.

Тачанки, конные брички с пулеметом эпохи гражданской войны, были непременным украшением всех парадов, пока не началась настоящая война.

На нашем кутке Петропавловской площади нас было три друга, три мушкетера, три танкиста. Особенно объединяло нас то, что всех нас бросили отцы, мы росли при матерях.

Болик Каминский был самым старшим, давал нам подзатыльники, мы дразнили его "Болямбатый" и при этом безмерно любили.

Это был тоненький, высокий мальчишка с неясным, как у девочки, лицом. Он смотрел только воинственные фильмы: "Чапаева" — двадцать пять раз, "Щорса" — двадцать, "Если завтра война" — семнадцать, "Богдана Хмельницкого" — десять раз.

Мы все бредили войной, но Болик был фанатиком войны. Он был такой воинственный, он мог часами говорить про войну. Даже игра в шахматы была у него войной: ладья — пушка, конь — тачанка, слон — пулемет, ферзь — пикирующий бомбардировщик. Можете себе представить, какой батальный шум мы издавали, когда играли в шахматы.

В сарае, на чердаке, у Болика было оборудовано пулеметное гнездо, как у Чапаева на колокольне. Мы высовывали в слуховое окно палки и строчили по этим самым абстрактным врагам, которые "если завтра война": "Ы-ы-ы!.."

Болик поступил в ФЗО — училище фабрично-заводского обучения — и запрезирал было нас, став рабочим классом, [хозяином страны, если верить Конституции]. Но тут началась подлинная война, его мобилизовали на строительство оборонительных сооружений — на окопы, как говорили тогда, и он исчез.

Шурка Крысан был моим одногодком — щупленький, юркий, предприимчивый, невероятно компанейский, за компанию готовый в огонь и воду. В уличных боевых операциях, которые регулярно шли между нашим кутком и соседними "кожевниками" (то воинственное племя жило у кожевенного завода), Шурка проявлял чудеса героизма, но и получал больше всех.

Из всех фильмов самым любимым у него был именно "Если завтра война", ну и соответственно песня.

Его называли "Шурка Маца", и я прилежно называл его так же, потому что надо человека как-то называть, но по своей наивности я тогда понятия не имел, что маца — это традиционное еврейское пасхальное кушанье. Я простодушно полагал, что Шурку так дразнят за то, что он быстро говорит, словно цокает: ца-ца-ца...

И если было что-то на свете, что тогда нас меньше всего интересовало, то это вопросы нашего происхождения и национальности. Мы все учились в украинской школе. Наш родной язык был украинский.

Только потом я разобрался, кто есть кто и что мы гибриды: полуполяк, полуеврей и полуукраинец. У нас была подружка, соседская девочка Ляля, как потом выяснилось, полуфинка. Я ее очень любил, но она никак не хотела играть в войну. Девчонка, что с нее возьмешь.

Справедливости ради должен сказать, что и меня дразнили, хотя, правда, и очень редко, зато оскорбляли до глубины души. Меня в честь деда обзывали: "Семерик тру-ту-ту-три-ведра-молока".

6. *Бей жида-политрука*

В один прекрасный день мы с Шуркой Мацой пошли купаться. На лугу было озерцо, называвшееся Ковбанькой, что в переводе с куреневского наречия звучит как "Лягушатничек".

Уже шла война, по лугу ездили военные машины, бегали красноармейцы, стояли накрытые зелеными ветками зенитки и надувались аэростаты.

На нашей Ковбаньке загорали два красноармейца.

— А ну, шкеты, уходите, тут опасно, — сказали они.

Мы обиделись, набычились, но не ушли. Поплыли на другую сторону и обратно, форся и гордясь своим умением плавать. Плавали мы, как собаки. На обратном пути я устал. Хватал ртом воздух, бессильно молотил уставшими руками, в глазах стало зеленеть, и я увидел, как красноармеец на берегу с любопытством наблюдает мой марафон. Тут я нащупал ногой дно, пошатываясь, вышел на берег, оглянулся — а Шурки нет.

Красноармеец, как был, в галифе и сапогах, кинулся в воду, только волны пошли, вынырнул, волоча позеленевшего Шурку, вынес его, как котенка, на берег, потряс, чтобы из пуза у Мацы вылилась вода.

— Вот *же* народ *вредительский,* — сказал он. — Теперь чешите домой, а то в милицию отведу.

Тут уж мы чесанули так, что камыши зашумели. Забились в ямку и стали делиться впечатлениями.

— Да, — сказал Шурка, — он мне помешал. Я ведь нырнул и по дну к берегу шел.

Тут показались немецкие самолеты, штук тридцать. Зенитки так и взвились в небо. От первых выстрелов мы оглохли, и с каждым выстрелом нас почему-то било мордой о землю.

Прятаться на ровном лугу было решительно некуда. Мы прижались в своей ямке друг к другу, слыша, как рядом шлепаются не то осколки, не то пули: шпок, шпок, шпок!

Лежа, как на ладони, под этим голубым небом, которое резали ревущие самолеты с черными крестами, я впервые физически ощутил свою уязвимость, беспомощность жиденького людского тела, в которое, как в сгусток киселя, достаточно попасть этому самому "шпок" — и...

И бомбардировщики прошли. Ни в них зенитчики не попали, ни они ни во что не попали. В воздухе замельтешили тысячи белых листков. Ветер явно не доносил их до города, они садились прямо к нам на луг. Мы кинулись ловить. На них на всех было напечатано большими буквами:

"БЕЙ ЖИДА-ПОЛИТРУКА ПРОСИТ МОРДА КИРПИЧА"

Без запятой. А дальше маленькими буквами объяснялось, что это — пароль для сдачи в плен. При виде немецкого солдата достаточно произнести эти слова четко и внятно.

"Красноармейцы! — призывала листовка. — Красная Армия разбита. Власть жидовско-большевистских комиссаров в России кончилась. Арестовывайте командиров, комиссаров, бросайте оружие и переходите в плен. Вас ожидают хорошие условия, и все вы пойдете по домам, чтобы мирно трудиться. Отправляясь в плен, имейте при себе смену чистого белья, мыло, котелок и ложку".

Эта листовка мне понравилась, особенно про котелок и ложку. Я почувствовал, как после купанья проголодался, и представил себе, какую вкусную кашу варят немцы, — и накладывают в котелки доверху всем, кто перешел в плен.

Почувствовал что-то неладное и обернулся. Шурка сидел, держа листовку, бледный, с перепуганными глазами.

— Толик, — сказал он. — А ведь я же — жид...

7. *Второй Царицын?*

Наши чемоданы много дней стояли упакованными. Эвакуируют людей только с организациями, а частным лицам уехать почти невозможно.

Бабкины племянники обещали взять с "Арсеналом", у них на платформах было место, даже между станками помещали свою мебель.

Дядя Петя приехал попрощаться, сообщил:

— Мы, — спецсостав, НКВД запретило брать посторонних.

Бабка заплакала, сунула ему горшочек смальца: "Покушаешь у дорози", — у калитки догнала, всучила подушечку-думочку: "На поезди голову приклонишь". От нее никто не уходил с пустыми руками.

А от отца все нет ответа на мамины телеграммы.

Мы с мамой подняли чемоданы, под бабкины причитания сели в трамвай и поехали на вокзал. Город был необычен: все окна заклеены крест-накрест полосками бумаги, витрины заложены мешками с песком, из таких же мешков поперек улиц нагромождены баррикады, оставлены только узкие проезды для трамваев, обшитые досками. Повсюду плакаты: "Превратим Киев во второй Царицын".

Проехали остановку и стали: впереди покалечило парня. Трамваи проходили сквозь прорези в баррикадах тютелька в тютельку, а трамвай был полон, парень не смог втиснуться, его ударило о доски, закрутило и оторвало руку. Его понесли в поликлинику, и рука его болталась на лоскутке кожи, волочилась по земле.

Медленно-медленно трамвай дотащился до новой школы, на Петровке, два дня назад занятой под госпиталь. Из окон выглядывали забинтованные головы. Вдруг завыли сирены: тревога. Дежурные с красными повязками побежали вдоль трамваев:

— Выходите! В убежища!

Но мы с матерью побежали вдоль пустых трамваев. Где-то стреляли, бомбили, но не над нами, и мы дошли до Нижнего Вала, чтобы сесть на трамвай № 13, идущий на вокзал. Оказалось, что трамваи на вокзал больше не ходят.

Снова завыли сирены. По всей улице бежали прохожие, растерянные дежурные МПВО не знали, куда посылать: никаких бомбоубежищ нет, одни ямки по дворам. "Если завтра война" только пели, а воевать собирались на чужой территории.

Мы с матерью перебегали от дома к дому, она просто ошалела, она кричала дежурным: "Вон наш дом, пропустите!" — и так мы добежали до Андреевского спуска, а там дежурных не было, и по извилистой крутой улочке спешило вверх много людей, пользуясь тем, что она не перекрыта.

Я не понимал, зачем все эти перекрытия, если бомбоубежищ нет. Просто город бомбили, и в нем, как мыши, метались беззащитные люди.

Когда мы были у площади Богдана Хмельницкого, появились бомбардировщики. Мы кинулись в подъезд. Там на лестнице было полно людей. Выстрелы и взрывы гулко раздавались в лестничной клетке, сыпались куски штукатурки, плакали дети, жильцы выносили воду попить. Очень было страшно, что бомба попадет в дом и он рухнет на головы.

Когда стало тише, мы, задыхаясь, побежали со своими чемоданами на Крещатик, откуда на вокзал ходили троллейбусы. Опять завыли сирены, нас затолкали вместе с потоком людей в тускло освещенный подвал, заваленный досками и бочками. Грохот доносился сюда, вздрагивал потолок весьма ненадежного вида. Старик сказал маме: "Тут уж если завалит, так навечно". Мать не выдержала, стала пробираться по лестнице наверх.

Из подъезда никого не выпускали, но дежурные сообщали: бомбят вокзал, никакой транспорт туда не ходит, там тысячи народу, горят составы. Октябрьская больница забита ранеными с вокзала.

В подъезде было много таких же, как мы, с чемоданами, и разнесся слух, что еще сажают на баржи, отправляющиеся вниз по Днепру. Поэтому, когда дали отбой, мы побежали обратно на Подол, но не добежали: тревога. Это был какой-то кошмар.

Нас загнали на нижнюю станцию фуникулера. И теперь это был налет именно на Подол: чудовищный грохот, летели стекла, где-то что-то горело, за Днепром падал сбитый самолет.

На узлах сидели бледные бабы, возле них стояла немолодая еврейка и говорила:

— Ну, хорошо, говорят, что евреям надо удирать, а зачем? Что, до войны вы слышали о немцах что-нибудь плохое? Теперь распускают какие-то слухи, почему мы должны верить слухам? Да если бы мы и хотели удирать, скажите, как нам удирать? Что, у нас много денег? Нет у нас денег. А без денег ни в поезд не сядешь, ни пешком не уйдешь. Вот с нашего двора пошли одни, вышли за Дарницу, потеряли вещи, наголодались, намучились — и вернулись на Подол. Теперь пишут, что немцы будто бы вешают нам желтую звезду и посылают на тяжелые работы. Ладно, мы будем работать. А что мы до сих пор кроме этого видели? Одно горе. Немцы должны это понять. Мы не графы, не буржуи какие-то, мы бедные люди, всю жизнь работаем, хуже не будет. Мы решили остаться.

Бабы печально кивали головами. Действительно, до войны о Гитлере писали только хорошее, и никто не слышал, чтобы он плохо относился к евреям. Это пусть драпают партийцы, энкавэдисты, директора, а людям бедным от чего бежать? И про желтую звезду, ясно, врут, и про какие-то издевательства немцев — всё врут газеты. Что ж раньше-то молчали? Изолгались до предела, вот что.

Мама послушала эти пересуды, вдруг испугалась, что немцы бросят бомбу на фуникулер, и мы через Почтовую площадь побежали к речному вокзалу. Перед ним было черно от людей с вещами. Милиционеры кричали, свистели, оттесняя толпу. Охрипший человек в белом костюме и соломенной шляпе объявлял:

— Граждане, в первую очередь эвакуируются предприятия и организации. Идите по домам, не устраивайте скопления. Населению будет объявлено, все будут эвакуированы, как только схлынет поток предприятий. Расходитесь! Никого не посадим!

Растерянные, мы немного посидели в толпе, потом пошли прочь. Трамваи не шли. Говорили, что на Петровке разбомбили школу-госпиталь. Поразительно, как немцы узнали: ведь госпиталь там всего два дня...

По Нижнему Валу ехал грузовик, и красноармеец из кузова разбрасывал газету "Правда". Мне удалось ухватить одну. Сводка Совинформбюро сообщала, что на фронте существенных изменений не произошло. Это значило: плохи наши дела.

На Петровке стояло оцепление. Бомба попала не в госпиталь, а в одноэтажный домик рядом, от него остался лишь кусок стены, погибли все жильцы, их трупы сейчас откапывали. Но школу исковеркало, из окон вылетели и стекла, и рамы, и раненых эвакуировали, вынося и выводя к санитарным машинам.

8. *Болик пришел*

Все это время я горевал: будь я чуть старше, записался бы в добровольцы или, как Болик, хотя бы на строительство оборонительных сооружений, а там, глядишь, и остался бы их оборонять.

И вдруг по нашему кутку разнеслась новость: Болик пришел.

Я кинулся к нему. Мама его копошилась над ним, он ел картошку, давился, рассказывал:

— Рыли ров противотанковый, длинный, гадюка, через все поля. Народу тыщи, профессора всякие, девчонки. "Мессер" как налетит, как даст из пулеметов — смотрю, мой профессор лежит и стекол в очках нет... А я в сене прятался.

Потом появились немецкие танки, и все побежали кто куда. Болик шел через леса и поля, спасался от "мессеров" в болоте. Его трясло, когда он говорил о них, он ненавидел немцев так, что заикался:

— Летит прямо на тебя, нацелится, вот ты ему нужен лично, твоя смерть — и никаких, хоть кричи, хоть плачь, хоть падай... Ладно, братцы, по секрету: вот теперь мы достанем пулеметик, установим на чердаке и, когда они пойдут, эх, как чесанем: "Ы-ы-ы-ы!"

Тетя Нина, его мать, плакала от радости, что он живой, отмыла, нарядила в чистый костюмчик, дала денег на кино, и мы с Боликом поехали на пару в кинотеатр на Крещатике смотреть кинокомедию "Праздник святого Иоргена". Обхохотались там до слез над проделками Игоря Ильинского, хотя за стенами слышались сирены, раздавались взрывы: сеанс во время налета не прекращали.

Вышли, купили мороженого, шатались по Крещатику, и было нам хорошо, и ничего-то мы не знали: *что уже принято решение сдавать Киев без боя*, что видим Крещатик в последний раз *и смотрели кинокомедию, сидя над минами*, что завтра Болика эвакуируют с остатками училища и он опять исчезнет, даже не попрощавшись.

По Крещатику торжественно кричали громкоговорители: "Говорит Киев, говорит советский Киев! Родина, ты слышишь? Киев есть и будет советским!" Киеву отвечала Москва: "Вы вновь воскресили бессмертные традиции героики Великого Октября и гражданской войны. Вы не одиноки. С вами Красная Армия, с вами весь наш советский народ".

Слова, слова...

Домой мы шли против потока войск, *явно долго* отступавших. Красноармейцы были *смертельно* усталые, запыленные, так что корка на них трескалась. *На грабарке, запряженной волами, сидел бесшабашный парень в барашковой шапке и с каменным лицом играл на гармошке полечку.*

А на тротуар высыпали бабы, смотрели, скрестив руки, вздыхали, сморкались, плакали. У столба стоял дряхлый старичок с палочкой, плакал, говорил парню, игравшему полечку:

— Голубчики, возвращайтесь, возвращайтесь...

Очень народ плакал, провожая отступающих своих мужчин.

Сквер перед нашим домом был забит сидевшими и лежавшими усталыми красноармейцами. Один возился с пулеметом "Максим", и мы подсели, стали внимательно смотреть. Он сказал:

— Сынки, я вам дам рубль, а вы принесли бы молока.

Мы помчались к моей бабке, она разохалась, не взяла рубля, вручила нам кувшин с молоком. Красноармейцы подставляли котелки, мы наливали, но это была капля в море.

Мой дед вез по улице хлеб.

В магазинах хлеба уже не продавали, а распределяли по спискам. Каждая семья сшила мешочек, написала чернильным карандашом свою фамилию, в магазине делили хлеб по мешочкам, а мой дед подрядился развозить тачкой. Нас распирала жажда деятельности, и мы кинулись толкать тачку, стучали в квартиры, опорожняли мешочки. С тачкой сложно было лавировать среди идущих войск.

— А что, хлопцы, дело табак? — сказал дед. — Киев сдают.

Мы возмутились:

— *Киев — второй Царицын.* Ого, дед, еще знаешь, какой бой будет!

— Какой там бой, — махнул дед рукой. — Вы посмотрите: куда им воевать?

Уставшие, измордованные лошаденки тянули военные фуры, орудия, *разваливающиеся* телеги. Красноармейцы были *оборванные*, заросшие, израненные. Некоторые, видно до крови разбив ноги, шли босиком, перекинув ботинки через плечо. А *у других вовсе не было ни сапог, ни ботинок.* Шли без всякого строя, *как стадо*, сгибаясь под тяжестью мешков, скаток, оружия *и отнюдь не воинственно* звякая мятыми котелками.

— О несчастные расейские солдаты, — пробормотал дед, снимая шапку.

Глава подлинных документов

Приказ

Жителям (всем лицам) запрещено выходить на улицу от 18 до 5 часов по немецкому времени.
Нарушители этого приказа могут быть расстреляны.
Комендант г. Киева*.

Из объявления:

"Все мужчины в возрасте от 15 до 60 лет обязаны явиться в жилуправление своего района..."**

Заголовок подвальной статьи в газете:

"САМЫЙ БОЛЬШОЙ ВРАГ НАРОДА - ЖИД"***

Въезд лиц, не проживающих в Киеве, строго воспрещен. Кто прибыл в Киев после 20 сентября, обя-

* "Украинское слово", 29 сентября 1941 г.
** Там же, 30 сентября 1941 г.
*** Там же, 2 октября 1941 г.

зан немедленно выехать из города. Кто по уважительным причинам хочет остаться в городе, должен получить на это разрешение коменданта города. Это разрешение выдается в отделе пропусков, ул. Коминтерна, №8.

Кто без разрешения будет пребывать в городе после 15/X-41 г., подлежит суровому наказанию. Комендант города*.

Из статьи "Задачи украинской интеллигенции":

Наша задача — восстановить разрушенную жидо-большевиками украинскую национальную культуру**.

Объявление коменданта:

В качестве репрессивных мер по случаю акта саботажа сегодня 100 жителей города Киева были расстреляны. Это — предупреждение.

Каждый житель Киева является ответственным за каждый акт саботажа.

Киев, 22 октября 1941 г.

Комендант города***.

Приказ

Всех голубей в городе и пригородной зоне надо немедленно уничтожить.

* "Украинское слово", 9 октября 1941 г.

** Там же, 10 октября 1941 г.

*** "Німецько-фашистський окупаційний режим на Україні", збірник документів і матеріалів. Київ, 1963. Стр. 45.

> Кто после 26 октября будет держать еще голубей, тот будет РАССТРЕЛЯН как саботажник.
>
> Эбергард, комендант города*.

Из номера в номер газета печатает, как призыв, в рамках:

> Фюрер немецкого народа сказал:
> "Миллионы немецких крестьян и рабочих наилучшим образом выполняют свои обязанности".
> Украинцы, выполняйте и вы свою обязанность и старательно работайте!**

Фюрер Адольф Гитлер сказал 3 октября 1941 г.:

> "Мы ставим весь континент на служение нашей борьбе против большевизма". Украинец, твое место — рядом с Германией в борьбе за лучшую Европу!***

Объявление коменданта:

> Случаи поджога и саботажа, распространяющиеся в городе Киеве, заставляют меня принять решительные меры.
> Поэтому сегодня расстреляно 300 жителей Киева.
> За каждый новый случай поджога или саботажа будет расстреливаться значительно большее число жителей Киева.
> Каждый житель обязан обо всяком подозрительном случае немедленно сообщать в немецкую полицию.

* "Украинское слово", 25 октября 1941 г.

** Там же, 22 октября 1941 г.

*** Там же, 25 октября 1941 г.

Я буду любой ценой и всеми способами поддерживать порядок и спокойствие в Киеве. Киев, 2 ноября 1941 г.

Эбергард, генерал-майор и комендант города*.

Все имеющиеся у штатского населения валяные сапоги, включая и детские валенки, подлежат немедленной реквизиции. Пользование валяными сапогами запрещается и должно караться так же, как и недозволенное пользование оружием**.

Объявление комиссара города:

Согласно договоренности со штадткомендантом, сообщается населению г. Киева, что штатские лица имеют право пребывать на улицах только с 5 час. до 17 час. 30 мин.

Комиссар города***

Объявление коменданта:

В Киеве злонамеренно повреждены средства связи (телефон, телеграф, кабель). Потому что вредителей далее нельзя было терпеть, В ГОРОДЕ БЫЛО РАССТРЕЛЯНО 400 МУЖЧИН, что должно явиться предостережением для населения.

* "Німецько-фашистський окупациійний режим на Україні", збірник документов і матеріалів. Київ, 1963. Стр. 46.

** *"Київ — герой", зборник матеріалів про подвиг киян у Великій Вітчизняній війні. Київ, 1961. Стр. 234.*

*** "Німецько-фашистський окупациійний режим на Україні", збірник документов і матеріалів. Київ, 1963. Стр. 55.

Требую еще раз обо всех подозрительных случаях немедленно сообщать немецким войскам или немецкой полиции, чтобы преступники по заслуге были наказаны.

Киев 29/XI — 1941.

Эбергард, генерал-майор и комендант города.

По немецкому времени

Сто заложников, триста заложников, четыреста заложников... Это была уже война, объявленная целому городу...

[Взрыв Крещатика и последующие поджоги устроили оставленные агенты НКВД, расстреливали же за это первых попавшихся людей. Цель была достигнута: немцы рассвирепели. И тем более свирепели, что не могли схватить подлинных взрывников. Это как если бы они получили в зубы от профессионального боксера, а злобу вымещали на подвернувшемся под руку ребенке. За несколько дней расстреляв в Бабьем Яре всех евреев, принялись тащить туда русских, украинцев и прочих.]

Заложников брали по ночам, наугад оцепив любой квартал, именно столько, сколько указано в объявлениях. Однажды брали днем на Крещатике, прямо на тротуарах.

Крещатик дымился, но пешеходное движение по нему открылось. В самом начале Крещатика уцелел чудом небольшой квартал и здание Думы на площади Калинина, похожее на оперный театр. Вот это здание с запозданием взорвалось и запылало. Тогда немцы стали хватать всех, кто подвернулся под руку на Крещатике, посадили в машины и отправили в Бабий Яр.

На Куреневке, над самым Бабьим Яром, есть большая психиатрическая больница имени Павлова. Ее корпуса раскиданы в великолепной Кирилловской роще, и там еще стоит древняя церквушка двенадцатого века, забытая и запертая, она потихоньку разрушалась, а мы, пацаны, проникали в нее, облазили до самых куполов и видели позднейшие росписи Врубеля, о которых мало кто знает.

14 октября к этой церквушке прибыл немецкий отряд во главе с врачом, с невиданными дотоле машинами-душегубками.

Больных партиями по 60–70 человек загоняли в душегубки, затем минут пятнадцать работал мотор, выхлопные газы поступали внутрь фургона, люди задыхались — и их выгружали в яму. Эта работа шла несколько дней, спокойно и методично, без спешки, с обязательными часовыми перерывами на обед.

В больнице были не только сумасшедшие, но и множество людей, лечившихся от нервных расстройств, всех их зарыли в ямах Бабьего Яра. И вот что примечательно: после чудовищных первых дней Бабьего Яра уничтожение огромной больницы прошло малозаметно и даже как-то буднично... И правда, что на свете все относительно.

На цыган немцы охотились, как на дичь. Они подлежали такому же немедленному уничтожению, как и евреи.

Паспорт имел решающее значение. *В советском паспорте, как нечто само собой разумеющееся, есть графа “национальность”, так называемый “5-й пункт”. Никто не думал, что для массы людей это станет роковым. Кстати, я ни тогда, ни позже не понимал и, наверное, никогда не пойму, зачем в паспорте указывать национальность.*

Немцы проверяли паспорта, прочесывая дома, устраивая облавы, останавливали на улице любого человека, внешность которого их насторожила. *И если в паспорте у него стояло “русский”, то и это не всегда убеждало немцев: его могли потащить на экспертизу.* Людям с темными волосами и длинным носом лучше было не показываться на улице.

Цыган везли в Бабий Яр целыми таборами, причем они, кажется, тоже до последнего момента не понимали, что с ними делают.

К старому дворнику нашей школы Ратуеву пришел немецкий солдат, потребовал, чтобы старик взял лопату и шел за ним. Они пришли в парк культуры, там другой солдат караулил девушку-еврейку, *по виду которой старик понял, что солдаты ее изнасиловали.*

Старику велели копать яму. Когда она была готова, девушку спихнули в нее, но она стала кричать и карабкаться, тогда солдат стал бить ее лопатой по голове и засыпать землей. Но она поднималась и сидела, и он снова бил ее по голове.

Наконец засыпали и утоптали землю. Старик думал, что с ним будет то же, но его отпустили.

Комендантское время многим стоило жизни. Всю ночь слышались выстрелы то там, то там. Бабка видела на Бессарабке убитую молодую женщину — с остекленевшими глазами, она лежала поперек тротуара, все ее обходили. Говорили, что вечером она спешила домой после наступления комендантского часа, ее застрелил патруль и оставил лежать, чтобы все видели.

Довольно много людей нашли затем свою смерть в Бабьем Яре из-за голубей. Дело в том, что приказ вступил в силу на следующий же день, не все успели даже прочесть его в газете.

Сначала приказы печатались на трех языках: русском, украинском и немецком. Затем на двух: крупно по-украински и мелко по-немецки. Затем все стало наоборот: крупно по-немецки и меленько по-украински...

В этих приказах и объявлениях сосредоточивалось самое важное, от них зависела жизнь и смерть, и после трагедии с голубятниками только и вопросов было: какой новый приказ?

Наряду с вылавливанием остатков евреев и цыган начались аресты коммунистов, советских активистов, причем арестовывали по первому же доносу, без всякой проверки, [что для народа, начиная с 1937 года, было уже знакомо, и чужеземное гестапо оказалось точнехонько таким же, как родимое НКВД. Горе, если у вас был враг или кто-то вам завидовал. Раньше он мог написать донос, что вы против советской власти, значит, враг народа — и вы исчезали. Теперь он мог написать, что вы против немецкой власти, значит, враг народа — и вас ждал Бабий Яр. Даже терминология у немцев была та же: враг народа!]

На заборах висели объявления такого содержания:

> Всякий, кто укажет немецким властям скрывающихся евреев, партизан, важных большевистских работников, не явившихся на регистрацию коммунистов [и прочих врагов народа], получит 10 000 рублей деньгами, продуктами или корову.

[Скрывающиеся были: в подвалах, чуланах. Одна русская семья спасла соседей-евреев, отгородив ложной кирпичной стеной часть комнаты, и там в темноте, в узком простенке, почти без воздуха, евреи сидели два года.

Но это редкий случай. Обычно скрывающихся находили, потому что оказалось немало желающих заработать деньги или корову. У нашего куреневского базара жила, например, некая Прасковья Деркач. Она выслеживала, где прячутся евреи, приходила:

— Ага, вы тут? Вы нэ хочетэ йты до Бабыного Яру? Давайте золото! Давайте гроши!

Они отдавали ей все, что имели. Затем она заявляла в полицию и требовала еще премию. Муж ее Василий был биндюжником, обычно на его же площадке и везли евреев в Яр. Прасковья с мужем по дороге срывали с людей платье, часы:

— Воно вам уже нэ трэба!

Возили они и больных, и детей, и беременных. Немцы только вначале платили премию, а потом перестали, но Прасковья удовлетворялась тем, что добывала сама, затем, с разрешения немцев, обшаривала опустевшую квартиру, брала лучшие вещи, остальные Василий отвозил на немецкий склад со следующим актом: “Мы, нижеподписавшиеся, конфисковали для нужд германской армии следующие вещи”.]

■

[Любопытно, что Прасковья здравствует до сих пор, живет на улице Менжинского и не понесла наказания, возможно, потому, что выдавала не энкавэдистов или коммунистов, а всего-навсего каких-то евреев. Конечно, она постарела, но — телом, а не душой, и соседи слышат, как она высказывается: “Вы думаетэ, що то конець войни? Ото, щэ нэ тэ буде. Отсюда вернутся нимци, оттуда прийдэ Китай — тоди мы жидам ще нэ такий Бабин Яр устроим!”]

Горели книги

— А ну-ка, давай свои грамоты, — сказал дед. — Все советские книжки, все портреты — всё давайте в печку. Маруся, за дело.

На моих похвальных грамотах слева был портрет Ленина, справа Сталина. Дед, который раньше никогда не интересовался книгами, теперь принялся отправлять их в печь целыми стопками. Мама сперва слабо противилась, потом махнула рукой. *Уже пошли аресты за советский флаг, за валяющийся в доме портрет Сталина, за рассказанный анекдот.*

Стала популярной поговорка: "Юдам капут, цыганам тоже, а вам, украинцы, позже". Бабка услышала ее на базаре, пришла, сказала, мрачно улыбаясь, деду. Дед помолчал, только моргал глазами: действительно, было похоже, что к тому идет. Потом бросился жечь книги.

На этот раз было холодно. Книгами хорошо натопили печь. Мать принесла совок, чистила поддувало, выгребала золу тупо и сосредоточенно. Я сказал:

— Ладно, когда-нибудь у нас опять будет много книг.

— Никогда, — сказала она. — *Никогда не будет. Я уже не верю. Нет на свете ни доброты, ни мира, ни здравого смысла. Злобные идиоты правят миром. И книги всегда горят.*

Горела Александрийская библиотека, горели инквизиторские костры, сжигали Радищева, *сжигались книги при Сталине,* горели костры на площадях у Гитлера, *и будут гореть, и будут: поджигателей больше, чем писателей.* Тебе, Толя, жить, и ты запомни этот *первый признак: если книги запрещаются, значит, дело плохо.*

Значит, вокруг насилие, страх, невежество. Власть дикарей. Боже мой, это подумать только!.. Если банды дикарей кидают книги в костер на площади — это страшно, но все же это полбеды. Может, их еще не так много, этих дикарей. Но когда каждый человек в каждом доме начинает, трясясь от страха, жечь книги... *О, до этого надо довести народ! Это надо уметь. Я думаю: зачем ты у меня родился? Жить в таком мире...*

Эту ее речь я запомнил на всю жизнь. Может, она была сказана не точно этими словами, но я передаю ее точное содержание — и про Александрийскую библиотеку и про инквизицию, о которых я таким образом узнавал конкретно, ибо от них прокладывался прямой мост к нашей печке.

Золу вынесли и высыпали на грядки, для удобрения. Только хорошее шеститомное собрание сочинений дед пощадил. Он не знал, что делать с Пушкиным: с одной стороны, поэт русский, то есть москаль, с другой стороны — жил давно, не был против Германии и не был против большевиков. Так у нас из всех книг остался один Пушкин.

Заняв для постоя школу, немецкая военная часть несколько часов выбрасывала в окна парты, приборы, глобусы и библиотеку.

Из Куреневской районной библиотеки книги выбросили прямо на огород. Книги также валялись по улицам, растоптанные, как мусор.

Когда часть снялась и ушла из школы, я пошел посмотреть. Оказывается, весь первый этаж у них был отведен под конюшню. В нашем классе лежал слой соломы и навоза, в котором утопала нога, а в стены были вбиты железные крючья, чтобы привязывать коней.

В классах на втором и третьем этаже стояли нары с соломой, валялись обрывки журналов с голыми женщинами, бинты, презервативы.

На спортплощадке во дворе — солдатская уборная.

Уборные они делали так. Выкапывали длинный ров, прокладывали над ним жерди, и на этих жердях всегда размещался длинный ряд солдат, *спустив штаны, выставив на обозрение зады и издавая стрельбу, при этом все читали газеты и журналы. Листали подолгу, как в читальне, и потом использовали по назначению.*

Гора выброшенных из библиотеки книг была уже сильно подпорчена дождем: верхние тома раскисли, страницы в них послипались. Я залез на вершину этой кучи и стал рыться. Внутри кучи книги были мокрые, склизкие и теплые: прели.

Съежившись от ветра, я сидел на куче, перебирал, обнаружил "Бюг-Жаргаля" Гюго и зачитался. Я не мог оторваться и, когда стемнело, взял его с собой.

На другой день я прихватил мешок и пошел к книгам. Отбирал самые сохранившиеся, у которых обложки были попрочнее. Приносил и сваливал в сарай, в дальний угол за поленницу. Я придумал и сказал деду вот что: “Дров у нас мало, а эти книги подсохнут, будем ими топить”.

Он задумался. Опять-таки, с одной стороны, это были книги, но с другой стороны, они не наши, и мы всегда можем показать, где их взяли — и взяли исключительно для топки. “Ладно, молодец, — сказал он. — *Только Ленина и Сталина не приноси*”.

А на черта они мне сдались, Ленин и Сталин, мне, главное, романов побольше натаскать да научной фантастики!

Керосин у нас кончился. Электрические лампочки безжизненно висели под потолком. Поэтому я нащепал лучинок, вставлял их в расщепленный конец палки, поджигал, и оказалось, что это не такое уж плохое дело, наши предки вон всю жизнь жили при лучине. Она себе горит, а ты читаешь, одной рукой изредка поправляешь, сбиваешь нагоревший уголек, потом зажигаешь следующую, и приятно пахнет сосновым дымком, и даже тепло идет.

Я устроился на печке, почти холодной, потому что бабка стала очень экономить дрова. Ко мне приходил кот Тит, мы грелись друг о друга, и я читал. Сколько я тогда прочел!..

Но прочитанные книжки дед аккуратно забирал на растопку, и надо отдать ему справедливость, всегда спрашивал: “Ты это уже прочитал? Ну-ну, порть себе глаза”.

Я зачитывался до глубокой ночи, пока не кончалась связка лучин. Выходила, хрустя пальцами, мать, странно смотрела на меня.

— Чего ты не спишь? — сердился я.

— Машина на улице гудит, не могу заснуть, — отвечала она.

Голод

И вот наступило странное положение. Магазины стояли разбитые, ничто нигде не продавалось, кроме как на базаре, но если бы даже и магазины открылись, то на что покупать?

До войны хлеб стоил в магазине 90 копеек килограмм. Теперь на базаре иногда продавали самодельный хлеб по 90 рублей за килограмм.

Столько денег раньше мать получала чуть ли не за целый месяц работы. А сейчас у нас денег не осталось вообще.

Дед с бабкой решили продать какие-нибудь вещи. Рылись, перебирали, что же продать, — все старье. *При советской власти покупка ботинок или пальто — это было событие, и каждая вещь донашивалась до последнего, потом чинилась, потом перелицовывалась.*

Понесла бабка продавать какое-то ношеное барахло, простояла два дня подряд — куда там, никто не покупает, все только продают.

Бабка с мамой подскребли все запасы, сухие корки, подмели каждую крупинку, мудрили, рассчитывали, сколько мы должны есть в день, придумывали какие-то картофельные “деруны”, гороховые лепешки. Пекли на сухих сковородках.

Дед из себя выходил, вспоминая дядю Петю: “Зачем ты тому злыдню горшочек со смальцем отдала? Он, спец большевистский, там на Урале отъедается, а ты ему — последний смалец!”

И началась экономия.

Слово было для меня новое, и оно мне понравилось. У себя на печи я втайне завел коробку, в которой открыл свою собственную экономию. То, что давала бабка, я не съедал до конца, особенно сухарь — я его припрятывал, предвидя то время, когда совсем уж ничего не останется, и я всех обрадую своим запасом.

Возле дома у нас рос старый развесистый орех. Каждую осень бабка собирала торбу орехов и хранила к Рождеству. Теперь эта торба стала нашим НЗ и надеждой.

А мы с дедом перелезли через забор и принялись перекапывать землю огородного хозяйства: там изредка попадались невыкопанные картошки. Я просто взвизгивал от восторга, когда находил картошку.

На Петропавловской площади мы прочесали сквер и собрали полмешка каштанов. Эти дикие, конские, каштаны терпкие и горькие, но если их высушить и поджарить, — ничего, на голодные зубы даже вкусно, все дело в привычке. Я в это время читал “Тихий Дон” Шолохова, читал и грыз каштаны, сушившиеся на печи, и у меня на всю жизнь с “Тихим Доном” связался вкус конских каштанов. И лет-то сколько прошло, и перечитывал, и фильм смотрел, и экзамены по этой книге сдавал, а вкус каштанов не выветрился!..

Утром, умываясь, мама заметила:

— Что за наваждение: весь череп чувствую.

Я пощупал свое лицо. Тонкая кожа обтягивала кости так, что можно было изучать анатомию. Щупал, щупал, жутко стало.

“Есть, есть”. Целыми днями в животе сосал червяк голода. “Что бы съесть?” А ночами снились обеды, счастливые роскошные обеды, но у меня была сильная воля, и я целыми днями почти ничего не ел, кроме каштанов. Несколько раз бабка с базара приносила картофельные очистки (в Киеве их называют “лушпайками”), мыла, перетирала на деруны, они были сладковато-горькие, но это была настоящая пища.

В шкафчике лежал плоский кирпичик, на который ставились сковороды и кастрюли. Сто раз я ошибался, воображая, что это хлеб, потом выкинул этот кирпич, просто не мог больше видеть его в шкафчике.

Вдруг прошел слух, что Куреневская управа открывает столовую для голодающих детей. Мама куда-то побежала хлопотать, и вот мне выдали карточку. В первый раз мы пошли с Лялей.

Столовая помещалась в Бондарском проулке, в бывшем детсаде. Мы вошли в большое помещение, полное оборванных, худых детей от самых крохотных до тринадцатилетних. Но было жутко тихо, только звякал черпак поварихи.

Мы стали в очередь на раздачу и получили по тарелке настоящего горячего пшенного супа. Мы отнесли тарелки на стол, уселись, и, пока ели, были счастливы. Я смаковал каждую ложку, полоскал суп во рту, цедил сквозь зубы, прежде чем проглотить, я чувствовал, как каждый глоток вливается в меня, вызывая горячую радость, хотя в том супе были только вода и пшено, ничего больше. И вокруг сидели такие тихие дети, никто не бузотерил, иные, стесняясь, лизали тарелку языком.

Мы стали каждый день бегать за этой тарелкой, как за ниспосланным чудом, и потом я всю зиму аккуратно бегал, стараясь подгадать к закрытию, потому что к концу на дне суп остается гуще, и ревниво следил, глубоко ли погружает тетка черпак.

Мама Ляли была мастером на консервном заводе, дружила с моей матерью и, уходя на работу, оставляла малышку у моей бабки, и я, бывало, нянчился с ней, как с сестренкой. Потом мы учились в разных школах, у меня завелись воинственные друзья, у нее подружки. Но теперь эта столовка опять сделала нас неразлучными.

Лялина мать была членом партии, она эвакуировалась одна, оставив дочку у сестры, старой девы, злой и замкнутой, — учительницы немецкого языка. У них была странная нерусская фамилия — Энгстрем. Да мало ли каких фамилий не бывает на свете?

Однажды после столовой мы зашли к Ляле. И вдруг я увидел на столе буханку настоящего свежего хлеба, банку с повидлом, кульки.

Я буквально остолбенел.

— Нам выдают, — сказала Ляля.

— Где?

Я готов уже был бежать и кричать: “Бабка, что же ты не знаешь, уже выдают, а мы не получаем, скорее беги!”

Ляля показала мне извещение. В нем говорилось, что фольксдойче должны в такие-то числа месяца являться в такой-то магазин, иметь при себе кульки, мешочки и банки.

— Что значит фольксдойче?

— Это значит — полунемцы, почти немцы.

— Вы разве немцы?

— Нет, мы финны. А финны — арийская нация, фольксдойче. И тетя сказала, что я пойду учиться в школу для фольксдойчей, буду переводчицей, как она.

— Вот как вы устроились, — пробормотал я, еще не совсем постигая эту сложность: была Ляля, подружка, почти сестричка, всё пополам, и вдруг она — арийская нация, а я — низший...

[Раньше избранные партийцы жили, с баз все получали, очередей не знали. Теперь то же самое — арийцы. То партийцы, то арийцы.] Во мне вспыхнула яростная голодная злоба. Так это для нас магазины не работают, так это мы жрем конские каштаны, а они уже живут!

— Так-так, фольксдойче, — сказал я мрачно. — А ты еще и в столовку для голодающих ходишь, зар-раза?

И я ушел, так грохнув дверью, что самому стало совестно, но я на много лет возненавидел ее, хотя где-то в глубине души и понимал: при чем здесь Лялька?

Я делаю бизнес

Уже всем было известно, что Шурка Маца не пошел в Бабий Яр, сидит дома и никуда не выходит: мать прячет его. *Сама-то она русская, да была замужем за евреем, и вот ребенок у нее — жиденок.*

Когда Маца наконец рискнул выйти и первым делом прибежал ко мне, я даже не узнал его: тощий, как бродячий котенок, аж синий, свирепо голодный, глаза светятся, как лампочки. Видно, они там уже совсем доходили.

— Идем на базар спички продавать, идем со мной, я один боюсь. — Он потряс торбочкой с коробками. — Мама просила, чтобы ты не называл меня Мацой, моя фамилия Крысан. Александр — от греческого Александрос или Александрис. Я — Александр Крысан, и не выдавай меня, пожалуйста...

— Ладно, — сказал я, — будем называть тебя "Александрис — председатель дохлых крыс".

Он жалко улыбнулся, а я кинулся к бабке:

— Дай спичек, идем на базар.

Спичек у бабки был запас коробков пятнадцать, и десяток она, поколебавшись, отдала. В конце концов, можно постоянно держать огонь или к соседям за угольком ходить, и спичек не надо.

На улице было очень холодно. Шурка дрожал в легком пальтишке и затравленно озирался, словно находился в зоопарке с раскрытыми клетками хищников.

Базар был почти пуст. Цена на спички известная — десять рублей коробок. Мы выложили спички красивыми стопками на голом базарном прилавке и стали ждать.

Рядом баба продавала сахарин: это были пакетики, свернутые в точности как порошки в аптеке, и никто еще не знал, что это такое. А баба кричала, хвалила, что это сладкое, лучше сахара, один пакетик на четыре стакана чаю. Черт его знает, где его брали и откуда его сразу столько взялось, но всю войну *и несколько лет после нее я* сахара не видел, только сахарин.

У меня купили коробок спичек, я получил хрустящий червонец — и я пропал. У меня были деньги. Деньги! Настоящие деньги, на которые я уже мог купить сахарину на целых четыре стакана чаю. Шурка мерз, кис, а во мне поднялся жар, я страстно ждал, чтобы еще покупали, еще. За следующую коробку мне дали немецкую марку, и вот наконец мы смогли рассмотреть немецкие деньги. Деньги ходили так: одна немецкая марка — десять советских рублей. Марка была *желто-коричневая,* с орлами и свастиками, маленькая бумажка, вдвое меньше нашего *желто-коричневого же* рубля, *на котором уже странно было видеть звезды, серп и молот.*

До темноты мы успели продать все спички, и у нас были деньги. Мы стучали зубами от возбуждения, алчно смотрели на картошку кучками по три штуки, на муку стаканами. Мы купили по килограмму хлеба и по пакетику сахарина.

Вечером у нас дома был праздник: все пили чай с кристалликами сахарина и ели хлеб. Я просто лопался от скромной гордости. Я уже знал, что буду делать на следующий день: продавать орехи.

Шурке продавать-то было больше нечего, я пошел один. Наугад запросил по три рубля за орех (или тридцать пфеннигов) — и у меня стали брать. Редко, но брали.

Подошел наш соседский мальчик, мой давний товарищ, а потом враг, Вовка Бабарик, деловито выложил трешку, выбрал орех. Через минуту он вернулся:

— Замени. Гнилой.

— А откуда я знаю, может, у тебя в кармане гнилой был? — сказал я, потому что дрожал над каждым рублем.

— Ты посмотри, твой же орех! — тыкал он мне под нос расколотые половинки; внутри орех заплесневел.

— Можно есть! — выкручивался я, дрожащими руками защищая свою драгоценную торбочку с орехами.

— Замени, Семерик-аглоед, или три рубля верни.

— Не верну! Куплено — продано, — отчаянно сказал я, хотя в глубине души почувствовал себя подлюкой.

Он замахнулся. Я к этому был готов и нырнул под прилавок. Он за мной. Я кинулся между рядами, ныряя под прилавки, крепко держа свою торбочку, готовый бежать хоть до Подола, но три рубля не возвращать. Вовке надоело гоняться, он остановился, презрительно посмотрел на меня:

— У, Семерик тру-ту-ту, три-ведра-молока, — с ненавистью сказал он. — Гад. Мы еще встретимся.

Нам действительно суждено было еще встретиться, и в конце я расскажу — как. Теперь по улице надо было ходить с опаской, но во мне вспыхнуло жадное счастье, что вот три рубля мне достались, как с неба свалились.

Когда-то мы были с Вовкой Бабариком друзьями, хоть он и немного старше меня. Вражда началась, когда я выпустил его птиц. Он был страстный птицелов, я ходил к нему, помогал, разглядывал щеглов, чижей и синиц, а потом стал приставать к нему: выпусти да выпусти. Я говорил: "Ты лови, пусть они посидят, а потом выпускай, а то они попадают в клетку уж навсегда, пока не подохнут. Жалко их". А ему жаль было выпускать. В один прекрасный день он развесил клетки на деревьях в саду. Я пришел, а он как раз куда-то отлучился. Я пооткрывал все клетки, дал деру, потом он две недели ловил меня по улицам, чтобы отдубасить.

Орехов оставалось уже мало, когда прибежал Шурка:

— Бумаги достал. Хочешь половину?

У него была корзина папиросной бумаги.

— Дядька тут один награбил, а что с ней делать, не знает, сам некурящий. Отдает по рублю десяток, а мы будем продавать штуку за рубль! Он пока в долг дал. Я подумал, что курцов много, раскупят.

Я сейчас же взял у него половину и почувствовал себя великим торговцем. Так сказать, 900 процентов дохода на каждой пачке папиросной бумаги, с ума сойти. И ужасно просто, стой себе да кричи: “Вот папиросная бумага! По рублю!”

Это были такие книжечки по сто листиков, отрывай себе да крути цигарки из махорки. Но проклятые и невежественные куреневские курцы уже привыкли крутить из “Украинского слова”, и торговля шла вяло. Один рубль, какие-то несчастные десять пфеннигов, а вот поди же, жадничают, косятся и идут мимо. У, жмоты!

Для привлечения внимания я выстроил из книжечек целый домик, нарядными этикетками наружу. Шла женщина с малышом, он как увидел, так и разинул рот:

— Мама, купи!

Она посмотрела, поколебалась. Я стоял и молился, чтобы она купила. Малый-то думал, что и внутри книжечка такая же красивая, его ждало разочарование, но мне плевать, мне нужен рубль.

— А, деньги переводить! — сказала мать и увела малого.

Я с ненавистью смотрел ей вслед.

В первый день мы с Шуркой продали всего пачек по десять, но и на то купили по сто граммов хлеба, съели его тут же в скверике, и я опять почувствовал гордость, что зарабатываю на себя.

— Еще можно газеты продавать, сапоги чистить! — раскидывал умом Шурка, его глаза горели лихорадочным голодным блеском.

И мы занялись всем этим, пропадая на базаре с утра до вечера. Дед был прав: для меня действительно началась новая жизнь.

Болик пришел

Под лежачий камень вода не течет. Чтоб хорошо торговать, надо побегать. Волка ноги кормят. Мы поделили базар на сферы действия и, каждый в меру своих способностей, злодействовали на своих половинах, шныряя по рядам, приставая у ворот:

— Вот дешевле грибов первосортная папиросная бумага. Навались, у кого деньги завелись! Дядя, купи для курева, годится *старым и молодым, как закуришь — из жопы дым!* У, ж-жадина, *жмот куреневский...*

Бизнес был ужасно плохой, еле наскребали на ломтик хлеба. Но я еще бегал за тарелкой супа в столовку, так что — уже порядок, с голоду не умираю.

Так я канючил однажды у ворот, когда увидел, что по улице бредет, шатаясь, оборванная, странно знакомая фигура.

— Шурик! — завыл я через весь базар. — Болик пришел!

Это действительно был Болик. Господи, он едва тащился. А какой у него был вид: исхудавший, исцарапанный, грязный по самые глаза.

Он возвращался из неудачной эвакуации. Ну, живучий же, черт, как наш кот Тит: куда его ни завези, а он всё домой приходит. Пошли мы к нему домой, тетя Нина расплакалась, раскудахталась: как же, единственный сыночек, золотко ненаглядное! Золотко ело картошку с размоченными сухарями, его трясло, било, он рассказывал, как на их эшелон падали бомбы, как все горело, потом впереди оказались немецкие танки, он бросил поезд и пошел по шпалам домой.

И спал в стогах, и кормили его добрые бабы в деревнях, и вот — дошел.

— Что ж ты пулеметика не принес? — спросил я.

Болик махнул рукой.

— Ребята, будем искать партизан. А нет — сами втроем создадим отряд.

Мы засмеялись: смотри ты, телом пал, духом нет, воинственный наш Болик, как и был! Тогда все хорошо, пошли бродить.

Рельсы на железнодорожной насыпи уже покрылись оранжевой ржавчиной. Между ними валялись стреляные гильзы. Тут мы все трое заволновались, пошли по насыпи, внимательно глядя под ноги.

Болик первый нашел целую, непочатую обойму. В кустах мы обнаружили две полные пулеметные ленты. Мы прямо обезумели, метались по насыпи и собирали патроны. Это были советские патроны, их оставили красноармейцы, занимавшие тут оборону. Только не было ни одной винтовки.

— Пулемет, пулеме-ет! — прямо молился Болик. Пулемета мы тоже не нашли, и если бы бабка узнала об этом, она бы сказала, что Бог нас хранил.

Но патроны мы собрали все до единого и закопали их на склоне насыпи по всем правилам, отсчитав двадцать ступней от большого камня.

Харьков взят

Газетный киоск, прежде такой пестрый, облепленный журналами, теперь был разбит и загажен. Киоскерша закрылась от ветра куском фанеры и сидела одиноко, как паук, над кипой "Украинского слова".

Как всегда, она обрадовалась нам, отсчитала по сотне газет со скидкой.

— Что там новенького? — осведомился Шурка.

— Да Харьков взяли... Под Ленинградом успехи. Уже три месяца эти "успехи".

Мы побежали на базар, вопя:

— Свежая газета! Харьков взят! Под Ленинградом сплошные успехи! Читайте, кто грамотный!

Но базар был пустынный, редких торговок мало интересовало печатное слово, мы едва продали штуки четыре.

Мы перешли к следующему этапу — маршу по улице, Шурка по левой стороне, я по правой, приставая ко всем прохожим, пока не дошли до трамвайного парка напротив Бабьего Яра, и там нам повезло: там всегда околачивалась толпа, ожидая случайного грузового трамвая. Когда он выезжал из ворот парка, люди кидались на платформы, вожатый собирал деньги и вез на Подол или в Пущу-Водицу, смотря куда ехал.

Люди брали у нас газеты очень по-разному: кто с довольной улыбкой, кто непроницаемо-серьезно, а некоторые со злостью. Один мужчина, в хорошем пальто, с портфелем, сказал:

— Ну, все. Скоро про Москву услышим, и войне конец.

Баба горько вздохнула:

— Гадалка на Подоле гадает, сказала, война кончится, когда картошка зацветет.

— Ну, я думаю, раньше, — возразил мужчина с портфелем.

На его дорогое пальто кидали злые взгляды, но никто спорить не стал.

Я был очень голодный, часто кружилась голова, и я, как говорится, от ветра шатался. Пачка газет была тяжела, руки-ноги гудели. Шурка все разбойничал у ворот, а я присел на какие-то каменные ступеньки и задумался.

Перед войной мы с мамой однажды ездили в Москву. Я хорошо ее помнил. Вот, значит, скоро немцы возьмут Москву, будут ездить в метро, ходить по Охотному Ряду. Мавзолей они, пожалуй, снесут. Повесят приказ и начнут расстреливать евреев. Потом цыган, потом заложников... Потом зацветет картошка, и на земле окончательно наступит царство Гитлера, *все будут кричать “гений”, “отец народов”, “наш мудрый фюрер и учитель”, арийцы будут раскатывать в автомобилях, у нашего сквера выстроится очередь за сит-*

цем... Я так ярко представил себе эту картину, что во мне все похолодело от *безнадежности*.

А газеты, понимаете, такое дело: на них не заработаешь ни пфеннига, пока не продашь все и именно сегодня: товар, так сказать, скоропортящийся. Поэтому — бегай, деньги сами не придут, их надо вырывать. Однако сил у меня не было подняться, я сидел на ледяных ступенях, пока не промерз до костей, с мучительной надеждой примечал издали каждого прохожего, который мог быть возможным покупателем.

И тут мы с Шуркой увидели большую-большую толпу. Она валила от Подола, запрудив всю Кирилловскую, темная лавина, какое-то стихийное шествие. В нем было что-то зловещее, но мы не сразу это сообразили, а кинулись навстречу со своими газетами. Только тут заметили конвоиров. Это вели пленных. *Тысячи.*

Они шли беспорядочной толпой, спотыкаясь, сталкиваясь, как стадо, которое гонят на бойню. А верно, тогда так и говорили: не "ведут", а "гонят" пленных.

Они были грязные, заросшие, с какими-то совершенно *тупыми или* безумными глазами. Солдатские шинели висели на них клочьями, у одних ноги обмотаны тряпьем, другие босые, кое у кого котомки. Шорох и топот стояли в воздухе, они все топотали, тупо глядя перед собой, только редко-редко кто жадно, *затравленно* взглядывал на нас с Шуркой, а щеголеватые конвоиры цокали коваными сапогами и перекликались по-немецки.

В окнах и воротах появились испуганные лица. *Кто-то с тротуара бросил пленным сигарету. Я только заметил, как белая палочка упала в их толпу, и вдруг в этом месте произошла быстрая молчаливая схватка. Человек с десяток оказалось на земле, но они поспешно поднялись, и непонятно было, досталась ли кому-нибудь сигарета или ее растерзали.*

Я забыл обо всем на свете. Как сумасшедший я помчался домой, обгоняя колонну. Я напрямик перемахнул забор, бросил газеты на грядку, кинулся в погреб, где хранились драгоценные картофелины, схватил с десяток, вскарабкался на забор, весь дрожа от бега и возбуждения, сел верхом. Конвоиры проходили прямо под моими ногами, а вся улица была запружена движущимися пленными. Я бросил одну картофелину, не целясь. Пленные ринулись за ней, опять произошла молчаливая схватка. Но я заметил, кому досталась картофелина: он быстро-быстро стал ее, сырую, грызть, пригибаясь и защищаясь обеими руками, и на него не нападали, и никто не взглянул, откуда прилетела эта картофелина, словно так и положено, словно они падают иногда с неба...

Я бросил вторую картофелину — та же молниеносная свалка, так же человек быстро сожрал ее сырую. И у меня мороз прошел по коже. Так я бросил по одной все картошки, ощущая себя участником какого-то нереального сна, кошмара. Я просидел на заборе, пока не прошел самый хвост этого невероятного шествия — хромающие, висящие на плечах соседей подобия людей. Но на нашей улице никто не упал, и выстрелов не было. Я слез и подобрал свои газеты на грядке. Темнело, выходить на улицу было бесполезно. Штук двадцать газет с торжественно-фанфарной реляцией о взятии Харькова остались мне на память.

А через пару дней у нас укрылся один из бежавших пленных. Он был саратовский родом, его звали Василием, но фамилию я не запомнил. Он рассказывал всю ночь. О Дарнице.

Дарница

Дарница была рабочим поселком сейчас же за Днепром, напротив Киево-Печерской лавры, и название ее имеет корнем хорошее слово “дар”.

В СССР очень мало кто из поклонников бравого солдата Швейка знает, что существует продолжение бессмертной книги Гашека, написанное его другом Карелом Ванеком. Единственный перевод, который я смог отыскать, успел выйти в 1932 году в Минске, на белорусском языке. Бравый солдат Швейк попадает в русский плен и оказывается под Киевом, в Дарнице. Именно там в Первую мировую войну существовал гигантский лагерь военнопленных, и выглядел он так:

“Сколько видел глаз — были пленные. Одни лежали под деревьями с тупым выражением замордованных животных, другие сидели на ранцах, наполовину пустых, или сбивались в плотные кучки и толпились вокруг котлов, от которых русские солдаты отгоняли их палицами. Наконец, были и такие, которые, ползая на четвереньках, щипали жиденькую траву и с комическим выражением жадности, дикого голода и отвращения клали ее в рот.

Кому довелось хоть один день побыть в Дарнице, тот делался на всю жизнь самым ярым антимилитаристом... От 80 до 100 человек умирало там ежедневно от голода и истощения". Далее Карел Ванек с мрачным юмором описывает сцену дикой схватки у котла с кашей, когда какой-то австрияк под напором толпы упал в кашу и сварился. Тогда русская охрана разогнала дубинами пленных, извлекла австрийца, толпа набросилась на котел — и через несколько минут он был чист, лишь на дне лежала фуражка злосчастного австрияка, вылизанная до последней крупинки.

Если правильно утверждение, что история движется по спирали, повторяя те же точки, но на новом уровне, то к Дарнице это подходит. О ее истории немцы понятия не имели и Ванека не читали, но устроили точно на том же самом месте один из самых грандиозных лагерей военнопленных. Только на этот раз в лагере сидели русские, а дубинами размахивали немцы и австрияки.

Спиральный цикл Дарницы составил ровно 25 лет, точка повторилась действительно на уровне новом: теперь в лагере травы вообще не осталось, и ежедневно умирали не сотни, а тысячи.

Окруженные части Юго-Западного фронта сперва имели задание обороняться в Киеве до последнего. Потом они получили приказ Сталина оставить Киев и прорываться на восток. Они вышли из Киева по мостам через Днепр в Дарницу, и там, на левом берегу их косили с земли и с воздуха, перемалывали, рассеивали и брали в плен. Защищавшая центр Украины огромная армия перестала существовать.

Тогда немцы в Дарнице обнесли колючей проволокой громадную территорию, загнали туда первые 60 000 пленных и потом каждый день пригоняли многотысячные партии.

Василий был в числе первых. Их прогнали через ворота и предоставили самим себе.

При входе, однако, отобрали командиров, политруков и евреев, каких удалось выявить, и поместили за отдельной загородкой, образовав как бы лагерь в лагере. Многие из них были тяжелораненые, их заносили и клали на землю. Эта загородка была под усиленной охраной.

Огромные массы людей сидели, спали, бродили, ожидая чего-то. Есть ничего не давали.

Постепенно они стали рвать траву, добывать корешки, а воду пили из луж. Через несколько дней травы не осталось, лагерь превратился в голый выбитый плац.

По ночам было холодно. Все более теряющие облик люди, замерзая, сбивались в кучи: один клал голову на колени другому, ему на колени клал голову следующий и так далее, пока не получался тесный клубок. Утром, когда он начинал шевелиться и расползаться, на месте оставались несколько умерших за ночь.

Но вот немцы устроили котлы и стали варить свеклу — ее брали прямо за оградой, вокруг были большие колхозные поля с неубранной свеклой и картошкой, и если бы кого-нибудь это интересовало, пленных можно было бы кормить до отвала. Но видимо, мор голодом был запланирован.

Каждому пленному полагался на день один черпак свекольной баланды. Ослабевших от голода пленных палками и криками заставляли становиться в очередь, и затем к котлу надо было ползти на локтях и коленках. Это было придумано, чтобы “контролировать подход к котлам”.

Командирам, политрукам и евреям, находившимся во внутренней загородке, не давали ничего. Они перепахали всю землю и съели все, что можно. На пятый-шестой день они грызли свои ремни и обувь. К восьмому-девятому дню часть их умирала, а остальные были как полупомешанные. *Дню к двенадцатому оставались единицы, безумные, с мутными глазами, они обгрызали и жевали ногти, искали в рубахах вшей и клали их в рот. Наиболее живучими оказывались евреи, иные и через две недели еще шевелились, а командиры и политруки умирали раньше, и страшна была их смерть.*

— А мы тут же рядом ходим, — говорил Василий, — смотрим, голодные, озверевшие сами, смотреть невозможно, как они там за проволокой сидят, ничего уже не соображают, и часовой с автоматом стоит — следит, чтоб ничего им не бросили.

Слух о лагере разнесся сразу.

И вот из Киева, из сел потянулись в Дарницу женщины искать своих. Целые вереницы их шли по дорогам, с кошелками, с узелками передач.

Вначале была путаница и непоследовательность: если женщина находила своего мужа, его иногда отпускали, а иногда нет. Потом перестали отпускать.

Передачи немцы принимали, но сперва заносили их в дежурку, где отбирали все лучшее, а то и вообще все. Поэтому женщины старались нести просто картошку, морковь или заплесневелый хлеб. Пытались сами бросать через проволоку, но охрана кричала и стреляла.

Большинство передач были безадресными: не обнаружив мужа, женщина все равно отдавала корзинку, не нести же ее обратно, когда вдоль проволоки стоят ряды полубезумных скелетов. Но если адресат и был, охранники никогда не вручали передачу ему. Просто выносили из дежурки, кричали: "Хлеб! Хлеб!" — и бросали на землю. Толпа валила, накидывалась — оголодавшие люди дрались, вырывали хлеб друг у друга, а охранники стояли и хохотали.

Прибыли корреспонденты и накрутили эти сцены на пленку. Я потом сам видел в немецких журналах фотографии из Дарницы — жутких, босых, заросших людей, и подписи были такие: "Русский солдат Иван, такими солдатами Советы хотят отстоять свое разваливающееся государство".

Вскоре такое развлечение приелось охране. Они стали разнообразить его. Выносили из дежурки корзину, кричали: "Хлеб! Хлеб!" — и затем объявляли, что всякий, кто без команды притронется, будет убит. Толпа стояла не двигаясь. Поговорив и покурив, конвоиры поворачивались и уходили. Тут пленные кидались на корзину, но охрана оборачивалась и строчила из автоматов. Десятки убитых оставались на земле, толпа шарахалась назад, и так эта игра тянулась, пока немцы не объявляли, что хлеб можно брать.

— Я кидался со всеми, — говорил Василий. — Там ничего не соображаешь: видишь хлеб и кидаешься, не думаешь, что убьют; только когда видишь, что вокруг валятся, — доходит... Отхлынем назад, стоим, *облизываемся,* смотрим на этот хлебушек. *Позволи-*

ли — тут уж бросались, вырывали у мертвых из зубов, пальцем изо рта выковыривали... Мы все там были — не люди.

Среди охранников был фельдфебель по фамилии Бицер, страстный охотник. Он выходил с малокалиберной винтовкой и охотился в самом лагере. Он был отличный снайпер: стрелял в какого-нибудь воробья, потом моментально поворачивался и стрелял в пленного. Раз — по воробью, раз — по пленному, и попадал точно в обоих. Иногда Бицер застреливал десятка два-три пленных в день. Когда он выходил на охоту, все кидались по углам.

Василий потерял счет дням и всякое представление о времени. Он признавался, что выжил благодаря тому, что ходил на помойную яму у немецкой кухни. Там копошилась толпа, выискивая картофельные лушпайки, луковичную кожуру. Немцы и здесь фотографировали, смеялись: “Рус свинья”.

Потом начал создаваться какой-то режим. Стали гонять на работу. В шесть часов утра били в рельс, толпы валили из бараков (их постепенно выстроили), унтер-офицеры отбирали в рабочие команды людей и вели их засыпать рвы, чинить дороги, разбирать развалины. Команда никогда не возвращалась целиком: падавших от голода, плохо работавших или пытавшихся бежать пристреливали, и бывало, что выходило сто, а возвращалось десять.

Из самих же пленных создали лагерную полицию. Начальником ее стал бывший старший лейтенант Тищенко Константин Михайлович. Этот начальник из “своих” оказался страшнее немцев. Многих он забил палками до смерти, заставлял часами ползать и приседать, пока люди не теряли сознание, и один уже зычный его голос наводил ужас на весь лагерь.

Пленные писали записки, оборачивали ими камни и бросали через проволоку. Женщины, постоянно толпившиеся вокруг лагеря, подбирали и разносили эти записки по всей Украине. Содержание было всегда одно: “Я в Дарнице, принесите картошки, возьмите документы, попытайтесь выручить”. И адрес.

Эти записки ходили из рук в руки. Ходили по базару бабы и выкрикивали: “Кто тут из Иванкова? Возьмите записку!” Если из Иванкова никого не было, передавали в Демидов, оттуда в Дымер и так далее, пока она не добиралась по адресу.

Сколько раз я сам передавал их дальше — замусоленные, истертые, так что некоторые приходилось обводить чернилами.

Народная эта почта действовала безотказно, и не было такой души, которая бы выбросила или поленилась доставить записку.

Получив записку, родные, жены, матери, конечно, спешили в Дарницу, но далеко не всегда заставали писавшего в живых, а если и заставали, то что они могли сделать?

Василий ходил на работы, зарывал умерших у проволоки, и вот они с одним киевлянином присмотрели удобное место, приготовили железную полоску, выбрались ночью из барака и стали делать подкоп.

Они обсыпали друг друга песком, чтобы быть незаметнее. Работали в таком месте, куда прожектор доставал слабее всего.

Конечно, они все равно были как на ладони, особенно когда пролезли первый ряд проволоки и оказались на взрыхленной земле.

— Я дрожал как сумасшедший, — рассказывал Василий. — Понимаю, что надо осторожно, а сам кидаюсь. Вижу, уже могу протиснуться — гимнастерка трещит, по спине колючки дерут, пролез и дал деру! Оглядываюсь — напарника нет, соображаю, что он пошире меня в плечах, застрял, должно быть. И тут они чесанули...

В общем, я передаю все так, как рассказывал Василий. Товарищ его погиб: видно, он не мог быстро пролезть, стал копаться, и его заметили. Возможно, охрана решила, что пытался бежать только он один, или не захотела гнаться и рыскать в темном поле. Василий слышал, как они голготали и ругались, а сам уходил дальше.

Наконец, он добрался до картофельного поля. Земля сверху уже подмерзла. Василий стал ногтями разрывать землю, добывать картофелины и грызть их вместе с землей. Он понимал, что надо уходить и уходить, но не мог сперва не наесться. Потом сделал следующую глупость: поднялся во весь рост и побежал. Не помнил, сколько бежал и брел, забился в какую-то яму и забросался ботвой.

Двое суток он провел в полях, как зверь, обходя деревни, питаясь картошкой и свеклой — лучшей еды ему и не надо было.

Набрел на поле боя. Гнили трупы, валялось снаряжение, оружие. Кто-то уже помародерствовал здесь: убитые были без сапог, с вывернутыми карманами или вовсе раздетые. Василий тоже помародерствовал: подобрал себе одежду поцелее, вооружился пистолетом.

В лесочке бродил вороной конь с подбитой ногой, Василий поймал его, сел верхом и двинулся дальше. Увидел в овраге двухколесную фуру, запряг в нее вороного и поехал на фуре.

Наконец он отважился заехать на хутор. Бабы накормили его и дали штатскую одежду. Поглядел на себя в зеркало — старик с бородой, изможденный и оборванный.

Бабы советовали уходить куда угодно, только не оставаться в этих местах: немцы все еще рыскали, охотясь за пленными. Погибший напарник много рассказывал ему о семье в Киеве, и адрес Василий помнил. Он подумал, что в большом городе среди людей можно затеряться.

Он не посмел ехать по большим дорогам, а долго плутал проселками, пока не выехал к Днепру. Поехал вдоль него, подумывая уже бросить коня и фуру, самому переправляться вплавь, как вдруг нашел паром. За перевоз заплатил пистолетом, который в Киеве ему был ни к чему.

Судьба берегла его. До самого Киева он не видел ни одного немца, осмелел и понял, что они ходят группами, соединениями и целыми армиями по определенным дорогам, а земля-то вообще велика и на ней есть места, чтобы спасаться.

В Киев он въехал совсем храбро. Тогда стариков на подводах было так много, что никто не обращал на него внимания.

Он приехал по адресу, а дом сгорел: это было у Крещатика.

Василий деловито проехал через весь город, а когда очутился на Куреневке, уже не знал, что делать дальше. Увидел за забором мою бабку, попросился переноочевать, и бабка велела мне открыть ворота. Когда он рассказал, кто он и откуда, бабка потрясенно перекрестилась:

— Ты пришел с того света...

■

Впоследствии расследованиями установлено, что в Дарницком лагере погибло 68 000 человек. Подобные лагеря были в Славуте, в самом Киеве на Керосинной и т. д. [Ни с какими пленными любой другой страны немцы не обращались так бесчеловечно, как с пленными Советского Союза. Эти люди оказались без всякой защиты или хотя бы какой-нибудь формальной помощи международного Красного Креста, потому что Сталин поставил Советский Союз вне сферы его действия.]

Пытаясь определить дальнейшую судьбу администрации Дарницкого лагеря, я обнаружил, что ни по одному процессу никто из них, в том числе и Бицер, не проходил.

[Но еще поразительнее была судьба советских пленных после разгрома Германии. По приказу Сталина всех, кто не умер в немецком плену, арестовывали и отправляли в Сибирь. Из немецких концлагерей — в советские.]

Напоминание. Пожалуйста, оторвитесь на секунду, откройте самое начало этой книги и освежите в памяти первую строку вступительной главы “Пепел”.

Прекрасная, просторная, *благословенная* земля

Придумал это дед, и, по-моему, правильно: нельзя было Василию оставаться в городе, а надо было отправляться в глухую деревню, где сейчас мужик, да еще с конем — на вес золота.

А я поехал провожатым.

Дымерское шоссе раньше всегда было оживленным, но сейчас мы ехали по нему, не встречая ни души, и только грохот больших, в мой рост, колес нашей воинской повозки звонко раздавался в лесу.

Кое-где в булыжник были втоптаны солома, конский навоз и пожелтевшие обрывки газет. Между камнями проросла трава и пустила стрелки. Когда-то здесь проходили люди, но это было давно, и эти люди исчезли, вымерли, остались только я, Василий и конь вороной.

Еще был мир. Просторный, вечно живой. Высоченные старые сосны дремучего бора Пущи-Водицы вздымались в небо, тихо шумели и качались там в голубой высоте, спокойные, мудрые.

Я лежал в сене лицом кверху, смотрел, как плывут вершины, иногда замечал рыжую белку или пестрого дятла и думал, кажется, сразу обо всем: что мир просторен, что Василий оказался прав, эта стреляющая-убивающая саранча ходит по ниточкам и узлам, вроде нашего города, где творится черт знает что, — Бабий Яр, Дарница, приказы, голод, арийцы, фольксдойчи, горящие книги, — а вокруг все так же, как и миллионы лет назад, тихо шумят вершинами сосны, и под небом раскинулась огромная, благословенная земля, не арийская, не еврейская, не цыганская, но просто земля для людей, именно ЛЮДЕЙ. *Боже мой, или их еще нет на свете, или они где-то есть, но я об этом не знаю... Столько тысяч лет уж род людской живет на Земле — и до сих* пор всё не *могут чего-то поделить.*

Ох, было бы что путное делить, а то ведь один нищий вывешивает портянки сушить, а другой нищий за эти портянки его убивает. И неужели единственное, что люди в совершенстве освоили за всю историю, — это убивать?

Когда Пуща-Водица кончилась, справа, с высоты, открылся вид километров на сорок. Внизу, в своей долине петлял синий Днепр, на котором тоже не видно было ни парохода, ни лодчонки. Безлюдье, безлюдье, только поля до горизонта и эта прямая, как проведенная по линейке, светлая линия поросшего травой шоссе, ведущая, кажется, в небо.

У обочины, среди живописных кусточков, стояли два креста — простые, деревянные, с надетыми на них немецкими касками. На холмиках были положены и цветы, но они давно сгнили и высохли.

Вот, наверное, где-то в Германии матери плачут или остались дети. Отцы не приедут с чемоданами, полными барахла и велосипедных звонков. Стоило переться в такую даль, чтоб в конце концов гнить под ржавеющей каской? И есть ли вообще в мире что-нибудь такое, ради чего стоит гнить под ржавеющей каской? Столетия идут за столетиями, и убитые гниют то за одно, то за другое, а потом оказывается, что все то было напрасно, а нужно, оказывается, гнить совсем за третье...

Василий все время дремал, иногда засыпал, и тогда хромой вороной, которому явно до чертиков надоело хромать неизвестно куда, сбавлял шаг, переступал все тише и тише, пока совсем не останавливался. Тогда Василий просыпался, огревал его кнутом по пузу, и вороной бойко, охотно дергал, кивая при этом активно головой: мол, ясно, ясно, вот теперь все понял!

Первой деревней на нашем пути были Петривцы, и мы пересекли ее как истинные пришельцы с Марса или выходцы с того света. К плетням выбежали бабы и дети, потрясенно глядели на нас, и вся деревня смотрела вслед, пока мы не выехали опять в поле и не скрылись на безжизненном шоссе.

К обеду от тряски по булыжникам у нас печенки перемешались с селезенками, и мы предложили вороному ехать по песчаной обочине. Но там тащить было труднее, ему это не очень понравилось, он перестал смотреть на дорогу, а только и косил глазом, видимо молясь своему богу, чтобы Василий заснул, — и тогда радостно сворачивал на мостовую, но он не учитывал того, что от тряски Василий просыпался.

Протащившись еще километров семь, полных непонимания, противоречий и обид, вороной забастовал.

Мы выпрягли его, спутали и пустили пастись, сами пожевали сухарей, намостили сена под кустом шиповника, постелили сверху драный плащ и не менее драную телогрейку, легли поспать, никуда не торопясь, и был это один из самых лучших снов в моей жизни.

После крестов с касками война еще один раз напомнила нам о себе живописно взорванным мостом через реку Ирпень, у села Демидова. Села не было: одни пепелища с яркими белыми печами, трубы которых, как указательные пальцы, торчали в небо. [Значит, тут был бой одних благодетелей человечества с другими — за лучшее, значит, счастье в мире.]

Ирпень — речушка плохонькая, но быстрая. Немецкие части, проходя тут, устроили гати через рукава реки, но сами же так разбили их, что мы едва не утопили свою колымагу, перебираясь, зато когда мы въехали в сожженное село и свернули с булыжного шоссе на проселки, цель наша была близка.

Мне очень нравилась военная коляска — с откидными ступеньками, рукоятками по бортам, замками, как в грузовике, и ящиками под сиденьем. В ней все было хорошо продумано, за исключением одной мелочи: ее колеса не совпадали с колеями грунтовых дорог.

Все деревенские телеги имеют одинаковое расстояние между колесами, это важнейшее правило, не дай бог отступить, тогда по нашим дорогам хоть не езди. Дороги ведь на матушке-Руси это что? Либо засохшее месиво с глубокими колеями, по которым телега идет, как по рельсам; либо месиво жидкое, в котором, свернув с колеи, засядешь по самые ступицы. В лучшем случае — просто выбитые через луга две глубокие колеи-канавы с лужицами и лягушками. Кругом колеи.

Одно колесо нашей повозки шло по колее, другое отчаянно прыгало, болталось, проваливалось по всем кочкам, гребням и ямам, так что мы ехали, накренясь, чуть не опрокидываясь. *Если бы мы везли снаряды, для чего, вероятно, и назначалась эта повозка, то от их веса перекинулись бы.* Пяток километров такой езды вымотал душу, давшись впятеро труднее всего, что мы проехали за целый день.

Я понял Василия, когда он заметил, что если нас колошматят в войне, то тут есть скромный вклад и того, кто проектировал наши воинские повозки.

У Лескова Левша, побывав в Лондоне, больше всего был потрясен тем, что англичане не чистят ружья толченым кирпичом. Воротясь в Петербург и умирая в полицейском участке, он просит передать это царю, а то в русских ружьях от усиленной чистки пули болтаются, и они, "храни Бог войны, стрелять не годятся".

У нас было так много бдительных людей, обнаруживали даже корону в букете на ученической тетради, но никого не волновало то, что все наши военные повозки, "храни Бог войны", ездить не годятся.

Иван Свинченко жил на дальнем конце Литвиновки, "на слободе" за плотиной, которую украшала сгоревшая мельница. Он сразу принял Василия, как брата, и только крестился, вспоминая, как почти чудом уберегся сам от немецкого плена.

Их там, Свинченков, был целый куток, и меня взяла к себе сестра Ивана — Гапка.

Ее типичная украинская хата была низехонькая, вросшая в землю, с крохотусенькими оконцами под соломой, в которой прогнили дыры. Внутри она походила на пещеру с неровным глиняным полом, на котором валялись тряпки, соломенные куклы, ползали дети и котята. В центре стояла облупленная печь, возле нее — с набросанным тряпьем помост, который назывался "пол" и на котором спали "покотом". Дух в хате казался с непривычки гадким, тяжким. Ну, что ж, деревня, обычное жилье колхозника.

Гапкин муж пропал на войне, она осталась с кучей деток, да за стеной у соседки были дети, все они ползали по хате и двору, как тараканы, голопузые, измазанные, сопливые, в ветхих рубашонках и платьицах, а которые поменьше — совсем голышом.

А на печи сидели пугавшие меня сначала таинственные дед и баба, патриархи рода Свинченков. Дед был жиденький, прозрачный, непрерывно кашлял и харкал, а баба сползала с печи, тяжко шаркала по двору, сама едва ходила, а все пыталась что-то делать. Она была горбатая, согнутая пополам, так что ходила, глядя прямо в землю, на которую ступала, словно копейки искала.

Мама еще дома говорила мне, что Гапка — несчастная труженица, а древние дед с бабой — золотые люди, делавшие всю жизнь другим людям добро. Но поначалу я не мог избавиться от какого-то жуткого ощущения.

Выспросив про наше городское житье-бытье, поужасавшись и наахавшись, Гапка стала рассказывать про свое.

А к ним, оказывается, пришло счастье: не стало колхозов. Сгинули к чертовой и перечертовой матери.

Не стало никакого начальства, дармоедов, прихлебателей, толкачей, погоняльщиков, а немцы как здесь прошли, так их с тех пор и не видели. Была деревня Литвиновка, были просто крестьяне — сами по себе, не помещичьи, не советские, не немецкие, господи боже ты мой, да когда же это было такое?!

Поэтому стал каждый жить по своему разумению. А вокруг стояли неубранные поля, и каждый выбирал себе любой участок, жал хлеб, копал картошку, запасался сеном. Возить уже было некуда. *И наелись, наелись, наелись. Даже дед и баба не помнят, было ли когда-нибудь, чтобы Литвиновка досыта наедалась.*

Запасались на годы, погреба ломились от овощей, чердаки были завалены яблоками и грушами, под соломенными стрехами гирляндами висели сушеные фрукты, *и никто ничего не запрещал, и никто ничего не отнимал, и никто никуда не гнал...* Старухи крестились и говорили, что это — перед концом света.

Вечерами собирались при лучине на посиделки, до одури грызли семечки и гнали из свеклы самогонку. А днем во всех дворах стучали цепы: молотили хлеб деды, бабы, девчонки, дети. Мололи зерно меж двух камней, просевали муку сквозь ручное сито. *Литвиновка купалась в счастье.*

Гапка сварила огромный казан картошки, вывалила на деревянный выскобленный стол, и все семейство окружило этот стол, и я меж ними, — бери, сколько хочешь, макай в соль, запивай кислым молоком, — и я наелся, до того наелся, что голова пошла кругом, меня качало, как пьяного, и спелые краснобокие яблоки я уже грыз с неохотой.

Мужчины и лошади в Литвиновке были действительно наперечет. На следующий день Василий и Иван как выехали в поле возить картошку, так и не видели божьего света до воскресенья. Василию платили за доставку с поля "с половины" — из каждых двух мешков он получал один. Он ссыпал это богатство во дворе у Свинченка, был занят по горло, я же "байдыковал".

Дети Свинченков повели меня в поле, где была масса мелких воронок, и почти в каждой торчал хвостик от разорвавшейся мины, такая крылатка, из которой получалась прелестная водяная мельничка.

Лазили по длинным и темным колхозным конюшням, выискивая потайные куриные гнезда, и, найдя яйца, тут же их выпивали. Набрав теплого барахла и набив углями "кадила" от комаров, сделанные из консервных банок, садились на коней и водили их в ночное, и я лихо ездил на своем хромом вороном.

В поле стоял подбитый танк с черно-белыми крестами на броне, распотрошенный внутри, но с еще целыми сиденьями и исправными люками. Пока кони паслись, мы устраивали войну: одни залезали в танк, другие обстреливали его камнями. Внутри стоял невероятный лязг, в ушах звенело, и это нам ужасно нравилось. *Прекрасной игрушкой для деревенских детей был этот танк.*

Наконец Иван и Василий нагрузили повозку, и мы отправились в город: они на базар, я домой. На мою долю положили мешок картошки, полмешка зерна и еще кучу гостинцев. Целый день я топал пешком, далеко уходя вперед по глухому шоссе, все думал и думал, переполненный странными, противоречивыми чувствами, то мне хотелось кричать, то хотелось плакать. Домой я явился некоторым образом спасителем семьи.

[Киево-Печерская лавра]

На этот раз Маруська даже не пустила нас в дом, и мы с бабкой посидели у Грабарева, отдохнули, прежде чем идти домой.

— О господи, — переживала бабка, — что я теперь Оле скажу? Это ж грабительство.

— Они не правы, — флегматично сказал Грабарев. — Они еще будут об этом очень жалеть.

— Оля в этот дом свой пот вложила, а они захватили, как грабители.

— Пройдет, — сказал Грабарев. — Не убивайтесь, гибнут тысячи людей, а вас беспокоит какой-то дом.

Грабарев строгал доску, делал по заказу гроб. Решил, что это сейчас самое прибыльное дело.

— Все это пройдет, Марфа Ефимовна, — повторил он, — и Оля вернется, и Маруська вылетит и ответит.

— Теперь закон на ее стороне.

— Ну, не всегда ему быть.

— Большевики вернутся?

Грабарев пожал плечом:

— Если бы я знал это...

— Вы знаете, — вдруг сказала бабка.

— Я знаю то же, что и все. Что, во всяком случае, Москву еще не взяли и за Москвой, Марфа Ефимовна, большая Россия.

Мы почти не обратили внимания на отдаленный грохот. Тогда много грохотало и стреляло вокруг. Слышали только, что грохнуло. Ушли восвояси, бабка шла задумавшись, потом сказала:

— *Нет, не так просто он остался, его заставили, как коммуниста, и всю беду с сёмьею подстроили, чтоб было похоже, но он добрый человек.* Храни его Бог.

Мы вышли на свое любимое место, и перед нами открылась Лавра. Она горела.

Все пролеты главной лаврской колокольни светились ярким оранжевым светом, словно она была иллюминирована, а дыма было немного. Успенского собора не было — гора камней, из которой торчали остатки стен, расписанных фресками. Горели все музеи, весь городок-монастырь, заключенный в стенах.

Бабка так и села там, где стояла. Оттуда, от Лавры, бежали люди, и все говорили, что взорвался Успенский собор. А в нем было сложено много старинных рукописей и книг. Горящие листы ветер понес, и они сыпались дождем, все поджигая. *Немцы изо всех сил стараются потушить, но воды нет.* А кто взорвал, кому это понадобилось — неизвестно. *Наверное, всё те же взрывники, что и на Крещатике. Теперь ясно, что Крещатик взрывали не жиды.*

Это было 3 ноября 1941 года. Я видел, как горела Лавра.

На бабку это подействовало слишком сильно, она долго сидела, изредка крестясь, я с трудом уговорил ее уйти. В ней будто что-то оборвалось, сломалось и до смерти уже не восстановилось.

Только дома она привычно зашуровала в печи; наливая суп, сказала:

— Как *же Бог терпит? И Десятинную снесли, и Михайловский монастырь, и в нашей Петра и Павла, где я тебя крестила, завод устроили. А теперь и саму Лавру сгубили...* Ох, и насмотришься ж ты, дитя моё, другой не увидит столько за всю жизнь. Господь сохрани тебя, несчастное *ты на этом свете.*

[Если вы будете в Киево-Печерской лавре, попробуйте спросить у экскурсоводов, правда ли, что Лавра взорвана энкавэдистами, главному из которых посмертно присвоено звание Героя Советского Союза, — и при этом посмотрите на выражение их лиц.]

[Крещение Руси произошло в 988 году. Киевским князем Владимиром Крестителем была выстроена великолепная Десятинная церковь, князем Ярославом Мудрым — Софийский собор, в городе образовался Михайловский монастырь, а чуть южнее, на высоких Днепровских кручах, — Киево-Печерский монастырь с изумительным Успенским собором.

В этом монастыре монахом Нестором создана летопись "Повесть временных лет", положившая начало нашей отечественной исторической науке; отсюда распространялись письменность, искусство.

Еще не было Москвы; в середине XII века князь Юрий Долгорукий во время одного из походов заложил маленькое поселение Москва, а похоронен он именно в центре культуры Руси тех времен — Киево-Печерском монастыре.

До 1917 года Киево-Печерская лавра была великолепным городом, своего рода православным Ватиканом или Иерусалимом, куда ездили на поклон цари, стекались миллионы богомольцев. Лаврские библиотеки были бесценны, типография выпускала книги, стены церквей были отделаны уникальнейшими фресками и мозаиками, в подвалах хранились древние сокровища.

После 1917 года, под лозунгами "Религия — опиум для народа" и "Старое разрушим — новое построим", прежде всего была разрушена и снесена до основания Десятинная церковь. Только отдельные кирпичи от нее ныне можно увидеть в Киевском историческом музее.

Рядовых церквей снесены десятки, иные переоборудованы под склады, клубы, заводы. В 1934 году был взорван и разобран Михайловский собор. Историкам удалось спасти лишь несколько небольших мозаик XII века, которые теперь тоже можно увидеть в музее.

Лавра была слишком велика для сноса. С ней поступили иначе: ее превратили в антирелигиозный музейный городок, сосредоточив там главные музеи Киева.

Во время обороны Киева "Музейный городок" закрылся, и Лавра стояла безлюдная; кое-что из музеев удалось эвакуировать на восток.

А через полтора месяца после прихода немцев Лавра таинственным образом взорвалась и сгорела дотла, причем немцы отчаянно пытались ее потушить.

Вскоре после этого Молотов апеллировал ко всему

миру, обвиняя немцев в уничтожении исторических и культурных святынь.

Советскими экспертами составлено "Сообщение Чрезвычайной Государственной Комиссии по расследованию и установлению злодеяний немецко-фашистских захватчиков", где, в частности, сказано:

> "По приказу немецкого командования военные части ограбили, взорвали и разрушили древнейший памятник культуры — Киево-Печерскую лавру"*.

В путеводителях и исследованиях пишется то же. Самое пространное] объяснение дано в книге директора Института истории УССР проф. К. Дубины:

> "Как выяснилось, фашистские вандалы заблаговременно заминировали Успенский собор и другие корпуса, ожидая удобного момента для взрыва. 3 ноября 1941 года Лавру посетил предатель словацкого народа Тиссо.
>
> Это послужило подходящим моментом для провокации. Как только Тиссо покинул территорию Лавры — раздались взрывы. Как уже говорилось, оккупанты пытались приписать эти злодеяния советским патриотам, которые якобы покушались на Тиссо. Но даже такой матерый бандит, как подсудимый Шеер, вынужден был признать, что это — дело рук немецко-фашистских захватчиков"**.

[Такова официальная версия, подтвержденная правди-

* *"Київ — герой", збірник матеріалів про подвиг киян у Великій Вітчизняній війні. Київ, 1961. Стр. 369.*

** *К. Дубина. "В годы тяжелых испытаний". Киев. 1962. Стр. 96–97.*

вым показанием матерого бандита. Из взрыва Лавры немцы не делали никаких пропагандистских выводов, достаточно перелистать газеты тех дней. Немцы взрывали и жгли много, но при отступлении в 1943 году. В 1941 году взрывали, отступая, только русские.

Это общие размышления. Подлинные данные и документы, если они вообще существуют, вряд ли когда-нибудь будут обнародованы.

Но до сих пор живы свидетели — жители нескольких домов на территории монастыря. Вот что они помнят, вот как это было.

Сама Лавра, как бывший центр православия, для советской власти была бельмом на глазу. Можно было разогнать монахов, устроить дикие репрессии, распотрошить лаврские богатства именем национализации, устроить в ней антирелигиозный музейный центр. Но когда началась война и немцы шли на Киев, оставшиеся в живых монахи стали готовиться возрождать монастырь, и поползли слухи, что “вот-де придут немцы, Лавра снова встанет во своем сиянии”.

Накануне отступления советских войск из Киева опустевшая Лавра, как показывают жители, была оцеплена войсками НКВД. Туда никого не пускали. Приезжали и уезжали грузовики. Затем оцепление было снято.

19 сентября 1941 года, вступив в Киев, немцы сразу же направились в Лавру и долго, торжественно, ликующе звонили в колокола.

Затем стали открывать все помещения, музеи, кельи, стали тащить ковры, серебряные чаши, ризы, но тут немецкое командование подняло шум, и люди видели, как испуганных солдат заставляли нести ризы обратно.

Лавра стоит на самой высокой точке Киева, окружена крепостными стенами, являясь таким образом отличной оборонительной крепостью. Немцы установили в ней орудия, в том числе зенитные для защиты переправы через Днепр, а в многочисленных кельях расположились на постой солдаты.

Прошло полтора месяца. Уже взорвался и сгорел Крещатик и дострeливали последних евреев в Бабьем Яре. И вдруг в Лавре раздался сильный взрыв. Рухнула часть крепостной стены — прямо на орудия, но из обслуги, кажется, никто не пострадал. Это был явно диверсионный акт.

Не успели немцы опомниться, как раздался второй взрыв — в огромном, казематного вида здании у главных Лаврских ворот. Последние годы там был советский склад боеприпасов, и, видимо, они оставались, потому что рвались в огне. Здание стало так сильно гореть, такие от него разлетались фонтаны искр и головней, что начался пожар по всей Лавре.

Немцы поспешно выкатывали из Лавры орудия, бросались тушить возникающие тут и там очаги пожара, но не было воды. Вдруг они оставили это занятие, бросились врассыпную с криками: "Мины!" Организовали команду, которая побежала по домам, выселяя жителей: "Уходите! В Лавре мины Советов!"

Потом, правда, выяснилось, что под жилыми домами мин не было, но в тот момент жители побежали все, спасаясь точно так же, как на Крещатике. Казалось, Крещатик повторяется.

Действительно, раздался третий взрыв, глухой, от которого заходила ходуном земля. Это был взрыв в Успенском соборе. Но собор устоял. Он был сложен в XI веке из особых плоских кирпичей красной глины, таких прочных, что их невозможно разбить молотком.

Прослойки особого связующего раствора были толще самих кирпичей, а раствор этот на Киевской Руси умели делать еще крепче. Это была кладка на тысячелетия.

Через небольшой промежуток (совершенно так же, как с комендатурой на Крещатике) в соборе раздался новый взрыв, и был он такой силы, что красные плоские кирпичи летели на расстояние до километра и посыпали весь Печерск, а сам собор рухнул, превратясь в гору камня. Как вспоминает один старик: "Первые три взрыва нам показались тогда игрушками, вот в четвертый раз уж дало так дало!.." Сколько же это надо было грузовиков взрывчатки?

Территория Лавры оказалась усеяна кусками мозаик, фресок, алтарной резьбы, горящими листами древних рукописей, разнесенными в куски фолиантами с медными застежками.

И загорелось все — Трапезная церковь, Архиерейский дом в стиле барокко, древняя типография, все музеи, библиотеки, архивы, колокольня.

Некоторое время выждав и убедившись, что взрывы кончились, немцы опять бросились тушить. Чудом им удалось, разбирая горящие балки перекрытий, загасить пожар на колокольне, и то потому, что она каменная, с высокими пролетами. Уцелел верхний ярус с курантами. Но это и всё, что удалось отстоять.]

Ночь

Матросов гнали в Бабий Яр в очень холодный день, кажется, даже порошил снег. По слухам, это были речники, матросы Днепровской флотилии.

Руки у них были скручены проволокой, но не у всех, потому что некоторые поднимали над головами кулаки. Они шли молча (может, за крики в них стреляли), только иногда так поднимался кулак, словно человек потягивался и разминал плечи.

Многие шли босые, частью голые до пояса, а некоторые в одних подштанниках. Особенно жутко шли передние — плотным рядом, глядя перед собой, выступая так, словно они были гранитными.

Кричали и дрались они уже в самом Бабьем Яре, когда окончательно увидели, что их расстреливают. Они кричали: "Да здравствует Сталин!", "Да здравствует Красная Армия!", "Да здравствует коммунизм!". [Они верили, что умирают за всемирное счастье, и немцы косили их из пулеметов во имя того же.]

Странная, без обычных фанфар и захлебывающегося хвастовства, сводка газеты, которую я продавал 23 ноября:

ДАЛЬНЕЙШИЕ УСПЕХИ В КОЛЕНЕ ДОНЦА И НА ЦЕНТРАЛЬНОМ УЧАСТКЕ ВОСТОЧНОГО ФРОНТА. НЕУДАЧНЫЕ ПОПЫТКИ ВРАГА ПРОРВАТЬСЯ ПОД ЛЕНИНГРАДОМ.

Главная квартира Фюрера, 21 ноября. Верховное Командование Вооруженных Сил сообщает:

> Во время боев в колене Донца и на центральном участке Восточного фронта достигнуты дальнейшие успехи. Под Ленинградом попытки врага прорваться были отбиты немецкой артиллерией*.

Из статьи в той же газете под скромным заголовком: “ХАРАКТЕР ВОЙНЫ НА ВОСТОКЕ”:

> ...Большевистская армия в основном разбита, миллионы попали в немецкий плен, столько же погибло, а то, что большевики посылают еще на фронт, есть лишь пушечное мясо... Войны выигрывают не массой, не придерживанием тактических форм, но духовностью, ибо воюет и побеждает не материя и масса, а дух и человек. А с этой точки зрения никто и ничто в мире не может сравниться с Германией, и потому Германия непобедима.

Кажется, это был первый стук моего возмужания, слишком раннего, в тот день.

Я сидел, несчастный и злой, под рундуком на базаре, и ветер почему-то ухитрялся дуть одновременно со всех сторон, мои руки и ноги заледенели, моя вакса

* “Украинское слово”, 23 ноября 1941 г.

к черту застыла, но я уже не надеялся, что кто-нибудь явится чистить сапоги, потому что темнело, расходились последние торговки и близился комендантский час. Зарабатывал я на чистке сапог не больше, чем на папиросной бумаге или газетах, но не бросал этого дела, все чего-то ожидая.

И я удивленно посмотрел вокруг, и с мира окончательно упали завесы, пыльные и серые. Я увидел, что поклонник немцев дед мой — дурак. Что на свете *нет* ни ума, ни добра, ни здравого смысла — *одно насилие.* Кровь. Голод. Смерть. *Что я живу и сижу со своими щетками под рундуком неизвестно зачем. Что нет ни малейшей надежды или хоть какого-нибудь проблеска надежды на справедливость. Ждать неоткуда и не от кого, вокруг один сплошной Бабий Яр. Вот столкнулись две силы и молотят друг друга, как молот и наковальня, а людишки между ними, и выхода нет, и каждый хочет лишь жить, и хочет, чтобы его не били, и хочет жрать, и визжат, и пищат, и в ужасе друг другу в горло вцепляются, и я, сгусток жиденького киселя, сижу среди этого черного мира, зачем, почему, кто это сделал?* Ждать-то ведь нечего! Зима. Ночь.

Уже не чувствуя рук, машинально стал собирать свои причиндалы чистильщика. Слышался стук копыт: через площадь ехала колонна донских казаков. Я даже не очень обратил внимание, хотя такой маскарад видел первый раз: усатые, краснолицые, с лампасами и богато украшенными саблями, словно явились из 1918 года или со съемок историко-революционного фильма. Комендант Эбергард подмогу вызвал, что ли?..

Поспешил домой, потому что быстро темнело. От

казачьих коней в воздухе тяжело запахло конюшней; по дворам лаяли голодные собаки; в Бабьем Яре стрелял пулемет.

Вторая часть

Человек живет, чтобы есть

В книгах, мною прочитанных, говорилось о любви и страданиях, о путешествиях и великих открытиях, о *подвигах борцов революции и борьбе за светлое будущее.* Но почему-то редко говорилось, откуда каждый день берется еда, чтобы *бороться,* делать открытия, путешествовать, страдать и любить. Они будто питались с неба, герои большинства книг. Вероятно, где-то как-то там ели, обедали — и совершали заслуживающие большего внимания дела, подвиги. Но постойте с подвигами, а пообедать-то вам как удалось?

Куда ни посмотри, большинство людей в жизни озабочены именно тем, что поесть. Во что одеться. Где жить. И многие отданы этим заботам целиком, без остатка, так тяжко это им достается. *Не потому, что им так нравится, а потому, что иначе не могут.*

Один мудрец сказал: человек ест, чтобы жить. Другой ядовито добавил: а живет, чтобы есть.

Да, конечно, дворецкий провозглашал "Кушать подано", старый чудаковатый граф предлагал руку графине со следами былой красоты на лице, и общество, галантно беседуя, шествовало к столу. Но это было до Октябрьской революции.

На очень, очень многих страницах книг описывались пиры разнообразных королей и мушкетеров, безусловно заслуживающие внимания, ушедшие в глубокую древность, и я о них читал с любопытством, примерно как мифы о подвигах Геракла.

Но, признаться, мне куда ближе был *отверженный* Шолом-Алейхем, у которого люди так отчаянно бились за кусочек хлебца, варили на продажу чернила, делая на них бизнес такой же, как я на папиросной бумаге. Я с безграничной любовью и благодарностью читал и перечитывал каждую строчку Тараса Шевченко, у которого мать жала чужую пшеницу на панщине, а дитя свое клала на меже, суя ему в тряпице жвачку с маком, чтобы не пищало. И как я понимал всю глубину, всю сложность проблемы шинели Акакия Акакиевича у Гоголя.

Пишут, что бороться и совершать подвиги для того и надо, чтобы у всех было вдоволь хлеба и шинелей. А дед помнит, что до революции была вобла и ситец продавался рулонами-штуками. Почему так получается, что чем больше борьбы и подвигов, тем меньше хлеба и шинелей?

Нет, шинелей больше. Цвета хаки, серо-зеленых, черных, рыжих, серых, синих.

Хлеба нет. А человек такое занудное создание: чуть родился, так уж сразу хочет есть. Боже мой, но ведь это же вдуматься только: нужно каждый день, каждый день есть, чтобы жить!

Я экономил, не завтракал, рассуждая, что если не позавтракаю, значит, больше будет на обед; а если и не пообедаю, значит, будет на завтрашний день.

Но тут бабка заметила, что у меня начинают опухать руки и ноги, они с матерью почти перестали есть сами, отдавая куски мне.

Я должен был добывать пропитание! У меня каждый день стучало в голове: как достать поесть? Ходил, внимательно-испытующе осматривал кладовку, сарай, погреб, двор. Камни, щепки, черепки, сор, пыль...

Умер от голода старый математик нашей школы Балатюк, он последние дни пытался работать дворником. Открывались заводы, и рабочим платили зарплату — 200 рублей в месяц.

Буханка хлеба на базаре стоила 120 рублей, стакан пшена — 20 рублей, десяток картофелин — 35 рублей, фунт сала — 700 рублей.

Уходя на войну (чтобы никогда не вернуться, *ни с чемоданами, ни без*), отец Жоры Гороховского, слесарь с Главпищемаша, оставил все свои инструменты. Отцовская мастерская в сарайчике стала Жоркиной. Сарайчик от пола до потолка был завален железной рухлядью, потому что у Жорки было правило жизни: какую бы железку он ни видел на земле, он ее тотчас подбирал и определял в свою сокровищницу.

Просидев четыре года на одной парте, мы очень сдружились. Жора был серьезный парень, считал, что не хлебом единым жив человек, но нужнее всего железо. И доказал: приспособился делать зажигалки из стреляных гильз. Мы с его младшим братом Колькой только, разинув рты, с уважением смотрели, как он священнодействует паяльником.

Колька, тот был прямой противоположностью старшему брату: беззаботный лентяй, бродяжка. Еще он любил уничтожать: если находил электрическую лампочку, значит, ей судьбой уготовано быть хлопнутой о камень; огнетушитель следовало приводить в действие тотчас по обнаружении.

Материала для этого было предостаточно: сразу же за сарайчиком возвышался большой дом училища ПВХО, который заняли немцы, и, как положено, они два часа выбрасывали в окна приборы, пособия и книги, чтоб не засоряли им жизнь.

Первое антифашистское выступление связано у меня именно с этим домом и Колькой. Типовая уборная-ров была выкопана во дворе училища так, что немцы со своими газетами сидели на жердях к нам спиной. Поэтому мы взяли хорошую рогатку, выбрали у Жоры в ящике самых корявых гаек с заусеницами, подобрались к забору и, определив самый широкий зад, открыли огонь. Потом Жора рассказывал, что в читальне поднялся сильный шум, немец не поленился перелезть через забор и искал нас, чтобы поделиться впечатлениями.

После ухода воинской части в доме училища открылась столовая для стариков. Сотни стариков поползли с клюками, с кастрюльками и ложками. Управа выдавала карточки самым умирающим, опухающим и одиноким, и они, трясясь и ссорясь, толпились у раздаточного окна, получали по черпаку баланды, тут же за столиками хлебали, смаковали, чмокали, давились, обливая бороды.

Мы с Колькой уныло ходили между столиками, почти ненавидя стариков, глядя на миски, которые они ревниво прикрывали руками.

Вдруг кухарка позвала нас:

— Воду носить до бака будете, хлопчики? Супу дам.

Эх, мы чуть не взвыли от счастья, схватили за ручки самую большую кастрюлю, чесанули к колонке. Носили до самого закрытия, подлизывались, заглядывали кухаркам в глаза, и нам налили по тарелке, до краев, и мы, гордые, счастливые, хлебали долго, растягивая удовольствие, молясь, чтобы вода была нужна завтра, послезавтра.

Дед мой попытался тоже раздобыть карточку. Ему не дали: сказали, что еще может работать. Он так горевал, что его приняли в столовую ночным сторожем. Он взял кожух и подушку, отправился на первое дежурство, и я пошел за ним. У меня созрел смелый план.

Пока дед вздорил с кухарками и посудомойками, что ему не оставили баланды, я смирно сидел в углу. Похлопали двери, все разошлись, дед заложил парадное ломом и стал устраивать себе ложе из скамеек, злобно бормоча: “Горлохватки проклятые, полные кошелки домой поперли, аспидки...”

Я решил начать со второго этажа. В доме были длинные коридоры с множеством дверей в аудитории и учебные кабинеты, и во всем этом огромном доме мы с дедом были одни.

В аудиториях стояли топчаны на козлах, пол был усыпан соломой, бинтами, бумажками и стоял тяжелый солдатский дух. Я лихорадочно принялся рыться в соломе, шарить под помостами. Одни окурки и журналы.

Фотографии в журналах были отличные, на глянцевой бумаге. Немцы стоят и смотрят на соборы древнего Смоленска. Улыбающиеся люди в русских народных костюмах протягивают генералу хлеб-соль. Типичная русская красавица, с богатой косой, словно из русского народного хора Госконцерта, голая, *этакая грудастая, сидит задницей в шайке* под бревенчатой стеной, и подпись: “Русская баня”. *Эту картинку я сунул под рубашку, чтобы по секрету показать Жорке и Кольке.*

Недокуренные, растоптанные бычки я все собирал в карман. Жрать хотелось так, что темнело в глазах. Пираты когда-то жевали табак, и я стал жевать окурки, но это было горько, обжигало язык, насилу отплевался.

Сухарь я нашел только в десятой или двенадцатой комнате. Он был с половину моей ладони, заплесневел, но был из настоящего белого хлеба. Я стал грызть его, не обскребая, чтоб ни крошки не пропало, слюнявил, разбивал о подоконник, клал кусочки в рот, сосал, пока они не превращались в кашку, перемешивал ее языком во рту, изнывая от вкуса, не спеша глотать, — у меня мурашки шли по телу. Думал про себя: псы, ведь они дураки, кинь ему хлеб, он хлам, хлам, заглотал в один миг, а у человека есть голова, удовольствие можно продлить, и сытнее вроде.

Возбужденный удачей, я двинулся дальше — в химическую лабораторию, где было столько полок, стекла и приборов, что немцы, видно, поленились выбрасывать, лишь всё переколотили да выцедили спирт из спиртовок.

У меня глаза разбежались: столько разных пробирок, банок с химикатами, и ни черта-то я в надписях не понимал, открывал банки, встряхивал, вынюхивал — нет, не похоже на съедобное...

Во взломанном железном шкафу стояли в ряд колбы с надписями “Иприт”, “Люизит”, я стал размышлять над ними. Люизит был неприятно свекольного цвета, но иприт — как черный кофе, и вот мне стало воображаться, что это в самом деле кофе, с сахаром, у меня все жилки задрожали, так захотелось кофе, открыть стеклянную пробку и попробовать: вдруг это не настоящий иприт, а учебное пособие, просто наливали кофе и показывали студентам, ведь могло такое быть?

Даже пусть без сахара, все равно питательно... С большим трудом я заставил себя поставить колбу на место, не стал рисковать.

Открыл дверь в следующий кабинет — и похолодел.

На столе посреди комнаты стоял окровавленный человек без ног и без рук. Первой мыслью было, что немцы здесь пытали. Но разглядел анатомические таблицы на стенах: это был кабинет анатомии.

Голова и грудь человеческого муляжа были побиты пулями, таблицы по стенам, особенно глаза, были тоже сильно обстреляны. Видно, солдаты упражнялись тут в стрельбе из пистолетов. *Но живот манекена был цел, открывался, как дверка на петельках. Я поотстегивал крючки, вынул из манекена, как из шкафчика, печенку, желудок и почки из папье-маше, смотрел, смотрел на них, вспомнились людоеды из отцовских рассказов... В какой-то мгновенной слепой злобе смахнул их на пол, потом стал сдирать со стен анатомические картины, топтал их ногами, злобно кривляясь, топтал и рвал, пока не надоело.*

В зале для занятий самодеятельностью стояло разрушенное пианино. Похоже, его били чем-то тяжелым, кувалдами или топорами, — проломили крышки, и клавиши торчали и валялись по полу, как выбитые зубы. Чем оно им помешало, что так с ним расправились?

Я попробовал отодрать доски и щепки, обнаружил, что дека со струнами цела, а клавиши с молоточками лишь повылетали из гнезд, так что можно кое-что восстановить. Тут же принялся восстанавливать две октавы, и это мне удалось, и я посидел, немного побренькал, наблюдая, как бойко прыгают молоточки, слушая, как в пустых коридорах разносятся звуки.

Добыча с третьего этажа была беднее — скрюченная черная корка величиной с полмизинца. Но тут с площадки наверх вела таинственная витая лестница, я немедленно поднялся по ней, высадил головой люк и оказался на башне, заваленной пыльными ящиками, пожарными ведрами. За выбитыми стеклами гудел ветер. Я влез на ящики и выглянул в окно.

Внизу лежали улицы, громоздились крыши. Трубы не дымили — не было дров, печатались грозные приказы о сдаче всех запасов дров и угля, у нас запасов не было, бабка топила разным мусором раз в три дня.

Во дворе завода "Цепи Галля" не видно было ни души, словно он вымер. На улицах лишь кое-где торопились редкие фигурки прохожих; город словно поражен чумой. Вдали показалась четко построенная колонна солдат, они длинным серо-зеленым прямоугольником двигались по мостовой, все с одинаковыми газетными свертками, вероятно, из бани, и очень дружно, напряженно пели, как работали, песню следующего содержания:

Ай-ли, ай-ля. Ай-ля!
Ай-ли, ай-ля. Ай-ля!
Ай-ли! Ай-ля! Ай-ля!
Хо-хо, хо-хо, ха-ха-ха...

Уже начинало темнеть, а главное еще не выполнено, я соскользнул с ящиков и покатился по лестницам вниз. Дед храпел на скамейках. Я шмыгнул на кухню. Вот оно!

В кухне стоял пресный запах баланды, но плита совсем остыла, на ней громоздились огромные сухие и чистые кастрюли, сковороды тоже были чисты. Я шарил по столам и под ними, обследовал все углы — ничего, ни крошки, *ни хотя бы помойного ведра.*

В жизни не видел такой голой, чистой до пустоты кухни, и лишь этот пресный запах сводил меня с ума.

Пытаясь найти хоть крупинку пшена, я стал ползать, изучая щели в полу. Все чисто подметено! Я не мог поверить, начал поиск сначала. В одной кастрюле что-то чуть пригорело к стенке и не отскреблось — я поскреб и пожевал, так и не поняв, что это. Одна из сковород показалась мне недостаточно вытертой. Я принюхался — она пахла жареным луком. Ах, проклятые горлохватки, аспидки, они для себя суп даже заправляли луком с подсолнечным маслом! Я заскулил, так мне хотелось супу, заправленного луком. Я стал лизать сковороду, не то воображая, не то в самом деле ощущая слабый вкус лука, скулил и лизал, скулил и лизал.

Враги народа

Газета "Украинское слово" была закрыта в декабре. *Лозунг "На Украине по-украински", который она броско печатала из номера в номер, оказывается, имел вредную сущность.* Был закрыт литературный альманах "Литавры".

Объяснение:

> К нашему читателю!
>
> С сегодняшнего дня украинская газета будет выходить в новом виде, под названием "Новое украинское слово". Крайние националисты совместно с большевистски настроенными элементами сделали попытку превратить национально-украинскую газету в информационный орган для своих изменнических целей. Все предостережения немецких гражданских властей относительно того, что газета должна быть нейтральной и служить лишь на пользу украинскому народу, не были приняты во внимание. Была сделана попытка подорвать доверие, существующее между нашими немецкими освободителями и украинским народом.

Было произведено очищение редакции от изменнических элементов*.

О, эта многозначительная последняя строчка! [В Бабьем Яре были расстреляны редактор "Украинского слова" Иван Рогач, выдающаяся поэтесса Олена Телига, бывшая председателем союза писателей и редактором "Литавров", а также ряд сотрудников обеих редакций. И начались массовые аресты и расстрелы украинцев-националистов по всей Украине.]

Новая газета взялась за дело. Она поместила гневную статью "Накипь", где бичевала тунеядцев, эту накипь, которая трудоустраиваться не хочет, а живет неизвестно чем, разными сомнительными заработками, засоряя собой общество. Их надлежит вылавливать и жестоко наказывать.

Другая статья называлась "Шептуны" — о тех, кто рассказывает злопыхательские анекдоты. Эти подленькие, неумные анекдоты и темные слухи распространяют изменники и враги народа. Нужно объявить решительную борьбу против таких распространителей слухов и жестоко их наказывать.

[— Царица Небесная, да ты, часом, не шутишь надо мной? — испугался дед. — Ты, часом, мне это не большевистскую ли газету читаешь?

— Нет, дед, немецкую! Смотри: фашистский знак.

— Ну, значит, у Сталина переняли: тот за анекдоты сажал, и эти, тот украинцев не додушил, так эти додушат, о господи, куда ж нам деваться?..]

С каждым днем газета становилась все нервознее, полной окриков, угроз. Половина объявлений —

* *"Новое украинское слово", 14 декабря 1941 г.*

только на немецком языке. А сводки Главной Квартиры Фюрера стали лаконичными, тревожными: "в колене Донца отбиты сильные атаки", "на восточном фронте отбиты советские атаки".

Мама сказала, что в газетах всегда нужно читать не строчки, а между строчек.

Я учился.

Дед видел на Владимирской горке повешенного. Припорошенный снегом, босой, он висел с вывороченной набок головой и черным лицом: то ли его сильно били, то ли почернел после смерти. На доске было написано, что он покушался на немца.

В немецком штабе на Дзержинской взорвалась мина. Хватали всех, не только мужчин, но и стариков, женщин с грудными детьми и говорили, что за эту мину в Бабий Яр отправили больше тысячи человек. Комендант Эбергард объявлений больше не давал.

Мы теперь боялись выходить на улицу: ну его к черту, откуда знать, где еще устроят взрыв, а схватят на расстрел тебя... "Ты лазишь везде, — кричала мне мать, — возвращаешься поздно, подстрелят, как зайца, не смей выходить!"

С этим немецким временем просто беда: радио нет, а ходики идут как им бог на душу положит, поэтому прежде, чем выйти на улицу, бабка шла узнавать у соседей время, потом смотрела через забор, есть ли прохожие, и спрашивала время у них.

Только и разговоров: в Бабьем Яре расстреляли саботажников, стреляют украинских националистов, стреляют нарушителей светомаскировки, стреляют тунеядцев, стреляют распространителей слухов, стреляют партизан, стреляют, стреляют, стреляют... Пулемет в овраге строчил каждый день.

— Что же это? — прислушиваясь, говорила мать. — Куда докатилась культура на земле?

— Враг пришел. Молчи! — говорила бабка.

— Так перебьют всех "врагов народа", так что самого народа не останется. Тогда будет идеал: ни народа, ни врагов, спокойно и тихо.

— Ото, правда, Маруся, сказано в Писании: и тогда враг сам себя пожрет.

— *Стреляют, слышишь, опять стреляют... Да неужели же люди никогда не опомнятся?*

— Ой, Маруся, пока день прийде, роса очи выест.

Раненые на лестнице

Я знал, что они будут меня ждать, и заранее боялся этого. Выгрузил сухари из моей коробки, разломил на части пару вареных картошек, завернул и сунул в корзинку, приготовленную бабкой.

Эта корзинка имела баснословную ценность: в ней были кисель в банке, чекушка молока, даже рюмка со сливочным маслом.

Вкус этого я забыл, оно было как драгоценные камни: красиво, а есть нельзя.

У базара я прицепился на порожний грузовик, присел в уголке кузова, надеясь, что шофер в заднее стекло не посмотрит. Он не посмотрел и гнал так быстро, что меня качало, как ваньку-встаньку, но у трамвайного парка он свернул, и пришлось спрыгнуть. Уже столько я прыгал по этим грузовикам, как кошка, главное, их надо ловить на поворотах, а если спрыгивать на полном ходу, то отталкиваться изо всех сил, гася скорость, что я отлично усвоил после того, как пошмякался мордой о мостовую.

У парка влез на грузовой трамвай, присел в углу платформы. Проводник ходил, собирая деньги, я отвернулся, словно не вижу его. А где я ему денег возьму?

На Подоле спрыгнул, пошел на Андреевский спуск. На каждом шагу — нищие. Одни гнусавили, канючили, другие молча выставляли культяпки. Стояли тихие, интеллигентные старички и старушки в очках и пенсне — разные профессора или педагоги, вроде нашего умершего математика. Сидели уж такие, что и не поймешь, живой он или уже окочурился. Этих нищих *всегда было пропасть и до войны, но* теперь развелось просто ужас бродят, стучатся в дверь — то погорельцы, то с грудными детьми, то беженцы, то опухающие.

Стоял крепкий мороз, и прохожие брели по улицам хмурые, ежась под ветром, озабоченные, оборванные, в каких-то немыслимых бутсах, гнилых шинелях. Город сплошных нищих, это ж надо!

Андреевская церковь прилепилась над крутым склоном, словно парит над Подолом. Ее выстроил Растрелли — бело-голубую, легкую и стремительную. Ее тоже обсели нищие, внутри шло богослужение, я сейчас же протолкался туда, постоял, послушал и посмотрел на стенах картины знаменитых мастеров. Внутри церкви была роскошь, золото, золото — и, нелепый контраст, эта оборванная, голодная, гнусавящая толпа богомольных баб, которые бились лбами о ледяной каменный пол.

Я не мог долго выдержать этого и ушел на галерею. Оттуда с высоты птичьего полета видны Днепр, Труханов остров и левобережные дали с Дарницей. *Под ногами море крыш. Слева пустырь, где уже нет Десятинной церкви. Там были похоронены легендарные основатели Руси, и я подумал, что если фундаменты сохранились, то, может, и кости княгини Ольги или князя Владимира каким-то чудом сохранились и лежат сейчас там, а никто не знает. Мне так хотелось думать.* В этом месте всегда хочется облокотиться о парапет — и думать.

Немецкий офицер, забравшись по снегу на склон, фотографировал церковь особым ракурсом снизу, и я, сам немного умеющий снимать, следил, как он умело выбирает точку. Я у него — единственная человеческая фигура — удачно попадал в центр для оживления кадра.

Я не уходил, но смотрел на него в упор и думал: “Вот ты щелкаешь затвором, потом проявишь пленку, сделаешь отпечатки и пошлешь домой семье, чтобы они посмотрели, что ты завоевал. Ты снимаешь, как свою собственность: добыл себе это право, стреляя. Какое ты имеешь отношение к Андреевской церкви, к Киеву? Лишь то, что пришел стреляя? Убивая? Беря, как бандит?

[Что же это за сплошной бандитизм на земле? То явились одни, под красными знаменами и красивыми лозунгами, убивали, грабили, разрушали.

Теперь явились другие, под красными знаменами и красивыми лозунгами, — убивать, грабить, разрушать. Все вы бандиты.] Одни люди строят, стараются, бьются в поте лица, затем находятся грабители, которые сроду ничего не создавали, но умеют стрелять. И забирают всё себе.

Вы, и только вы, стреляющие, истинные и подлинные враги [под какими бы знаменами вы ни кривлялись]. ОТНЫНЕ И ДО КОНЦА ЖИЗНИ Я НЕНАВИЖУ ВАС И ВАШИ ПУКАЛКИ, КОТОРЫЕ СТРЕЛЯЮТ. МО-

ЖЕТ, Я СДОХНУ ОТ ГОЛОДА В ВАШЕЙ ТЮРЬМЕ ИЛИ ОТ ВАШЕЙ ПУЛИ, НО СДОХНУ, ПРЕЗИРАЯ ВАС КАК САМОЕ ОМЕРЗИТЕЛЬНОЕ, ЧТО ТОЛЬКО ЕСТЬ НА ЗЕМЛЕ".

И я ушел, задыхаясь от бессильной горечи, очнулся лишь на площади Богдана Хмельницкого, которую пересекала странная колонна лыжников. Они совершенно не умели ходить на лыжах: топтались, скользили, заплетались. Шорох стоял на всю площадь, у солдат был довольно жалкий вид, обиженные и злые лица. Видно, их заставляли насильно овладевать хитроумным этим делом, чтобы в их бандитском движении по земле снег не был помехой. Офицер кричал и нервничал. Медленно-медленно они потащились к Владимирской горке, мне очень хотелось поглядеть, как они там будут сворачивать себе шеи, но я уже и так опаздывал.

Здесь, в центре города, трамваи ходили. На остановке под ветром стояли люди — и среди них очень щупленький немец в легкой шинельке, узких сапогах, пилотке, только на ушах у него были шерстяные наушники. Он сильно замерз и посинел. Руки его тряслись и не попадали в карманы, а тело дергалось, как на шарнирах, он бил ногой о ногу, тер руками лицо, то вдруг принимался танцевать, вскидывая ноги, как деревянный паяц, и казалось, что он сейчас пронзительно завизжит, не в силах терпеть кусачий мороз.

То, что он нелеп, ему и в голову не могло прийти, потому что вокруг стояли одни жители, а это для немцев было все равно что пустое место: они при нас, словно наедине, равнодушно снимали штаны, ковырялись в носу, сморкались двумя пальцами или открыто мочились.

Из ворот Софийского собора выехали два грузовика с чем-то накрытым брезентами: опять вывозили что-то награбленное. Черт знает что, у них через каждые десять слов употреблялось слово "культура": "тысячелетняя немецкая культура", "культурное обновление мира", "вся человеческая культура зависит от успехов германского оружия"... И ведь звучит, а? С ума сойти, что можно делать со словами.

Это, значит, культура была в том, что они вывозили всё подчистую из музеев, использовали на обертку рукописи в библиотеке украинской Академии, палили из пистолетов по статуям, зеркалам, могильным памятникам — во всё, где есть какое-нибудь яблочко мишени. Такое, оказывается, обновление культуры.

И еще — гуманизм. Немецкий гуманизм — самый великий в мире, немецкая армия — самая гуманная, и все, что она делает, — это только ради немецкого гуманизма. Нет, не просто гуманизма, а НЕМЕЦКОГО гуманизма, *как самого благородного, умного и целенаправленного из всех возможных гуманизмов.*

Потому что гуманизмов на свете столько же, сколько и убийц. И у каждого убийцы свой собственный, самый благородный гуманизм, конечно, как и свое собственное обновление культуры.

[То у нас была СОЦИАЛИСТИЧЕСКАЯ культура, "старое разрушим, новое построим", во имя ее сравнивали с землей Десятинные церкви и закладывали взрывчатку под Успенские соборы, отправляли в Сибирь ученых и травили ядом Горького.

Был СОЦИАЛИСТИЧЕСКИЙ гуманизм, ради которого по ночам носились машины НКВД, убитых швыряли в овраг из окон Октябрьского дворца, а Сибирь застроили целыми городами-концлагерями.

Теперь оказывается, что то было неправильно. НЕМЕЦКИЙ гуманизм — вот что объявлено] в противовес, [как и прежде,] общечеловеческому, расплывчатому, недейственному и потому вражескому гуманизму, которому одно место — Бабий Яр.

[Советский гуманизм, немецкий гуманизм, ассирийский гуманизм, марсианский гуманизм — о, сколько же их на белом свете, и каждый прежде всего стремится перестрелять как можно больше людишек, начинает с Бабьих Яров и кончает ими. Бабий Яр — вот истинный символ и культур ваших, и гуманизмов.]

Мне очень, очень рано пришлось вникать в эти понятия культуры и гуманизма с их тонкостями, потому что с самого детства только то и делал, что спасался, как бы не стать их объектом. [И занимался этим всю жизнь, и занимаюсь по сей день...]

Когда подошел трамвай, толпа ринулась в заднюю дверь, а немец пошел с передней. Трамваи были разделены: задняя часть для местного населения, передняя — для арийцев. Читая раньше про негров, "Хижину дяди Тома" или "Мистера-Твистера", никак не мог предполагать, что мне придется ездить в трамвае вот так.

Трамвай проезжал мимо магазинов и ресторанов с большими отчетливыми надписями: "Украинцам вход воспрещен", "Только для немцев". У оперного театра стояла афиша на немецком языке. На здании Академии наук — флаг со свастикой: теперь здесь главное управление полиции. В полном соответствии с НЕМЕЦКОЙ культурой и НЕМЕЦКИМ гуманизмом.

Пожар Крещатика дошел до Бессарабского рынка и тут остановился. Поэтому площадь с одной стороны была в ужасающих руинах, а другая сторона сверкала вывесками, витринами, и тротуар был полон прохожих, главным образом немецких офицеров и дам.

Среди них идти было неловко и страшновато, словно ты затесался куда не следует, и вот почему.

Офицеры — холеные, отлично выбритые, грудь колесом, козырьки на глаза — ходили, не замечая жителей, а если и взглядывали, то невидяще-скользяще, словно находились в скотном загоне, имея свои хозяйские цели — тут перестроить, тут поднять доходность, тут пересортировать, — и если на тебе останавливался внимательный взгляд, то дело твое было плоховато: значит, ты привлек внимание каким-то несоответствием и тебя могут выбраковать, — спаси господи от такого внимания имущих власть.

А дамы были великолепны — в мехах с ног до головы, с царственными движениями, они прогуливали на поводках отличных холеных овчарок. Понимаете, никогда потом в жизни, сколько я ни убеждал себя, я не мог выковырнуть из души холодное недружелюбие к этим умным животным. *Понимаю, что глупо, но немецкие овчарки, которыми травят людей во всех концлагерях мира, вызывают во мне рефлекторную вражду,* тут я ничего не могу с собой поделать.

Я шел дальше. У крытого рынка стояла большая, тысячи в две человек, очередь за хлебом по карточкам. С приходом зимы выдали карточки: рабочие — 800 граммов хлеба в неделю, прочие — 200 граммов в неделю.

Дед, бабка, мама и я получили четыре карточки по 200 граммов, я бился в очереди день и принес неполную буханку свежего хлеба. Такого хлеба мы еще не видели.

Это был эрзац: сильно крошащийся, сухой, с отстающей коркой, обсыпанный просяной шелухой. Его выпекали из эрзац-муки, на которую шли кукурузные кочаны, просяная полова, ячмень, конские каштаны. Хлеб трещал на зубах и имел приторно-горьковатый вкус. После него поднималась изжога, но я, конечно, дорожил им, делил свои 200 граммов на семь частей — это примерно 28 граммов на день — и никогда на завтрашнюю порцию не посягал.

Мы с дедом не могли простить себе, что мало собрали каштанов по скверам, пока не выпал снег.

Теперь Управа печатала воззвания, чтобы каштаны использовали в пищу, объяснялось с научной точностью, сколько в них калорий, белков, крахмала. Каштаны мы давно поели. *Чудаки немцы, нашли кого учить, что можно есть, — украинцев, которые пережили голод тридцатых годов!..* Мы *сами кого хочешь поучим.*

Дед заболел. Это была целая эпопея, как бабка и мама отыскивали врача и чего это стоило. У деда обнаружили камни в мочевом пузыре. Его положили на операцию в Октябрьскую больницу за Бессарабским рынком.

Странная история с этой больницей. Обычно больницы занимались под казармы, больных стреляли, а вот Октябрьскую почему-то оставили, и она функционировала до лета 1942 года, пока наконец ее не закрыли. Больше того, в ней остались от советского времени раненые красноармейцы, и немцы их почему-то не тронули.

Больница держалась тем, что исчерпывала старые запасы медикаментов, но не было еды. Один раз в день больным выдавали черпак горячей водички с редко плавающими крупинками. Городские жили передачами, а раненые тем, что подадут. Передачи деду возил я, и это стало моим кошмаром.

Войдя в корпус, я уже у дверей попал в кольцо раненых. Они не кидались, не кричали, не вырывали, а просто молча, вытянув шеи, смотрели. Я пробился сквозь них, взял в раздевалке халат и двинулся по лестнице.

Широкая и роскошная, она вела на второй этаж, и по ней раненые стояли вдоль стены шеренгой — скелетоподобные, восковые, с забинтованными головами, на костылях, ничего не говорили — только смотрели лихорадочными полубезумными глазами, и изредка робко протягивалась серая ладонь, сложенная лодочкой.

Я потрошил свой сверток, совал по рукам микроскопические корки и кусочки картошки, чувствуя себя при этом отвратительно, маленький благодетель перед этими взрослыми мужчинами, и когда я добрался наконец до палаты, дед сразу догадался и завопил:

— Что ты, трясця твоей матери, раздаешь, богатый какой нашелся! Не смей им, злыдням, давать, все равно сдохнут, а тут я вот сам подыхаю!

Я не знал, куда мне и деваться. Дед вправду выглядел живым мертвецом. Ему уже сделали операцию, вывели трубочку для мочи через живот, к концу ее была привязана бутылка. Дед от слабости едва шевелился, а ругался, как здоровый, уцепился за корзинку, затолкал еду в тумбочку, припер дверцу табуреткой и еще руку на нее положил.

На соседней койке лежал раненый без ног, обросший черной бородкой, с измученным лицом, как Христос с бабкиной иконы.

— Стервозный дед у тебя, сынок, — глухо сказал он, поворачивая одни только глаза. — Со всей палатой уже переругался... А подвинься сюда, я тебе что-то скажу.

Я подвинулся, жалея, что не оставил ему ни корки.

— Ты собери опавших листьев, — сказал он, — хорошенько просуши, потри руками и принеси: очень хочется покурить.

Я закивал головой: чего-чего, а листьев достать можно.

— Лучше всего листья вишни, — сказал он тоскливо. — Вишневых.

Дома я долго рылся в снегу, выгребая почерневшие мерзлые листья, отбирая только вишневые, высушил их на печи, натер, а когда через два дня снова пришел с передачей, оказалось, что безногий уже умер. Не могу передать, как я казнился: знал бы, отнес специально раньше, хоть бы он покурил перед смертью.

Торбочку с листьями жадно приняли у меня другие раненые, потом я еще им носил; не знаю только, куда делись раненые после закрытия больницы.

Бизнес становится опасным

Свой обычный трудовой день я начал с того, что, взяв мешок, вышел на угол Кирилловской и Сырецкой, где уже околачивалось с десяток таких же промышленников, как я. Трамваи, возившие торф на консервный завод, делали здесь поворот, и мы, как саранча, кидались на платформы, сбрасывали куски торфа, подбирали и делили.

Показался грузовой трамвай с платформой. Проводник в тулупе и валенках сидел на передней ее площадке. Мы кинулись на приступ — и тут увидели, что на платформе не торф, а свекла.

Боже ты мой, мы накинулись на нее, как волчата, она была мерзлая, стукалась о мостовую и подпрыгивала мячиками. Я удачно повис и бросал дольше всех, пока надо мной не вырос тулуп проводника, и я выскользнул из самых его рук.

Пока я бежал обратно, на мостовой поднялась драка. Все озверели при виде свеклы и забыли про всякий дележ. *Кто был похитрее, те не бросали, а только собирали, а таким дуракам, как я, ничего не осталось.*

От обиды у меня потемнело в глазах, потому что я сбросил больше всех. Я, *кажется, первый раз в жизни* выругался *матом* и кинулся в драку. Вырвал одну свеклу у какого-то малыша, сунул за пазуху, но тут мне так дали кулаком в глаз, что в нем сверкнули молнии и я на время перестал видеть. Я упал, сбитый подножкой, закрывался руками, а меня злобно лупили ногами в бока, пытались перевернуть, чтобы отнять свеклу. *Если бы мне в тот момент нож, револьвер, я бы их всех убивал, убивал, визжа, как зверюшка.* Не знаю, чем бы это кончилось, но показался второй трамвай.

Я поднялся, дрожащий и одинокий в этом мире, как волчонок, только сам за себя — и моментально сориентировался. Когда уже все повисли по бортам платформы, а проводник, ругаясь, бегал по свекле, бил по рукам и сгонял, я прыгнул на покинутую им переднюю площадку.

У этих платформ противные ступеньки, шириной всего с мою ладонь, а вместо ручки тонкий приваренный прут. Схватившись за прут и став одним валенком на ступеньку, я изо всех сил дотянулся, цапнул одну, другую свеклу — и в это мгновение валенок сорвался.

Я повис, держась за прут руками, видя, как серостальное колесо катится по серо-стальному рельсу на мои волочащиеся перед ним валенки. Я не чувствовал рук, они онемели на ледяном пруте, и у меня не было ни капли силы, чтобы подтянуться. Высоко над собой я увидел проводника, который возвращался; я тоненько и коротко крикнул:

— Дядя!

Он сразу понял, схватил меня за руки и втянул на площадку. Потащил веревку и отсоединил дугу от провода. Трамвай пробежал немного и стал.

Тогда я рывком вывернулся из его рук, прыгнул на мостовую и побежал, как не бегал еще никогда. Вагоновожатый и проводник перекрикивались, ругались, но я не оборачивался, бежал до самого дома, влетел в сарай, заперся на щеколду и посидел там на ящике, приходя в себя. Потом пошел в хату и торжественно положил перед бабкой три свеклы. Она так и всплеснула руками.

Передохнув, я достал свои санки, топорик, веревку — и отправился в Пущу-Водицу.

Это прекрасный заповедный бор, где раньше охранялось каждое дерево. Считалось, что это целебный лес, в нем много санаториев, особенно для туберкулезников, а также огромные правительственные дачи в лучших участках леса.

Немцы начали его рубить. То есть рубили не сами немцы, а те рабочие, что получали восемьсот граммов хлеба в неделю. Рубили вдоль трамвайной линии, чтоб сразу вывозить, и в бору уже зияли большие светлые площади, заваленные ярусами бревен. Звенели пилы, стрекотал трактор, вершины сосен, вздрагивая и отряжая снег, плавно валились и падали со звуком, похожим на взрыв.

Копошилось много баб и детей с саночками. На вырубленных местах было чисто, даже хвою собрали, только торчали толстые пахучие свежие пни. На каждую упавшую сосну бабы и дети набрасывались со всех сторон, рабочие матерились, отгоняя.

Определив, куда летит очередная вершина, я, утопая в снегу, бросился к ней и удачно оказался первым. Топорик был не нужен: веток и так много отломилось, я уцепился за самую крупную, услышал крик и увидел, как с серого неба прямо на меня, увеличиваясь в размерах, летит вершина другой сосны. Потому я и оказался первым, что сюда нельзя было лезть еще.

Бомбой я кинулся в куст, упал, перекувырнулся, отбрасывая тело как можно дальше, раздался взрыв, зашелестели сучья и шишки, как осколки, и секунду я ничего не видел в снежной пыли.

— Что вы делаете, чуть человека не убили! — закричала баба.

— Пусть не лазит там, — отвечали рабочие. — А ну, гаденыш, давай отседова, прибьем!

Я вытащил из гущи веток свои санки, они чудом были целы, покружил по вырубке. Рабочие орали, но и я не мог уйти с пустыми руками. Теперь был ученый, кидался не первым, зато вырывал у баб из-под носа ветки, стал мокрым от этой борьбы и набрал на санки такую кучу, что еле сдвинул с места.

Это ничего, по глубокому снегу трудно — по дороге пойдет.

Я тащил и тащил, от жадности не желая сбрасывать ни ветки, ухватывался за куст или пень — подтягивался, беря метр за метром. Когда выбрался на трамвайную линию, уж пар с меня валил и руки дрожали, как у паралитика. Протоптанная дорожка шла между рельсов, и немало времени ушло, чтобы перетащить санки через рельс. Зато тянуть стало куда легче, эх, попер, только бы трамвай не появился!

У выхода из леса было лесничество. Я забыл о нем и насторожился, лишь когда увидел кучи дров и двоих мужчин, спокойно поджидавших меня. Оглянулся: а ведь я-то на линии один. Другие, вероятно, лесом уходят. Мужчины сказали:

— Стой. Развязывай.

Сердце у меня упало. Я развязал.

— Снимай эту. Эту. Эту.

Я покорно снимал самые толстые ветки, но самую мелочь и хвою мне оставили. Пригрозили:

— Еще раз поймаем — в полицию.

Слава тебе, господи, что хоть отпустили. Попёр опять, думаю: нет худа без добра, теперь саночки легко бегут. На спусках я вообще их разгонял, кидался на хвою и ехал.

А ночью мы с братьями Гороховскими пошли воровать елки. Близилось Рождество, на базаре елки продавались по 25 рублей — не так много, но все же двести граммов хлеба.

Молодые посадки тянулись по краю Пущи-Водицы, за Приоркой. Мы старались не думать, что нарушаем комендантский час: тут уж ничего не поделаешь, риск. По Приорке патрули почти не ходили, а мы двинулись глухими улочками. Взяли по неопытности топор. Лучше бы ножовку. Звук топора разносится далеко, потом еще этот треск, когда елку крутишь и отрываешь от пня... Но все обошлось, взвалили елки на плечи, и верхушки волоклись за нами.

Я поставил елку в сарай, и вот жадность стала грызть меня. Было столько сил и охоты, прямо хоть всю ночь готов таскать. Достал старую ножовку, послушал — нет патрулей, пошел снова, один.

Я облюбовал елку небольшую, намереваясь срезать сразу две таких. Почти беззвучно перепилил ствол и, когда елка упала, услышал лай и отдаленный крик:

— А ну иди сюда!

Я схватил елку (оставлять такое добро?) и дал деру. Не оглядывался, но затылком чуял погоню, и собачье рычание настигало меня. Снег был глубок, бежать трудно, но и собака вязла в нем. Я замотал ел-

кой, надеясь ее отогнать. Но она забежала сбоку. Боли я не чувствовал, только словно что-то било меня по ногам — по коленям повыше валенок.

Я остановился и яростно замахал ножовкой, я был зол, был готов убивать собаку ножовкой, зубами грызть, ногтями глаза вырывать, но собака увернулась. Я бежал, останавливался, рыча, швырял в собаку снег и опять бежал. Они боятся, все эти собаки, как и люди, похожие на собак, если на них идти, что-нибудь в них бросать, на них надо наступать — только на них, иначе пропадешь, пропадешь! Иди прямо на них, и тогда они трусливо отскакивают.

Но там еще бежал мужик. Потом я узнал, что ему следовало дать десятку и руби хоть всю посадку, но я же не знал, а потом — ого, целую десятку! Лучше пусть собака рвет.

Ну, она и преследовала меня до первых домов, но уже не отваживалась кусать, и елку я не бросил.

Пришел домой, пощупал ноги — от штанов висят одни клочки, колени в крови. Я не стал горевать, сел в сарае отдышаться, стал думать о хорошем, об удачах.

День был удачным, сплошные добычи. Во-первых, двадцать восемь граммов хлеба по карточке законных. Тарелка супа в детской столовой. Три свеклы. Санки топлива. Две елки. Да я же буржуй. Конечно, минус порванные штаны, и это был бы ой-ой-ой какой минус, не надень я штаны старые, да и залатать можно. Главное, живой.

Чему это в книгах учат? Что нужно любить людей, посвящать жизнь борьбе за светлое будущее. Каких людей? Какое, извините, будущее? Чье?

Смерть

Деда привезли из больницы накануне Пасхи. Привезли на моих саночках: ходить он почти не мог, под руки водили. Он очень *уж* хотел быть на Пасху дома.

Хотите, я вам расскажу, что такое настоящая Пасха, *самый светлый праздник в году?*

Во-первых, все должно быть не хуже, чем у людей. Подготовка начинается еще с зимы. Экономятся и откладываются деньги, копеечка к копеечке, они неприкосновенны и хранятся у икон. Загодя, чтоб дешевле, добывается мука из-под полы: в магазинах ее никогда не бывает. Затем встают следующие проблемы — изюм, ваниль, корица, краска в пакетиках. Бабка днями пропадает на базаре, бегает по знакомым, приносит добычу — то свежие кишки, то яйца, то рис. Дома она строго следит, чтобы никто к ним не прикасался. Великий пост. Мы с мамой, хоть и безбожники, не нарушаем его, не обижаем бабку.

Затем бабка обязательно делает домашнюю колбасу, сама коптит окорок, варит праздничный "узвар" — компот, по дому идут такие запахи, что набегает полный рот слюны и кружится голова.

Мне поручается тереть в “макотре” мак с сахаром, за что позволяется облизать скалку. Я же помогаю красить яйца, после чего хожу с пальцами, окрашенными во все цвета радуги.

Для куличей у бабки хранится в кладовке шеренга глиняных форм. Пекутся два больших кулича — для дома, и целый выводок маленьких — чтобы соседям отнести, нищих оделить, в церкви оставить.

Бабка с полной корзиной, покрытой салфеткой, уходит к заутрене святить, мы же, честно голодные, спим, и она возвращается на рассвете торжественная, просветленная, неземная, будит нас и поздравляет. А в хате все сияет чистотой: были заново побелены стены, повешены новые занавески, свежие половички прилипли к выскобленному полу. Праздник во всем, необыкновенный праздник.

Раздвинутый стол уставлен едой и бумажными цветами. Но сразу на него набрасываются только невоспитанные хамы. Сперва следует умыться в большом тазу, на дне которого сверкают серебряные монеты, затем одеться во все свежевыстиранное и новое. Бабка торжественно усаживает каждого за стол на отведенное ему место и страстно, проникновенно произносит “Оченаш”.

— Христос воскрес! — облизываясь, говорит дед радостно.

— Воистину воскрес! — счастливо отвечает бабка со слезами на глазах, в последний раз осматривая стол: хоть как нелегко далось, но, правда, не хуже, чем у людей, и она разрешает: — Ну, с Богом, будьмо счастливы!..

И после этой торжественной части начинается хорошая жизнь.

Так бывало у нас в счастливое мирное время, спасибо, что советская власть Пасху хоть и не признавала, но и не запрещала, только эти дни, конечно, были рабочими.

И сейчас бабка решила во что бы то ни стало испечь куличи. Всего другого можно было не иметь, но за куличи она цеплялась так, словно иначе ей уготован ад. Разве такое возможно: Пасха без куличей? Мама как раз вернулась из дальнего похода "на обмен" по селам — и принесла картошки и зерна.

Сначала зерно это нужно было смолоть. У одних людей за насыпью была мельничка, они давали на ней молоть за стакан-другой зерна.

Пошли мы с бабкой. Мельничка стояла в сарае и представляла собой два кругляка от бревна, положенные один на другой. Верхний кругляк нужно было крутить рукояткой, подсыпая зерно через дыру в центре его. В трущиеся поверхности кругляков были вбиты железки, чтоб зерно давилось и перетиралось в муку.

Став по обе стороны, мы с бабкой ухватились за ручку и вдвоем едва-едва проворачивали тяжелый "жернов". Бабка подсыпала зерно самыми маленькими порциями, чуть не щепотками, а все равно тяжело. Работали полдня, выбивались из сил, отдыхали, совсем мокрыми стали. В сарае гулял ветер, бабка беспокоилась, как бы я не простудился.

Домой шли — уже едва волочили ноги, окоченели на пронзительном ветре. Бабка взялась просеивать муку — и отсеяла щепотку острых, как бритвочки, осколков, отколовшихся от железок на кругляках. Я достал магнит и обработал муку, выловив много осколков.

Бабка горевала, что из нашей самодельной муки получатся не белые куличи, а серые хлебы, но она замесила, легла спать, а ночью у нее поднялся жар, она требовала белой муки, изюма, масла.

На другой день мама бегала по людям, искала доктора. Пришел старичок, ему заплатили двумя стаканами муки, он выписал рецепты.

— Только сам не знаю, — сказал он, — где вы это достанете.

— Как же быть? — спросила мать.

— А что я могу сделать? — рассердился он. — Натопите сначала, чтоб хоть пар изо рта не шел. Ей нужно тепло, поить нужно горячим молоком, питание надо, она вконец истощена.

Мать поила бабку травами. Обежала весь город, где-то все-таки достала пузырек микстуры. Но бабке становилось хуже, ей нечем было дышать, она все кричала:

— Душно! Воздуха!

Мы по очереди сидели, обмахивали ее газетами, но ей почему-то было лучше, когда на нее просто дули изо рта. Иногда она приходила в себя и беспокоилась за куличи. Мать испекла их, они вышли черные, клейкие, на зубах хрустел песок. Бабка посмотрела и заплакала.

Пришла подруга ее молодости кума Ляксандра и ее слепой муж Миколай. Это были добрые и безобидные старики, пожалуй, самые добрые, каких только до тех пор я видел в жизни. Когда-то у них был сын, один. Он стал одним из первых комсомольцев на Куреневке, его послали организовывать комсомол на селе, и там его убили, это было в 1919 году. Вслед за этим Миколай ослеп. Бабка говорила: "Выплакал глаза", — хотя, конечно, он ослеп от болезни. Ляксандра и Миколай совершенно не понимали в политике, они только знали, что их единственный Коля был хорошим, и они так никогда и не смогли постичь, за что же его убили, кому это понадобилось.

Раньше Миколай и дед работали вместе, но теперь Миколай был вконец дряхлый и беспомощный. Голова его была покрыта жиденьким седым пушком, на носу зачем-то очки: справа синее стекло, а левое стекло разбилось, и Миколай вставил вместо него кружочек из тонкой фанеры.

Кума Ляксандра вместе с бабкой крестила меня. Она работала дворничихой при ДТС. Рано утром она выходила на площадь и выводила с собой Миколая. Она мела метлой, а мужу давала грабельки, и он очень аккуратно, последовательно проводил вслепую грабельками по земле, ни бумажки, ни соринки не пропуская.

Так они работали по многу часов, потому что площадь была большая, зато после них она выглядела нарядно, вся в следах от грабель, как свежезасеянные весенние грядки.

Они были белорусы, но прожили почти всю жизнь в Киеве, так и не научившись ни русскому, ни украинскому языкам.

— Адна бяда не ходзиць, а другую за сабою водзиць, — вздыхала Ляксандра, сидя у бабкиной постели. — Бодрись, Марфушка, ты яще маладая, добраго у житти не успела пабачиць...

— Пабачиць, яна яще пабачиць, — ласково утешал Миколай; он сидел и исправно обмахивал бабку газетой.

Трудно было понять, слышит ли бабка, она дышала с хрипом, желтая, как воск, лицо ее блестело.

Вдруг раздался тихий, но четкий звук лопнувшего стекла: пузырек с микстурой, стоявший на табуретке у кровати, лопнул чуть повыше середины, словно по линейке перерезанный ножом. Ляксандра открыла рот, в глазах ее появился ужас. Бабка повернула голову и задумчивым, странным взглядом посмотрела на пузырек.

— Надо же! — пробормотал я с досадой, кидаясь к пузырьку. — Ничего не вылилось, сейчас я перелью.

Слышал я об этой странной примете: что когда кто-то умирает, без причины лопается стекло. Но только я не верил. Чистая случайность, и надо же было, чтобы эта проклятая дрянная бутылочка лопнула именно сейчас!

Я поскорее унес пузырек на кухню.

На кухне сидели мама, ее подруга Лена Гимпель и дед — и говорили о том же, о чем говорил весь город. Немцы вывозили людей на работу в Германию.

— Это правильно, — говорил дед, тыча пальцем в газету. — Тут голод, а там они отъедятся и деньги заработают. Смотри!

В газете убедительно разъяснялось: при советской власти все старались своих детей выучить, чтобы они были инженерами и профессорами, но ведь главное воспитание — в труде. Уезжая в культурную Германию, молодые люди научатся работать, побывают за границей, в Европе. Ехать в Германию надо во имя борьбы за счастливое будущее.

— "Всегда бывает так, — прочел дед торжественно, — что одно поколение должно приносить великие жертвы, чтобы потомкам — детям и внукам — даровать лучшую жизнь". Слышишь: детям и внукам лучшую жизнь!

— О господи, — сказала Лена Гимпель, — до *чего все на свете относительно, хоть какую мерзость можно объяснить и возвеличить. Это самое про жертвы ради будущего и Ленин говорил, и Сталин говорил...*

Муж Лены, рентгенотехник, как и все, ушел на войну и пропал, она осталась с ребенком, отчаянно голодала и была зла как тысяча чертей. Кажется, она злила деда даже с каким-то удовольствием.

— Ты дурная, ты ничего не понимаешь! — закричал дед. — Трясця их матери с их будущим. *Но Гитлера ты с Лениным и Сталиным не равняй. Это все-таки умный немец, а те были наши босяки.*

— *Все одинаковые сволочи, — сказала Лена. — История вечная: какая бы распоследняя гадина ни пришла к власти, сейчас же объявляет, что до нее было плохо и только теперь начинается борьба во имя счастливого будущего, а поэтому надо приносить жертвы. Немедленно — жертвы! Жертвы! Мерзавцы!..*

— *Я знаю только одно, — не сдавался дед, — что тут правильно написано:* теперешнюю молодежь надо учить работать. Разумные чересчур стали, только книжки читают, а работать кому? И немцы верно говорят: воспитание в труде.

— Просто им нужна рабочая сила. Навербовать побольше, — заметила мама. — Так бы и говорили.

— Так нельзя, — сказала Лена. — Так никто не поедет, а нужно возвеличить. *Славу поют, великие призывы.* Тьфу, чтоб вы передохли... гиены!

— Дура, что ты говоришь? — испуганно замахал руками дед. — *Вдруг кто под окнами ходит?* В Бабий Яр захотела, да?

— Правда, ты смотри, осторожнее с такими разговорами, — понизила голос мама.

— Проклятый век, *проклятая земля,* Дантов ад, — вся клокоча ненавистью, сказала Лена. — *Мария, на что же ушла наша молодость, двадцать лет? День за днем, с головой под топором.* Не имеешь права говорить, думай над каждым словом, бойся своей тени, никому не верь. Отец родной, *муж, любовник, ребенок собственный* — возможный стукач и провокатор. По ночам мне хочется кричать. У меня уже нервы не выдерживают. Иногда думаешь: пусть тянут, *все равно куда, на Колыму,* в Бабий Яр, все опроклятело. Ненавижу!

Вдруг раздался тихий, но четкий звук лопнувшего стекла. Все вздрогнули и уставились на лампу. На стене висела старая керосиновая лампа, которую давно не зажигали, так как не было керосина. Она поэтому была чистая, протертая перед Пасхой. Лопнуло ее стекло — чуть повыше середины, ровно, как по линейке. Мама встала и отделила верхнюю половинку стекла, растерянно повертела в руках. Все это я видел своими глазами, не знаю объяснения по сегодняшний день; можно, конечно, сказать "совпадение", но тогда у меня все тело словно окатило ледяным холодом.

На звук вбежала Ляксандра. Увидела, сразу все поняла — и стала размашисто креститься:

— Бог дал знак. Бедная Марфа — умираець...

Я пробормотал:

— Бабка еще видела, как бутылочка лопнула.

— Что за чертовщина? — воскликнула Лена.

— Да что вы в самом деле, как малые дети!

— Это случайность, случайность! — воскликнула мама. — Но плохо, что она видела, она теперь будет думать...

Когда я вернулся к бабке, Миколай по-прежнему старательно обмахивал ее газетой, неестественно прямо, как все слепцы, держа голову, словно вглядываясь в даль сквозь свои фанерку и синее стекло. Я зашел с другой стороны и принялся дуть ртом.

Бабка открыла глаза и посмотрела на меня долгим задумчивым взглядом, от которого мне стало не по себе. Словно она впервые увидела меня по-настоящему и силилась понять, кто я и какой — в таких глубинах, которые не доступны никому и мне самому, а может, все было проще и она просто жалела, что она умирает, а я остаюсь без нее и без Бога, а по земле идет враг.

Сменяя друг друга, мы всю ночь дежурили у бабки, она задыхалась, обливалась потом, забывалась. Пришло утро, морозное, сверкающее, с розовым солнцем, от которого и снег, и сосульки над окном, и вся комната стали розовыми.

И вдруг бабке стало хорошо, она задышала свободно, глубоко, со счастливым облегчением откинулась на подушку.

— Кризис прошел! — воскликнула мама, поворачиваясь ко мне с сияющим лицом. — Боже мой, все хорошо!

Я кинулся к форточке, закричал деду, бывшему во дворе:

— Бабке хорошо!

Но, обернувшись, увидел, что мать странно замерла, вглядываясь в бабкино лицо. Лицо бледнело, бледнело. Бабка задышала неровно и слабо — и перестала дышать совсем.

— Она умирает!!! — завизжала мать. — Деньги! Деньги же, пятаки, скорее!

В коробке с нитками и пуговицами у бабки хранились старинные серебряные полтинники и медные пятаки, и она говорила, что когда умрет, этими деньгами нужно накрыть глаза. Я кинулся к этой коробке, словно в ней было все спасение. Принес, совал матери, но она кричала, трясла бабку, гладила по плечам, потом, наконец, вырвала у меня пятаки и положила их бабке на глаза. И все.

У бабки стал отчужденный, строгий и торжественный вид с этими темными, с прозеленью пятаками.

На гроб не было денег. Дед взял пилу и рубанок, достал из сарая несколько старых досок, я помогал, и мы сколотили неуклюжий и не совсем правильный гроб. Его следовало покрасить в коричневый цвет, но такой краски у деда не было, а нашлась банка голубой “кроватной” краски. Он поколебался, подумал, выкрасил гроб в небесно-голубой цвет и поставил сушиться во дворе. Никогда в жизни не видел небесно-голубых гробов.

В дом, конечно, набились соседки, старухи, они исправно голосили, превозносили добродетели покойной, наперебой показывали юбки и башмаки, подаренные ею по секрету от деда, и они теперь яростно тыкали их деду под нос:

— Вот, Семерик, какая у тебя была жена, а ты ее всю жизнь поедом ел!

Горели свечи, дьяк читал молитвы, мать беспрерывно рыдала, выходила во двор: “Я не переживу”, — а Лена успокаивала: “Спокойно, все умрем”. Мне все это казалось таким бессмысленным и бесполезным, а неестественно голосящие старухи были неприятны, их голоса ножиками сверлили у меня в ушах, я тыкался туда и сюда, весь напряженный и взвинченный до предела.

Пришли Болик и Шурка, мы взобрались верхом на забор и стали говорить о своих делах, о зарытых патронах (а старухи визжали), и приятели говорили со мной мягко, как с больным, но мне вдруг захотелось показать им, как неестественно голосят эти старухи, и я стал передразнивать их очень даже похоже, — и вдруг сам же стал над этим хохотать.

Я видел, что Болик и Шурка как-то странно смотрят на меня, но продолжал хохотать и заразил их, мы все трое развеселились. Нас распирала жажда что-нибудь смешное учудить, ну такое уж смешное!

Мы быстренько привязали нитку к старому кошельку, подкинули его на улицу, спрятавшись за забором. Старухи, шедшие на похороны, жадно нагибались, кошелек скакал от них, как лягушка, а мы за забором лопались от смеха и катались по земле.

Но тут явились поп с певчими, и бабку стали класть в гроб. А она вытянулась и не помещалась, и гроб не просох как следует, краска пачкалась. Кума Ляксандра озабоченно металась: "Мужчин надо, мужчин, нясти!" А мужчин не хватало.

Наконец, подняли гроб, долго и неуклюже выносили через дверь, накренили его. У бабки на лбу лежала бумажная лента с церковными письменами, в руках был один из двух деревянных крестиков, хранившихся у икон.

Дед, без шапки, озабоченный, подпирал гроб плечом вместе с другими, за ним пристроился слепой Миколай, взяв под мышку палочку. Они подложили газеты, чтобы не испачкать плечи краской. Вскинулись две хоругви, поп загнусавил, певчие заголосили, все двинулись в открытые ворота, и бабка торжественно поплыла над всеми.

— Ты оставайся, смотри за домом, — приказала мне мать, опухшая от слез, как-то сразу постаревшая и некрасивая.

Я посмотрел вслед похоронам, закрыл ворота, подобрал с земли еловые ветки, упавшие с венка. Стало тихо. И вот только тут я поистине задохнулся, и до меня наконец дошло. Бабки я больше не увижу.

"Все умрем", — сказала Лена. Дед умрет, мама умрет, кот Тит умрет. Я посмотрел на свои пальцы, растопырил и снова посмотрел на свои растопыренные пальцы и понял, что рано или поздно и их не будет. Самое страшное на свете — смерть. Это такой ужас, когда умирает человек, даже самый старый, от болезни, естественно, нормально. Неужели этого естественного ужаса недостаточно, что люди изобретают все новые и новые способы искусственного делания смерти, устраивают все эти проклятые *голоды, расстрелы,* Бабьи Яры?

Я едва держался на ногах, побрел в хату. Там было прегнусно: натоптано, намусорено, мертвенный запах ладана, опрокинутые табуретки вокруг голого раскорячившегося стола. Кот Тит смотрел внимательными желтыми глазищами с печки.

День рождения Гитлера

Как-то однажды в апреле, 20-го апреля, на свет родился ребенок. Был он, как положено, красненький, весил килограмма три или что-нибудь около того, длиной был сантиметров пятьдесят, смотрел бессмысленными, как мутные пуговицы, глазками и часто разевал рот, словно зевал, но это он искал грудь.

Он вызывал у матери неописуемую нежность и жалость, и она не знала, что держит на руках одно из самых людоедских чудовищ [двадцатого века, родить которое судьба зачем-то определила ей. Одна ее предшественница — милая, умная, такая культурная женщина — жила в никому не ведомом Симбирске на Волге; другая была темная кавказская жена сапожника; а эта оказалась в Австрии; и они не были знакомы, никогда не слышали друг о друге, и никакой ангел ничего им не возвестил, а жаль; может, они бы сделали выкидыши. Впрочем, нашлись бы другие.]

Всегда, однако, есть что-то трогательное и поражающее в появлении ребенка на свет. И отзвук трогательного австрийского события прозвучал в Киеве в апреле 1942 года следующим образом:

Объявление

По распоряжению Штадткомиссариата от 18/IV-42 г. по случаю дня рождения Фюрера населению будет выдаваться 500 гр. пшеничной муки на едока.
Муку будут выдавать в хлебных лавках 19-го и 20-го апреля на хлебные карточки по талону № 16*.

На рассвете, едва дождавшись конца запретного часа, я понесся к хлебному магазину, обгоняя таких же бегущих.

Оказалось, однако, что тысячи полторы едоков заняли очередь еще с ночи, наплевав на запретный час. Хотя до открытия было далеко, очередь бурлила, у дверей лавки уже была драка, и потный красный полицай с трудом сдерживал толпу.

Я занял в хвосте очередь, уныло постоял, послушал бабьи пересуды насчет того же, что война кончится, когда зацветет картошка, что немцы русских не разбили, но и русские не могут победить, а потому заключат мир где-нибудь по Волге, а нам так и пропадать под немцами.

И слепому было видно, что в этой очереди придется стоять до вечера. Я приметил, за кем стою, сбегал домой за сигаретами и занялся бизнесом.

Расползлись мои друзья. Болика Каминского мобилизовали на восстановление моста через Днепр, держали там под конвоем и домой не отпускали.

Шурку Мацу мать увезла неизвестно куда, найдя другую квартиру: тут они сидели в постоянном страхе, что кто-нибудь Шурку продаст.

* "Новое украинское слово", 19 апреля 1942 г.

Даже моего врага Вовку Бабарика мать, спасая от Германии, отправила куда-то в село, на глухой хутор, и я мог уже не бояться, что он меня отлупит.

Жорку Гороховского его бабушка пристроила служкой в Приорскую церковь, где он ходил в длинном балахоне, подавая попу то Евангелие, то кадило и склонялся, сложив руки.

А с Колькой Гороховским мы продавали сигареты. Это дело — проще пареной репы. Мы ехали на огромный *Евбаз — при советской моде на сокращения это значило "Еврейский базар", а как теперь евреев больше нет, то в газете его стали именовать "Галицкий базар", но, странно, название не привилось, все говорили только "Евбаз"*. Высматривали там подводы с немцами или мадьярами и вступали в торговлю:

— Цигареттен ист?

— Драй гундерт рубель.

— Найн, найн! Цвай гундерт!

— Никс.

— Йа, йа! Эй, зольдат, цвай гундерт, битте!

— Вэ-ег!

— Цвай гундерт, жила, кулак, слышишь? Цвай гундерт!

— Цвай гундерт фюнфциг...

Они были спекулянтами что надо, продавали любое барахло и торговались, дрались, но в конце концов коробку в двести сигарет отдавали за двести рублей. Только с трудом.

В этом деле одна тонкость: когда торгуешься с немцем, нужно не только работать языком, но доставать деньги и совать ему под нос; при виде денег он нервничает, невольно тянется рукой взять, ну а взял — значит, продал.

В первый раз нас здорово облапошили: распечатали дома коробки, а в них недостает штук по пятнадцать сигарет. Немцы проделали дырочку и проволокой повытаскивали. Потом мы, покупая, распечатывали на месте и проверяли пачки. Такой, понимаете, широкий диапазон: с одной стороны, культурное обновление ни больше ни меньше как всего мира, с другой — грязное белье с убиваемых снимают и сигареты проволочкой таскают.

И вот мы носились по Куреневке с утра до ночи — по базару, у трамвайного парка, а к концу смены у заводских ворот, — и пачку удавалось распродать дней за пять, заработав на ней двести же рублей. Целых полтора кило хлеба за пять дней, это уже был серьезный заработок.

Итак, в половине седьмого утра я уже курсировал вдоль очереди, утюжил базар, бодро вопя:

— Есть сигареты "Левантэ", крепкие первосортные сигареты "Гунния", два рубля штука, дядя, купи сигарету, не жмись, все равно погибать... твою мать!

Попутно собирал окурки, мы из них добывали табак и продавали на стаканчики.

В семь часов утра двери магазина открылись. Невозможно было разглядеть, что там творится: смертельная давка, хрипы, визги.

Первые, получившие муку, вылезали растерзанные, избитые, мокрые, но со счастливыми лицами, крепко сжимая мешочки, припорошенные настоящей — не во сне, не в сказке — белой мукой.

Я наведывался к своему месту, но очередь пока не подвинулась, зато за мной был теперь такой же хвост, как и впереди.

Бабы рассказывали, что в Дымере расстреляны несколько мужчин за то, что слушали детекторный приемник; что в оперном театре идет "Лебединое озеро", но написано:

"Украинцам и собакам вход воспрещен".

Понизив голос, говорили, что немцев совсем остановили, что под Москвой их тьма полегла, что они не взяли даже Тулу и что ожидается открытие второго фронта в Европе. Я жадно слушал, чтоб дома рассказать. О, беспроволочный народный телеграф! Зачем запрещать слушать радиоприемники: это бесполезно... *Нужно только слушать, что люди упорно говорят, и оно почти всегда оказывается правдой.*

В восемь часов показались трамваи с немецкими детьми. Многие начальники приехали в Киев с семьями, и вот они отправляли детей на день в Пущу-Водицу, в санаторий, а вечером трамваи везли их обратно. Это были специальные трамваи: спереди на каждом портрет Гитлера, флажки со свастикой и гирлянды из хвои.

Я побежал навстречу, чтобы рассмотреть немецких детей. Окна были открыты, дети сидели свободно, хорошо одетые, розовощекие, вели себя шумно — орали, визжали, высовывались из окна, прямо зверинец какой-то. И вдруг прямо мне в лицо попал плевок.

Я не ожидал этого, а они, такие же, как я, мальчишки, в одинаковых рубашках (гитлерюгенд?), харкали, прицеливались и влепливали плевки в меня с каким-то холодным презрением и ненавистью в глазах. Из прицепа плевались девочки. Ничего им не говоря, сидели воспитательницы в мехах (они обожали эти меха, даже летом с ними не расставались). Трамвай и прицеп проплыли мимо меня, ошарашенного, и мимо всей очереди, как две клетки со злобствующими, визжащими обезьянами, и они оплевали очередь.

Пошел я к ручью, и ноги у меня были как ватные. Положил на песок свою коробку с сигаретами, долго умывался, чистил пиджак, и в животе, в груди что-то металлически засосало, словно туда налили кислоты или красноватого люизита.

В одиннадцать часов полиция навела наконец порядок. Двери, которые были уже без стекол, закрыли, впускали десятками, но очередь почему-то совершенно не подвигалась. Становилось жарко. В полдень немецкие жандармы провели, толкая в спины, двух арестованных парней, и по тому, как их вели, наставив автоматы, было понятно, что этим парням уже не жить. Но зрелище было обычным и никаких пересудов в очереди не вызвало.

Сигареты раскупались плохо. Я раскинул мозгами и решил испробовать способ, к которому прибегал не раз. На всех базарах ходили дети с кувшинами, пели протяжную песенку:

Кому воды хо-лод-ной,
Кому воды-ы?

Пошел домой, взял бидон и кружку, двинулся вдоль очереди, распевая во весь голос. Кружка — двадцать копеек, от пуза — сорок. Наторговал полкармана мелочи, но это было ничто, мусор. Немецкие пфенниги шли один за десять копеек, были это какие-то дрянные алюминиевые кружочки, почерневшие от окиси, но с орлом и свастикой. Обменял у торговок мелочь на одну новенькую хрустящую марку. Хорошо: время не потерял.

В четыре часа дня стали кричать, чтобы очередь расходилась: всем не хватит. Что тут поднялось!

Очередь распалась, у дверей опять началось побоище. Я чуть не заревел от обиды и кинулся в эту драку. Взрослые дрались, а я полез между ногами, раздвигал колени, скользил змеей, чуть не свалил с ног полицейского — и прорвался в магазин.

Здесь было относительно свободно, продавцы со страхом косились на дверь, которая трещала, и кричали:

— Все, все, кончается!

Но они еще отрывали талоны и выдавали кульки. Молча заливаясь слезами, я пролез к прилавку, где душилось человек тридцать. Растерзанный, красный дядька кричал, размахивая паспортом:

— Я завтра еду в Германию! Вот у меня штамп стоит!

— Отпускаем только тем, кто в Германию, — объявил заведующий. — Остальные не толпитесь, расходитесь!

Несколько человек таким образом еще получили муку. Я, все так же молча обливаясь слезами, упрямо лез и оказался перед продавцом. Он посмотрел на меня и сказал:

— Дайте пацану.

— Все, все, нет больше муки! — объявил заведующий.

Полки были пусты, обсыпаны мукой, но — ни одного пакета. Я не мог поверить, цеплялся за прилавок, шарил и шарил глазами по этим белесым полкам: вот тут же только что, еще на моих глазах стояли пакеты!..

Полиция стала освобождать магазин, я как в тумане вышел, поплелся домой, перед глазами стояли белые пакеты, доставшиеся счастливцам, которых я ненавидел всех, кроме самых последних, что ехали в Германию. Этих стоило пожалеть.

В Германию

Эта одна из самых трагических эпопей народа Украины — после турецких полонов, [разорения царями Петром и Екатериной, советского голода и террора, —] открылась 11 января 1942 года следующим объявлением на двух языках — сверху по-немецки, а по-украински ниже:

УКРАИНСКИЕ МУЖЧИНЫ И ЖЕНЩИНЫ!

Большевистские комиссары разрушили ваши фабрики и рабочие места и таким образом лишили вас заработка и хлеба.

Германия предоставляет вам возможность для полезной и хорошо оплачиваемой работы.

28 января первый транспортный поезд отправляется в Германию.

Во время переезда вы будете получать хорошее снабжение, кроме того, в Киеве, Здолбунове и Перемышле — горячую пищу.

В Германии вы будете хорошо обеспечены и найдете хорошие жилищные условия. Плата также будет хорошей: вы будете получать деньги по тарифу и производительности труда.

О ваших семьях будут заботиться все время, пока вы будете работать в Германии.

Рабочие и работницы всех профессий — предпочтительно металлисты — в возрасте от 17 до 50 лет, добровольно желающие поехать в Германию, должны объявиться на

БИРЖЕ ТРУДА В КИЕВЕ

ежедневно с 8 до 15 часов.

Мы ждем, что украинцы немедленно объявятся для получения работы в Германии.

Генерал-комиссар И. КВИТЦРАУ С. А. Бригаденфюрер*.

Первый поезд в Германию был набран досрочно, состоял целиком из добровольцев и отправился 22 января под гром оркестра. В газете был помещен восторженный репортаж — улыбающиеся лица на фоне товарных вагонов, интервью с начальником поезда, который демонстрирует багажный вагон, полный колбас и ветчины для питания в пути. Заголовки: "Настоящие патриоты", "Приобрести навыки культурного труда", "Школа жизни", "Моя мечта", "Мы там пригодимся".

25 февраля отправился второй поезд, а 27 февраля — третий, набранные из тех, кто до конца изголодался, кому нечего было терять и на кого произвели впечатление слова "хорошо", "хорошее", "хорошие", повторяющиеся в объявлении пять раз, а также и этот фантастический вагон с колбасами и ветчиной. [Продемонстрировать его — это была куда более

* "Новое украинское слово", 11 января 1942 г.

удачная мысль, чем горячие призывы к патриотизму, подозрительно похожие на советские: что, мол, настоящие патриоты почему-то всегда должны оставлять родную землю и ехать тяжко работать черт-те куда.]

Весь март печатались объявления огромными буквами:

> ГЕРМАНИЯ ПРИЗЫВАЕТ ВАС!
> Поезжайте в прекрасную Германию!
> 100 000 украинцев работают уже в свободной Германии. А ты?*

Вы должны радоваться, что можете выехать в Германию. Там вы будете работать вместе с рабочими других европейских стран и тем самым поможете выиграть войну против врагов всего мира — жидов и большевиков**.

Но вот пришли первые письма из Германии, и они произвели впечатление разорвавшихся снарядов. Из них было вырезано ножницами почти все, кроме “Здравствуйте” и “До свидания”, или же густо замазано тушью. Из рук в руки пошло письмо с фразой, которую цензура не поняла: “Живем прекрасно, как наш Полкан, разве что чуть хуже”.

По домам понесли повестки. Биржа труда помещалась в здании Художественного института у Сенного базара; это стало вторым проклятым местом после Бабьего Яра.

* “Новое украинское слово”, 3 марта 1942 г.
** Там же, 14 апреля 1942 г.

Попавшие туда не возвращались. Там стояли крик и плач, паспорта отбирались, в них ставили штамп “ДОБРОВОЛЬНО”, люди поступали в пересыльный лагерь, где неделями ждали отправки, а с вокзала под оркестры отходили поезда один за другим. Ни черта никому не давали, никакой колбасы, никакой “горячей пищи” в Здолбунове и Перемышле.

Бежавшие из Германии рассказывали: отправляют на заводы работать по 12 часов, содержат, как заключенных, бьют, убивают, глумятся над женщинами, платят смехотворные деньги — хватает на сигареты.

Другие рассказывали: выводят на специальный рынок, немецкие хозяева-бауэры ходят вдоль шеренг, отбирают, смотрят в зубы, щупают мускулы, платят за человека от пяти до двадцати марок и покупают. Работать в хозяйстве от темна до темна, за малейшую провинность бьют, убивают, потому что рабы им ничего не стоят, не то что корова или лошадь, которым живется вдесятеро лучше, чем рабам. Женщине в Германии, кроме того, верный путь в наложницы. Ходить со знаком “ОСТ”, *что означает самую низшую категорию по сравнению с рабами из западных стран.*

Маминой знакомой, учительнице, пришло короткое извещение, что ее дочь бросилась под поезд. Потом о некоторых сообщали: трагически погиб. *Дело еще в том, что, кроме просто замученных и расстрелянных, очень многие погибли на военных заводах при американских и английских бомбардировках. Во время налетов немцы работу не прекращали и восточных рабочих в убежище не отводили.*

Весь 1942 год был для всей Украины годом угона в рабство.

Повестки разносились ворохами. Кто не являлся — арестовывали. Шли облавы на базарах, площадях, в кино, банях и просто по квартирам. Людей вылавливали, на них охотились, как некогда на негров в Африке.

Одна женщина на Куреневке отрубила себе топором палец; другая вписала себе в паспорт чужих детей и одалживала детей у соседей, идя на комиссию. Подделывали в паспорте год рождения; натирались щетками, драли кожу и смачивали уксусом или керосином, чтобы вызвать язвы; давали взятки — сперва освобождение от Германии стоило 3000 рублей, потом цена поднялась до 15 000. Год, с которого брали, быстро снизился: с шестнадцати, потом с пятнадцати, наконец, с четырнадцати лет.

На плакатах, в газетах и приказах Германия называлась только "прекрасной". Печатались фотоснимки о жизни украинцев в прекрасной Германии: вот они, солидные, в новых костюмах и шляпах, с тростями, идут после работы в ресторан, кабаре или кино; вот молодой парень покупает цветы в немецком цветочном магазине, чтобы подарить любимой девушке; а вот жена хозяина штопает ему рубашку, ласковая и заботливая...

Из статьи "размышления по поводу речи рейхсмаршала" (имеется в виду рейхсмаршал Геринг):

"За исключением отдельных писем избалованных маменькиных сынков, которые часто кажутся смешными,

на Украину поступает огромное количество писем, в которых наши работники выражают свое удовлетворение. Это те наши украинцы, которые понимают, что война отразилась на продовольственном снабжении Германии, которые смотрят не только в свой горшок... У нас на Украине часто можно было услышать жалобы на то, что Адольф Гитлер забирает людей на работу в Германию. Но и здесь Германия для обеспечения окончательной победы не требует от украинского народа больше жертв, нежели она сама приносит в значительно, значительно больших масштабах.
Итак, братья, я хочу поговорить с вами совершенно честно и откровенно. Я стыжусь всех тех, кто бранит Германию.
Когда я читал речь Рейхсмаршала, мне было так стыдно, как никогда еще в жизни..."*

Из писем, целиком изъятых цензурой и впоследствии обнаруженных в немецких архивах:

> "...Если кто-нибудь отставал, останавливался или отклонялся в сторону, полицаи стреляли. По дороге в Киев один человек, у которого двое детей, прыгнул из вагона на ходу поезда. Полицаи остановили поезд, догнали беглеца и выстрелами в спину убили его. Под конвоем нас водили в уборную, а за попытку бежать — расстрел.
> В бане мы пробыли до 3 часов дня. Здесь я вся дрожала, а под конец едва не теряла сознание. В бане купались вместе и мужчины и женщины. Я горела со стыда. Немцы подходили к голым девушкам, хватали

* "Новое украинское слово", 11 октября 1942 г. Подпись "И.".

за грудь и били по непристойным местам. Кто хотел, мог зайти и издеваться над нами. Мы — рабы, и с нами можно делать что угодно. Еды, конечно, нет. Надежды на возвращение домой — тоже никакой".

"...Сейчас я нахожусь в 95-ти км от Франции, в предместье города Трир, живу я у хозяина. Как мне здесь, вы сами знаете. У хозяина 17 голов скота. Мне нужно каждый день 2 раза вычищать. Пока вычищу, аж тошно мне станет. В животе распухло, так что нельзя и кашлянуть. В свинарнике пять свиней, его тоже надо вычищать. Как чищу, так мне и света не видать за слезами. Затем в комнатах убрать: 16 комнат, и все, что где есть, — все на мои руки. Целый день не присаживаюсь. Как лягу спать, так не чувствую, куда ночь делась, уже и утро. Хожу словно побитая... Хозяйка — как собака. В ней совсем нет женского сердца, только в груди какой-то камень лежит. Сама ничего не делает, лишь кричит как одержимая, аж слюна изо рта катится".

"...Когда мы шли, на нас смотрели, как на зверей. Даже дети и те закрывали носы, плевали...

Мы стали ждать, чтобы поскорее кто-нибудь купил нас. А мы, русские девушки, в Германии не так уж дорого стоим — 5 марок на выбор. 7 июля 1942 г. нас купил один фабрикант... В 6 часов вечера нас повели есть. Мамочка, у нас свиньи этого не едят, а нам пришлось есть. Сварили борщ из листьев редиски и бросили немного картошки. Хлеба в Германии к обеду не дают... Милая мама, относятся к нам, как к зверям... Кажется мне, что я не вернусь, мамочка"*.

* Сборник "Листи з фашистської каторги". Київ. Українське видавництво політичної літератури, 1947. Письма Нины Д-ка, Кати Пр-н, Нины К-ко. Стр. 7–16.

От автора

Я становлюсь в тупик.

Рассказываю о том, что происходило со мной самим, о том, что видел своими глазами, о чем говорят свидетели и документы, и я перед этим становлюсь в тупик. Что это? Как это понять?

Диктатура сумеречного идиотизма, какой-то немыслимый, фантасмагорический возврат к эпохам иродов и неронов? Причем в размерах, каких еще не было, какие иродам и не снились.

[Тысячи специалистов, подбирая термины и споря о них, — тоталитаризм, авторитаризм, национал-социализм, шовинизм, коммунизм, нацизм, фашизм и так далее, — дают им объяснения поочередно задним числом. Но уже само обилие этих "измов", как очаги чумы возникающих то там, то там, — не наводит ли на мысль о какой-то тенденции всеобщей?

Судьба несчастливой земли, носящей нелепое название СССР, — не кажется мне случайностью, исключением и чем-то ограниченным. Наоборот, эта судьба явственно кричит о тенденции к какому-то невиданному варварству в масштабах всемирных.

Самые ценные достижения цивилизации перед лицом такого варварства могут оказаться ничего не значащими. Например, как в античном мире культура пала под варварами, так и в России после всех достижений философии, литературы, поисков демократии — вдруг победило варварство, и не стало ни философии, ни демократии, ни культуры, один сплошной концлагерь.

Далее этому концлагерю объявил войну соседний концлагерь, в котором произошел сходный процесс, который хотел расширить свои владения, хотя бы и на весь мир. "Священная" война СССР против Гитлера была всего-навсего душераздирающей борьбой за право сидеть не в чужеземном, а в своем собственном концлагере, питая надежды расширить именно его на весь мир.

Между садизмом обеих сторон принципиальной разницы нет. В "немецком гуманизме" Гитлера было больше изобретательности и изуверства, но в душегубках и печах гибли граждане чужих наций и завоеванных стран. "Социалистический гуманизм" Сталина до печей не додумался, зато гибель обрушилась на своих сограждан. В таких отличиях вся разница; неизвестно, что хуже. Но "социалистический гуманизм" победил.]

Это происходило в XX веке, на шестом тысячелетии человеческой культуры. Это было в век электричества, радио, теории относительности, завоевания авиацией неба, открытия телевидения. Это было в самый канун овладения атомной энергией и выхода в космос.

Сфинкс у Бернарда Шоу на разговоры о прогрессе флегматично замечает, что пока он лежит, за последние несколько тысячелетий он что-то никакого прогресса не замечал.

Если в XX веке нашей эры в о з м о ж н ы эпидемии невежества и жестокости в мировых масштабах, если возможны чистой воды рабовладение, геноцид, поголовный террор, если на создание смертоубийственных приспособлений мир употребляет больше усилий, чем на образование и здравоохранение, то действительно, о каком прогрессе мы говорим?

Стало ли сегодня в мире больше справедливости?

Стало ли больше добра? Уважения к человеческой личности? Какая справедливость, какое добро, какое там уважение! Становится лишь больше цинизма и жертв. Как бездонная прорва, их требуют и требуют тупые политиканы, готовые хоть весь земной шар превратить в Бабий Яр, лишь бы властвовать, а в остальном — хоть трава не расти. Тут уже не о справедливости впору думать, не о каком-то там развитии, а хотя бы о СПАСЕНИИ. *Ничего себе прогресс.*

Гитлер раздавлен, варварство — нет. *Наоборот, очагов его становится все больше.* Смутные дикарские силы бурлят на *огромных частях земного шара,* угрожая прорваться.

Примитивно-сладкие дегенеративные идеи, как заразные вирусы, размножаются и распространяются. Действуют четко разработанные методы, как заражать ими миллионные массы.

Развитие науки и техники — *кажется, единственное, чем может похвалиться человечество,* — приводит, однако, в таком случае лишь к тому, что рабов не гонят, связанных за шеи веревками, а везут электровозами в запломбированных вагонах, что можно инъекциями людей превращать в идиотов, а современный варвар убивает не дубиной, но циклоном "Б" или безукоризненным, технически совершенным огнестрельным автоматом.

Говорят, что наука надеется выйти из холуйского состояния, в котором она находится сегодня, служа политиканам верой и правдой. Тогда, может быть, появится еще один, "научно-технический" гуманизм — и, уж совсем беспросветное, варварство технократическое?

Никому не под силу роль пророка. Никто не знает, что будет, и я не знаю. Но я знаю, что ГУМАНИЗМ *— это все-таки* ГУМАНИЗМ, *а не концлагеря и виселицы. Что нельзя позволять, чтобы из тебя делали идиота. Пока работают сердце и мозг, не должно сдаваться.*

Особенно вам, молодым, здоровым и деятельным, которым предназначена эта книга, еще раз хочу напомнить об осторожности, об ответственности каждого за судьбу человечества. Люди, друзья! Братья и сестры! Дамы и господа! Отвлекитесь на минуту от своих дел, от своих развлечений. В мире неблагополучно.

Неблагополучно, если кучка носорогов может гнать на смерть тьму людей и эта тьма послушно идет, сидит, ждет очереди. Если массы людей ввергаются в самое настоящее пожизненное рабство — и послушно становятся рабами. Если запрещаются, сжигаются и выбрасываются на помойку книги.

Если миллионы людей от рождения до смерти ни разу не говорят вслух то, что они думают. Если в одном небольшом цилиндре сегодня накопляется энергия, достаточная для испепеления Нью-Йорка, Москвы, Парижа или Берлина и эти цилиндры круглосуточно носятся над нашими головами, для чего? *И что это, если не шаги варварства?*

Люди, друзья! Братья и сестры! Дамы и господа! Остановитесь, задумайтесь, опомнитесь.

ЦИВИЛИЗАЦИЯ В ОПАСНОСТИ.

Благословенной земли нет

Опять я ехал на прекрасную, просторную, благословенную землю, но теперь она выглядела иначе.

На городской черте у санатория “Кинь грусть” был вкопан на века массивный столб с указателем по-немецки: “DYMER — 35 km”. Под ним мы положили мой узелок с бельишком, и мать оставила меня, потому что опаздывала на работу в школу.

Дымерское шоссе, по которому мы с беглым Василием тащились, как марсиане, теперь было оживленным: ехали машины, шли люди. У дороги выстроили домик, у него стояли полицаи, останавливая всех проходящих.

— Ой, что ж вы забираете! — отчаянно закричала тетка, кидаясь от полицая к полицаю. — Я ж сорок километров несла, на свои вещи наменяла. Людоньки!

Полицай понес ее мешок в домик, другие уже останавливали старого крестьянина. Он нес два мешка, спереди поменьше, сзади побольше, ему велели снять их на землю. Он молча снял.

— До побачення, — иронически сказал полицейский.

Старик повернулся и так же размеренно, как пришел, потопал по шоссе обратно.

Это действовал приказ, строжайше запрещающий проносить по дорогам продуктов больше, чем “необходимо для дневного пропитания”.

У указателя остановился грузовик. На него полезли люди, я тоже, и вот мы помчались по шоссе через Пущу-Водицу, но у меня не было и намека на ощущение радости и мира, которое я здесь когда-то пережил. Бор продолжали рубить, зияли поляны, навстречу проносились грузовики с прицепами, везя ровные, как стрелы, бревна.

В селе Петривци стояли немцы. На полях работали люди. Лес у Ирпеня тоже рубили, вдоль шоссе лежали горы готовых к отправке бревен.

На речке Ирпене у Демидова пленные строили мост. Они были вывалянные в грязи, с обмотанными тряпьем ногами, а часть — босая; одни долбили еще не отогревшуюся землю, другие подавали балки, стоя по грудь в ледяной воде. На обоих берегах на вышках сидели пулеметчики и стояли патрули с собаками.

В Дымере немец-шофер собрал со всех по пятьдесят рублей и поехал куда-то дальше, а я направился в поле.

Оно было не убрано с прошлого года, тянулись ряды бугорков невыкопанной картошки, полегли и сгнили хлеба. А в городе в это время был такой голод.

Все перепуталось на земле.

Мать долго наблюдала, как я худею и паршивею. В поликлинике наладили рентгеноаппарат, которым проверяли едущих в Германию. Мать добилась, чтобы меня посмотрели, и у меня обнаружили признаки начинающегося туберкулеза.

Тогда мать кинулась на базар и стала просить знакомых крестьян, чтобы взяли меня в село на поправку. За кое-какое барахло меня приняла одна добрая женщина по фамилии Гончаренко из деревни Рыкунь. Так я снова попал в село.

Я сам перепугался. Туберкулез при нацизме — это смерть. Мне совсем не хотелось умирать.

Мне хотелось все это пережить и жить долго, до самой глубокой старости, *и поэтому надо было спасаться. Я уже усвоил, что до старости доживает лишь тот, кому здорово повезет, но повезти может тому, кто изо дня в день, постоянно спасается.*

Гончаренко приняла меня хорошо, выставила кувшин молока, блюдце меду, теплый хлеб из печи, и я наелся так, что уже не лезло в меня, — а ощущение жадного голода во рту не проходило.

Она задумчиво смотрела, подперев щеку рукою, как я хватаю куски и давлюсь, и рассказывала, что в селе дело плохо: установили неслыханные налоги, грозятся повальной реквизицией. Велели согнать на плац коров и коней для ветеринарного осмотра, а вместо того половину, самых лучших, реквизировали. Такой осмотр.

— Ой, шо було, шо було! — поморщилась она. — Бабы голосили, на землю падалы, за коров чеплялысь...

Ее корову не взяли, но выдали книжку сдачи молока, и каждый день она носит бутыль в "молочарню", там делают отметку. Немец-управляющий разъезжает с полицаем в пролетке, ни с кем не разговаривает, кроме старосты. В сельсовете — полиция. Всех молодых переписали для Германии, и ее дочку Шуру, восемнадцати лет. А сын Вася еще мал, четырнадцати нет.

Конечно, с Васей мы сразу нашли общий язык, он показал минные хвостики, куски взрывчатки — тола, гнездо аиста, *который сейчас в отлете, но должен скоро вернуться из Африки. Я подумал: почему мы не можем летать так свободно? Неужели есть на свете земля без всякой войны? На месте аиста я бы ни за что не вернулся, жил бы себе в мирных краях — и будьте вы все прокляты.*

— То нема чого байдыкувать, — сказала Гончаренко. — Берить торбы на щавель до борщу.

Дикий щавель пробивался уже на полях пышными пучками. Мы щипали сочные листья, и я не удерживался, клал в рот, и было вкусно, кисло, так что холодок шел по спине. Пленные Дарницы мне бы позавидовали.

Повсюду валялись желтые, как голландский сыр, куски тола, который разлетелся после взрыва склада боеприпасов. Щавель для борща мы клали в торбы, а тол для души — за пазухи.

Набрав количество, достаточное, по нашему мнению, для некоторых изменений в этом мире, мы развели костер, набили толом консервную банку, вставили динамитный запал и швырнули банку в костер. Она там полежала, потом шарахнул такой взрыв, что уши заложило, а от костра осталась серая ямка. Осмотрев произведенные разрушения, мы удалились с чувством выполненного долга.

Длинный ров был частью засыпан, частью размыт вешними водами. В нем расстреливали евреев и прочих врагов из окрестных деревень, и Вася повел меня показать этот их местный маленький Бабий Яр. Ров как ров, а вокруг — поля до горизонта.

В одном месте что-то торчало из-под земли: это была черная, липкая человеческая нога в развалившемся ботинке. Убежали мы.

За рвом начинался, оказывается, недостроенный военный аэродром. Строило его НКВД, и раньше сюда даже близко не подпускали, потому что все это было секретно, и строили заключенные.

Сейчас огромный аэродром был мертв, уходили вдаль ровные линии колышков, тянулись готовые участки бетонных покрытий взлетной полосы. Громоздились кучи щебня, окаменевшего цемента, лежали носилки, кирки, лопаты, там, где их побросали, — словно люди исчезли в одну минуту.

Мы ходили по этому мертвому месту, единственные живые среди механизмов и стройматериалов, покрутили колеса бетономешалок, поотвинчивали все, что смогли. Но наибольшее впечатление на меня произвела камнедробилка.

Это был большой полый шар с лопастями внутри. Сверху в него загружаются камни, потом мотор начинает его вращать, камни внутри мечутся, как сумасшедшие, толкутся друг о друга в кромешной темноте, ссыпаются с лопасти на лопасть, и нет им там никакого спасения.

Точная модель нашей жизни. Так и людишек загружают куда-то, зачем-то, заставляют колотить друг друга, швыряют, вращают, они пищат, а их все толчет, толчет, толчет.

Попытался рассказать это Васе, но не умел, он решил, что я хочу его насмешить, и охотно стал хохо-

тать, представляя, как эти сукины дети, попав в дробилку, пищат.

Голопузые дети по-прежнему ползали по Гапкиной хате, и древняя баба, сложенная как треугольник, толкла что-то в ступе, а дед хрипел и харкал на печи. Я пошел через поле в Литвиновку их проведать, но лучше бы не ходил.

Гапка плакала. Руки ее распухли, все кости ломило от работы, я подумал, что такими вот, наверно, и были крепостные при Тарасе Шевченко — последняя грань нищеты и отчаяния.

Счастье Литвиновки было призрачным и быстротечным. Немцы быстро организовали сельские власти и начали поборы. Все, что собирали и молотили, воображая, что для себя, — велено было сдать. На каждый двор налог баснословный. И все должны работать, чтоб с этим налогом справиться. Гапка только за голову хваталась: надо пахать, нужна лошадь (а где взять?), нужен плуг, борона, зерно, да засеять столько, что и двум мужикам не под силу.

— Та я ж у колгоспи ничего того не знала, — причитала Гапка. — Я у колгоспи ругалась, мы думалы, що то горе. А то, виходыть, ще нэ горе було. Оцэ вже — горе! Погибель наша прийшла, матинко ридна, дэ ж наши колгоспи, мы вже и на них согласни!

— То вже прийшов Страшный суд, — бормотала свое баба, крестясь над ступой. — Господи милосердный, помилуй нас...

Я подумал, что, наверное, все-таки Бога нет. А если бы был, то что же он за мучитель такой, кровожадный людоед, над несчастными бабами издевается, над детишками, едва они родятся. Хорошенькое развлечение изобрел себе Всемогущий. Встреться бы я с ним — не молиться бы стал, а морду ему побить следовало за все, что устроил на земле. Не мог бы я уважать такого Бога. Его просто нет. Устраивают все люди.

Гончаренко уже с самого утра голосила и причитала над Шурой, как над покойницей. Она сидела на кровати, покачиваясь, в черном платке, опухшая, и пела низким, странно неестественным голосом:

— Ой, мо-я рид-на-я ды-ты-ноч-ка... Ой, я биль-ше те-бе не побачу-у...

Голосили во всех дворах. У сельсовета собрались полицейские, оркестр пробовал трубы.

Мы с Васей шатались, как неприкаянные, по этому рыдающему, вопящему, поющему селу.

Я уже окреп, обветрился. Мы с Васей, как мужчины, возили в поле навоз, пахали, бороновали. Я научился запрягать, спутывать, ездить верхом. Пиджачок и штаны выгорели, обтрепались, и я уже ничем не отличался от Васи, кроме разве одного. Гончаренко кормила нас одинаково, Вася наедался, я же нет. Жадность к еде постоянно сидела во рту и горле, просить добавки я стеснялся, и особенно вожделенным казался мне мед, который Гончаренко хранила в кладовке под замком и давала не часто.

По хатам пошли полицейские, выгоняя отъезжающих. Это подстегнуло крики, как масла в огонь подлили. Шура перекинула через плечо связанные чемодан и кошелку, пошла на площадь, и мать побежала за нею.

Боже мой, что тут творилось! Толклось все село, выстроили колонну, полицейские закричали: "Рушай!" — и грянул оркестр, составленный из инвалидов. Женщины побежали рядом с колонной, визжа, рыдая, кидаясь на шеи своим дочкам, полицаи отталкивали их, бабы падали на землю; сзади шли немцы и посмеивались. А оркестр лупил и лупил развеселый марш, аж волосы у меня дыбом поднялись...

Процессия потащилась через поле на Демидов, и все село побежало за ней. Я остался.

Оркестр постепенно затих вдали, и наступила мертвая тишина. Я медленно пошел в хату и вдруг увидел, что дверь в кладовку открыта, а замок вместе с ключом лежит на лавке.

Я прошел в хату, посидел под окном, все вздрагивая от увиденного только что зрелища, потом, как в тумане, поднялся, отыскал ложку и полез в кладовку.

Бидон был покрыт клеенкой и марлей, я их осторожно отвернул, стал скрести и есть мед полными ложками. Я давился, глотал ложку за ложкой, не жуя, смутно соображая, что надо кончать на следующей... нет, на следующей... нет, на следующей... Что Гончаренко идет к Демидову и голосит, а я вот — сволочь по отношению к ней, спасающей меня... Однако мне нужно есть мед, чтобы не было туберкулеза, чтобы спасаться, *и я буду жрать, дорвавшись. Потому что в этой распрекрасной камнедробилке единственное спасение — ловить момент, когда повезет, хватать все, до чего дотянешься, что забыли запереть, недоглядели, проскальзывать между ног, рвать из рук — чтобы жить! И пусть себе они идут на Демидов, не скоро вернутся, а я не растерялся, и отныне, если я хочу жить, всегда буду так, вот возьму да и выживу наперекор всему. То-то смеху будет.*

Чрезмерные умники — враги

Когда маме велели явиться в школу, она не отказалась, потому что это спасало от Германии. С 1 марта была введена "Arbeitskarte" — трудовая карточка, ставшая важнее паспорта. В ней ставился штамп по месту работы — каждую неделю обязательно новый. На улицах проверяли документы, и если у вас не было "арбайтскарте" или просрочен штамп, вам оставалось только загреметь в Германию.

Учителя явились в школу и начали заполнять анкеты [для отдела кадров, как это было и при советской власти]. Вперед выступил один преподаватель, прежде очень тихий и скромный человек, и заявил:

— Я петлюровец.

Наверно, он думал, что его назначат директором, но прислали директором другого, у которого, вероятно, было больше заслуг.

Стали убирать здание после постоя немцев. Выгребали навоз, сносили разломанные парты, вставляли фанеру в окна, потом ходили по дворам и переписывали детей школьного возраста.

До весны о занятиях не могло быть речи, потому что нечем было топить. Но вот пришла директива готовиться к занятиям в первых четырех классах, охватывая детей до 11 лет, дети же старше направляются работать.

> “Число учительских сил для проведения сокращенного обучения нужно ограничивать... Все учрежденные большевиками органы школьного контроля и учителя старших классов увольняются... Пенсии не выплачиваются.
> Употреблять существовавшие при большевистском режиме учебные планы, учебники, ученические и преподавательские библиотеки, а также политически тенденциозные учебные пособия (фильмы, карты, картины и т. п.) запрещено, предметы эти необходимо взять под охрану. Пока не появятся новые учебные планы и учебники, вводится свободное обучение. Оно ограничивается чтением, письмом, счетом, физкультурой, играми, производственным и ручным трудом. Язык обучения украинский или, соответственно, польский. Русский язык преподавать более не следует”*.

Далее учителям раздали газету, чтобы проштудировали и осмыслили статью “Школа”. Повторяю, все, что печаталось в газете и приказах на заборе, было законом, надо было следить и ничего не пропускать, чтобы по незнанию не вляпаться в беду.

* Из директивы рейхскомиссара Украины всем генерал- и гебитскомиссарам об условиях открытия начальных школ от 12. I. 1942 г. Цит. по сб. “Німецько-фашистський окупаційний режим на Україні”. Киев, 1963. Стр. 71.

Мама с Леной Гимпель читали статью вместе, медленно, часто останавливаясь, а я прислушивался, набирался ума.

Статья открывалась эпиграфом:

"ТО, ЧТО НЕОБХОДИМО ДАЛЕЕ СДЕЛАТЬ, - ЭТО ИЗМЕНИТЬ НАШЕ ВОСПИТАНИЕ. СЕГОДНЯ МЫ СТРАДАЕМ ОТ ЧРЕЗМЕРНОГО ОБРАЗОВАНИЯ. ЦЕНЯТ ЛИШЬ ЗНАНИЯ, НО ЧРЕЗМЕРНЫЕ УМНИКИ — ВРАГИ ДЕЙСТВИЯ. ТО, ЧТО НАМ НЕОБХОДИМО, —- ЭТО ИНСТИНКТ И ВОЛЯ".

(Из речи Адольфа Гитлера 27. IV. 1923 г.)

В самой статье говорилось:

"...Беря пример со всей жизни наших освободителей и, в частности, с их школы, приложим все усилия к тому, чтобы воспитывать в наших детях качества, нужные для оздоровления всего нашего народа, без которых невозможна будет дальнейшая его поступь. Это прежде всего любовь к труду и умение работать, это — сильный характер, высокая моральность... "Основы наук" — это очень важное, но это далеко не все и не главное... За дело!

Свободной украинской школе, свободным украинским педагогам пожелаем всяческого успеха. И залогом этому будет нам пример и помощь наших немецких друзей"*.

— Вот, — сказала Лена. — Приехали. Двадцатому веку нужна рабочая сила с некоторым образованием, но

* "Новое украинское слово", 14 мая 1942 г.

не чересчур. Рабы должны уметь расписываться, читать приказы и считать. Но чрезмерные умники всегда были врагами диктатур.

— Я преподавать не буду, — сказала мать.

— Заставят, думаю.

— Не заставят, лучше пусть берут в Германию. Где найти работу, срочно?..

— Это не укладывается в голове! — воскликнула Лена, изумленно вертя в руках газету. — Это черным по белому и всерьез. Какой-то мрачный парадокс. После всех Возрождений, философий, великих наук открыто наконец, что чрезмерное образование — зло. *Те все истины поставили вверх дном, учили лжи, но все же хоть чему-то учили, а эти додумались, что и учить не надо.* Идите, дети, работать. Во имя оздоровления, во имя дальнейшей поступи вперед, *радужного счастья потомков.*

— А я? — спросил я. — У меня уже четыре класса...

— Ты уже образованный, чисти сапоги и продавай сигареты. Кстати, — сказала Лена, — висит приказ, что детям запрещается торговать на улицах, иди прочти как достаточно образованный.

— Ты слышал? — сказала мать.

— А! Я не попадусь, — сказал я.

Узнав, что заводу “Спорт” требуется курьер-уборщица, мать спешно уволилась из школы и пошла на завод. А в мае начались занятия первых—четвертых классов. Дети учили немецкий язык и разучивали немецкие песни.

Я ходил под окнами и слушал, как поют про Кукушку и Осла:

Дер Ку-кук унд дер Э-эзель...

Но списки детей старше одиннадцати лет были переданы из школ управе, вот зачем их составляли, и мне пришла повестка явиться для трудоустройства.

Весь наш бывший четвертый “А” класс пошел учиться любви к труду. Жора Гороховский попал на завод “Главпищемаш”, где прежде работал его отец. Он там таскал всякое железо, ходил в замасленных лохмотьях, перепачканный мазутом, маленький, худенький, страшненький из-за этого въевшегося в лицо мазута.

А меня направили в огородную бригаду при санатории “Кинь грусть”.

Санатория, собственно, не было, он стал большим хозяйством. Нас было около тридцати мальчиков и девочек, нам дали тяпки и послали на прополку.

Я вставал на рассвете, клал в авоську алюминиевую миску, ложку, бутылку с водой и хлеб. Выходил в шесть утра, потому что топать надо было километра три, а опоздавшим не давали завтрака. В половине седьмого мы получали по черпаку горячей водички с пшеном. Затем строились парами, и старик, которого мы все называли Садовником, вел на огороды.

Каждому давалась полоса картошки или капусты. Огороды были бесконечные, солнце пекло. Я халтурил: присыпал землей сорняки, — хотя Садовник иногда шел по нашим следам, разгребал землю, и тогда давал по шее. Зато я часто кончал свою полосу первым и мог передохнуть на меже.

Днем был получасовой обеденный перерыв, черпак супа. Затем работали до восьми вечера, итого тринадцать часов. Уставал зверски, иногда (солнце напекало) падал.

Но было и счастье — когда ставили на помидоры. Они были еще зеленые, твердые, но мы накидывались на них, как саранча. Вокруг были роскошные фруктовые сады, но нас водили только строем, ни шагу в сторону, и на яблоки мы только поглядывали. Фрукты — для людей высшего сорта.

Шеф-немец затеял строительство крольчатника, и сюда пригнали из Дарницы десяток военнопленных. Трава на территории санатория была высокая, густая, с ромашками, и они упали в нее на коленки, выбирая самые вкусные стебли, они упивались, блаженствовали, пасясь на этой траве.

Мы таскали им окурки и сами, сев в кружок, учились курить. Мне это понравилось, я стал курить, как заправский рабочий, потому что какой же рабочий не курит?

Я рассказал деду про Садовника, и он закричал: "Так я же его знаю, это мой друг, скажу, чтоб он тебя не бил". На следующий день, построив нас, Садовник спросил: "Кто тут Анатолий Кузнецов?" Я шагнул вперед. "Подойдите еще двое, вы переводитесь на более легкую работу".

Он послал нас собирать липовый цвет. А нашего брата хлебом не корми, пошли только лазить по деревьям. Липы в парке "Кинь грусть" — огромнейшие, двухсотлетние, может быть, они видели самоё императрицу Екатерину II, которая, по преданию, заезжала в этот парк с Потемкиным, который почему-то хандрил, и сказала ему: "Взгляни, как хорошо. Кинь грусть!"

Лучшие цветы у лип на верхушках, на самых концах веток, достать не просто. У каждого из нас была норма. Садовник принимал по весу, и если не хватало, лишал супу, так мы уж старались, и я забирался на такие верхотуры, что хоть вниз не смотри. И вот однажды обломился я вместе с верхушкой и полетел с огромной высоты.

Почему я жив? Так везет же! По пути встретились густые ветви, принявшие меня, как гамак, я было совсем прошел сквозь них, но успел ухватиться руками, поболтался, как обезьяна, и вот он я, как огурчик, полез опять любить труд.

Так в двенадцать с половиной лет началась моя официальная трудовая деятельность, чтобы я не рос в этом мире чрезмерным умником, чтобы не доставлял беспокойства тем, кто за меня все продумал и определил мое место до скончания веков.

Ну, спасибо, благодетели, растолковали мне, вот, оказывается, для чего я родился в мире: чтобы трудиться на указанном месте, выполняя свой долг во имя дальнейшей поступи, во имя светлого будущего для неких туманных тунеядцев-потомков. Привет потомкам.

Зацвела картошка

Трамвай № 12 прежде ходил в Пущу-Водицу около часа в один конец и почти всё лесом. А едет он быстро, этаким экспрессом несясь по бесконечному туннелю соснового бора, и ветки орешника хлещут по окнам.

Чтобы пройти этот путь по шпалам, нам с дедом понадобился почти целый день. Рельсы были ржавые, между шпалами буйно росла трава, качались головки ромашек и васильков.

Иногда навстречу попадались расстроенные люди и говорили:

— Не ходите, у детского санатория все отбирают.

И правда, у детского туберкулезного санатория сидели под сосной трое полицаев; рядом высилась кучка узелков, бидончиков. И здесь установили свой грабительский пост. Все дороги на Киев были перекрыты, грабеж вполне узаконенный.

Давным-давно дед поработал и на мельнице в Пуще-Водице, тут проходила его молодость, тут они с бабкой жили первое время после женитьбы, и дед хорошо знал окрестности.

— Вот холеры проклятые, — сказал он озабоченно, — но я знаю тропинки, на обратном пути мы их лесом обойдем.

А ноги у нас здорово гудели, когда мы к вечеру добрались до четырнадцатой линии. Там есть пруд с плотиной, и у плотины торчали еще почерневшие сваи, на которых некогда стояла мельница; дед задержался и задумчиво посмотрел на них.

В мешках за плечами мы несли на обмен бабкины вещи: юбки, кофты, высокие ботинки со шнурками.

Мы ночевали в пустом сарае за прудом, у старого лесника, еще помнившего деда. Вышли на рассвете по росе и еще один день топали глухими лесными дорогами и совсем свалились от усталости и голода, когда показались река Ирпень и деревня с таким же названием.

Стали мы ходить от хаты к хате, стучали, будоражили собак:

— *Вещи надо? Юбки есть, платки.*

Бабы выходили, щупали, смотрели на свет:

— Та воно стара.

— Хорошее, новое, — сердился дед.

— *Моя бабка только один раз надевала!*

— *Стакан квасоли дам...*

— *За платок стакан квасоли?! — кричал дед. — А, трясця твоей матери, три давай, куркулька.*

Надо бы найти более глухую деревню, а то эта — первая, избалованная "обменщиками", которые всё идут, попрошайничают, а то, гляди, уворуют. Но сил у нас уже не было брести дальше, упрямо стучали в дворы. Один сонный заросший дядька, почесываясь, спросил:

— *А грамохвона нету? Шо нам ваши вошивые шмоття...*

Кое-как набрали мы две торбы кукурузы, фасоли и муки. Обратный путь мне не забыть до самой смерти.

Шли мы медленно и тяжко, через каждые полкилометра садились отдыхать, только размеренно задремлю — дед вздыхает: “Давай еще немножко”. Упрямо он нес, стонал, охал и иногда падал: как-никак ему было семьдесят два года, да еще после всех этих голодух и болезней. Надо было перейти речку по кладкам, это были качающиеся жерди высоко над водой. Я храбро перебежал, а дед остановился — и никак. Я перенес ему мешок, а дед долго, испуганно цепляясь за меня и за жерди, перелезал на четвереньках. Кто бы взглянул — помер со смеху.

Ночевали в стоге сена. Утром спину, руки и ноги здорово ломило и жгло. Опять поперли, всё чаще садились; подниматься же — ну никаких сил: ты встаешь, а тело не встает, а мешок кажется набит булыжниками.

А вокруг леса, леса, иногда прогалины у хуторов с буйно цветущей картошкой, я видел это, как сквозь туман. *Однажды подкрались, наворовали картошки, разрывая руками, кустики на место воткнули, чтоб следа не видать. Отойдя, в костре испекли, пообедали. Только она молодая, мелкая, как орехи, плохо пеклась.*

Помня грабительский КП у санатория, дед решил обходить Пущу-Водицу с запада, и мы вышли на какую-то твердую лесную дорогу. Вдруг сзади послышался мотор, и, обдав нас пылью, проехал грузовик с двумя немцами в кабине. Он резко затормозил, шофер высунулся и смотрел, как мы подходим. Сердце у меня упало.

— Битте, — сказал шофер, указывая на кузов. — Ехать-ехать!

Было не похоже, чтобы он собирался грабить. Что ж, была не была, мы залезли, машина помчалась по дороге. Я подставил ветру лицо и наслаждался, отдыхая. И так мы проехали столько, сколько не прошли бы пешком и до ночи. Показался город, мы поняли, что объезжаем его с запада, минуя Куреневку.

Дед забарабанил в кабину. Машина остановилась среди поля. Мы слезли, дед протянул узелок муки — плату за проезд. Шофер посмотрел на нас, качнул головой:

— Нэт. Стареньки, маленьки. Нэт.

Мы стояли, не веря. Шофер усмехнулся и тронул.

— Данке! Спасибо! — закричал я.

Он помахал рукой. Дед кланялся в пояс вслед грузовику. Мы взвалили мешки на плечи и пошли через поле к виднеющимся крышам Куреневки.

— *Какой он, Гитлер, дурак! — сказал дед. — Немцы совсем не такие злые, это он их мерзавцами сделал. Как их ждали! Да приди они по-людски — уже давно б Сталину был капут. Народ хоть под царем, хоть под буржуем согласился жить, только не под Сталиным. Так этот изверг оказался еще хуже Сталина. Ах, трясця ж вашей матери... Тьфу!*

По разным переулкам да по Белецкой улице мы вышли прямо к нашему мосту, откуда до дома было три минуты ходьбы. Плеч и ног мы не чувствовали, тащились, как марафонцы на финише.

И вот тут-то нас остановили два полицая.

— Далеко несете? — иронически спросил один. Мы стояли и молчали, потому что это было невероятно, этого не могло быть.

— Скидай, — сказал другой и стал деловито помогать деду снимать мешок.

— Голубчики, — прошептал ошарашенный дед, — голубчики...

— Идите, идите, — сказал первый полицейский.

— Голубчики, соколики! — Дед был готов упасть на колени.

Полицаи, не обращая внимания, понесли наши мешки к столбу, где уже лежало несколько кошелок. Оказывается, они устроили новое КП и здесь, на подходе к базару. Я потянул деда за рукав, он совсем обезумел, он никак не мог поверить.

Я его с трудом дотащил домой, а сам завалился отдыхать и отсыпаться, потому что утром надо было на работу.

Садовник по дружбе с дедом отпустил меня втихаря прогуляться на обмен. Ну вот, значит, я прогулялся.

Делается это очень просто *и во все времена.* Кошелка загружается разной картошкой, морковкой, сверху кладутся полбуханки хлеба и кусочек сала, все это покрывается газетой. Затем мать берет тебя за руку и ведет в управу.

Входить в нее жутковато, это место, где решается все: человеческая жизнь, еда, работа, смерть, — откуда отправляют в Германию или могут рекомендовать в Яр.

Немцев нет, за столами сидят фольксдойчи или "щирые" украинские дядьки в вышитых сорочках, с усами. Этих не обдуришь, как немцев, эти свой народ знают.

[И всегда они находятся, и у большевиков помогали делать колхозы, да раскулачивать, да доносить. Первая опора власти, эти самые "плоть от плоти" своего народа, что знают, кто чем поужинал, кто где в яме картошку зарыл. А сельсоветы из кого состояли, а все эти райисполкомы, горисполкомы, профсоюзы, суды? Теперь, гляди, опять такие же точно, опять они!]

Сидят, пишут повестки, составляют списки, подшивают дела, и расхаживает плотная, энергичная женщина с мужскими ухватками, одетая в строгий серый жакет и серую юбку, с холодным взглядом и безапелляционным голосом:

— Если вы не хотите работать, мы можем передать вас в гестапо... В случае невыполнения вами займется гестапо...

Мать подводит тебя к столу какой-то замызганной тетки, у которой в руках твоя судьба. Ставит кошелку к ножке стола и сдвигает газету так, чтобы из-под нее выглядывали хлеб и уголок сала, крохотный кусочек сала, как спичечный коробок, но из-под газеты не видно, какой он, видно лишь, что — сало.

Униженно склонившись, мать объясняет, что тебе грозит туберкулез, тяжело работать на огородах, несет прочую ересь, а ты в это время тоже не стоишь без дела и, сгорбившись, изо всех сил напускаешь на себя несчастный вид.

Тетка окидывает тебя взглядом, недовольно сопит, молча роется в списках, находит твою фамилию, вычеркивает, вписывает в другой список и говорит:

— Завтра к семи на проходную консервного.

Ты изображаешь счастье, мать благодарит и кланяется и поскорее уводит тебя, забыв под столом кошелку.

На консервном заводе кислый, острый запах въедается в нос, как ввинчивается. Но тут останется голодным лишь тот, кто совсем дурак.

На широкий двор прибывали грузовики с тыквами, и наша мальчишеская бригада их разгружала. Попадались тыквы расколотые, а нет — сами разбивали их, выгребали белые скользкие семечки и набивали ими рты. Отныне дома я ничего не ел, целый день питался семечками. Случилось несчастье: я зазевался, на меня открылся борт машины, и обвалом посыпались тыквы. Набило шишек, отломился кусок зуба, но полежал под стенкой и отошел. Это не повезло.

Днем в обеденный перерыв нас парами вели в столовую. Тут я изловчался, лез среди первых, получал свою тарелку, кидался в угол, быстро-быстро, без ложки, обжигаясь, пил суп — а сам косился, не проходит ли очередь. Которые в хвосте получали по первому разу, а я уже пристраивался опять. Отвернусь к стенке, втихаря вылижу тарелку, рукавом вытер — и вот уже с невинным видом протягиваю на раздачу. Повариха брала мою тарелку и наливала полчерпака, показывая тем самым, что приметила меня, но что ей жаль меня и она не будет поднимать шума. Эту порцию я съедал уже спокойно, наслаждаясь, цедя сквозь зубы, смакуя и даже не вылизывал, как некоторые другие доходные, а шел споласкивать под краном. Повезло.

Больше всего я ненавидел, когда нас ставили на погрузку повидла. Оно было в полупудовых запечатанных банках, носишь его, вот оно, под руками, а не поживишься. Это — для избранных.

Цехи сильно охранялись, но однажды, нагрузив очередную машину, мы увидели, что вахтер отлучился, и вдвоем с одним мальчишкой кинулись в цех. Там было полутемно и жарко, в котлах булькало и кипело. Мы кинулись к первой попавшейся работнице в замусоленном халате:

— Теть, повидла!

— Ой, бедняги, сюда, скорей!

Она затолкала нас куда-то под сплетение железных стоек, принесла помятую коробку, до половины наполненную горячим тыквенным повидлом. *Черными руками мы полезли в коробку, обжигались, пихали и пихали повидло пальцами в рот, проглатывали, стараясь побольше поместить его в пузе. Ух и повезло!*

Тогда мы совсем обнаглели, шмыгнули в цех, где тыкву начинают варить. Добыли из котла палочками по куску тыквы — она была сыровата, но вкусна! Какой-то серый, замухрышистый рабочий посмотрел:

— *А вас кто пустил?*

Мы молчим, игнорируем его: какое, мол, тебе дело? Он пошел — оказывается, звать мастера. Тот явился, мощный дядя. Шарах моего товарища в ухо, шарах меня! Товарищ заныл, а я, дурень, смолчал, ну и досталось мне больше. Злобно так лупил, профессионально, крепко держа рукой за плечо, кулаком то под ребра, то в затылок, так что головенка моя только моталась. Отпустил и вытолкал. Мы отошли за склад, и меня стошнило повидлом с кусками тыквы. Это не повезло. Не все коту масленица.

Наш рабочий день продолжался двенадцать часов. Потом строили, вели к проходной и тщательно обыскивали, выпуская по одному. Все было законно, и я считал, что мне все-таки больше везет, чем не везет, хвастался дома и рассказывал деду про богатства на консервном заводе, про то, как я наедаюсь. Но он-то был свирепо голодный и поэтому держался другого мнения. Он злился, что я ничего в дом не ношу.

— Тут есть один жук, — сказал он однажды. — Делает колбасу втихаря без патента, ищет помощника надежного, чтобы не болтал. Давай я тебя устрою, а он обещает кормить и костями платить.

— Кости — это надо, — сказал я. — А как мне с работы уволиться? Я в списках.

— Неси кошелку, — сказал дед. — Не подмажешь — не поедешь.

Я еще некоторое время работал на заводе, потом решился. Отнес кошелку. Подмазал. Поехал.

Футболисты “Динамо”. Легенда и быль

Эта почти невероятная история произошла летом 1942 года, [когда немцы были у Волги и казалось, что их победа предрешена. История всех потрясла] и была так популярна, что одно время про овраг говорили: “Тот Бабий Яр, где футболистов расстреляли”. Она ходила тогда в форме легенды, которая настолько хороша и закончена, что мне хочется привести ее целиком. Вот она.

Украинская футбольная команда “Динамо” (Киев) до войны была одной из лучших команд страны. [В футбольных баталиях между Киевом и Москвой всегда присутствует нечто большее, чем просто спортивный азарт, а именно вопрос угнетенной украинской чести.] Киевские болельщики поэтому обожали своих игроков, особенно знаменитого вратаря Трусевича.

Из-за окружения команда не смогла эвакуироваться. Сначала они сидели тихо, устраивались на работу кто куда, встречались. И, тоскуя по футболу, стали устраивать тренировки на каком-то пустыре. Об этом узнали мальчишки, жители, а потом дошло до немецких властей.

Они вызвали футболистов и сказали: “Зачем вам пустырь? Вот пустует прекрасный стадион, пожалуйста, тренируйтесь. Мы не против спорта, наоборот”.

Динамовцы согласились и перешли на стадион. Спустя некоторое время немцы вызывают их [(обратите внимание, как легенда точна: власти всегда вызывают)] и говорят: “Мирная жизнь в Киеве налаживается, уже работают кинотеатры, опера, пора открывать стадион. Пусть все видят, что мирное восстановление идет полным ходом. И мы предлагаем вам встречу со сборной вооруженных сил Германии”.

Динамовцы попросили время подумать. Одни были против, считая, что играть с фашистами в футбол — позор и предательство. Другие возражали: “Наоборот, мы их разгромим и подымем дух у киевлян”. Сошлись на втором. Команда стала усиленно готовиться, ее назвали “Старт”.

И вот на улицах Киева появились афиши: “ФУТБОЛ. Сборная вооруженных сил Германии — сборная города Киева “Старт”.

Стадион был полон; половину трибун занимали немцы, прибыло высокое начальство, сам комендант, они были веселые и предвкушали удовольствие. Худшие места заняли украинцы Киева, голодные, оборванные.

Игра началась. Динамовцы были истощены и слабы. Откормленные немецкие футболисты грубили, откровенно сбивали с ног, но судья ничего не замечал. Немцы на трибунах заорали от восторга, когда в ворота киевлян был забит первый гол. Другая половина стадиона мрачно молчала: и тут, в футболе, они оплевывали нас.

Тогда динамовцы, что говорится, взялись. Их охватила ярость. Неизвестно, откуда пришли силы. Они стали переигрывать немцев и ценой отчаянного прорыва забили ответный гол. Теперь разочарованно промолчали немецкие трибуны, а остальные кричали и обнимались.

Динамовцы вспомнили свой довоенный класс и после удачной комбинации провели второй гол.

Оборванные люди на трибунах кричат: “Ура!”, “Немцев бьют!”.

Это “Немцев бьют!” уже выходило за пределы спорта. Немцы заметались перед трибунами, приказывали: “Прекратить!” — и строчили в воздух. Кончился первый тайм, команды ушли на отдых.

В перерыве в раздевалку к динамовцам зашел офицер из ложи коменданта и очень вежливо сказал следующее: “Вы молодцы, показали хороший футбол, и мы это оценили. Свою спортивную честь вы поддержали достаточно. Но теперь, во втором тайме, играйте спокойнее, вы сами понимаете: нужно проиграть. Это нужно. Команда германской армии никогда еще не проигрывала, тем более на оккупированных территориях. Это приказ. Если вы не проиграете — будете расстреляны”.

Динамовцы молча выслушали и пошли на поле. Судья просвистел, начался второй тайм. Динамовцы играют хорошо и забивают в ворота немцев третий гол. Половина стадиона ревет, многие плачут от радости; немецкая половина возмущенно голгочет. Динамовцы забивают еще один гол. Немцы на трибунах вскакивают, хватаются за пистолеты. Вокруг зеленого поля побежали жандармы, оцепляя его.

Игра идет на смерть, но наши трибуны этого не знают и только радостно кричат. Немецкие футболисты совершенно сломлены и подавлены. Динамовцы забивают еще один гол. Комендант со всеми офицерами покидает трибуну.

Судья скомкал время, дал финальный свисток; жандармы, не дожидаясь, пока футболисты пройдут в раздевалку, схватили динамовцев тут же на поле, посадили в закрытую машину и отвезли в Бабий Яр.

Такого случая еще не знала история мирового футбола. В этой игре у украинских динамовцев не было другого оружия, они превратили в оружие сам футбол, совершив бессмертный подвиг. Они выигрывали, зная, что идут на смерть, и они пошли на это, чтобы напомнить народу о его достоинстве.

В действительности эта история не была такой цельной, хотя закончилась именно так, но, как все в жизни, была сложнее уже хотя бы потому, что происходила не одна игра, а несколько, и злоба немцев поднималась от матча к матчу.

В оккупации динамовцы оказались не потому, что не могли выехать, а они были мобилизованы в Красную Армию и попали в плен. Большая часть их стала работать на хлебозаводе № 1 грузчиками, и сперва из них составили команду хлебозавода.

В Киеве был немецкий стадион, куда украинцам доступа не было. Но действительно 12 июля 1942 года по городу были расклеены афиши:

ОТКРЫТИЕ УКРАИНСКОГО СТАДИОНА

Сегодня в 16 часов открывается Украинский стадион
(Б. Васильковская, 51, вход с Прозоровской).
Программа открытия: гимнастика, бокс, легкая атлетика
и самый интересный номер программы — футбольный
матч (в 17 час. 30 мин.)*.

* "Новое украинское слово", 12 июля 1942 г.

Действительно, в этом матче была побеждена команда какой-то немецкой воинской части, это немцам не понравилось, но никаких эксцессов не произошло.

Просто немцы, рассердясь, выставили на следующий матч, 17 июля, более сильную воинскую команду "PGS". Она была буквально разгромлена "Стартом" со счетом 6:0.

Бесподобен отчет об этом матче в газете:

> "...Но выигрыш этот уж никак нельзя признать достижением футболистов "Старта". Немецкая команда состоит из отдельных довольно сильных футболистов, но командой в полном понимании этого слова назвать ее нельзя. И в этом нет ничего удивительного, ибо она состоит из футболистов, которые случайно попали в часть, за которую они играют. Также ощущается недостаток нужной тренировки, без которой никакая, даже наисильнейшая команда не сможет ничего сделать. Команда "Старт", как это всем хорошо известно, в основном состоит из футболистов бывшей команды мастеров "Динамо", поэтому и требовать от них следует значительно большего, нежели то, что они дали в этом матче"*.

Плохо скрытое раздражение и извинения перед немцами, звучащие в каждой строке этой заметки, были только началом трагедии.

19 июля, в воскресенье, состоялся матч между "Стартом" и мадьярской командой "MSG. Wal" Счет 5:1 в пользу "Старта". Из отчета об этом матче:

* "Новое украинское слово", 18 июля 1942 г.

> "...Несмотря на общий счет матча, можно считать, что сила обеих команд почти одинакова"*.

Венгры предложили матч-реванш, и он состоялся 26 июля. Счет 3:2 в пользу "Старта". Вот-вот, кажется, его уже сломят — и немцы получат удовольствие.

И вот на 6 августа назначается встреча "Старта" с "самой сильной", "сильнейшей", "всегда только побеждающей" немецкой командой "Flakelf". Газета авансом захлебывалась, расписывая эту команду, приводила баснословное соотношение забитых и пропущенных ею до сих пор мячей и тому подобное. На этом матче и произошел разгром, вошедший в легенду. Отчета о нем газета не поместила, словно и не было никакого матча.

Однако футболисты еще не были арестованы. И на размышления им было дано гораздо больше, чем перерыв между таймами, — целых три дня. Несколько строчек в "Новом украинском слове" 9 августа были последним объявлением о футболе:

> "Сегодня на стадионе "Зенит" в 5 час. вечера состоится вторая товарищеская встреча лучших футбольных команд города "Flakelf" и хлебозавода № 1 "Старт".

"Старту" предоставляли последнюю возможность. Он разгромил немцев и в этом матче, но о счете лишь ходят разные фантастические слухи. Только после этого футболисты были отправлены в Бабий Яр.

Это, повторяю, было время, когда немцы выходили на подступы к Сталинграду.

* "Новое украинское слово", 24 июля 1942 г.

От автора

НАПОМИНАНИЕ. Вот вы читаете эти истории. Может быть, где-то спокойно пробегаете глазами. Может быть, где-то (моя вина) скучаете и пролистываете дальше. В общем, "беллетристика есть беллетристика". Но я еще и еще раз напоминаю, что здесь нет беллетристики.

ВСЕ ЭТО БЫЛО. Ничего не придумано, ничего не преувеличено. Все это было с живыми людьми, и ни малейшего литературного домысла в этой книге нет.

Есть тенденция. Да, я пишу тенденциозно, потому что даже при всем стремлении быть объективным я остаюсь живым человеком, а не счетно-вычислительной машиной.

[Моя тенденция — в обличении всякого насилия, всякого убийства, любого неуважения и издевательства над человеком.

В одной деревне партизаны убили двух немцев. Немцы были молоденькие, лет по 18, лежали, припорошенные снегом. Жандармы согнали на площадь всех жителей деревни. Крестьяне думали уж, что будут расстреливать, но нет, не стреляли. Вдруг одна темная бабка — у ней сына убили на финской войне — как заголосит: "Сыночки мои! Где-то ж ваши матери еще и не знают, что убиты вы!.." И упала на них, причитает. Ее свои, деревенские, оттащили, шепчут: "Замолчи. Вернутся наши, убьют тебя за то, что над немцами плакала". А она свое: "Сыночки бедные!"

У меня тенденция такая же, как и у этой простой женщины.]

Но, независимо от взглядов, за абсолютную ДОСТОВЕРНОСТЬ всего рассказанного я полностью отвечаю как живой свидетель.

И вот, ребята рождения сороковых годов и дальше, я признаюсь вам, рискуя показаться сентиментальным, что порой изумленно смотрю на мир и думаю: "Какое счастье, подумать только, что нынче по улицам можно ходить, когда тебе вздумается, хоть в час ночи, хоть в четыре". Можно даже слушать радиоприемник или завести голубей. Досадно разбуженный среди ночи мотором, сонно злишься: "Сосед с пьянки на такси приехал", — и переворачиваешься на другой бок.

Не люблю ночного воя самолетов; как загудит, кажется, всю душу выворачивает, но тут же говоришь себе: "Спокойно, это *они еще тренируются, это еще* не то". А утром приходят газеты, в которых пишется о маленьких войнах то тут, то там...

Говорят, мы не замечаем здоровья, пока оно есть, плачем, только его потеряв.

Смотрю изумленно на этот мигающий, колеблющийся мир.

Бабий Яр. Система

Владимир Давыдов был арестован просто и буднично.

Он шел по улице, встретил товарища Жору Пузенко, с которым учился, занимался в спортивной секции, вместе к девчонкам ходили. Разговорились, Жора улыбнулся:

— Что это ты, Володька, по улицам ходишь? *Ведь ты же жид?* А ну-ка, пойдем.

— Куда?

— Пойдем, пойдем...

— Да ты что?

Жора все улыбался.

— Пойдешь или нет? Могу документы показать.

Он вынул документы следователя полиции, переложил из кармана в карман пистолет, продемонстрировал как бы нечаянно.

День был хороший, солнечный, улица была полна прохожих. Двинулись. Давыдов тихо спросил:

— Тебе не стыдно?

— Нет, — пожал Пузенко плечом. — Я за это деньги получаю.

Так мило и спокойно они пришли в гестапо, на улице Владимирской, дом 33.

Дом этот находится недалеко от площади Богдана Хмельницкого, почти напротив боковых ворот Софийского собора. Он сразу бросается в глаза — огромный, темно-серый, но кажущийся почти черным из-за контраста с соседними домами. С колоннами и портиком, он, как гигантский комод, возвышается над пропахшей пылью веков Владимирской, возле него не стоят машины, на нем нет никакой вывески. Дом строили до революции для губернской земской управы, но не закончили, и при советской власти он стал Дворцом труда. *Но ненадолго: он понравился органам госбезопасности.*

До самого отступления в 1941 году в нем помещалось НКВД УССР, и здание было наилучшим образом приспособлено для его нужд. За величественным фасадом разместились отлично оборудованные следовательские кабинеты, помещения для пыток, каменные мешки подвалов, а во дворе, скрытая от любопытных глаз, — тюрьма в несколько этажей, соединенная с главным зданием переходами. Иногда из подвалов на улицу доносились крики. Считалось, что для простого смертного возможен только вход в этот дом, редко кто выходил.

[Взорвав Крещатик с магазинами и театрами, взорвав историю Руси — Лавру, НКВД, однако, оставило в неприкосновенности свой дом, словно нарочно для того, чтобы у гестапо были сразу же все условия для работы. Гестапо приняло и оценило такую любезность, немедленно разместилось за величественным фасадом, и крики возобновились.

(Забегая вперед, можно добавить, что при отступлении немцы подожгли соседние дома на площади

Богдана Хмельницкого, университет, но оставили в неприкосновенности дом № 33. Сейчас в нем КГБ УССР. Там хранятся многие советские и немецкие данные, которых так не хватает этой книге, а также непрерывно накопляются новые, наверное, чтобы будущие исследователи не оставались без дела. Но вот будет чудо, если потомки откроют в этом здании музей: "Уничтожение человека на Украине и превращение его в обезьяну"...)]

Давыдов был рядовым в 37-й армии, попал в плен у деревни Борщи, прошел Дарницкий лагерь и несколько других — и бежал под Житомиром. Была у него в Киеве знакомая по имени Неонила Омельченко, врач, связанная с партизанами в Иванковском районе, и Давыдов должен был отправиться с медикаментами в Иванков, когда произошел этот нелепый арест.

Осталось неизвестным, что и откуда знал Пузенко, но Давыдова поместили в самую страшную, так называемую "жидовскую" камеру, как селедками набитую людьми, ожидавшими отправки в Бабий Яр. Давыдов понял, что его дело безнадежно.

Его вызвали на допрос и потребовали признаться, что он еврей, а также рассказать, что он знает о партизанах.

Давыдов стал кричать, что никакой он не еврей и никакой не партизан, а Пузенко сводит с ним личные счеты. Его отправили на комиссию, где немецкие врачи обследовали его *и с лупами в руках искали следов обрезания, не нашли* и дали отрицательное заключение.

Тем не менее его отвели обратно в ту страшную камеру, потому что выпускать из дома № 33, как и прежде, не было принято. Это как конвейер: попал — катись, обратного хода нет.

Людей из камеры уводили, они не возвращались, а Давыдов все сидел. Наконец, когда осталось десять человек, их вывели во двор, где стояла машина, которую они сразу узнали.

Это была одна из душегубок, известных всему Киеву, "газваген", как называли ее немцы. Она представляла собой что-то вроде нынешних автомобилей-холодильников. Кузов был глухой, без окон, обшит доской-вагонкой, покрашен в темный цвет. Сзади имелась двустворчатая герметическая дверь. Внутри кузов был выстелен железом, на полу — съемная решетка. Десять мужчин разместились просторно, и к ним подсоединили еще девушку, очень красивую еврейку из Польши.

Они все стали на решетку, держась за стены, двери за ними закрыли, и так, в полной темноте, куда-то повезли.

Давыдов понимал, что сейчас они приедут в Бабий Яр, но не увидят его, потому что через отверстие у кабины водителя будет пущен газ.

Смертники не разговаривали, а ждали лишь момента, чтобы попрощаться и затем, в кромешной темноте, задыхаясь, выкатывая глаза и языки, умереть.

Но машина все ехала, качалась, приостанавливалась, трогалась и вот, кажется, совсем остановилась. Газ не шел, Давыдов подумал, что, может, испортилось что-то. Вдруг залязгала дверь, из нее брызнул свет — и голос:

— Выходи!

"Значит, все-таки будут стрелять, — подумал Давыдов. — И то легче: быстрее".

Заключенные торопливо, глотая воздух, вышли, по привычке стали в ряд. Вокруг были колючие заграждения, вышки, какие-то строения. Эсэсовцы и полиция.

Подошел здоровый, ладно сложенный русский парень в папахе, галифе, до блеска начищенных сапогах (потом узнали, что это бригадир Владимир Быстров), в руках у него была палка, и он с размаху ударил каждого по голове:

— Это вам посвящение! Слушай команду. На зарядку шагом марш! Бегом!.. Стой!.. Кругом!.. Ложись!.. Встать!.. Гусиным шагом марш!.. Рыбьим шагом!..

Полицейские бросились на заключенных, посыпались удары палками, сапогами, крик и ругань. Оказалось, что "гусиным шагом" — это надо идти на корточках, вытянув руки вперед, а "рыбьим" — ползти на животе, извиваясь, заложив руки за спину. (Узнали также потом, что такая зарядка давалась всем новичкам, чтобы их ошарашить; били на совесть, палки ломались на спинах, охрана вырезала новые.)

Доползли до огороженного пространства внутри лагеря, там опять выстроились, и сотник по фамилии Курибко прочитал следующую мораль:

— Вот. Знайте, куда вы попали. Это — Бабий Яр. Разница между курортом и лагерем ясна? Размещаетесь по землянкам, будете работать. Кто будет работать плохо, нарушит режим или попытается бежать, пусть пеняет на себя.

Девушку отправили на женскую половину лагеря, мужчин повели в землянку.

Землянки тянулись в два ряда: обычные землянки, бригадирская, "жидовская", "больничная".

Та, в которую привели Давыдова, была обыкновенным блиндажом без окон, с единственной дверью и рядами двухэтажных нар; пол был земляной, в дальнем конце плита, под потолком тусклая лампочка. Дух был невыносимый, тяжкий, как в берлоге. Каждому определили место, и лагерная жизнь началась.

Позже Давыдов думал, почему немцы не включили газ или не расстреляли сразу, а дали отсрочку, поместив в этот странный лагерь? Зачем он вообще существовал?

[Лагерь был выстроен к весне 1942 года над самым оврагом Бабий Яр, став своего рода “пропускным пунктом” к нему. Для разнообразия, что ли, немцы называли этот лагерь “Сырецким”, хотя собственно район Сырец находится значительно дальше. Может, новое название понадобилось потому, что слова “Бабий Яр” стали в Киеве уже одиозными. Немецкое название “Сырецкий лагерь” затем употреблялось и в советской официальной терминологии, внося путаницу. Но овраг и лагерь по сути и территориально были одним целым, и в народе этому комплексу всегда было только одно название: Бабий Яр.]

Просто к своей системе Бухенвальдов, Освенцимов и Дахау немцы приходили не сразу, они экспериментировали, и на территории СССР сперва просто расстреливали из пулеметов, лишь потом, как люди хозяйственные и педантичные, устроили и в Бабьей Яре “фабрику смерти”, где, прежде чем убить людей, из них извлекали еще какую-то пользу.

Вопросы сортировки решались где-то в кабинетах на Владимирской, 33. Прибывших в Бабий Яр могли сразу отправить направо в овраг или же налево — за колючую проволоку лагеря.

Овраг Бабий Яр с ежедневными расстрелами продолжал функционировать нормально. В нем сразу расстреливались такие враги, которых сажать в лагерь — только беспокойство. Их гнали в овраг по тропке, клали на землю под обрывом и строчили из автоматов. Почти все что-то кричали, но издали нельзя было разобрать. Потом обрыв подрывали, чтобы засыпать трупы, и так перемещались все дальше вдоль обрыва. На раненых не тратили патронов, их просто добивали лопатами.

Однако других, вроде Давыдова и его спутников, особенно тех, кто выглядел поздоровее, а вина была сомнительной, помещали сперва в лагерь, где они получали некоторую отсрочку. При экзекуциях и самом образе лагерной жизни происходил естественный отбор. Упрямо выживающих немцы не спешили расстреливать: они знали, что это от них никогда не уйдет.

Каждый день в половине шестого утра раздавались удары по рельсу. Заключенные быстро-быстро, за каких-нибудь полторы минуты должны были одеться и под крики бригадиров валили из всех землянок — заросшие, костлявые, звероподобные. Быстро строились, пересчитывались, и следовала команда: “Шагом марш, с песней!”

Именно так. Без песни в лагере шагу не делали. Полицаи требовали петь народные: “Распрягайте, хлопцы, коней”, “Ой ты, Галю, Галю молодая” или солдатскую “Соловей-пташечка, канареечка жалобно поет”, а особенно любили “Дуня — я, Дуня — я, Дуня ягодка моя". Бригадир сам выкрикивал похабные куплеты, а вся колонна подхватывала припев. Были случаи, когда колонна, озлобившись, запевала "Катюшу", тогда начиналось побоище.

Так с песнями выползали на центральный плац — в очередь за завтраком. Получали по ломтику эрзац-хлеба и два стакана кофе, вернее, какой-то остывшей мутной воды.

Я спрашивал у Давыдова: а во что получали? Нужна ведь какая-то посуда. Он говорил: да, с посудой было трудно, у кого был котелок, кто на помойке достал консервную банку, но главное, люди ведь постоянно умирали, так что посуда переходила по наследству.

После завтрака опять с песнями разводились на работу бригадами по двадцать человек. Что это была за работа?

Вот слушайте.

1. Обитатели "жидовской" землянки отправлялись копать землю в одном месте, насыпали ее на носилки и переносили в другое место. На всем пути выстраивались в два ряда охранники с палками, и люди несли носилки бегом по этому коридору.

На носилки полагалось накладывать столько, чтоб едва поднять, а немцы молотили палками, вопили, ругались: "Шнель! Шнель! Быстрее!" — не работа, а прямо паника какая-то.

Люди выбивались из сил, падали, и этих "доходяг" тут же выводили за проволоку в овраг и пристреливали либо просто проламывали череп ломом, поэтому они бегали из последних сил и падали, лишь теряя сознание. Команды охранников уставали, сменялись, а ношение земли продолжалось до ночи. Таким образом все были заняты, деятельность так и бурлила.

2. На отдаленном пустыре возводилось непонятное сооружение, часть заключенных отправлялась туда. Строительство велось под большим секретом, поэтому те, кто уходил туда на работу, прощались с товарищами: обратно они уже не возвращались. (Секрет раскрылся лишь потом: в Бабьем Яре создавался экспериментальный мыловаренный завод для выработки мыла из расстрелянных, но немцы не успели его достроить.)

3. Шла разборка обветшавших бараков, которые остались от стоявшей на этом месте до войны советской воинской части. Лагерное начальство решило, что они портят вид и закрывают обозрение. Между прочим, сюда, в бригаду "гвоздодеров", поступали самые отощавшие "доходяги" из русских землянок. Прежде чем отдать Богу душу, они коротали свой последний день, дергая и ровняя ржавые гвозди.

4. Чтобы территория хорошо просматривалась, вырубались все деревья и корчевались пни как по лагерю, так и вокруг него. Немцы чувствовали себя лучше, когда вокруг все было голо.

5. Небольшая группа мастеровых — столяры, сапожники, портные, слесари — работала в мастерских, обслуживая охрану и делая разные мелкие поделки по лагерю. Это были "блатные" работы, попасть на которые считалось большой удачей.

6. "Выездные" бригады под сильной охраной возились на Институтскую, 5, где строилось здание гестапо.

Иногда посылали разбирать развалины на Крещатике.

7. Женщин использовали вместо лошадей: запрягали по нескольку в подводу, и они возили тяжести, вывозили нечистоты.

Лагерем руководил штурмбаннфюрер Пауль фон Радомский, немец лет пятидесяти пяти, с хриплым голосом, бритоголовый, упитанный, но с сухим продолговатым лицом, в роговых очках. Обычно он ездил в маленькой черной легковой машине, сам правил, рядом сидела пепельно-темная овчарка Рекс, хорошо известная всему лагерю, тренированная рвать мясо людей, *в частности половые органы.* На заднем сиденье помещался переводчик Рейн, из фольксдойчей.

У Радомского были заместители: Ридер по прозвищу Рыжий, законченный садист, и специалист по расстрелам Вилли, очень высокий и худой.

Далее шла администрация из самих заключенных — сотники, бригадиры. Особенно выделялся чех по имени Антон, любимец и правая рука Радомского. Было известно: что Антон предложит шефу, то и будет. Антона боялись больше, чем самого шефа. У женщин бригадиром была двадцатипятилетняя Лиза Логинова, артистка театра русской драмы, любовница Антона, не уступавшая ему в садизме, зверски бившая женщин.

Давыдов подробно рассказывает об этой странной не столько жизни, сколько полужизни, потому что каждый день можно было запросто умереть. Умирали в основном вечером.

После работы заключенные (с песнями, конечно) собирались на плацу и выстраивались буквой "П". Начиналось самое главное: разбор накопившихся за день провинностей.

Если был побег — это значило, что сейчас расстреляют всю бригаду. Если Радомский прикажет, будут стрелять каждого десятого или пятого из строя.

Все смотрели на ворота: если несут пулеметы, значит, сегодня "концерт" или "вечер самодеятельности", как иронизировали полицаи.

На середину выходил Радомский с помощниками, и объявлялось, что вот-де сегодня будет расстрелян каждый пятый.

У стоящих с краю в первом десятке поднималась дикая молчаливая борьба: каждый видел, какой он по счету. Ридер начинал отсчет, и каждый стоял замерев, съежившись, и если падало "Пять!", Ридер выдергивал из строя за руку, и просить, умолять было совершенно бесполезно. Если человек продолжал упираться, кричал: "Пан, помилуйте, пан..." — Ридер выстреливал в него мимоходом из пистолета и продолжал счет дальше.

Ни в коем случае не следовало смотреть ему в глаза: он мог уставиться на кого-нибудь и выдернуть без счета просто за то, что ты ему не понравился.

Далее отобранных подталкивали в центр плаца, велели: "На колени". Эсэсовцы или полицаи обходили и аккуратно укладывали каждого выстрелом в затылок.

Заключенные, опять-таки с песнями, обходили круг по плацу и отправлялись по землянкам. [Между прочим, рассказывает Давыдов, так попал под отсчет динамовский вратарь Трусевич, которого немцы долго держали в лагере, не расстреливая.]

Однажды прибыла партия заключенных из Полтавы. Забили в рельс среди дня, собрали всех на плацу и объявили, что сейчас будут расстреляны украинские партизаны, а *расстреливать будут украинские же по-*

лицейские. Что за новость? Обычно партизан сразу гнали в овраг под откос, не заводя в лагерь.

В центре плаца стояли на коленях человек шестьдесят, с руками назад. Вышли строем полицаи и встали за ними рядами. Вдруг один молоденький полицай закричал: “Не буду стрелять!” Оказалось, что среди партизан — его родной брат и немцы специально подстроили этот спектакль: чтобы брат стрелял в брата.

К полицаю подбежал немец, достал пистолет. Тогда молоденький полицай выстрелил, но ему тут же стало плохо, и его увели. Ему было лет девятнадцать, убитому брату — лет двадцать пять. Всех остальных стреляли зачем-то разрывными пулями, так что мозги летели прямо в лица стоявших в строю.

А за мелкие провинности назначалась порка. Выносили сделанный в столярке стол с углублением для тела, человека клали туда, прижимали сверху доской, накрывавшей плечи и голову, и два здоровых лба из лагерных прихлебал добросовестно молотили палками, которые шутя звали “автоматами”. Получить двести “автоматов” значило верную смерть.

В одной бригаде при вечерней поверке не хватило человека. Его быстро нашла собака в уборной, в яме под стульчаками. Видимо, он хотел дождаться ночи, чтобы бежать, но, может, просто, потеряв разум, как зверь, забился куда попало. Сотники били его на станке до тех пор, пока мясо не стало отваливаться кусками, били мертвого, расшлепав в тесто.

Парнишка лет семнадцати пошел на помойку поискать еду. Это заметил сам Радомский, он осторожно, на цыпочках, стал подкрадываться, доставая на ходу револьвер, — выстрелил в упор, спрятал револьвер и ушел, удовлетворенный, словно бродячую собаку убил.

Стреляли за то, что второй раз становился в очередь за едой; сыпали "автоматы" за то, что не снял шапку. Когда в "больничной" землянке скоплялось много больных, их выгоняли, клали на землю и строчили из пулеметов. А "зарядки" даже за наказание не считались, это было сплошь и рядом: "вставай", "ложись", "рыбьим шагом"...

Все это Давыдов видел своими глазами, был бит, пел песни, стоял в строю под отсчетом Ридера, но роковая цифра на него все не выпадала.

[Увидеть когда-нибудь волю шансов не было. Такие крохотные сомнительные шансы были у сотников и бригадиров, за то они и старались. Давыдов был кандидатом после "жидовской" землянки еще и потому, что, на его беду, во внешности его было что-то еврейское. Дине Проничевой помогли спастись русская фамилия и внешность, хотя она была еврейкой. Давыдов был русским, но кто тут помнил результаты того "медицинского обследования", а внешность его губила.

Евреи к тому времени в Бабьем Яре составляли уже ничтожный процент: кто-то чудом прятавшийся всю зиму и все-таки пойманный, наполовину и на четверть евреи, "выкресты" и, наконец, просто подозрительно похожие. Уничтожение их Радомский растягивал, как бы для удовольствия, смакуя, изобретал специальные способы.]

Вот, например, один из уникальных его способов. Заключенного заставляли влезть на дерево и привязать там к верхушке веревку. Другим заключенным велели дерево пилить. Потом тянули за веревку, дерево рушилось, сидящий на нем убивался.

Радомский всегда лично выходил посмотреть и, говорят, очень смеялся. Которые не убивались, тех Антон добивал лопатой.

Другое развлечение Радомского: он выезжал на коне верхом и пускался галопом на толпу заключенных. Тех, кто не успевал увернуться, кого конь задевал или сваливал, Радомский пристреливал из пистолета — как нежизнеспособных. Чаще всего это проделывалось именно с обитателями "жидовской" землянки, которых немецкая охрана, со свойственным ей юмором, называла "гимль-команда", то есть "небесная команда".

Одежду заключенным не выдавали. С прибывающих снимали что получше — сапоги, пальто, пиджак, и полицаи меняли это в городе на самогон. Поэтому каждый старался добыть одежду с трупов, *и если кто-то умирал в землянке, его моментально обдирали догола.*

С едой было сложнее. Кроме утреннего "кофе" давали еще днем баланду. При тяжелой, изнурительной работе на такой еде, конечно, нельзя было протянуть, но иногда поступали передачи.

Вокруг лагеря бродили женщины, высматривали своих. Иногда бросали через проволоку хлеб. Если же давали полицаю у ворот литр-другой самогону, то и он мог передать заключенному мешочек с пшеном или картошку.

По утрам выделялись дежурные, которые под конвоем обходили проволочные заграждения под напряжением в 2200 вольт — и длинными палками доставали погибших за сутки собак, кошек, ворон, иногда попадались даже зайцы.

Все это они приносили в зону, и начиналась "барахолка": кусок кошки менялся на горсть пшена и так далее. С помойки можно было стащить картофельных лушпаек. Складывались и сообща варили на плите свой суп, благодаря чему Давыдову и таким, как он, и удавалось тянуть.

Одним из проклятий была чесотка. Заключенные жили хуже, чем звери в берлоге, съедаемые тысячами насекомых. Заболевших чесоткой не лечили, их просто стреляли. Жена заключенного плотника Трубакова сумела передать мазь от чесотки, которая спасла многих от немедленного расстрела.

Человек двадцать устроили заговор с целью побега, но он был раскрыт, все двадцать расстреляны, и известно лишь, что руководил заговором некто Аркадий Иванов.

Так шли дни. Никто, и Давыдов в том числе, не загадывал, надолго ли оттягивается конец. Тяга к жизни существует в нас, пока мы дышим, так уж устроено. Одни прибывали, другие умирали — сами ли, на плацу ли, в овраге ли.

Машина буднично работала.

Дед-антифашист

Мы жили как в отрезанном мире: что и как происходит на свете — трудно понять. Газетам верить нельзя, радио нет. Может, кто-то где-то и слушал радио и знал, но не мы. Однако с некоторых пор нам не стало нужно радио. У нас был дед.

Он прибегал с базара возбужденный и выкладывал, когда и какой город у немцев отбили и сколько сбито самолетов. Базар все точно знал.

— Не-ет, Гитлеру не удержаться! — кричал он. — Наши этих прохвостов разобьют. Вот попомните мое слово. *Теперь большевики ученые, взялись за ум. Говорят уже точно: после войны колхозов не будет, разрешат мелкую частную собственность и торговлю. А по-старому им не спастись, что вы, такая разруха!* Дай, Господи милосердный, дожить.

После краха с нашим последним обменом дед перепугался не на шутку. Он возненавидел Гитлера самой лютой ненавистью, на которую был способен.

Столовую для стариков давно закрыли. Идти работать куда-нибудь сторожем деду было бессмысленно: на зарплату ничего не купишь. Как жить?

И вот однажды ему взбрело в голову, что мы с мамой для него — камень на шее. Он немедленно переделил все барахло, забрал себе большую и лучшую часть и заявил:

— Живите за стенкой сами по себе, а я буду вещи менять и богатую бабу искать.

Мама только покачала головой. Иногда она стучала к деду и давала ему две-три оладьи, он жадно хватал и ел, и видно было, что он жутко голодает, что тряпки, которые он носит на базар, никто не берет, а ему так хочется еще дожить до лучших времен, когда и колхозов не станет, и частную инициативу дадут, и поэтому он цепляется за жизнь, как только может. Он позавидовал моему бизнесу и сам взялся продавать сигареты. Все кусочки земли, даже дворик он перекопал и засадил табаком, ощипывал листья, сушил их, нанизав на шпагат, резал их ножом, а стебли толок в ступе и продавал махорку на стаканы. Это его спасло.

Иногда к нему приходил старый Садовник, дед поил его липовым чаем без сахара и рассказывал, как раньше при советской власти он был хозяином, имел корову, откармливал поросят, если б не сдохли от чумки, а какие колбасы жарила бабка на Пасху!

— Я всю жизнь работал! — жаловался дед. — Я сейчас на одну советскую пенсию мог бы жить, если б не эти зар-разы, воры, а-ди-оты! Но наши еще их выкинут, наши придут, попомнишь мое слово. *Народ теперь увидел, что от чужих добра не дождешься, проучил его Гитлер, на тыщу лет вперед проучил!*

Его ненависть возрастала тем больше, чем голоднее он был. Умер от старости дедушка Ляли. Мой дед прибежал в радостном возбуждении:

— Ага! Вот! Хоть и фольксдойч был, а умер!

В соседнем с нами домике, где жила Елена Павловна, пустовала квартира эвакуированных евреев. Приехали вселяться какие-то аристократические фольксдойчи. Дед первый это увидел:

— У-у, г-гады, буржуйские морды, паны распроклятые, мало вас советская власть посекла, но погодите, рано жируете, кончится ваше время!

[Интересно мне было видеть такую перемену с дедом: словно у него память отшибло. Что-то сказала бы ему бабка? Мне жаль было, что я не могу верить в Бога, как она. Ничему людскому я бы не доверял, а молился бы себе... Как иначе в этом мире, на что надеяться?

Иногда я беседовал с котом Титом, пытался выяснить его взгляд на происходящее. Ответы его были туманны. Говорили мы обычно так:

— Кот Тит, иди молотить.

— Голова болит.

— Кот Тит, иди жрать.

— А где моя большая миска?

— Несознательный ты элемент. Что у тебя только в голове?

— Мозги.

— А что в мозгах?

— Мысли.

— А что в мыслях?

— Мыши...]

Осколки империи

Очень мне любопытно было, что же это за буржуи распроклятые вселяются в соседний дом. Я влез на забор.

Там во дворе сбросили с подвод множество вещей. Очень древняя, скрюченная старуха и моложавый интеллигентный мужчина в очках носили вещи, неумело возились вдвоем, не в силах поднять тяжелый комод или секретер.

Я перемахнул через забор и предложил:

— Давайте помогу. Что нести?

Тут произошла странная вещь. Они замерли и посмотрели на меня с ужасом. Я стоял, смутившись, а они переглянулись, ужас в их глазах стал проходить, потом старуха жестом тонкой руки показала на пуфики:

— Это — в гостиную, пожалуйста.

Я сцапал два пуфика, попер их в дом, не особенно понимая, где там гостиная, но, в общем, поставил в самой большой комнате.

— А я живу за забором здесь, — сказал я старухе. — А вы новые жильцы?

— Вот как, — сухо сказала она. — У тебя есть родители?

— Мать, — сказал я.

— Кто твоя мать?

— Моя мама учительница, но сейчас...

— Ах, педагог? — воскликнула старуха. — Твоя мать — педагог? Тогда понятно.

— Педагогическое образование, — сказал мужчина и странно посмотрел на меня, — нецелесообразно в свете определенной фактической депрессии, хотя с точки зрения практической и грустно то, что...

— Мима, — сказала старуха, перебивая его, — педагоги — единственное, что осталось от интеллигентных людей. Мальчик, когда мы устроимся, мы рады будем покорнейше пригласить вас с мамой, и мы сами с удовольствием нанесем вам визит.

Я подивился выспренности их речей, но исправно таскал все, на что указывала старушка. Сбегал домой, принес гвоздей и молоток, помогал развешивать фотографии в старинных рамках.

Что мне у них понравилось, так это замечательные чучела звериных голов: огромный лохматый кабан с налитыми кровью глазками, головы волка, оленя, лосиные рога. Было у них также множество книг в старинных переплетах, столовая посуда с вензелями, фарфоровые статуэтки, но ни одной новой книги, ни единого современного предмета.

Когда все расставили, старуха в изысканных выражениях поблагодарила и еще раз пригласила приходить.

На другой день она увидела мою мать через забор, познакомились, а вечером мы пошли к ним.

Мама была торжественно представлена странному Миме (его полное имя, оказывается, было Михаил), он шаркнул и щелкнул каблуками и поцеловал маме руку. Мы уселись на старых венских стульях вокруг старинного круглого стола.

— Признаюсь вам: мы больше всего боялись соседей хамов, — доверительно сказала старуха. — Какое счастье, что вы культурные люди.

— Культурные люди, как необходимый интеграл в создавшейся ситуации... — начал было Мима, но старуха перебила:

— Мима, ты прав. Культура осталась в единицах. Большевистский террор убил культуру вместе с интеллигенцией, пришла эпоха хамства и торжества посредственности. Эти так называемые советские культурные кадры, — раньше горничные были культурнее во сто крат.

Мы с мамой смущенно молчали: мама была именно таким советским "культурным кадром". Но старушка, видимо, потеряла масштаб времени и принимала маму за дореволюционного педагога.

— Мы ведь Кобцы, — сообщила она. — Я вдова покойного Кобца, вы, конечно, слышали?

Да, мы слышали. Куреневский кожевенный завод старики и поныне называли заводом Кобца. Фабриканта расстреляли в революцию.

— У нас была большая семья, — сказала старуха, грустно качая головой, и начала перечислять имена, имена, после каждого из них прибавляя: "расстрелян в восемнадцатом", "погиб в войске Деникина", "расстрелян в тридцать седьмом", "умер в лагере в сороковом".

Словно строй мертвецов прошел мимо стола.

— У меня осталось два сына, — сказала старуха, —

Мима и Николя, вот кто из нас остался. И вот все, что у нас осталось.

Она широким жестом обвела гостиную, но теперь все эти старые, пришедшие в ветхость вещи, изъеденные молью чучела производили гнетущее впечатление.

— Мима был совсем малыш, когда все это началось, — продолжала старуха. — Вот как ваш мальчик, может, лишь чуть старше. Он изучал математику. Большевики поставили его к стенке как буржуйское отродье, но я упала на колени и просила пощадить. Они покуражились и ушли, не расстреляв, но на него это так сильно подействовало, что он помешался.

— Помешательство как таковое для элементарного понимания, если его дифференцировать на...

— Да, да, Мима, — согласилась старуха мимоходом. — Он двадцать лет провел в Кирилловской больнице, он тихопомешанный, его отпускали на прогулку, когда я навещала. Поразительно, как Господь надоумил меня взять его домой, когда пришел фронт. Мы сидели в яме, потом я узнала, что в больнице не кормят, и не стала отводить его туда. Там всех больных расстреляли, а Мима остался со мной. Это мое единственное утешение.

Она нежно погладила его по голове. Мне было не по себе.

Мима внешне ничем не был похож на помешанного. У него было умное, задумчивое, тонкое лицо. Очки были сильные, увеличительные, в роговой оправе. Манеры — мягкие, немного вкрадчивые, и он слушал все, о чем говорили, будь то и о нем самом, внимательно, с видом полного понимания.

— А второй ваш сын? — спросила мама.

— Николя — единственный, счастливчик, бежал за границу. Сейчас он шофер в Париже. Шофер и переводчик с немецкого на французский. Двадцать лет я не имела о нем известий, но сейчас он разыскал нас, и мы стали переписываться. Он даже присылает посылки — стиральный порошок, нитки, иголки, одеколон. Вы понимаете, ему самому там трудно живется. Мы здесь, из уважения к нашей семье, причислены к фольксдойчам, а он там простой русский эмигрант, шофер такси и переводчик с немецкого на французский, но таких там много...

— Как странно, — сказала мама, — с немецкого на французский.

— Странно не различие языков, — мягко сказал Мима. — Странно, что различны люди, договориться невозможно, понять невозможно, поэтому мир, очевидно, безнадежен.

Старуха достала толстые альбомы в сафьяновых переплетах, выложила из ящика комода россыпи старинных фотографий на плотных картонках с золотыми ободками, отыскала фотографию Николя в юности. Веселый паренек стоял рядом с автомобилем начала века, с колесами, как у телеги, и с резиновой грушей-клаксоном.

— А Севочка, — сказала старуха, — был отчаянный авиатор. Вот он у своего аэроплана.

Другой парень — кудрявый, стройный, в комбинезоне и со шлемом в руке — опирался на крыло допотопного самолета-этажерки.

— Этот самолет мы ему купили, — объяснила старуха. — У нас было три автомобиля, не считая конных выездов. Я в молодости не знала, что значит ходить пешком. А как я была хороша! Когда мы приехали в Пе-

тербург, говорили, что я кандидатка в первые красавицы, меня прочили во фрейлины, и я была представлена императрице Марии Федоровне... Ведь вас тоже зовут Мария Федоровна? Хорошее имя...

Так вот императрица была красавица, несмотря на возраст. Когда она была в расцвете красоты, врачи сделали ей впрыскивание в кожу лица. Лицо застыло, оставшись навсегда ослепительно красивым. Когда меня ввели и я присела, она стала что-то весело говорить, а я смотрела, совершенно растерявшись, потому что лицо ее было неподвижно. Рот был открыт — такое круглое отверстие, — и я чувствую, как она говорит что-то веселое, но лицо абсолютно неподвижно, как маска. Это было очень странно.

— Даже страшно, — пробормотала мама.

— В этом мире так много страшного, — печально сказал Мима, — что перестаешь на него реагировать. Я не верю во всеобщее добро.

— Мимочка, лучше покажи фотографии, не болтай, — воскликнула старуха обеспокоенно. — А я приготовлю чай.

Она принялась ставить на стол крохотные чашечки, блюдечки, сахарницы, щипчики, золоченые и облезлые витые ложечки.

— Мыльный порошок я употребляю для стирки, — объяснила она, — а иголки и одеколон мы продали, потом продали свой паек черного хлеба — и купили пирожных. Мы решили отпраздновать новоселье с пирожными. Как давным-давно.

И она торжественно подала на стол старинную вазу с пирожными на сахарине, а я так и раскрыл рот при виде этого чуда; мать дернула меня под столом.

Мы засиделись до поздней ночи. Мима разговорился и говорил очень связно, высказывая сногсшибательные мысли. Я даже засомневался: не притворялся ли он все эти годы, прячась в психиатрической больнице?

Но потом с ним что-то произошло, он стал говорить непонятнее и непонятнее, а может, у меня ума не хватало понять? Старуха подняла его, повела, как ребенка, укладывала спать, и было странно видеть, как она сюсюкает с ним, шлепает по рукам — такого взрослого, красивого и беспомощного.

На другой день я услышал в сарае у соседей звон пилы. Задняя стена сарая выходила к нам, в ней была щель, я заглянул и увидел, что Мима пилит дрова. Он положил на козлы толстую плаху и царапал ее ржавой двуручной пилой. Свободная рукоятка болталась, пила гнулась и соскакивала, а Мима неумело, но с чрезвычайным усердием царапал и царапал эту корявую плаху. Сердце у меня сжалось. Я перескочил забор и на правах старого знакомого явился.

— Давайте вместе, одному неудобно, — деловито предложил я.

Он с ужасом посмотрел на меня и побледнел. Некоторое время молчал, потом пробормотал:

— Возможно...

Дрова пилить я умел хорошо. Но в этот раз почему-то ничего не получалось. Я волновался и смущался под взглядом Мимы, его глаза за увеличительными стеклами очков казались темными, с огромными бездонными зрачками.

С огромным трудом мы отпилили от плахи один кругляк. Мима поставил пилу к стене и сказал, задумчиво глядя на меня:

— Больше не надо.

— Не надо?

— Не надо.

— Ну почему же?

— Я боюсь.

Очень осторожно, робко я вышел, полез через забор — меня как-то шатало, — вдруг будто щелкнул выключатель в ушах, я до невыносимости четко услышал звуки вокруг, стук телеги у моста, лай собак, смутный гул базара, "та-та-та" из Бабьего Яра, и в сарае осторожно, чуть слышно заскребла пила. Я припал к щели. Мима в одиночестве отрешенно царапал плаху.

Убить рыбу

Я все думаю, думаю, и мне начинает казаться, что гуманным и умным людям, которые будут жить после нас, если *только вообще будут жить*, — трудно будет понять, как же это все-таки могло быть, — постичь зарождение самой мысли убийства, тем более массового. Убить. Как это? Зачем?

Как она, эта идея, живет в темных закоулках извилин мозга обыкновенного людского существа, рожденного матерью, бывшего младенцем, сосавшего грудь, ходившего в школу?.. Такого же обыкновенного, как и миллионы других, — с руками и ногами, на которых растут ногти, а на щеках — поскольку оно, скажем, мужчина — растет щетина, которое горюет, улыбается, смотрится в зеркало, нежно любит женщину, обжигается спичкой и само совсем не хочет умирать, — словом, обыкновенного во всем, кроме патологического отсутствия воображения.

Нормальное человеческое существо понимает, что не только ему одному, но и другим хочется жить. При виде чужих страданий, даже при одной мысли о них видит, как бы это происходило с ним самим, во всяком случае, чувствует хотя бы душевную боль. У него, наконец, рука не поднимается.

Убить слепого котенка очень трудно. Когда их топят, некоторые битый час шевелят лапами в ведре с водой. Занимаясь этим мутным делом, дед прогонял меня, чтоб я не смотрел, и накрывал ведро мешком. Я смотрел издали на ведро, закутанное мешком, и меня начинала бить дрожь: я воображал, как они там плавают по уши в воде, не могут вздохнуть, только судорожно дергают лапами.

Вот почему, когда к нам с мамой приблудилась кошка и родила двух котят, один из которых оказался уродцем с сухими скрюченными отростками вместо лапок и при этом отчаянно "мявкал", я из жалости решил не топить его, а убить сразу.

Он был влажный теплый комок жизни, совершенно бессмысленный и ничтожный, как червяк. Пришлепнуть его — раз плюнуть. Я двумя пальцами взял его, вздутого и корчащегося, вынес во двор, положил на кирпич, а другой кирпич плашмя с высоты бросил на него.

Странное дело — тельце спружинило, кирпич свалился набок, а котенок продолжал "мявкать". Дрожащими руками я взял кирпич и стал толочь упругий живучий комок, пока из него не вылезли кишочки, тогда он замолчал, а я соскреб лопатой остатки котенка, отнес на помойку, а у меня темнело в глазах и тошнило...

Это не просто — убивать каких-то там — тьфу! — слепых котят.

Иногда на базаре продавали рыбу. Нам она была не по карману, но, все время судорожно размышляя, где бы добыть поесть, я подумал: а почему бы мне не ловить рыбу?

Раньше мы с пацанами ходили на рыбалку. Это, вы сами знаете, огромное удовольствие. Правда, мне бывало жалко рыбу, но ее обычно кладешь в мешок или держишь в ведерке, она себе попрыгивает там, пока не "уснет", зато какая потом получается уха!..

Удочка у меня была примитивная, с ржавым крючком, но я решил, что для начала хватит и этого, накопал с вечера червей, а едва стало светать — отправился к Днепру.

Обширный луг между Куреневкой и Днепром в половодье часто заливало до самой нашей насыпи, он превращался в море до горизонта, а потом буйно зеленел, удобренный илом. Я шел долго сквозь высокие травы, и ноги мои совсем промокли, но голод и мечта поймать много рыбы вдохновляли меня.

Берега Днепра — песчаные, с великолепными пляжами и обрывами, вода коричневатая. Здесь ничто не напоминало о войне, о голоде и ужасах. И я подумал, что вот Днепр совершенно такой же, как и в те дни, когда по стрежню плыли лодки вещего Олега или шли караваны купцов по великому пути "из варяг в греки", *и сколько князей с тех пор посменялось, царей, режимов, а Днепр все себе течет.* Такие мысли приходят потом много раз в жизни и в конце концов становятся избитыми. Но мне было тринадцать лет.

Я закинул удочку, положил в карман коробку с червями и пошел за поплавком по течению. Течение в Днепре быстрое. Тут два выхода: либо сидеть на месте и каждую минуту перезакидывать удочку, либо идти по берегу за поплавком.

Протопал, наверное, добрый километр, пока не уперся в непроходимые заросли тальника, но ничего не поймал. Бегом я вернулся и снова проделал тот же путь — с тем же успехом. Так я бегал, как дурачок, досадуя, нервничая, но, видно, я чего-то не умел, либо грузило не так установил, либо место и наживка были не те. Солнце уже поднялось, стало припекать, а у меня ни разу не клюнуло, как будто рыба в Днепре перевелась.

Расстроенный, чуть не плачущий, понимая, что лучшее время клева безнадежно упущено, я решил попытать счастья в небольшом омутике среди зарослей, хотя и боялся, что там крючок зацепится за корягу, а он у меня один.

Омуточек этот был обособленным, течение захватывало его лишь косвенно, и вода в нем чуть заметно шла по кругу. Я не знал его глубины, наугад поднял поплавок как можно выше — и забросил. Почти тотчас поплавок стал тихонько прыгать.

Едва он ушел под воду, я дернул и выхватил пустой крючок: кто-то моего червя съел. Это уже было хорошо, уже начиналась охота. Я наживил и снова забросил, в глубине опять началась игра.

Что я только не делал, как я не подсекал — крючок неизменно вылетал пустым. Рыба была хитрее меня. Я весь запарился, мне нужно было поймать хоть ершишку величиной с мизинец!

Вдруг, дернув, я почувствовал тяжесть. С ужасом подумал, что крючок наконец зацепился, и в тот же миг понял, что это все-таки рыба. Нетерпеливо, совсем не думая, что она может сорваться, я изо всех сил потянул, так что она взлетела высоко над моей головой, — и вот я уже с торжеством бросился в траву, где она билась: "Ага, умная хитрюга, доигралась! Я тебя все-таки взял". Счастливый миг. Кто хоть раз в жизни поймал рыбу, знает, о чем я говорю.

Это был окунь, и сперва он показался мне больше, чем был на самом деле. Красивый окунь, с зелеными полосами, яркими красными плавниками, упругий и будто облитый стеклом, хоть пиши с него картину.

Но неудачи преследовали меня: окунь слишком жадно заглотал червя. Леска уходила ему в рот, и крючок зацепился где-то в желудке. Одной рукой я крепко сдавил упругую дергающуюся рыбу, а другой "водил", пытаясь вытащить из ее желудка крючок, но он зацепился там, видно, за кости. И я все дергал, тащил, сильно тащил, а рыба продолжала бить хвостом, молчаливо открывая рот, глядя на меня выпученными глазами.

Потеряв терпение, я потянул изо всех сил, леска лопнула, а крючок остался в рыбе. Вот в этот момент я вообразил, как из меня вырывают крючок, и холодный пот выступил на лбу.

Знаю отлично, что это, по вашему мнению, детские "телячьи неясности", с готовностью отдаюсь на смех любому рыбаку. Но я был на берегу один, вокруг было так хорошо, солнце шпарило, вода искрилась, стрекозы садились на осоку, а мне нечем было ловить дальше.

Я отбросил окуня подальше в траву и сел подождать, пока он уснет. Время от времени там слышались шорох и хлопанье: он прыгал. Потом затих. Я подошел, тронул его носком — он запрыгал, уже весь в пыли, облепленный сором, потерявший свою красоту.

Я ушел, задумался и ждал долго, совсем потерял терпение, наведывался к нему, а он все прыгал, и вот меня стало это мучить уже не на шутку. Я взял окуня за хвост и стал бить его головой о землю, но он открывал рот, глядел и не умирал: земля была слишком мягкая.

В ярости я размахнулся и швырнул его о землю изо всех сил, так что он подпрыгнул, как мячик, но, упав, он продолжал изгибаться и прыгать. Я стал искать палку, нашел какой-то корявый сучок, приставил к голове окуня — на меня продолжали смотреть бессмысленные рыбьи глаза — и стал давить, ковырять, протыкать эту голову, пока не проткнул ее насквозь, — наконец он затих.

Лишь тогда я вспомнил, что у меня есть ножик, не без дрожи разрезал окуня, долго ковырялся в нем, отворачивая нос от противного запаха, и где-то среди жиденьких внутренностей нашел свой ржавый крючок с целым червем. Причем окунь приобрел такой потрепанный и гнусный вид, словно вытащенный с помойки, что было странно: в чем тут держалась такая сильная жизнь, зачем надо было ее, упругую, ловко скроенную, в зеленых полосах и красных перьях, так бездарно разрушать. Я держал в руке жалкие, вонючие рыбьи ошметки, и как я ни был голоден, я понял, что после всего случившегося не смогу это жрать.

Это я только начинал знакомство с жизнью, потом я убил много животных, больших и малых, особенно неприятно было убивать лошадей, но ничего, убивал и ел; но об этом дальше.

...Был солнечный день, и пока я возился с окунем, там, в Яру, и по всему континенту работали машины. Я меньше всего рассказываю здесь об убийствах животных. Я говорю о воображении, обладая которым очень нелегко даже убить рыбу.

Глава подлинных документов

Объявление

Очень строго запрещается в какой-либо форме помогать русским военнопленным при побеге — то ли предоставляя им помещение, то ли продовольствие. За нарушение этого запрета будет наказанием тюрьма либо смертная казнь.

Штадткомиссар РОГАУШ*.

Киев, 8 мая 1942 г.

Все трудоспособные жители Киева в возрасте от 14 лет до 55 лет обязаны трудиться на работах по повесткам Биржи труда.

ВЫЕЗД ТРУДОСПОСОБНЫХ ЛИЦ ИЗ КИЕВА МОЖЕТ ПРОИЗВОДИТЬСЯ ЛИШЬ С РАЗРЕШЕНИЯ РАЙОННЫХ УПРАВ.

В случаях самовольного выезда из Киева, а также неявки по повесткам Биржи труда в течение 7 дней со времени самовольного отъезда виновные при-

* "Новое украинское слово", 23 мая 1942 г.

влекаются к ответственности КАК ЗА САБОТАЖ, А ИМУЩЕСТВО ИХ КОНФИСКУЕТСЯ*.

МАЙ 1942 г. СМОТРИТЕ В КИНОТЕАТРАХ:

ГЛОРИЯ — "Таковы уж эти мужчины", "Трижды свадьба".

МЕТРОПОЛЬ — "Первая любовь", "Свадебная ночь втроем".

ЭХО — "Да, люблю тебя", "Свадьба с препятствиями".

ЛЮКС — "Женщина намерения", "Сальто-мортале".

ОРИОН — "Танец вокруг света", "Только любовь".

ПРОИЗВОДИТСЯ НАБОР В УКРАИНСКУЮ ПОЛИЦИЮ.

Требования: возраст от 18 до 45 лет, рост не менее 1,65 м, безупречное прошлое в моральном и политическом отношении**.

ОПЕРНЫЙ ТЕАТР, сезон 1942 г. (только для немцев)

ОПЕРЫ: "Мадам Баттерфляй", "Травиата", "Корневильские колокола", "Пиковая дама", "Фауст".

БАЛЕТЫ: "Коппелия", "Лебединое озеро".

Переименование улиц:
Крещатик — фон Эйхгорнштрассе,
Бульвар Шевченко — Ровноверштрассе,
Ул. Кирова — ул. доктора Тодта,
Появились улицы Гитлера, Геринга, Муссолини.

"ОСВОБОЖДЕННАЯ УКРАИНА ПРИВЕТСТВУЕТ РЕЙХСМИНИСТРА РОЗЕНБЕРГА" — под

* "Новое украинское слово", 10 мая 1942 г. "Постановление № 88 Головы города Киева".

** Объявление в "Новом украинском слове" из номера в номер в течение мая 1942 г.

такой шапкой газета дает восторженный и развернутый отчет, как рейхсминистр оккупированных восточных областей присутствовал на обеде у генерал-комиссара, осмотрел выдающиеся памятники г. Киева, был на балете “Коппелия” и посетил хозяйство в окрестностях города, “где беседовал с крестьянами и имел возможность убедиться в их готовности выполнить стоящие перед ними задачи”*.

Объявление

Каждый, кто непосредственно или косвенно поддержит или спрячет членов банд, саботажников, бродяг, пленных беглецов или предоставит кому-либо из них пищу либо иную помощь, будет казнен. Все имущество его конфискуется.
Такое же наказание постигнет всех, кто, зная о появлении банд, саботажников или пленных беглецов, не сообщит немедленно об этом своему старосте, ближайшему полицейскому руководителю, воинской команде или немецкому сельскохозяйственному руководителю.
Кто своим сообщением поможет поймать или уничтожить членов любой банды, бродяг, саботажников или пленных беглецов, получит 1000 рублей вознаграждения, либо право первенства в получении продуктов, либо право на надел его землей или увеличение его приусадебного участка.

Военный комендант Украины
Рейхскомиссар Украины**.
Ровно, июнь 1942 г.

* “Новое украинское слово”, 23 июня 1942 г.
** “Киевщина в годы Великой Отечественной войны”. Сборник. Киев, 1963. Стр. 282–283.

Заголовки сводок Главной Квартиры Фюрера:

> "ГОЛОД И ТЕРРОР В ЛЕНИНГРАДЕ".
> "НАСТУПЛЕНИЕ ИДЕТ ПЛАНОМЕРНО. УНИЧТОЖЕНИЕ ЗНАЧИТЕЛЬНЫХ СОЕДИНЕНИЙ ВРАГА У ДОНА".
> "СОВЕТЫ ПРОДОЛЖАЮТ НЕСТИ КРУПНЫЕ ПОТЕРИ".
> "ВЧЕРА СОВЕТЫ ТАК ЖЕ БЕЗУСПЕШНО АТАКОВАЛИ ЦЕНТРАЛЬНЫЙ И ЮЖНЫЙ УЧАСТКИ ВОСТОЧНОГО ФРОНТА"**.

Цены на рынке осенью 1942 г.:

> 1 килограмм хлеба — 250 рублей.
> 1 стакан соли — 200 рублей.
> 1 килограмм масла — 6000 рублей.
> 1 килограмм сала — 7000 рублей.
> Зарплата рабочих и служащих в это время 300—500 рублей в месяц.

КИНО
СЕГОДНЯ ЕШНАПУРСКИЙ ТИГР

Большой прекрасный приключенческий фильм.
Впервые на экране НАСТОЯЩИЕ ПЕЙЗАЖИ ИНДИИ.
В главной роли — ЛА-ЯНА, любимая танцовщица необыкновенной красоты.
СЕНСАЦИЯ! НАПРЯЖЕННОЕ ВНИМАНИЕ!
ПРИКЛЮЧЕНИЯ! ДРАМА!

* "Новое украинское слово", 4, 7 и 20 июля 1942 г.

С пятницы в кинотеатрах “Глория” и “Люкс”.
ИНДИЙСКАЯ ГРОБНИЦА

В главной роли ЛА-ЯНА.
Еще более сильный, еще более драматический и захватывающий фильм — такой является эта вторая, целиком законченная часть “Ешнапурского тигра”.
Смотрите в кинотеатрах “Глория” и “Люкс”.

Среди облав

Шел на “Индийскую гробницу”, а попал в облаву. На большой скорости ворвались на нашу площадь грузовики, с них посыпались немцы, собаки, полицаи. Бабы на базаре с визгом бросились врассыпную, с прилавков полетели корзины, посыпалась картошка, кто успел выскочить, кто нет, толпа заметалась от одних ворот к другим, где уже шла проверка “арбайтскарте”.

А мне что? Мне еще нет четырнадцати, я под трудовую повинность подхожу, но в Германию — нет. Присел на ступеньку ларя, на всякий случай все-таки съежился, чтоб выглядеть еще меньше, и наблюдал.

Брали главным образом женщин, деревенских девок, пришедших на базар. [Какие у крестьян “арбайтскарте”? У них и при советской власти паспортов не было, так себе, какие-то бесправные люди — живи, пока не сцапают.] Девок быстренько подсаживали в крытые грузовики, они там визжали, трясли брезент, высовывали в дырки руки: “Ой, матинко, поможить, ратуйте!” Растрепанная тетка *расстегнула кофту, вытащила большую белую грудь, встряхивала ею, суя в нос полицаю:* "У меня грудной ребенок дома, смотрите, молоко!"

Полицаи шли цепью, прочесывая базар, подгоняя оставшихся, но явно дряхлых старух не трогали, взглянули на меня и тоже ничего не сказали. Облава кончилась так же внезапно, как и началась. Машины отъехали полные. Земля была усыпана раздавленной картошкой, разбитыми бутылками, залита молоком.

Эти облавы были теперь каждый день, но вот что удивительно: к ним привыкли, как-то сразу же приняли их как должное. Это же так естественно: одни ловят, другие спасаются. А разве бывает иначе?

[Людишек на Руси во все века колотили и ловили, чужие и свои, и половцы, и татары, и турки, и собственные Грозные, Петры да Николаи, то жандармы, то большевики, вдолбив, похоже, такую историческую запуганность, что самая настоящая — теперь уже немецкая — охота на людей казалась естественной. Наоборот, длительное отсутствие охоты показалось бы невероятным и даже подозрительным...]

У меня в кармане была получка, новые украинские деньги. Советские деньги перестали ходить в один день. Вдруг было объявлено, что советские деньги недействительны. Вместо них вышли отпечатанные в Ровно "украинские". По-моему, это была одна из самых незапутанных денежных реформ в мире: выбрасывай прежние деньги на помойку, и точка.

Новые деньги отпечатали на очень скверной непрочной бумаге, с одной стороны — свастика и надписи по-немецки, с другой — тоже по-немецки, и только в самом низу по-украински: "Один карбованець", вот это и называлось "украинские" деньги.

В кинотеатре "Глория", бывший "Октябрь", я взял билет, прошел в зал и вдруг услышал радостный крик: "Толик!"

Обернулся — Шурка Маца... тьфу ты, Крысан. Он кинулся ко мне, тормошил, щупал, я тоже обрадовался, что он жив и с ним ничего не случилось. Он кинулся в фойе, принес бутылку ситро и два бумажных стаканчика, и мы прямо в зале стали наливать и пить, чувствуя себя настоящими мужчинами, добрыми старыми товарищами, для которых дружба свята.

— А на Подоле меня никто не знает, — рассказывал Шурка. — Я для всех украинец.

— Чем занимаешься?

— Бизнесом. Серебряные рубли перепродаю.

— Да, Болик ведь пришел! — вспомнил я. — Драпанул из-под охраны, говорит: "Чуть-чуть пулеметик не прихватил". Только он домой явился — его цоп, и в Германию. А он из самого пересыльного лагеря как чесанет — и опять пришел.

— Вот живучий какой! — покатился Шурка со смеху. — Куда только не берут, а он все домой приходит. Но его ж снова схватят?

— А он в погребе сидит, мышей ловит.

— Что-о?

— Мышеловки делает.

Свет погас, и на нас зашикали. Начался киножурнал "Приезжайте в прекрасную Германию".

Вот бодрые и веселые парубки и девчата, энергично выпятив грудь и вдохновенно глядя вперед, садятся в товарные вагоны. [Только комсомольского марша не хватает.] Вместо этого поют под перестук колес украинские народные песни. Вот и прекрасная Германия — всюду удивительная чистота, беленькие домики. Смеясь от счастья, приезжие облачаются в новую одежду, натягивают хромовые сапожки, и вот уже парни лихо правят сытыми лошадьми, а девушки обнимают за шеи породистых коров. Вечер... Теперь можно и отдохнуть. Они выходят на берег очаровательного пруда и чарующе поют “Світить місяць, світить ясний”, а добродушный немецкий хозяин, в меру солидный, в меру забавный, тихонько подкрадывается, ласково улыбаясь, слушает задумчивую песню, как отец родной...

Давно, с самого Крещатика, я не был в кино. Поэтому каждый кадр врезался в память, особенно последовавшей за журналом “Индийской гробницы”.

Я смотрел ее сперва доверчиво, еще бы, подлинные индийские пейзажи и прочее, потом стал постепенно настораживаться, и полезли мне в голову мысли, фильмом не предусмотренные. Меня вдруг стала душить ненависть.

За мелькавшими на экране фигурами раджи, милых немецких инженеров и ослепительной европейки я вдруг увидел нескончаемые вереницы рабов, строивших эту треклятую бессмысленную гробницу. Они прошли вторым, даже третьим планом, но этого хватило, чтобы меня затрясло от ярости и с фильма слетели завесы.

Они уже подбирались к Индии и снимали ее подлинные пейзажи. У них у всех — этих рабовладельцев, эксплуататоров, правителей — особая жизнь, а там, на заднем плане, так, между прочим, рабы, поделенные на бригады.

На этом фильме я погиб. До того я *учился только в газетах читать между строк, теперь во все вглядывался: а что за этим стоит? Особенно если мне предписывают восхищаться.*

Особенную ярость во мне будили предписания восхищаться великими государственными деятелями. Возможно, как мальчишка, я много потерял. Но я так никогда и не пережил увлечения ни Александром Македонским, ни Наполеоном, не говоря уж о других благодетелях. Почти болезненная ненависть к диктаторам, за которыми на заднем плане неизменно проходят вереницы и вереницы жертв, мешала мне читать и учиться, мешала воспринимать величие даже самих Шекспира или Толстого, доводя до парадоксов. Я читал "Гамлета" и пытался подсчитать, сколько холуев работает на него, чтобы он мог беспрепятственно терзаться вопросами. Читал про Анну Каренину, соображая: за счет чьего пота она кормилась-поилась и никогда не забывала красиво нарядиться, страдающая гусеница? Где-то спинным мозгом я понимал, что в чем-то дурак, но пересилить себя не мог. Бытие определяет сознание. Только Дон Кихот был и остался близок мне.

Мы с Шуркой вышли из кино мрачные, как гиены. По тротуарам Подола прогуливались немецкие солдаты, обнимая местных *проституток.* Девицы были оформлены по последней моде: крупно вьющиеся и небрежно падающие на плечи длинные волосы, пальто нараспашку, руки обязательно в карманах. Две пары перед нами распрощались, и мы услышали такой разговор:

— Что он тебе дал?

— Две марки, мандаринку и конфет.

— Мне три мандаринки.

Шурка презрительно пожал плечом.

— Самодеятельность. Вот настоящее блядство у них во Дворце пионеров — “Дойчес Хауз”, публичный дом первого класса. На Саксаганского, 72 тоже *мощный бардак...* Слушай, у тебя есть три тысячи? Тут один сутенер продает мешок советских денег, решил, что они пропали, просит три тысячи. Возьмем?

— У меня двести, вся зарплата.

— Жалко... А то пошел он в жопу со своим мешком, тут еще неизвестно, *придут ли большевики и* будем ли мы живы к тому времени.

В витрине парикмахерской были выставлены карикатуры. На одной Сталин был изображен в виде падающего глиняного колосса, которого напрасно пытаются поддержать Рузвельт и Черчилль.

Другая изображала того же Сталина в виде заросшей усатой гориллы с окровавленным топором, которая топчет лапами трупы, детей, женщин и стариков. Знакомо до чертиков! Только на советских карикатурах в виде гориллы изображался Гитлер.

Подпись сообщала, сколько миллионов народу Сталин сгноил в концлагерях, что никакой он не рабочий, а сын сапожника-частника, отец его зверски бил, потому он вырос дефективным, по трупам соперников пришел к безраздельной власти, задавил страхом всю страну и сам от страха помешался.

Мы почитали, позевали.

— В Первомайском парке, — сказал Шурка, — вешали комсомольцев. Они кричали: “Да здравствует Сталин!” Им нацепили доски “Партизан”, а наутро вместо этих досок висят другие: “Жертвы фашистского террора”. Немцы рассвирепели, как тигры, поставили полицейских сторожить. На третье утро — трупов нет, а полицаи висят... Вот что, я пошел! Скажи Болику, что я приеду!

— Где ты живешь? — закричал я, удивляясь, почему он так быстро уходит.

— Там! — махнул он. — Тикай, облава! Болику привет!

Только теперь я увидел, что по улице несутся крытые грузовики. Люди, как мыши, побежали по дворам, шмыгали в подъезды. Я прислонился к стене, не очень волнуясь: в крайнем случае метрику могу показать, что мне нет четырнадцати.

Как из лошади делается колбаса

Дегтярев был плотный, немного сутуловатый и мешковатый, но подвижный и энергичный мужчина лет пятидесяти с гаком, с сединой в волосах, большим мясистым носом, узловатыми руками.

Одет был скверно: замусоленный пиджак, грязные заплатанные штаны, стоптанные сапоги в навозе, на голове — кепка блином.

Наиболее часто употребляемые им выражения:

“Фунт дыма” — в смысле “пустяки”, “ничто”.

“Пертурбации” — смены политических режимов.

“Погореть на девальвации” — лишиться состояния при денежной реформе.

Я явился в шесть утра, и первое, что сделал Дегтярев (и очень правильно), — это накормил меня до отвала.

В доме у него было уютно и чисто, белые салфеточки, покрывала, на кроватях белоснежное белье; и среди такой чистоты сам хозяин выглядел сиволапым мужиком, затесавшимся в ресторан.

Я живо поглощал жирный борщ с бараниной, кашу с молоком и пампушки, которые подсовывала мне старуха, а Дегтярев с любопытством смотрел, как я давлюсь, и вводил в курс дела.

Когда-то у него была небольшая колбасная фабрика. В революцию *случились пертурбации, девальвации, и* фабрику забрали. Потом был нэп, и у него опять стала почти фабрика, но поменьше. Ее тоже забрали. Теперь у него просто мастерская, но подпольная, так как патент стоит бешеных денег. Поэтому ее заберут.

— Революции, перевороты, войны, пертурбации, — ну а мы должны как-то жить? Я считаю: повезет — пляши, не повезет — фунт дыма! Соседи все знают про меня, я им костями плачу. А прочие не должны знать. Спросят, что делаешь, отвечай: “Помогаю по хозяйству”. Как в старое время батрак. Будешь водить коней, а то когда я по улице веду, все пальцем показывают: “Вон Дегтярев клячу повел на колбасу”.

Я натянул свой картуз, и мы пошли на площадь к школе.

Шла посадка на пароконные площадки биндюжников, исполнявшие теперь роль трамваев, и автобусов, и такси. Бабы с корзинами, деревенские мужики, интеллигенты в шляпах лезли, ссорились, подавали мешки, рассаживались, свесив ноги на все четыре стороны.

Мы втиснулись меж корзин с редиской, ломовик завертел кнутом — поехали на Подол быстрее ветра, три километра в час, только кустики мелькают.

Я трясся, весь переполненный сознанием законности проезда (а то ведь все зайцем да пешком, а тут Дегтярев заплатил за меня, как за порядочного), и с чувством превосходства смотрел на тащившиеся по тротуарам унылые фигуры в рваных телогрейках, гнилых шинелях, калошах или босиком.

Житний рынок — человеческое море и чрево Подола (Золя я уже прочел, найдя на свалке). Кричали торговки, гнусавили нищие, детишки пели: "Кому воды холодной?" У ворот стояла худущая-прехудущая (как у нас говорят, "шкилетик") девочка и продавала с тарелки пирожные: "Свежие пирожные, очень вкусные, купите, пожалуйста". Ах ты черт возьми!..

По Нижнему Валу тянулась грандиозная барахолка, стояли нескончаемые шеренги. "Шо воно такое?" — "Палто". — "Куда ж воно годно, такое пальто?" — "Хорошее палто! Теплое, как гроб".

Дегтярев уверенно пробивался в толпе, я хватался за его пиджак, чтоб не отстать, чуть не свалил старушку, продававшую одну ложку: так вот стояла и держала перед собой стальную (хотя бы уж серебряная!) ложку. Ах ты черт возьми!..

Большой плац был забит телегами, под ногами навоз и растоптанное сено, ревели коровы и визжали свиньи.

"А чтоб отдать?" — "Семьсят тыщ". — "Щоб ты подавився!" — "Давай шиисят!" Дегтярев к свиньям только прицenивался, в память добрых старых времен, а ухватился за старого, хромого, в лишаях мерина. Губы мерина отвисли, с них капали слюни, грива полна репьев, он стоял понуро, наполовину закрыв веками бельмастые глаза, и не обращал внимания на мух, которые тучами облепили его морду.

“За пять беру!” — “Ты шо, сказився? Это ж конь!” — “Голова, четыре уха, за шесть по рукам?” — “Бери за семь, хозяин, он будет все шо хошь возить, конь-огонь, на ем только на еподроме скакать!”

Дегтярев торговался жутко, хватко, размахивая деньгами, бил по рукам, плевался, уходил, опять возвращался, но дядька оказался лопоухим только с виду, уже не сходились лишь на какой-то десятке, наконец, повод перешел в мои руки, и мы с трудом выбрались из этого котла. У стоянки извозчиков Дегтярев напутствовал меня:

— Можешь сесть верхом, если не упадет, но упаси бог, не проезжай мимо полиции.

Я подвел мерина к тумбе, влез ему на спину и толкнул пятками. Хребет у него был как пила. Он тащился медленно, хромая, поминутно выражая желание остановиться, я его подбадривал и так и этак, лупил прутиком, потом мне стало его жалко, я слез и повел за уздечку.

Долго мы плелись боковыми улицами, тихими, поросшими травой. Я назвал коня Сивым, и он понравился мне, потому что и не думал лягаться или кусаться. Я ему давал попастись под заборами, отпускал совсем, потом звал:

— Сивый, жми сюда, тут трава лучше.

Он поднимал голову, смотрел на меня — и шел, понимая, спокойный, умный и добрый старик. Мы совсем подружились.

Дегтярев поджидал меня в Кошицевом проулке. Мы долго высовывали из него носы, выжидая, пока на улице никого не будет, потом быстро, бегом завели Сивого во двор, прямиком в сарай.

— Дай ему сена, чтоб не ржал, — велел Дегтярев. Сивый при виде сена оживился, активно стал жевать, пофыркивать, видно, не ждал, что привалит такое добро.

Дегтярев был в отличном настроении, полон энергии. Поточил на бруске два ножа, сделанные из полосок стали и обмотанных вместо рукоятки изоляцией. Взял в сенях топор, ушат, ведра, и мы пошли в сарай, а за нами побежали две кошки, волнуясь и мяукая, забегая вперед, словно мы им мясо несем.

Сивый хрустел сеном, ничего не подозревая. Дегтярев повернул его, поставил мордой против света и велел мне крепко держать за уздечку. Покряхтывая, он нагнулся и связал ноги коню. Сивый, видно привыкший в этой жизни ко всему, стоял равнодушно, не сопротивляясь.

Дегтярев встал перед мордой коня, поправил ее, как парикмахер, чтоб держалась прямо. Молниеносно размахнулся — и ударил коня топором в лоб.

Сивый не шевельнулся, и Дегтярев еще и еще раз ударил, так что череп проломился. После этого конь стал оседать, упал на колени, завалился на бок, ноги его в судороге вытянулись и задрожали, связанные веревками. Дегтярев отшвырнул топор, как коршун навалился на коня, сел верхом, крикнул коротко:

— Бадью!

Я подтащил ушат. Дегтярев приподнял обеими руками вздрагивающую голову коня, я подсунул ушат под шею — и Дегтярев полоснул по шее ножом. *Из-под шерсти проглянуло розовое мясо, поглубже — белое, скользкое и судорожно двигающееся дыхательное горло. Нож безжалостно кромсал трубку горла, хрящи и позвонки, так что голова оказалась почти отрезана и неестественно запрокинулась.* Из шеи бурным потоком хлынула кровь, она лилась, как из водосточной трубы, толчками, и в ушате поднялась красная пена. Дегтярев изо всех сил держал дергающееся туловище коня, чтоб кровь не лилась мимо ушата. Его руки уже были окровавлены, и на мясистом лице — брызги крови. Копошащийся над конем, вскидывающийся вместе с ним, крепко уцепившийся, он был чем-то похож на паука, схватившего муху.

Я заикал ни с того ни с сего. Он поднял забрызганное лицо.

— Чего испугался? Привыкнешь, еще не того наглядишься в жизни. Коняка — фунт дыма! Подкати-ка бревно.

Кровь вылилась вся и сразу прекратилась, словно кран закрылся. Видно, сердце, как насос, остановилось. Дегтярев перевернул коня на спину, подпер с боков бревнами. Четыре ноги, наконец развязанные, растопырившись, торчали в потолок. Дегтярев сделал на них, у бабок, кольцевые надрезы, от них провел надрезы к брюху, и мы принялись тянуть шкуру. Она сползала, как отклеивалась, лишь чуть помогай ножом, а без шкуры туша уже перестала быть живым существом, а стала тем мясом, что висит на крюках в мясном ряду.

Тут кошки подползли и вцепились в мясо, где какая присосалась, отгрызая куски, злобно рыча.

Дегтярев не обращал на них внимания, торопился, не смахивал капли пота со лба, и так мы вчетвером стали растаскивать Сивого на части.

Копыта, голову и шкуру Дегтярев свалил в углу, одним махом вскрыл брюхо, выгреб внутренности, и вот уже печенка летит в одно ведро, легкие — в другое. Ноги, грудинка отделяются в одно касание, будто и нет в них костей. Разделывать тушу Дегтярев был мастер. Мокрый, перепачканный, сосульки волос прилипли к красному лбу, кивнул на бесформенную груду мяса:

— Носи в дом!

А дом у него хитрый: спереди крыльцо, жилые комнаты, а сзади — еще отдельная комната, со входом из узкого, заваленного хламом простенка, и не догадаешься, что там дверь.

На больших, обитых цинком столах мы отделили мясо от костей и пересыпали его солью. Ножи были как бритвы, я сто раз порезался, и соль дико щипалась. Так я потом постоянно ходил с пальцами в тряпицах. Дегтярев утешил:

— И я с того же начинал, из батраков вылез. Я тебя кормлю, а вот меня ни хрена не кормили, за одну науку работал. Вот ты головастый — учись, я сделаю из тебя человека, получишь профессию колбасы делать, а это тебе не фунт дыма, никогда не пропадешь, все пертурбации и девальвации переживешь. В министры не суйся — их всегда стреляют. Будь скромным колбасником. Учись. Я учился.

В центре мастерской стояла привинченная к полу мясорубка в человеческий рост, с двумя рукоятками. Дегтярев постучал в стену, явилась его старуха, рыхлая и флегматичная, с белесым деревенским лицом, вздыхая, забралась на табуретку и стала скалкой пихать мясо в воронку. Мы взялись за рукоятки, машина зачавкала, заскрежетала, старенькие шестерни затарахтели. После голодухи я не был силен, главную прокрутку делал хозяин, он работал как вол, тяжело дыша, мощно вертел и вертел. Жестоко работал. Я задыхался, и временами не я вертел, а ручка таскала меня.

Готовый фарш шлепался в ведра. Потом Дегтярев вывернул его в корыта, сыпал соль, перец, горсти белесых кристаллов какой-то грязной селитры.

— А не вредно? — спросил я.

— Для цвета надо. Черт его знает, в общем, жрут — никто не подыхал. Я сам лично колбасу не ем и тебе не рекомендую... Теперь учись: льется вода, и два ведра мяса впитывают ведро воды, вот тебе и вес, и прибыль.

Удивительно мне было. Надев фартуки, мы перетирали фарш с водой, как хозяйки трут белье на стиральных досках: чем больше тереть, тем больше воды впитается.

Опять у меня зеленело в глазах. Напоролся в фарше на что-то, порезался: кусочек полуды.

— Воронка в мясорубке лупится, — озабоченно сказал Дегтярев. — Иди завяжи, чтоб кровь не шла.

— Люди будут есть?

— Помалкивай. Пусть не жрут, что, я их заставляю? Вольному воля.

Шприц, как положенное набок красное пожарное ведро, тоже имел корбу с рукояткой, шестерни и длинную трубку на конце. Набив его фаршем, Дегтярев крутил рукоятку, давил, а я надевал на трубу кишку и, когда она наполнялась, завязывал.

Работали много часов, как на конвейере, оказались заваленными скользкими сырыми кольцами. Но самой неприятной оказалась колбаса кровяная. Каша из шприца сочилась, а кровь была еще с прошлого раза, испорченная, воняла, дышать нечем, а конца кишки не видно — руки по плечи в каше и крови. Когда все это кончилось, я, шатаясь, вышел во двор и долго дышал воздухом.

А Дегтярев работал как стожильный. В углу мастерской была печь с вмурованным котлом, полным зеленой, вонючей воды от прошлых варок. Дегтярев валил колбасы в котел, они варились, становясь от *селитры* красными. *То-то я раньше удивлялся, почему домашняя колбаса никогда не бывает такая красивая, как в магазине.* Колбасные кольца мы нанизывали на палки и тащили в коптильню на огороде, замаскированную под нужник.

Глухой ночью выгружали последние колбасы из коптильни — горячие, вкусно пахнущие, укладывали в корзины, покрывая "Новым украинским словом". Я уж и не помню, как Дегтярев отвел меня спать на топчане. Я пролежал ночь, как в яме, а чуть свет он уже тормошил:

— На базар, на базар! Кто рано встает, тому Бог подает.

На коромыслах, как китайцы, мы перетащили корзины к стоянке, отвезли на Подол, в каком-то темном грязном дворе торговки приняли их. Дегтярев шел с отдувающимися от денег карманами. Опять пошли на толкучку, он шушукался с разными типами, оставлял меня у столба, вернулся с похудевшими карманами, хитро спросил:

— А ты золотые деньги видел?

Я не видел. Он завел меня за рундук, достал носовой платок, завязанный узелком. В узелке были четыре червонца царской чеканки. Дегтярев дал мне один подержать.

— По коню! — весело сказал он. — Все, что мы наработали.

Я пораженно смотрел на эту крохотную монетку, в которую превратился старина Сивый. И еще я оценил доверие Дегтярева. Давно уже печатались приказы о сдаче золота, за обладание которым или даже просто за недонесение о нем — расстрел.

— При всех революциях, переменах, пертурбациях только с этим, братец, не пропадешь. Остальное — фунт дыма, — сказал Дегтярев. — Подрастешь — поймешь. Ты меня слушай, ты не смотри по сторонам, еще вспомнишь не раз старого Дегтярева... А теперь пошли торговать нового скакуна.

Работал я у Дегтярева зверски. На меня он переложил всю доставку колбас торговкам: его с корзинами уже примечали. Он мне выдавал деньги на извозчика, но я экономил, "зайцевал", прыгал на трамваи. Извозчики сгоняли, лупили кнутом. С корзинами трудно. Раз свалился с грузовика, собралась толпа. Одежда на мне обтрепалась, вечно был судорожный, неприкаянный, как беспризорный котенок.

Однажды, убирая мастерскую, отважился и стянул крупное кольцо колбасы, запрятал в снег под окном. Весь вечер дрожал, потому что Дегтярев пересчитывал. А я тяпнул до счета. Уходя домой, полез в снег — нет колбасы. Тут у меня душа ушла в пятки: выгонит Дегтярев. Присмотрелся — на снегу следы кошачьи... Ах, гадюки проклятые, я у Дегтярева, они у меня. Так и не попробовал колбасы. Дегтярев в первый день дал мне четыре кости Сивого и потом с каждого коня давал костей. Но с них мало навара, особенно со старых.

Людоеды

Вешали людоеда. В Киеве было много разговоров об этом, люди бегали смотреть. Я не пошел: работы много.

Собственно, не он сам людоед, а других заставил быть людоедами. А был колбасник, как Дегтярев. Он выходил на базар, выбирал какую-нибудь бабу или мужика попроще и предлагал по дешевке соль, якобы у него есть на дому. Вел к себе домой, пропускал вперед в дверь, бил топором по затылку — и разделывал на колбасу. Попался на небрежности. Одна хозяйка принесла домой колбасы, сели есть — что за черт, кусок человеческого пальца в колбасе. Кинулись к торговке, через нее взяли и промышленника. Он сознался, что почти год так работал. Много народу человечиной накормил.

Дегтярев комментировал:

— Дурак. Старая кляча гроши стоит, а он и на это поскупился. Правда, он свои колбасы выдавал за свиные, это верно, у человека и свиньи один вкус, так что деньги драл те еще. Я его знал, одни и те же торговки и у него, и у меня брали. Нет, в каждой профессии все-таки есть предел нахальству. А ты про эту банду кладбищенскую слышал?

Я не слышал.

— Ну как же! Их, правда, пошлепали без рекламы. Кладбищенский сторож был у них главный, сам изобрел. После похорон раскапывали могилу, добывали мертвеца — и пускали на корм свиньям. Они там при кладбище целую ферму свиную развели. Потом уже эти свиньи — на колбасу. Вообще-то хозяйственно. Он, теперешний мертвец, хоть и тощий, а все же мясо, при таком голоде чего добру пропадать? И никто бы не знал, да они сами перегрызлись, доходы не поделили, и один всю банду продал. Тут главное, чтобы ты не знал, что ешь. Колбаса для этого удобная штука, в нее все что хочешь пихай, только перемалывай хорошо. С этой свиной фермой они лихо придумали, мне даже понравилось. Если свиней мясом кормить, они как на дрожжах жиреют. Привыкай, говорю тебе: еще не того насмотришься. Коней уже не жалко убивать?

— Жалко.

— Эх ты, дурачок, что их жалеть? Видишь, жизнь какая, не то что кони — люди идут на колбасу...

Мне очень везет в жизни, я не знаю, кого уж за это благодарить

Да, я считал, что мне очень повезло. Работал тяжело, но был сыт, приносил кости. Маме было хуже: она только раз в день получала на заводе тарелку супа.

Самый ловкий шаг выкинул дед: пошел “в приймаки” к бабе. Он долго и галантно сватался на базаре к приезжим крестьянкам, напирая на то, что он домовладелец и хозяин, но у одиноких старух были на селе свои хаты, переселяться в голодный город они не хотели даже ради такого блестящего жениха.

Дед это скоро понял и сообразил, что если гора не идет к Магомету, то Магомет идет к горе. Он срочно полюбил одну старую одинокую бабу по имени Наталка — из села Литвиновки, запер свою комнату и отправился “приймаком” в село.

Дед дипломатично рассчитал, что баба Наталка будет готовить борщи и пампушки, подавать ему на печь и добавлять по субботам самогоночку, но он не учел того, что контракт был двусторонний. Баба Наталка была такая же хитрая, как и он, и рассчитывала, что дед будет пахать, сеять, жать, молотить вместо нее. Пребывание деда Семерика в Литвиновке превратилось в одно сплошное недоразумение и непрерывный скандал.

Длилось это несколько месяцев, потому что дед все-таки отчаянно цеплялся за возможность каждый день есть борщ и кашу, но в свои семьдесят два года пахать он все-таки не мог, и оскорбленная баба Наталка с треском изгнала его. Он утешился тем, что перезнакомился со всей Литвиновкой, и теперь крестьяне все чаще останавливались у него на ночлег, платили кто кучку картошки, кто стакан гороху, и этим он стал жить. Снова позавидовал мне, просился к Дегтяреву вторым работником, но из этого ничего не вышло — какой опять-таки из него работник?

И вдруг Дегтярев исчез.

Я, как всегда, пришел рано утром, но озабоченная старуха велела идти домой: Дегтярев уехал по делам, будет завтра. Но его не было завтра и послезавтра. Потом он сам зашел за мной, взволнованный, с большой корзиной:

— Скорее, пошли работать!

В корзине была свежая рыба, которую он подрядился коптить. Он нацарапал несколько записок, послал меня с ними к торговкам на Подол. Когда я вернулся, рыба уже была готова, кучей лежала на столе в мастерской — бронзово сверкающая, головокружительно пахнущая.

Дегтярев задумчиво сидел перед ней, какой-то осунувшийся, усталый, впервые безвольно положив на стол свои прежде такие деятельные руки. Я ничего не понял, но у меня сжалось сердце.

— А ничего рыба получилась! — сказал я.

— Вот именно, что ничего. Запорол! — сказал Дегтярев. — Я ее, проклятую, давно уже не коптил, все перепутал. Стыдно нести.

Он стал осторожно укладывать рыбу в корзину, выстеленную газетами. Я не видел, что он там запорол.

— Вот что. Отнесешь ты, — сказал он. — Скажешь: Дегтярев плохо себя чувствует, не смог. Упаси тебя бог отковырнуть: они по счету. Пойдешь по Сырецкой, мимо консервного завода, мимо кирпичных заводов, дорога свернет влево в гору; иди по ней долго, увидишь военный лагерь с вышками, в воротах скажешь: "Это пану официру Радомскому". Объяснишь ему, что я болен и не мог прийти. С корзиной отдавай, обратно ее не неси.

— Корзина новая...

— Черт с ней. И не говори, что я испортил, он, может, еще и не поймет. Отдал — и ходу домой. Понял?

А чего тут понимать? Я взвалил тяжеленную корзину на плечо (вечно болит, натертое до крови коромыслами) и потопал. Уже выбился из сил, едва дойдя до Сырецкой. Но я знаю это: вроде сил уже нет, а тащишься и тащишься, и все они откуда-то есть.

Садился отдыхать с наветренной стороны, чтобы не слышать этого проклятого запаха копченой рыбы. И миновал консервный завод, и миновал кирпичные, и дорога пошла налево в гору.

Уж так я был рад, такой довольный, когда увидел наконец слева от дороги военный лагерь. А здоровый он был, собака, я все шел и шел, а ворот не видно.

Щиты: "ЗАПРЕТНАЯ ЗОНА. ПРИБЛИЖАТЬСЯ БОЛЕЕ ЧЕМ НА 15 МЕТРОВ ЗАПРЕЩАЕТСЯ. ОГОНЬ ОТКРЫВАЕТСЯ БЕЗ ПРЕДУПРЕЖДЕНИЯ".

Поэтому я инстинктивно жался к правой обочине и косился на часовых на вышках. Проволока была в три ряда, и средний ряд на чашечках явно под током, значит, лагерь был очень важный, может, даже секретный.

Доплелся наконец до угла, где были ворота. Решил, что тут пятнадцатиметровая зона недействительна, подошел к часовому, который скучал, опершись о столб ворот.

— Пану официру Радомскому, — сказал я, показывая на корзину.

Он кивнул на длинное приземистое строение тут же у ворот, что-то сказал, я понял только одно слово "вахштубе" — караулка. Я поднялся по ступенькам на крыльцо, вошел и очутился в длинном коридоре. Никого не было, только слышался стук пишущей машинки, и я пошел на него. Дверь в комнату была приоткрыта, несколько девушек болтали — наши, местные, секретарши, что ли. Как в какой-нибудь конторе — забрызганные чернилами столы, счеты, расчерченные ведомости со столбиками цифр. Девушки были по-куреневски красивые: розовощекие, полненькие, в кудряшках; они уставились на меня.

— Это пану официру Радомскому, — сказал я свою фразу.

— А-а! Ставь сюда.

Одна из девушек помогла мне водрузить корзину на стол и сразу полезла под бумагу, переломила рыбу:

— Ого, ничего... м-м... а вкусно!

Они окружили корзину и своими полненькими пальцами в чернилах стали рвать рыбу и класть в рот, простые такие, озорные куреневские девчонки. Я забеспокоился, но раз они так храбро уцепились за эту рыбу, значит, они имели право, так я подумал — и обрадовался, что она им понравилась. Жрите на здоровье.

— Это от Дегтярева, он болен, не мог прийти, — сказал я, завершая свою миссию.

— Ага... м-м... передадим. Спасибо.

Я и ушел, правда, немного беспокоясь, что не отдал лично "пану официру", они же могут половину слопать. А потом я пожалел, что сам не съел хоть самую малую рыбку: никто и не собирался их пересчитывать.

Дегтярев необычайно обрадовался, когда я вернулся и дал полный отчет, как и кому вручил рыбу. Ему не понравилось, что я отдал не самому "пану официру", но когда я описал, как секретарши ели и хвалили, он вскочил, заходил по комнате.

— Это хорошо, может, даже лучше! Они, дуры, не поймут. И пальчики облизывали? Слава богу, может, эта пертурбация сойдет. Больше не возьмусь, ну ее к дьяволу. Фу, слава богу! Чеши домой, больше работы нет.

Я ушел, недоумевая, почему все это так его встревожило. Ну, даже если и испортил рыбу, подумаешь, велика беда. Понимаю, конечно, что ему, как мастеру, стыдно перед немцем-заказчиком, судя по всему лицом важным...

И вдруг я подумал: постой, где ж это я был? Ведь это — тот лагерь над Бабьим Яром, о котором говорят ужасы. Но у меня, уставшего и обалдевшего от этой корзины, не увязалось, что я подхожу к нему с тыла. Возили-то в него из центра города, через Лукьяновку, а я пришел через Сырец, с тыла.

Значит, Дегтярев там был — и вышел? За что, как? За золото, за корзину рыбы? И мое счастье было именно в том, что "пана официра" не оказалось: а ну рассердись он, что Дегтярев не пришел, ведь он мог бы оставить меня. Ах ты ж, гад подлый, послал меня вместо себя! Как на минное поле.

Я стал вспоминать эту колючую проволоку под током, вспомнил, что видел во дворе унылых военнопленных, но не присматривался: где их теперь нет? И слышал выстрелы за бараками, но не прислушивался: где теперь не стреляют? Я, как воробей, прилетел в клетку и улетел, и мне повезло.

И, во всяком случае, мне вообще до сих пор здорово везет, я не знаю, кого уж за это благодарить, люди ни при чем. Бога нет, судьба — фунт дыма. Мне просто везет.

Совершенно случайно я не оказался в этой жизни ни евреем, ни цыганом, не подхожу в Германию по возрасту, меня минуют бомбы и пули, не ловят патрули, *из-под трамвая я чудом спасся, и с дерева падал — не убился.* Боже мой, какое везение!

Наверное, вообще в жизни живут только те, кому здорово везет. Не повези — и я в этот момент мог бы сидеть за проволокой Бабьего Яра, случайно, нечаянно, допустим, только потому, что "пан официр" оказался бы не в духе или вдруг оцарапал десну рыбьей костью...

Я прошел немного по улице как пришибленный. Уже вечерело, тучи были тяжелые и лиловые. Опять бессильно прислонился к забору. Мне стало так тошно, такая тоска, что хоть бери и тявкай.

Невыносимое ощущение духоты; молчаливый мир; багровые полосы по небу. Я почувствовал себя муравьишкой, замурованным в фундаменте. Весь мир состоял из сплошных кирпичей, один камень, никакого просвета, куда ни ткнись головой — камень, стены, тюрьма.

Во мне было море отчаянной животной тоски. Это же вдуматься: земля — тюрьма. Кругом запреты, все нормировано от сих до сих, все забетонировано и перегорожено, ходи только так, живи только так, *думай только так, говори только так. Как это, зачем это, кому надо, чтоб я рождался и ползал в этом мире, как в тюрьме? Настроили заграждений не только для муравьишек — для самих себя! И называют это жизнью.*

Несчастные люди, за что на вас такое? Рождаетесь, как голодные, холодные, бездомные щенята на мусорной куче. И дождь вас хлещет, и морозы губят, и прямое уничтожение. И удрать никуда невозможно, и спрятаться — некуда. Да где же эта самая справедливость, где же вы, умные люди, на свете?

Выбросьте из словарей слово "человечность". Нет такого понятия. Нет никакой человечности на земле.

Третья часть

Побег из молчания

Тысячу лет назад Вышгород был большим и славным городом, соперником самой “матери городов русских” Киева. Потом он не выдержал соревнования, исчез, и теперь это обыкновенное село на высоком днепровском берегу.

У меня было с собой десять тысяч рублей, и поэтому я решил избегать людных мест: самые людные места стали теперь и самыми опасными.

Дегтярев сторговал жеребчика у вышгородского мужика. Моя задача была отнести деньги и привести коня; не раз так делал. Я пошел не по шоссе, а через луга, мимо речки Почайны, через рощу Дубки, и не пожалел, потому что не встретил ни души.

Вот странно, пройдя полсела, я уже издали увидел немецких солдат, почувствовал неладное и мог бы повернуть обратно и скрыться, но я продолжал, как загипнотизированный, идти прямо на них, пока голова панически и бестолково что-то соображала и ничего не могла сообразить.

Они остановили меня деловито и обыкновенно. Один отечески взял меня за плечи, повернул и повел обратно, другой продолжал ходить по дворам.

Сразу я все понял, сразу подчинился и послушно протопал во двор избы, где на завалинке и просто на земле сидели десятка полтора мужиков, стариков, мальчишек со спокойными, безразлично-отсутствующими лицами. Я на всякий случай уточнил у мальчишки моих лет:

— В Германию облава?

— Угу, — шмыгнул тот носом, — всих забирають...

Прислонясь спиной к стене, я рассеянно подумал: теперь Дегтярев решит, что я его деньги украл. Правда, когда придет мать и поднимет тревогу, он поймет, что со мной беда, но в это время я буду уже на пути в Европу. Пришло это и ко мне.

Облава была спокойная. Солдаты ходили по хатам, брали всех мужчин, и все приходили спокойно, молча, как и я. Теперь уже никаких документов не смотрели, годы рождения не играли роли. Все чисто и благородно: попался так попался — и заткнись.

Выгнали всех на улицу, образовалось подобие колонны военнопленных, мы повалили серой массой, взбивая пыль, а конвоиры шли по сторонам с винтовками под мышкой. И я невольно поймал себя на том, что иду, уставясь в землю, что меня именно гонят. Соседи толкались, я почувствовал себя не столько человеком, сколько животным в стаде.

Нас пригнали на колхозный двор, окруженный постройками, и остановили среди останков ржавых волокуш и сеялок. Конвоиров было немного, и они, видно, до того привыкли к подчинению и людской стадности, что даже не вошли во двор, а двое остались у ворот, наблюдая за двором, остальные же куда-то пошли.

Мужики длинным рядом расселись под стеной избы, похоже бывшего сельсовета. В поисках местечка я дошел до угла ее, увидел булыжник и устроился на нем, правда, он был на солнцепеке, но тень всю заняли.

Хоть какой я был разнесчастный, но от деревенских отличался одеждой. Все они были серые, оборванные; сидели молча, тупо. Ощущение того, что и я частица стада, не оставляло меня, а я этому противился.

Подумать только, что стадо коров, что стадо людей — никакой разницы, выходит? Коров гонят на бойню, направляют батогами, делят на мелкие партии, и стадо слушается, разделяется, и каждая единица по очереди, по порядочку, нос в хвост подходит под удар. Это стадо рогатое — если бы оно вздыбилось, осознало свою силу, оно бы всю бойню разнесло. Но его убивают поодиночке, спокойно бьют, с обеденными перерывами.

А поблизости тут, рядом за забором, пасется другое стадо, и оно ничего, его пока не касается. "Животные, — говорим мы, — они не понимают". А люди — все понимают и все равно ведут себя, как стадо. Видимо, все-таки не так уж далеко мы ушли от животных?

Как это было перед войной? Год за годом наши пастухи выхватывали поодиночке и пачками, гнали стадами в Сибирь, стреляли, а другие паслись, смотрели, холодели от страха, ждали. А как немцы согнали тьму на улице Мельникова, и она там сидела, ждала очереди и на другой день, и на третий, им уже нечего было терять — и не вздыбились, не разнесли, только рыдали и ограниченными группами проходили на процедуру. Вокруг же был как будто цивилизованный город, в нем оставались другие, в том числе и я, паслись и помахивали хвостами, видели, слышали, холодели от страха, молчали.

Это уму непостижимо! Нас шлепают, а мы только шарахаемся, как стадо, — и молчим. У пастухов за плечами тысячелетний верный опыт: наглой уверенностью, дубиной и батогом запугать и загнать в молчание, а потом уже делай что хочешь, соломинкой махни, а стадо шарахается.

Это как, бывает, великовозрастный хулиган в школе один измывается над всем классом. [Сменяя один другого, наглые прохвосты довели народ на Руси до состояния жвачного стада, которое уже не понимает, куда ему и шарахаться на этой политой кровью земле, ровной и плоской, как стол, так что некуда стаду и спрятаться, и другой земли у него нет.]

Когда солдаты увидели что-то на улице и стали смотреть, я встал с камня и отошел помочиться за угол. Там были в крапиве разные кирпичи и железяки. Натыкаясь на них и неосторожно звякая, я добрался до плетня и с треском полез через него. Был почти уверен, что сейчас подбегут солдаты, вернут или пристрелят.

Но пока ничего. Налево вниз шел проулок, а справа он выходил на главную улицу, по которой я пришел, — выходил широко, целым плацем, посередине которого стояла неогороженная хата. И я по-идиотски пошел на главную улицу, обходя хату слева, потому что по этой дороге я пришел и ее знал. Право, я был какой-то невменяемый и надеялся только на свое счастье.

И все было хорошо, охрана у ворот не увидела меня, хотя могла бы увидеть. Но впереди показались те солдаты, что уходили. Я поднял с земли прутик, надвинул на лоб картузик, как можно больше сжался, уменьшился и, беззаботно пошмыгивая носом, прошел мимо солдат, которые между собой говорили. Когда я отошел уже метров двадцать, они, видно, спохватились и окликнули:

— Эй, малэнки!

Я продолжал идти, будто не слышал.

— Эй! — заорали сзади.

Тут я побежал. Защелкали затворы, но улица была кривая, я долетел до поворота, вытаращив глаза, топоча, как мотоциклет. Раздался выстрел, лично МОЙ ВЫСТРЕЛ, за ним почти одновременно еще два МОИХ ВЫСТРЕЛА, но они, очевидно, палили только в моем направлении, а видеть меня уже не могли.

Всем телом, особенно затылком, ощущая возможность пули, я бежал и петлял по улочке, она круто пошла вниз, там был какой-то мосточек, я еще хотел забиться под него, но, пока подумал, ноги сами перебежали, и я оказался среди огородов, а за ними узнал луг, по которому пришел сюда.

И опять — именно потому, что я пришел сюда именно этой дорогой, — я побежал по ровному лугу. На нем меня можно было пристрелить, как зайца, но я побежал, потому что мысли не успевали за ногами, чесал, не оглядываясь, в слепом ужасе, досадуя только, что медленно бегу.

Они за мной не погнались. Не знаю почему. Я бежал, пока не потемнело в глазах, до самых Дубков, упал в траву и корчился, заглатывая воздух... "Я от бабушки ушел, я от дедушки ушел..."

Вышгород остался далеко позади, в голубоватой дымке. Я напился из болотца воды, намочил голову и понемногу пришел в себя. Живой!

Ах, пертурбация-девальвация, живой! Взяли, гады? У вас винтовки, у меня ноги, расчудесная жизнь, сколько раз уже меня спасали только ноги! Слава вам, ноги, сохраняющие жизнь! Она, жизнь, мне нужна.

Нет, я, кажется, теперь знаю, зачем я живу, околачиваюсь под рундуками, обгладываю конские кости — я расту, чтобы ненавидеть вас и бороться с вами. Вот какое занятие я выберу себе в жизни: бороться с вами, заразы, превращающие мир в тюрьму и камнедробилку. Слышите вы, заразы?

Горит земля

Ночью меня разбудила мать:

— Скорее вставай, посмотри в окно!

Окна были кроваво-красными. Над железнодорожной насыпью летели искры, и гребень ее был в бледных языках пламени. Со сна мне это показалось фантастичным: как может гореть земляная насыпь? Там камни, рельсы, там еще закопаны наши патроны... Это было как муторный сон, но земля действительно горела.

— Завод горит, — сказала мать.

И сразу все стало на место. Завод "Спорт" был сейчас же за насыпью, самого его не было видно — только языки пламени. До утра мы не спали, мама ходила, хрустя пальцами, думала, что теперь будет. Она там, на заводе, топила печи.

Это был обыкновенный механический завод, выпускал до войны разные спортивные снаряды и кровати. Теперь рабочих на нем было мало, и работа шла "не бей лежачего": все собирались в углу, точили лясы, а один стучал молотком по железу, чтобы шеф слышал, что работа кипит.

Чинили всякую дрянь: одно чинят, другое ломают. Каждый делал себе и выносил для обмена зажигалки, ведра, совки. Говорят шефу: станок сломался. Он верит, волокут станок на свалку. Инженер давал дурацкие чертежи: строят, клепают, приваривают, потом оказывается, что надо все наоборот, давай сначала. Это потому, что простоватому шефу самому до лампочки был этот завод. Он оборудовал себе в заводоуправлении отличную квартиру, запирался там с дочерью завхоза Любкой, а завхоз в честь этого воровал все, что хотел.

Мать убирала конторские помещения, разносила бумаги, топила печи, и так как ей нужно было приходить раньше всех, ее рабочий день продолжался 15 часов. Зимой она будила меня в три часа ночи, мы брали санки и шли к заводу. Там я залезал в простенок и ждал. Мать выносила связку поленьев, и я тащил их домой, отчаянно труся, как бы не попасться на глаза патрулю. А что делать? Если бы не эти дрова, мы бы в ту зиму замерзли, к чертям собачьим.

Наутро после пожара начались расследования и допросы. Накануне привезли сотню армейских саней на оковку, затащили в цех, и вот они-то и загорелись ночью. Сгорели все главные цеха, завода, в общем, не стало. Шеф бился в истерике, допросы шли много дней. Рабочие молчали. В ту ночь на заводе никого не было, кроме дряхлого сторожа, да и тот спал, а когда увидел пожар, то один ничего уже сделать не мог.

Случай самый рядовой. В самом воздухе, казалось, носится ненависть к немцам. [Слухи с востока один обнадеживающее другого: Сталин изменил политику, советская власть теперь уже другая, религию признали, открывают церкви, в армии ввели погоны, офицерские чины, и страну уже называют не СССР, а как до революции — Россия... Особенно удивительно было про погоны. Сколько в революцию из-за них было! Кто в погонах — значит, смертный враг. Большевики захваченным в плен офицерам вырезали на плечах лоскуты кожи в виде погон, а те в свою очередь пленным большевикам — звезды. И вдруг теперь в Советской Армии — погоны и офицерские чины! Мирно уживаются со звездами. Вот так бы давно пора. Взялись наконец за ум. Вот за такую разумную власть народ в огонь и воду пойдет и все грехи ей простит, потому что все-таки — своя, родная.]

В немецких сводках появились сплошь "оборонительные бои", "успешные отражения", "сокращения фронта" и "противнику удалось на незначительном...". Оставив город, они об этом не сообщали, но писали так: "Бои идут западнее Орла". Все понятно, завидуем Орлу. Рады победе на Курской дуге.

И что бы газеты ни писали, как бы ни изворачивались, какую бы убедительную ложь ни преподносили, в конечном счете правда все-таки всплывает. Это напрасный труд и самоутешение для тех, кто изворачивается. Научился наш народ читать между строк, слышать между слов, *десятилетиями вырабатывал свой* телеграф народный. Ничего от него не скрыть. Это вот как 29 сентября 1941 года расстреливались все до единого свидетели Бабьего Яра, а Куреневка знала подробности через час после первых выстрелов.

[Слухи о советских реформах и о немецких поражениях породили надежду.]

Немцы сидели в переполненном ненавистью Киеве, как на вулкане. Каждую ночь что-то взрывалось, горело, кого-то ненавистного убивали.

Горел комбикормовый завод за трамвайным парком, и наутро, говорили, на стене была надпись мелом: "Это вам за Бабий Яр. Партизаны".

Взорвался мост через Днепр на Дарницу, подрывались на минах эшелоны. На Печерске горел огромный эсэсовский гараж. В театре музкомедии были обнаружены мины за пятнадцать минут до офицерского собрания с участием Эриха Коха. То там, то здесь в городе появлялись листовки, только и разговоров стало, что о партизанах.

За Ирпенем и Дымером партизаны освобождали целые районы и устанавливали *новую, справедливую* советскую власть. Из-под Иванкова кубарем прилетали сельские полицаи и старосты, рассказывали, что идет партизан тьма-тьмущая и нет от них никакого спасения. Киевских полицейских формировали и отправляли на Иванков, и перед отъездом они напивались, плясали и плакали, что живыми им не вернуться.

Немцы и полицаи стали ходить только группами и с винтовками. Двор куреневской полиции изрыли траншеями и выстроили мощный дот амбразурами на улицу.

Они были везде, эти неуловимые партизаны, но как к ним попасть? По ночам я думал о Грабареве на Зверинце, но разве он поверит, когда я явлюсь и скажу: "Дайте мне листовок"? Снова насыплет в картуз яблок и посмеется. Или у матери на заводе те, что подожгли, — мы-то с мамой почти уверенно знали, кто это сделал, но они же после пожара втройне осторожны, примут меня, пожалуй, за малого провокатора. Потому что за донесение о подпольщике платят огромные деньги, а за недонесение — расстрел.

У меня внутри все переворачивалось, меня дрожь била при одной мысли, что наступают наши и эта тьма может сгинуть. Однажды я сидел один в хате, полез искать тетрадку, развел чернила, обдумал и написал на листке такое:

ТОВАРИЩИ!

Красная Армия наступает и бьет фашистов. Ждите
ее прихода. Помагайте партизанам и бейте немцев.
Скоро им уже капут. Они знают это и боятся.
И полицаи, их собаки, тоже трясутся. Мы расплатимся с ними. Пусть ждут. Мы придем.
Да здравствуют славные партизаны!
Смерть немецким окупантам!
Ура!

На оставшемся свободном пространстве я нарисовал пятиконечную звезду, густо затушевал ее чернилами, и воззвание приобрело, по моему мнению, очень героический вид. Особенно это мужественное "ура!", которое я сам придумал, остальное же *я* копировал с подлинных листовок. Выдрал второй листок из тетрадки, готовый писать сто штук. Но у меня ноги сами прыгали: скорее бежать и клеить. Я уже знал где: на мосту, там многие проходят и прочтут.

Едва дописал второй листок, положил его к печке, чтобы сохла густо залитая звезда, развел в рюмке клейстер, намазал, сложил листок вдвое и, сунув за пазуху, держа двумя пальцами, побежал.

Как назло, всё шли прохожие, поэтому, когда я дождался момента, листовка подсохла и склеилась. Панически стал ее раздирать, слюнил языком, приклеил косо-криво к цементной стене — и с отчаянно колотящимся сердцем ушел. Вот и все. Очень просто.

Открыл дверь и остановился: в комнате стояли моя мать и Лена Гимпель и читали второй экземпляр моего труда, оставленный у печки. Я независимо прошел к вешалке и снял пальто.

— Вообще ничего, — сказала Лена. — Но раз ты решил писать листовки, не оставляй их на видном месте. Еще успеешь сложить голову, *куда ты спешишь, что-что, а это от тебя еще потребуют. И чего бы лезть раньше времени?*

— Толик, — сказала бледная мама, — тебе в Бабий Яр захотелось?

— И за что тебе только грамоты в школе давали, — пожала плечами Лена, — слово "помогайте" пишется через "о", а "оккупанты" — через два "к". Звезда и "ура" — глупо, сразу видно, что мальчишка писал. *Таких дураков, как ты, отыскивают по почерку.*

Голову они мне мылили немного, но веско. Сказали еще, что такие наивные, как я, годятся только, чтобы без толку погибнуть. Что *мне нужно многое понять и во многом разобраться.* Что я должен расти — и учиться. Я учился.

[По ночам, когда засыпала мать, я при коптилке начал записывать истории из жизни: как мы с дедом ходили на обмен, как скотница предала еврейского мальчика. Начал какую-то очень героическую историю о благородном вожде восстания, как Бюг-Жаргаль у Гюго, он-то уж у меня сыпал немцам по первое число. Исписанные листки я моментально прятал за пазуху при малейшем шорохе, а потом, завернув в куски старой клеенки, зарывал в сарае, в углу, в сухой песок. Это не годилось бы для публикации, пожалуй, ни при какой власти, потому что было слишком искренне и наивно.]

Начались бомбежки Киева, и это говорило, что фронт идет к нам. Советские бомбардировщики прилетали по ночам. Сперва гулко громыхали зенитки, в небе вспыхивали огоньки разрывов, горохом взлетали вверх красные трассирующие пули. Черное небо дрожало от воя невидимых самолетов.

Окна дедовой комнаты выходили в сторону луга, поэтому он прибегал на нашу половину, мы открывали окна, вылезали на подоконники в ожидании спектакля, и он не задерживался.

Ярко вспыхивали сброшенные на парашютах осветительные ракеты. Они висели в небе, с них стекал сизый дымок, и в их призрачном свете становился виден весь город — башни, крыши, купола Софии и Лавры... Самолеты гудели и кружили долго, выбирали, обстоятельно прицеливались, потом ухали бомбы. Одна ляпнула прямо на кожевенный завод Кобца.

Мы их не боялись, потому что они падали только на заводы, мосты или казармы, но ни в коем случае не на жилье горожан, и это доказывало *новую небывалую справедливость советской власти.* Всем было известно, что партизаны сперва точно сообщают военные объекты, а при налетах подают сигналы фонарями. Для этого нужно было сидеть рядом с объектом и мигать, вызывая бомбы на себя.

2 мая 1943 года в Оперном театре должен был состояться большой концерт. У входа толпились празднично настроенные немцы; подкатывали машины, высаживались генералы, дамы; солдатня *с проститутками* шла на балкон.

Налет начался, когда стемнело. Бомба попала прямо в Оперу, пробила потолок зрительного зала и врезалась в партер. Сплошное невезение с этими театрами: она не разорвалась, эта бомба. Единственная советская бомба из сброшенных на Киев, которая не разорвалась. Она только убила человек семь немцев в партере, так что кусочки их полетели на сцену, да вызвала страшную панику. Погас свет, все кинулись в двери, лезли по головам, обезумевшая толпа выкатывалась из театра, артисты в гриме и костюмах бежали по улицам.

Так продолжалось все лето. Расширялись пожары и взрывы. Казалось, все насыщено каким-то нервным напряжением, ожиданием и тревогой.

Произошло немаловажное событие лично для меня: 18 августа 1943 года мне исполнилось 14 лет, и я стал совершеннолетним, официально подлежащим угону в Германию, подходящим под все приказы.

Примерно в это же время мы увидели, как над Бабьим Яром поднялся странный черный и жирный дым.

Бабий Яр. Финал

18 августа 1943 года всех заключенных концлагеря Бабьего Яра выстроили на центральном плацу. Въехали военные грузовики, с них стали спрыгивать эсэсовцы в касках, с собаками.

Все поняли, что это начало конца.

На днях лагерь бомбили советские самолеты. Бомбы легли точно по периметру — ясно, что была цель разрушить заграждения. Проволока была повреждена только в одном месте, ее быстро починили, но немцы, видимо, поняли, что лагерь пора ликвидировать.

Вынесли стол, ведомости, картотеки, выстроили всех в очередь, которая стала двигаться мимо стола. Ридер смотрел в списки и отправлял одних заключенных налево, других направо. Сперва отобрали ровно сто человек — особо опасных политических. Эсэсовцы закричали: "Вперед! Бистро! Бистро!" — посыпались удары, и сотня вышла за ворота.

— У нас там в землянках вещи! — кричали они.

— Вам ничего не понадобится, — отвечали немцы.

За воротами приказали разуться. Обувь оставили и дальше пошли босиком вниз в овраг. Давыдов оказался в этой сотне, он шел в первых рядах и подумал: “Ну вот, наконец...”

От обвалов в Яру образовались террасы, поросшие густой травой. По узкой тропинке сотня спустилась на первую террасу. Чудо: здесь была новая, только что выстроенная землянка.

В Яру было шумно и многолюдно. Немцы буквально кишели вокруг, много эсэсовцев, офицеры в орденах, заехали даже автомобили, лежали кучи разных инструментов.

Сотню остановили и спросили: “Есть здесь слесари, кузнецы?” Кое-кто назвался, их отделили и увели за невысокий земляной вал. Сотню поделили на пятерки и тоже стали частями отводить за вал. Никакой стрельбы не было.

У Давыдова появилась надежда, что это еще не расстрел.

Он смотрел вокруг во все глаза, но ничего не понимал.

Наконец повели и его за вал. Там оказался длинный рельс, лежали вороха цепей, и всех заковывали в цепи. Сидел у рельса тучный флегматичный немец среди кузнецов-заключенных, тоже заклепывал на этом рельсе. Давыдов попал к нему. Цепь была примерно такая, как в деревенских колодцах. Немец обернул ее вокруг щиколоток, надел хомутики и аккуратно заклепал.

Давыдов пошел, делая маленькие шаги. Цепь причиняла боль. Потом она сильно разбивала ноги, и люди научились подкладывать под нее тряпки и подвязывать шпагатом к поясу, чтобы не волочилась по земле.

Когда все были закованы, вдруг объявили обед и дали очень плотно поесть. Суп был настоящий, жирный, сытный.

Всем выдали лопаты. Звенящую цепями колонну привели в узкий отрог оврага и велели копать. Копали долго, до самого вечера, выкопали большой неровный ров, не зная, зачем он, но было видно, что немцы что-то ищут: все время следили, не докопались ли до чего-нибудь. Но ни до чего не докопались.

На ночь сотню загнали в землянку. Там была кромешная тьма, только снаружи слышались голоса сильной охраны. Перед входом в землянку была сооружена вышка, на ней установлен и нацелен на вход дисковый пулемет.

Утром следующего дня опять выгнали в овраг. Было так же многолюдно, стояли крик и ругань. Высокий, стройный, элегантный офицер со стеком истерически кричал. Ему было лет тридцать пять, его называли Топайде, и, прислушиваясь, Давыдов изумленно понял, что именно Топайде руководил первыми расстрелами евреев в 1941 году.

Вчера Топайде не было, он только прислал план карьеров с захоронениями, но здешние немцы в нем не разобрались и напутали. Он истерически кричал, что все балбесы, не умеют разбираться в планах, не там начали копать. Он бегал и топал ногой:

— Здесь! Здесь!

Стали копать там, где он показывал. Уже через полчаса показались первые трупы.

К Топайде немцы обращались почтительно, а между собой то ли всерьез, то ли иронически называли его "инженер по расстрелам". Теперь он стал инженером по раскопкам. Весь день он носился по оврагу, указывал, командовал, объяснял. Его лицо время от времени передергивала сильная и неприятная гримаса, какой-то нервный тик, и он весь казался сгустком сплошных нервов, пределом истеричности. Он не мог прожить минуты, чтобы не кричать, не метаться, не бить. Видно, его “инженерство” так просто не обошлось даже ему самому.

Работа закипела. Чтобы ее не было видно, немцы спешно строили щиты вокруг оврага и маскировали их ветками, в других местах делали искусственные насаждения. Ясно было, что происходящее здесь — глубочайшая тайна.

Дорога из города к Яру была перекрыта. Шоферы с грузовиков сходили далеко от оврага, за руль садились охранники и вводили машины в Яр. На грузовиках везли рельсы, каменные глыбы, дрова, бочки с нефтью.

Так начался заключительный этап Бабьего Яра, первая попытка вычеркнуть его из истории. Сначала дело не клеилось. Топайде метался, неистовствовал, и все немцы нервничали, заключенных отчаянно били, несколько человек пристрелили.

Из лагеря поступали новые партии на подмогу; через несколько дней заключенных стало более трехсот. Их разбили на бригады, размеренная, продуктивная работа этих бригад являла собой образец немецкого порядка и методичности.

ЗЕМЛЕКОПЫ раскапывали ямы, обнажая залежи трупов, которые были сизо-серого цвета, слежались, утрамбовались и переплелись. Вытаскивать их было сущее мучение. [На некоторых телах, особенно детей, не было никаких ран — это те, кого засыпали живьем. Тела некоторых женщин, особенно молодых, были, наоборот, садистски изуродованы, вероятно, перед смертью.]

От смрада немцы зажимали носы, некоторым становилось дурно. Охранники сидели на склонах оврага, и между сапог у каждого стояла воткнутая в песок бутылка водки, время от времени они прикладывались к ней, поэтому все немцы в овраге были постоянно пьяны.

Землекопы водки не получали, сперва им тоже бывало дурно, но постепенно привыкли, выхода нет, работали, позвякивая цепями.

КРЮЧНИКИ вырывали трупы и волокли их к печам. Им выдали специально выкованные металлические стержни с рукояткой на одном конце и крюком на другом. Крюки были, кстати, сделаны по рисунку Топайде.

Топайде же после многих экспериментов разработал систему вытаскивания трупа, чтобы он не разрывался на части. Для этого следовало втыкать крюк под подбородок и тянуть за нижнюю челюсть, тогда он шел целиком, и так его волокли до места.

Иногда трупы так крепко слипались, что на крюк налегали два-три человека. Нередко приходилось рубить топорами, а нижние пласты несколько раз подрывали.

ЗОЛОТОИСКАТЕЛИ — “ГОЛЬДЗУХЕРЫ” имели клещи, которыми выдергивали золотые коронки. Должен был осматриваться каждый труп по дороге к печи, снимались кольца, серьги, у одетых проверялись карманы в поисках ценностей, монет — все это складывалось в ведра. Тут же стоял часовой и присматривал, чтобы золото не воровалось или не выбрасывалось в песок.

ГАРДЕРОБЩИКИ снимали с убитых все, что еще было цело. Пролежавшие в земле год или два сапоги хорошего качества снимались. Иногда сохранялись шерстяные вещи, полевые сумки. Немцы аккуратно грузили это на машины и увозили неизвестно для каких целей, потому что все это ужасно пахло. Но барахла накоплялось немало: только самые нижние слои — евреи — были голые, слои средние были в нижнем белье, а убитые недавно были сплошь одеты.

СТРОИТЕЛИ занимались возведением печей. Под сильной охраной они ходили через овраг на противоположную сторону — на еврейское кладбище, где немцы указывали, какие гранитные памятники ломать.

Заключенные разбирали надгробия, несли в овраг, выкладывали плиты рядами. На них, опять под профессиональным руководством универсального Топайде, строилась довольно продуманная и технически совершенная печь — с трубами для тяги, сложными ходами, решетками. Она набивалась дровами, сверху на решетку клались тела головами наружу. Второй ряд укладывался для перевязки накрест, затем следовал слой дров и так далее, пока не вырастал штабель высотой в три метра и с каждой стороной в шесть метров.

В штабель входило примерно две тысячи убитых. Чтобы их укладывать, ставили трапы, как на стройках, и носили по ним. Готовое сооружение обливалось из шланга нефтью, которую нагнетал из бочек компрессор.

КОЧЕГАРЫ разводили огонь снизу, а также подносили факелы к рядам торчавших наружу голов. Политые нефтью волосы сразу ярко воспламенялись — для этого и клали головами наружу. Штабель превращался в сплошной гигантский костер. Жар от него шел нестерпимый; в овраге и далеко вокруг стоял сильный запах паленых волос и жареного мяса. Кочегары шуровали длинными кочергами, какие бывают у металлургов, потом сгребали жар и золу, а когда печь остывала, они ее чистили, заново перебирали, меняли прогоревшие решетки и снова подготавливали к загрузке.

ТРАМБОВЩИКИ имели дело уже с золой. На гранитных плитах с кладбища они обыкновенными трамбовками размельчали недогоревшие кости, затем кучи золы просеивались сквозь сита, чтобы опять же таки найти золото.

ОГОРОДНИКИ назывались так потому, что, нагрузив золу на носилки, под конвоем разносили ее по окрестностям Бабьего Яра и рассеивали по огородам. Этим было лучше, чем другим: они могли нарыть на огородах картошки, приносили ее в Яр и пекли в консервных банках на жару, оставшемся в печи.

Это был важный резерв еды, который поддерживал заключенных, потому что немцы, хорошо накормив в первый день, потом этого больше не повторили, и заключенные были голодны, как звери.

Один, например, обезумев от запаха жареного, стал есть трупное мясо, таская куски из огня. Сначала немцы этого не видели, а когда случайно накрыли его, тут же расстреляли — и бросили в костер, причем ужасно возмущались, до какой дикости он дошел.

Давыдов побывал в разных бригадах, и на кладбище ходил, и трупы таскал, и печи строил. Он рассказывает, что сперва от страшного запаха, от всей этой возни с трупами его качало, чуть не терял сознание, но потом привык. Видимо, человек привыкает в конечном счете ко всему.

Наработавшись за день, ночью спали в землянке как убитые. Отрастающую бороду брили огнем — ис-

пытанный способ бритья еще в советских лагерях. День проходил в судорожной заботе не схлопотать пулю, добыть картофелину. Ссорились, мирились, хитрили, острили. "А что вы думаете, анекдотов не рассказывали? — говорит Давыдов. — Кто-нибудь отмочит, все как грохнут смехом. Юмор висельников. Охранники поглядят — и себе давай скалиться. Для них, значит, тоже — юмор".

А обычные расстрелы в Бабьем Яре шли своим чередом, как и раньше, но убитых уже не закапывали, а сразу бросали в печь. Иного доходягу из заключенных, который уже не мог работать, тоже бросали. Живым.

Немцы очень торопились, только и слышно было: "Бистро! Бистро! Шнель!" Но трупов была тьма. Давыдову пришлось работать на разгрузке ямы, в которой было ровно четыреста тех самых заложников, которых расстреляли по приказу Эбергарда. Раскапывал он ямы с сотней, с тремя сотнями заложников. Все было в точности, и все знал Топайде, он показывал места, он абсолютно все помнил.

(Между прочим, фамилия Топайде никогда не упоминалась среди осужденных нацистских преступников. Возможно, он погиб, хотя такие тыловые гестаповцы, как правило, умели скрываться. Поэтому не исключено, что он и жив... Избавился ли он от своего нервного тика? Вообще конкретно за Бабий Яр никто не был осужден, судьба немецкой и русской администрации его во главе с Радомским и Ридером неизвестна.)

[Под занавес в Бабьем Яре бросали в огонь врагов самых разношерстных: от какого-нибудь чудака, рассказавшего анекдот, до пекаря, утаившего буханку хлеба, и тому подобных “саботажников” — до настоящих партизан и последних коммунистов. Некоторых членов коммунистической партии, которым удалось доказать, что вступили они в партию, как и большинство, из карьеристских соображений, “только числились да взносы платили”, — два года не арестовывали, они регулярно ходили в полицию отмечаться. Не спасло. Теперь их всех отправили в Бабий Яр. Немцы убивали даже своих слуг, своих холуев, которые слишком много знали.]

Теперь уничтожение выглядело так. Из города прибывали газвагены с живыми людьми. Они подъезжали возможно ближе к печам, и только здесь включался газ. Из кузова неслись глухие крики, потом бешеный стук в дверь. Машина стояла, мотор работал, немцы спокойно курили. Затем в кузове все затихало, немцы открывали дверь, и заключенные принимались разгружать. Люди были теплые, мокрые от пота, почти *все обгаженные, обмочившиеся, среди них, может,* и полуживые. Их клали в костер. Давыдов помнит, как некоторых в огне корчило, они вскидывались, как живые.

Однажды прибыла душегубка с женщинами. После обычной процедуры, когда утихли крики и стуки, открыли дверь, из нее вышел легкий дымок, и оказалось, что машина битком набита голыми молодыми девушками.

Их было больше ста, буквально спресованных, сидящих на коленях друг у друга. У всех волосы были завязаны косынками, как это делают женщины, идя в баню. Вероятно, их сажали в машину, говоря, что везут в баню? У *многих в косынках оказались запрятаны коль-*

ца, часики, губная помада и другая мелочь. Пьяные немцы хохотали, объясняли, что это официантки из киевских кабаре, *и кричали заключенным: "Берите их себе! А ну-ка полюби ее, трахни ее!"* Когда Давыдов носил их и укладывал в штабель, *обгадившихся и теплых,* изо ртов выходил воздух с легким храпом, и тоже было впечатление, что они живые, *только в обмороке. Сожгли.*

Приезжали какие-то очень важные чины на шикарных машинах. Кричали на работавших в Яре немцев, что дело медленно подвигается. Людей не хватало, и несколько раз прибывших в душегубке выпускали, тут же заковывали и ставили на работу.

Стали водить за пределы оврага: в соседний противотанковый ров метров двести длиной. Он оказался доверху набит трупами командиров Красной Армии — это заключенные поняли по форме, полевым сумкам, биноклям. Их было, наверное, тысяч двадцать пять — тридцать. Посылали раскапывать ямы и в Кирилловской больнице. Земля в овраге и вокруг, на площади в какой-нибудь квадратный километр, была буквально набита трупами.

В Бабьем Яре была слышна отдаленная канонада из-за Днепра. Заключенные знали, что последний костер будет зажжен для них. Немцы их вообще не принимали всерьез за людей и на утреннем построении докладывали:

— Триста двадцать пять "фигурен" построены!

"Фигурен" — это значило фигур, теней, чего-то такого, что за человека считать нельзя. Это тоже был юмор.

Заключенные не мылись, им не давали воды, многие едва стояли на ногах, были покрыты гниющими ранами, гарью и трупной гнилью. [Среди них были такие, что успели до войны отсидеть в советских концлагерях, говорили: никакого сравнения. Любой советский лагерь по сравнению с Бабьим Яром — курорт.

И все равно нет на свете такого лагеря, из которого нельзя было бы убежать. Свидетельствовал это, кстати, и один бывший энкавэдист, какой-то очень крупный работник госбезопасности, сам прежде связанный с лагерями на Украине, можно сказать, специалист по данному вопросу, а теперь кочегаривший у печи.

Звали его Федор Ершов. Известно только, что он руководил диверсиями, взрывами, но провалился. Кто знает, чем черт не шутит, может, это он и Лавру взрывал. На Владимирской, 33 о нем должны бы быть подробные сведения, но по каким-то причинам КГБ не рассекретило этого своего работника и даже не наградило посмертно.

В других обстоятельствах Федор Ершов был бы человеком для заключенных страшным. Но теперь он сам был как они, он фанатически убеждал поднять восстание — и к нему, как специалисту, стали прислушиваться.] Он говорил с теми, кто рядом работал, кто рядом на нарах в землянке спал, образовались группки заговорщиков, при всяком удобном случае обсуждали варианты побега.

Одни предлагали прямо среди дня броситься на охрану, выхватить автоматы и, отстреливаясь, уходить врассыпную. Федор Ершов был против этого варианта. Охрана концлагерей всегда к этому готова, кроме того, все в цепях и слишком слабы против дюжих немцев.

Среди заключенных были бывшие шоферы. Один из них, Владислав Кукля, предлагал захватить машины, которые привозят дрова, а то и прямо душегубку — и пробиваться на них сквозь охрану. Это был почти фантастический, но подкупающий своей дерзостью план. Однако слишком долго пришлось бы ехать по Яру и дальше по городу среди немцев и полиции. Это было бы просто лихое самоубийство.

Группа, которую гоняли на ямы в Кирилловской больнице, просила разрешения бежать самостоятельно: у них там была относительно малая охрана. Возможно, им это и удалось бы, но Ершов возмутился: "Вы сами убежите, а остальным тогда крышка. Нет, подниматься всем в одно время".

Однако в дальнем углу землянки сговорились молодые парни и, ни с кем не советуясь, начали отчаянно рыть подкоп, чтобы удрать ночью. За ночь они не успели сделать, а днем немцы все открыли, [схватили их, выстроили — семнадцать человек. Среди них оказался и Кукля, который отпирался. Топайде спросил:

— Этот был с вами?

— Кажется... — пробормотал один из парней. Топайде не понял, обратился к другому заключенному, знавшему немецкий язык и бывшему за переводчика:

— Что он сказал?

— Он сказал: не был.

Куклю вернули на работу, остальных — шестнадцать человек тут же поставили на колени и] убили выстрелами в затылок.

Был еще одиночка, который совершил чрезвычайно дерзкий побег днем. Никто не знал его фамилии. Он работал в сторонке, отошел якобы "до ветра", вдруг прыгнул в овраг, побежал и скрылся в одном из отрогов, ведущих к кладбищу. Поднялась стрельба, тревога, работы были прекращены, десятки немцев побежали за ним — и не нашли. Ему удалось расцепить кандалы, и потому он быстро убежал. В ярости немцы убили в этот день двенадцать заключенных и расстреляли собственного офицера, начальника караула, ответственного за охрану бежавшего. По отрогам оврага расставили пулеметы.

Варианты побега отпали один за другим, и был все-таки принят план Федора Ершова: вырваться из землянки и наброситься на охрану ночью. Дело было тоже гибельное, но темнота по крайней мере давала надежду, что хоть некоторые уйдут.

Землянка была глубоким бункером с узеньким ходом круто вниз. На этот вход в упор нацелен пулемет с вышки. Вокруг землянки по ночам сильнейшая охрана. Землянка не имела окон, поэтому единственная, входная и она же выходная, дверь была в виде железной решетки — чтобы проходил воздух и люди не задохнулись. Часовые время от времени светили сквозь нее фонариками, проверяя, все ли в землянке спокойно. Решетчатая дверь запиралась огромным висячим амбарным замком.

Пьяной охране было скучно простаивать ночи, и случалось, что вдруг всех заключенных поднимали, выводили наверх и при свете прожекторов устраивали инсценировку расстрела. Страшная это была шутка. Люди верили всерьез. Потом охранники смеялись и загоняли всех обратно. Ночи были темные, сырые и туманные.

Кто-то настойчиво предлагал дождаться очередной шутки и, сорвав кандалы, наброситься на охрану.

Но ведь цепи быстро не снимешь, для этого надо их подготовить, чтоб едва держались. А как знать, будет ли в эту ночь шутка?

Уму непостижимо, но в этой землянке был и свой стукач. *Они, стукачи и предатели, есть везде.* Это был какой-то бывший начальник полиции из Фастова по имени Никон. Мерзавец попал в Бабий Яр за какие-то чрезвычайные дела, лебезил перед немцами, кидался зверски бить заключенных (а здоров был, как бык), настороженно прислушивался к разговорам, и не исключено, что гибель шестнадцати парней была его работой. Если бы этот шакал узнал о плане побега, он сейчас же выдал бы.

Вот почему в план побега было до времени посвящено не так много людей. Уже одно это помешало бы дружно восстать во время очередной шутки.

— Надо открыть замок, — говорил Ершов. — Затем всем объявить, подготовиться, снять цепи и только тогда вырываться. Спасемся, братва! Пусть спасется половина, четверть, пять человек, но кто-то должен выйти, пробиться к нашим и рассказать, что здесь делалось.

Работы в овраге уже напоминали большое строительство. Немцы пригнали строительные машины, экскаватор, бульдозер. Они стрекотали целыми днями, вскрывая рвы. [Ковш у экскаватора был грейферный, он падал на тросах в ров, набирал словно горстью пучки трупов и выгружал на поверхность, роняя по пути куски, головы.]

(Сами немцы называли Бабий Яр "Бауштелле", что значит "Строительная площадка". Под официальным названием "Баукомпани" Бабий Яр числился у немецких властей в документации, имел в банке счет, потому что все эти материалы и техника должны были ведь как-то финансироваться.)

Здесь нужно учесть одно важное обстоятельство. Заключенные находили много разных и неожиданных предметов, особенно среди тел [евреев], убитых в 1941 году, — ведь те люди собирались уезжать, и хотя их раздевали догола, они ухитрялись нести до последнего что-нибудь для себя важное. У разных мастеровых случались при себе инструменты, с которыми они не расстались до самого рва. У женщин — ножницы, шпильки, пилки для ногтей. Попадались перочинные ножи. Кто-то однажды нашел флакон одеколона “Красная Москва”, хотел выпить, но его уговорили побрызгать в землянке.

В карманах убитых часто были и ключи: от квартир, сараев, иногда целые связки ключей.

Всех посвященных в план Ершов разбил на десятки, и каждый десяток готовил свою часть побега. Группа, которой было поручено открыть замок, собирала ключи. Перебрали и перепробовали сотни ключей. Пробовали во время обеда, когда всех загоняли в землянку, но дверь не запирали. Одни толпились в дверях, а Кукля быстро пробовал ключи.

В один из дней заключенный по имени Яша Капер, [один из чудом сохранившихся евреев], нашел ключ, который подошел к замку. Какой-то смертник 1941 года принес его в Бабий Яр, не подозревая, что в 1943 году его найдет Яша Капер и это спасет некоторым жизнь.

Тем временем другие собирали, проносили в землянку и прятали в стенах все, что мало-мальски могло помочь снять цепи или служить оружием. [Давиду Буднику посчастливилось найти плоскогубцы, молоток. "Гольдзухер" Захар Трубаков имел клещи, выданные ему самими немцами для выдирания зубов, так сказать положенные "по штату".

За какую-то провинность офицер ударил одного заключенного — тот упал, и у него за пазухой звякнуло. Немедленно его раздели и нашли ржавые ножницы. Топайде так и вскинулся:

— Зачем?

— Хотел постричься.

Топайде не поверил. Стали заключенного бить, допрашивая, зачем ему ножницы. Все с ужасом смотрели: выдаст или нет? Это был момент, когда мог провалиться весь план. Заключенный не выдал; уже потерявшего сознание, его бросили в костер. И никто даже не знает, как его звали.]

Был там парень из Северной Буковины — Яков Стеюк, человек образованный, знал несколько языков, в свое время учился в Бухаресте. Это его использовали как переводчика, когда надо было объясняться с заключенными, он спас от расстрела Куклю. Он говорил:

— У нас получится даже лучше, чем мы думаем. Ребята, смелее! Вы не представляете, какие немцы трусливые и суеверные. Мы должны вырваться с криком, визгом, свистом, и они испугаются, они обалдеют, вот увидите.

Ключ был готов, оружие собрано, ночь проходила за ночью, но удобный момент не наступал. Как назло, охрана усилилась, по ночам все время приходили, светили, проверяли. Ершов предлагал:

— Сегодня!

Но большинство было за завтра. Сегодня — это значило идти почти на верную смерть, и вот не хотелось сегодня умирать: "Эх, а вдруг завтра выпадет случай удобнее".

[Ершов соглашался. Это был какой-то судорожно фанатичный человек, всех подталкивал, убеждал, но сам был истощен и слаб и, кажется, в отношении себя не питал иллюзий. Сказал как-то Давыдову:

— Шальная удача, Володя, не для меня, мне уже за сорок. Вырвутся, кто помоложе, ты, например...]

Это вышло почти случайно — совпадение дат, — но именно 29 сентября, точно во вторую годовщину начала расстрелов в Бабьем Яре, побег состоялся. Некоторые суеверно надеялись, что в этот день повезет.

Вернулась команда, ходившая в Кирилловскую больницу. Яков Стеюк был в ней. По пути он говорил о том о сем с конвоиром — старым и словоохотливым вахмистром по фамилии Фогт. Раньше Фогт обнадеживал: "Когда работа кончится, вас, кажется, собираются перевести в Житомир". Но в этот день старик озабоченно шепнул Стеюку:

— Морген — капут.

Зачем предупредил? Просто так, по доброте? Да заключенные и сами видели, что маскировочные щиты снимаются, инструменты складываются, однако стоит одна новая печь.

На ночь доставили в землянку два больших бака с вареной картошкой. И это тоже было невероятно. Пропадала она у немцев, что ли, так решили накормить заключенных напоследок?

— Ночью я открываю дверь, — объявил Кукля. Федор Ершов отдал по цепочке команду: "Сегодня идем. Крепче нервы". [Он же отдал распоряжение убрать Никона. Убить его приказали соседу Никона по нарам Борису Ярославскому. У того задрожали руки:

— Ребята, я в своей жизни кошки не убил...

Он был мягкий, интеллигентный человек. Ему дали молоток.]

Ждали глухой ночи. Где-то часа в два Кукля просунул руку сквозь решетку, вставил ключ и стал открывать. Он сделал один поворот, и замок громко щелкнул. Кукля успел выдернуть руку и отошел весь в холодном поту.

Охранники услышали щелчок, забеспокоились, спустились к двери и посветили. В землянке все лежали на нарах. Немцы ушли, разговаривали наверху, чиркали спичками.

Замок открывался в два поворота. Кукля шепотом признался, что у него не слушаются руки. Его подбадривали, а он бормотал:

— Ну, братцы, пусть хоть охрана сменится. А то если у меня и второй раз щелкнет...

Правда, охрана должна была скоро смениться. Дождались этого. Кукля опять просунул руку. Очень долго открывал, и замок не звякнул. Кукля упал на руки Давыдова весь в поту:

— Все!..

— Будите всех, расковываться, вооружаться! — приказал Федор Ершов. [Раздался глухой удар, стон... второй удар. Ярославский убил Никона — это стало своего рода сигналом.] В землянке поднялась суета. Нервы у многих не выдерживали, все заторопились, поднялся сильный шорох, звяканье, царапанье, разговоры. Все, словно обезумев, спешили разными стамесками, ножами, ножницами разжать хомутики на цепях.

В тишине же казалось: грохот поднялся.

Немцы сейчас же кинулись к дверям:

— В чем дело?

За всех ответил по-немецки Яков Стеюк:

— Да тут драка за вашу картошку.

Все в землянке затихли. Немцы стали хохотать. Конечно, им было смешно, что заключенных утром стреляют, а они дерутся, чтобы набить животы картошкой.

Прошло минут пятнадцать. Дверь тихо раскрыли настежь.

— Дави, ребята! — закричал Ершов. И в узкий ход по десяти ступенькам ринулась наверх толпа с диким ревом, визгом и свистом.

Стеюк оказался прав. Первые несколько секунд не раздавалось ни выстрела. Немцы оторопели. Наверх успели выскочить десятки заключенных, когда наконец застрочил пулемет. Только овчарки набросились сразу.

Были темнота и туман. Невозможно разобрать, где что делается: кто рвал руками овчарок, кто бил немца молотком по голове, катались по земле сцепившиеся.

Пулемет не удалось захватить. Но и немцам было трудно стрелять: они не видели, где свой, где чужой. В небо полетели ракеты. Стрельба пошла по всему Бабьему Яру. Заключенные бежали врассыпную, некоторые с цепью, болтающейся на ноге.

Стрельба, стрельба, как на фронте. По дорогам и тропкам помчались мотоциклисты.

Давыдов обежал землянку, столкнулся с одним, другим немцем, кинулся в темноту — и сослепу уперся прямо в лагерь. Он шарахнулся вдоль проволоки, на огородах встретил Леонида Хараша, и они побежали по направлению к каким-то хатам вдали. Уже начинался рассвет, стрельба продолжалась, где-то ездили машины, мотоциклы, неслись крики, ругань.

Давыдов с Харашем увидели женщину, что-то делавшую у дома.

— Тетя, спрячьте нас!

Она посмотрела, ей плохо стало.

— Господи! Вы с Яра! У меня дети, меня расстреляют.

Выбежала ее сестра:

— Идите в курятник под солому!

Они залезли под солому, спрашивают:

— А вы не выдадите?

— Нет, хлопцы, мы вам не сделаем плохого.

Потом она пошла, сварила борщ, принесла им целую кастрюлю — настоящего, пахучего украинского борща.

Звали этих сестер Наталья и Антонина Петренко. Давыдов потом навещал их на Куреневке, на улице Тираспольской, где они живут и сейчас.

Из 330 заключенных спаслись всего 15 человек. Они потом пошли в Советскую Армию, часть погибла на фронте. Федор Ершов не вырвался из Яра, погиб, как и предчувствовал. [И Борис Ярославский погиб. До настоящего времени живы девять участников этого беспримерного восстания.] Владимир Давыдов работает начальником строительного участка в Киеве. [Яков Стеюк преподает немецкий и греческий языки в Калужском педагогическом институте.

Живы и работают в Киеве: Владислав Кукля, Яков Капер, Захар Трубаков, Давид Будник, Семен Берлянд,

Леонид Островский, Григорий Иовенко. Ежегодно 29 сентября их можно видеть, вместе с Диной Проничевой, в Бабьем Яре, куда неофициально приходит много людей почтить память погибших.]

[От автора]

[Один бывший крупный гестаповец не так давно в интервью заявил, что лагерей смерти, печей и душегубок не было. Что все это — выдумки пропаганды. Так просто и заявил: НЕ БЫЛО. Он не такой сумасшедший, как может показаться. Автоматически он продолжает работать в том же режиме, на который его запрограммировала система: "Клевещите — что-нибудь останется, называйте черное белым, смерть счастьем, вождя богом, сулите в будущем златые горы, верующие всегда найдутся".

Например, в СССР долгие десятилетия концлагерей официально тоже НЕ БЫЛО. И сейчас НЕТ. В этой книге вы уже читали, как советское НКВД взорвало Крещатик и Лавру и тут же заявило: "Это преступления немецко-фашистских захватчиков", а гестапо развернуло целую "Баукомпани", чтобы доказать, что Бабьего Яра НЕ БЫЛО.

Системы лжи и насилия блестяще обнаружили и взяли на свое вооружение одно слабое место в человеке: доверчивость.

Мир плох. Является благодетель с планом преобразований. По этому плану сегодня нужны жертвы, зато на финише гарантирован всеобщий рай. Несколько зажигательных слов, пуля в затылок недоверчивым — и вот уже миллионные толпы охвачены порывом. Поразительно примитивно — а как действует!

Из самых лучших побуждений, при беззаветном героизме верующих мальчиков и девочек, и матерей-патриоток, и убеленных сединами старцев начинаются агрессии, чистки, доносы, расстрелы, издевательства, цинизм, причем, подозреваю, совершенно безразлично, во имя КАКОЙ цели. Достаточно голословно сообщить, что она прекрасна. Верят.

Я писал эту книгу не для того, чтобы рассказывать вчерашние истории. Это СЕГОДНЯШНИЙ разговор на основе материала оккупации Киева, свидетелем которой случайно я был. Но подобное происходит на Земле сегодня, и уже совсем нет никакой гарантии, что оно не явится в еще более мрачных формах завтра. Ни малейшей гарантии.

Ну-ка, давайте подсчитаем, сколько населения Земли сегодня охвачено системами насилия?

Мир ничему не научился. Мир стал угрюмее. Он переполняется обманутыми марионетками, этакими запрограммированными болванчиками, которые с вдохновенными глазами готовы стрелять в любую цель, которую им укажут вожди, топтать любую землю, на которую их пошлют, а об оружии, которое сегодня в их руках — страшно подумать.

Если им в глаза кричать: вы обмануты, вы всего лишь пушечное мясо и орудие в руках мерзавцев, — они не слышат.

Говорят: "Злобный вой". Если им приводить факты, — они попросту не верят. Говорят: "Не было такого".

Спросим людей, поживших на этом свете. Когда из Германии поступили первые сведения о гитлеровских лагерях смерти, мир не верил. Он больше был склонен доверять красивым словам мерзавцев. Многие из тех, кто дымом вылетел из труб Бухенвальдов, начинали с того, что доверяли.

Вспомним, как киевские евреи поверили, что их везут в какую-то Палестину, и, даже слыша выстрелы, все еще рассуждали, что там вещи "поровну поделят". Сколько таких Палестин уже было обещано миру?

Вы полагаете, что-нибудь изменилось? Только в худшую сторону. С фанатизмом самоубийцы человечество лезет на отравленный мед, кто бы его ни выставил, и поистине нет предела людской доверчивости.

Верят кому угодно — Ленину, Сталину, Гитлеру, Хрущеву, Мао Цзэдуну, Брежневу и прочим Фиделям Кастро рангом поменьше. Оправдывают злодеяния великими целями, отрицают факты, доверяют голым добрым намерениям.

Доверяйте...

Если цивилизация сегодня в опасности, если ей суждено выродиться или погибнуть, то это произойдет с восторженной помощью доверчивых людей. Сегодня они мне кажутся опаснее самих их наглых вождей, потому что делается-то все — их руками. А их становится угнетающе много, и чудятся впереди такие Бабьи Яры, Освенцимы и всеобщие Хиросимы, какие нам еще и не снились.

Хочу, чтобы я ошибался. Молюсь.

Рассказываю, как ЭТО бывает.

Прошу вас, люди: опомнитесь.]

Киева больше не будет

1. Когда грохот пушек прекрасен

Из-за Днепра доносился гул канонады. Горели Дарница, Сваромье, Вигуровщина и Труханов остров. Вокзал был забит эвакуирующимися немцами и фольксдойче. Ехали беженцы из Ростова, Харькова и Полтавы, рассказывали, что немцы, отступая, оставляют мертвую землю.

Взорвали мосты через Днепр, причем вместе с выгнанными с того берега жителями: тела падали в Днепр вперемежку с телегами.

Ночью советские разведчики подобрались на Трухановом острове к пляжу и кричали: "Освободим вас скоро!"

Шли последние отчаянные аресты. Расстреляли Грабарева на Зверинце, который действительно остался совсем не случайно.

С заводов вывозилось все, что можно снять, в конторах отвинчивали дверные ручки и оконные шпингалеты, снимали унитазы. Немцы сматывали удочки.

Кобыле Машке повезло случайно. Немец предложил Дегтяреву пять мешков зерна, надо было привезти, и Машку запрягли, а я поехал за возницу.

Солдат был добродушный, улыбался. Пригревало солнышко, и он расстегнулся, развалился в телеге. Я хлопал Машку вожжами, но она упрямо не хотела идти рысью, тогда солдат знаками попросил дать ему править. Я подвинулся.

Он со знанием дела ухватил вожжи, ополосал кобылу кнутом — эх, она так и пошла галопом. Телега затарахтела, чуть не рассыпаясь, а солдат привстал — видно было, что он из сельских жителей: у него глаза засияли, он с таким смаком, с таким удовольствием погнал, сразу сделавшись обыденным и свойским, как какой-нибудь Иван Свинченко из Литвиновки.

И настроение у меня было хорошее, захотелось поговорить, но запас немецких слов был мал. Я порылся в памяти.

— Что это? — спросил я по-немецки, показывая на горизонт в столбах дыма. — Это огонь, огонь?

Солдат посмотрел на меня, улыбнулся, мол, что спрашиваешь, будто сам не знаешь, — и развел руками:

— Война, малчик. Это болшовик.

— Где фронт? — спросил я.

— Здесь фронт. Здесь. — Солдат вдруг опустил кнут, и руки его обмякли. — Днепр — фронт. Днепр — граница. Здесь — мир. Болшовик там, дойч здесь.

"Это вам так хочется, — подумал я. — Теперь вы уже и на это согласны? Но этого не может быть".

— Я имей такой малчик. — Немец показал на меня и похлопал себя по карману. — Такой хорош малчик Курт.

Я попросил показать, зная, что от этого он растает. Не было немца, который бы не возил с собой фотографий, и, когда они показывали, они становились такими сентиментальными, грустными и задумчивыми.

Солдат сейчас же охотно достал бумажник. Фрау его с грудным ребенком на руках — простецкая тетка, конопатая такая. Мальчишка, немного смахивающий на Шурку Мацу. Солдат что-то объяснял, рисуя пальцем круги на карточке, я не понял, но покивал головой. Тут нам надо было сворачивать, телега накренилась, и он заботливо обхватил меня рукой, чтобы я не вывалился. Как отец сына. У меня даже сердце дрогнуло. Я-то отца уже забыл. Мы въехали на зерносклад, солдат солидно предъявил бумажки, таскал и сваливал в телегу мешки — вот как нынче воруют! — а я придумывал фразы для обратного пути, и, когда мы выехали, бабахнул:

— А вы человека убивали?

Он просто ответил:

— Йа, йа.

— Сколько?

Он подхлестнул кобылу, кивнул головой:

— Много. Война.

— Юден? Фрау? Киндер? — спросил я настойчиво.

Наконец он меня понял, посмотрел, хитро улыбнулся и погрозил пальцем:

— Болшовик!

Я посмотрел на его руки — большие, крестьянские, с корявыми толстыми пальцами и обломанными ногтями. Ну да, он был деловитым комбинатором, украл и продал казенное зерно, получил от Дегтярева пачку денег, поулыбался и ушел, и больше я его не видел и не увижу, но он врезался мне в мозги, как дышлом въехал, может, потому, что обнял меня, как отец, а из-за не-

го эта чертовщина стала мне еще более непонятной. Те, что строчили в Яре, тоже, вероятно, были вот такими дядьками, знали, как обращаться с лошадьми, имели конопатых фрау и лопоухих сынишек, они варили на костре кофе, брались за рукоятки пулемета, как за рукоятки плуга, и стреляли, потом опять варили, рассказывали анекдоты...

Перед выходом на улицу я тщательно осматривался. Как-то раз высунулся да как кинусь обратно: гнали толпу стариков, пацанов, среди них были мальчики поменьше меня. В Германию.

Дед понес на базар тряпки, разные рваные валенки, калоши выменять на пару картошек. Его остановил солдат и забрал мешок. Дед обиделся и некоторое время шел за солдатом. Кучка немцев жгла костер [и развлекалась с ребенком. Они ему велели кричать "Сталин капут!" — он охотно кричал, и за это ему давали вылизать котелок.] Солдат вытряхнул в костер валенки и калоши, оказывается, они ему не были нужны, а нужен был мешок.

— Какие злыдни! — прибежал дед, рыдая. — Вот где из босяков босяки! [Легче было под своими пропадать, чем под этими,] чтоб на вас погибель, пропасница, огнь и гром Господень!

А гром, только советский, рокотал. Люди останавливались на улице, вылезали на крыши, глядели за Днепр на восток, слушали мощную, торжественную канонаду.

Со стороны оврага плыли полосы темного жирного дыма, и иногда, когда ветер их нагонял, трудно было дышать из-за запаха горелых волос и мяса.

2. Города оставляются без препятствий со стороны врага

Советские войска форсировали Днепр и вышли на правый, киевский берег. Канонада поднялась с севера, из-за Пущи-Водицы и Вышгорода.

УСПЕШНЫЕ НЕМЕЦКИЕ АТАКИ НА СЕВЕРНОМ И ЮЖНОМ УЧАСТКАХ ФРОНТА

Главная Квартира Фюрера, 25 сентября.

> ...На среднем Днепре враг во многих местах безрезультатно атаковал предмостные укрепления на восток от реки. На север от Черкасс немецкие танковые силы разбили небольшие вражеские челны.
> На центральном участке фронта на восток от узлового железнодорожного пункта Унеча и на юг от Смоленска происходят упорные оборонные бои, которые еще продолжаются. Без всяких препятствий со стороны врага оставлены города Рославль и Смоленск после полного разрушения и уничтожения всех важных военных сооружений*.

К НАСЕЛЕНИЮ ГОРОДА КИЕВА

> Западный берег Днепра и г. Киев всеми средствами будут защищаться немецкими войсками. Районы г. Киева, находящиеся вблизи Днепра, станут боевой зоной.

* "Новое украинское слово", 26 сентября 1943 г.

> Немецкие войска в эти дни располагаются там на свои позиции. Чтобы предотвратить ненужные жертвы среди населения и чтобы гарантировать боевые действия без препятствий, боевая зона в городе должна быть освобождена... Я надеюсь, что население в собственных же интересах выполнит это распоряжение без сопротивления.
>
> Всех, кто после указанного времени без особого пропуска будет находиться в запретной зоне, ожидает суровая кара*.

Наша хата оказалась в зоне выселения. Дед и мать заспорили: уходить или нет? Дед снес в погреб все вещи, какие оставались, потом мы ведрами наносили в сарай земли, засыпали пол с люком, утрамбовали, притрусили сеном и трухой. Никто не найдет.

Потом мы старыми досками крест-накрест забили окна. Дед взял торбу и пошел к своему другу Садовнику, а мы с матерью раздвинули сено в углу сеновала, устроили там тайник, сложили туда сухари, ведро с вареной картошкой, бидон с водой и стали ждать дальнейших событий.

3. Величие Дегтярева

У земли очень приятный запах. Всегда я любил ее рыть. И в окопе сидеть приятно: дышишь, смотришь на сырые стенки со следами лопаты. А особенно весной, когда с граблями, с плугом, с лопатой выходишь

* "Новое украинское слово", 26 сентября 1943 г. Приказ генерал-майора и боевого коменданта Вирова.

на отдохнувшую землю, начинаешь ее ворошить, — голова кружится от радости, от этого запаха...

Смело скажу, что люди, никогда не сжигавшие прошлогоднюю ботву, не копавшие до седьмого пота под дымом костров, которым запах земли ничего не говорит и которые в суете и заботах его забыли, лишены многого прекрасного.

Так что, когда Дегтярев попросил на прощанье вырыть ему яму под вещи, я закопался в землю так глубоко, что меня пришлось вытаскивать за рукоятку лопаты. Помог я ему и замаскировать эту яму черной землей и стеблями, но окончательно скрыть ее могло только время.

Подвода, доверху нагруженная барахлом и запряженная кобылой Машкой, которой повезло, стояла во дворе. Старуха плакала, Дегтярев бодро покрикивал на нее. Он решил уходить из Киева на запад.

По улицам тянулись люди с двуколками и детскими колясками, покидая боевую зону. Машка понуро волокла воз в гору мимо Приорской церкви в чистое поле, куда я когда-то ходил за елками: Дегтярев не решился ехать через центр, а пробирался глухими, одному ему известными путями, чтобы выйти на шоссе далеко от города.

— Что нос повесил? — спросил он. — Это тебе в диковинку, а я всю жизнь эти пертурбации смотрю, *только флаги да портреты успевай менять.* Вот скоро увидишь красных.

— Куда вы едете?

— Мир большой, и колбасники в нем не пропадают. *Гитлеры со Сталиными дерутся, а кто колбасы будет делать? Бог если оставит живым, попытаюсь найти такое место, где ни фашистов, ни коммунистов, чтоб они все утопли.*

— Может, еще подождали бы...

— Чего? То, что в газете пишут, — фунт дыма. Красные уже под Вышгородом. *Просрал Гитлер эту войну.* Мне что, я б, конечно, мог остаться, какими-нибудь складами советскими заворачивать, но лучше, когда сам себе хозяин. *Пойду на Запад.*

Окраины кончились, телега со скрипом ползла по полю. Телеграфные столбы с ржавой обвисшей проволокой уходили к горизонту.

— Давай прощаться, — сказал Дегтярев. — Наверно, уже не увидимся... Бывай. Держись.

— *Вы-то держитесь.*

— За меня ты уж не беспокойся. Смотри!

Он распахнул на себе обтрепанный мешковатый пиджак. Под пиджаком была широкая рубаха, вся в узлах, как в бородавках. Сперва я не понял. Но Дегтярев тряхнул узелком, и в нем звякнули монеты. Узлы шли неровными рядами по груди, животу, уходили под мышки и за спину. Эта рубаха стоила миллионы, даже на деньги того времени, скорее всего, миллиарды.

Дегтярев напряженно улыбался, любуясь произведенным впечатлением:

— Пощупай.

Я потрогал тяжелые, как камни, узелки. *Я понимал его!* Кто-то должен был оценить его богатство, его труды, его величие. В этих узелках был его пот, мой пот, его жены пот, все нами убитые кони. Наконец он смог показать кому-то все свое золото, потому что я оставался, не знал, куда он едет, и не смог бы донести. Нам вообще никогда уже не суждено было увидеться, и вот он похвалился мне, а потом хлестнул Машку и бодро зашагал рядом с телегой, вдоль столбов к горизонту.

4. Попадаюсь — не попадаюсь

Идя, задумавшись, обратно, я понял, что вляпался, но было поздно: улица оцеплена немцами, из дворов выводили мальчишек и стариков.

Я немедленно применил свой коронный номер: сжался, скукожился, надвинул картуз и пошел прямо на солдат. Наверное, это выглядело забавно, потому что они приняли меня с удовольствием, будто только этого и ждали, даже засмеялись. У забора стояла группа, меня присоединили к ним.

Солдаты, продвигаясь по улице, подгоняли нашу толпу за собой. Трое с винтовками стерегли, остальные прочесывали дома. Все мы молчали и так нормально, тихо прошли дворов шесть, когда в очередном доме грохнуло, по-моему, полетела мебель, ударил выстрел. Наши конвоиры занервничали, беспокойно заглянули во двор.

Я взял с места так, словно собрался поставить мировой рекорд. Пока бежал до поворота, так и слышал ушами назначенный мне выстрел. Молниеносно обернулся — увидел, что вся толпа разбегается кто куда.

Выстрелы поднялись, когда я уже был за поворотом, и не знаю, чем там все кончилось, потому что чесал добрых километра два, прибежал к Гороховским, ворвался к ним и забился за шкаф. Спасибо, ноги.

Дома был один Колька. Он деловито выслушал мой рассказ, сообщил, что мать и бабка понесли вещи в церковь и там собрались старухи со всей Приорки, собираются сидеть и молиться, пока не придут наши. Жорку бабка отвела в погреб священникова дома, чтоб не схватили. А ему, Кольке, четырнадцати нет, гуляет себе, как вольный казак, гранаты вот добыл...

— Где?

— У немцев наворовал. Осторожно, заряженные! Лимонки.

Я так и вцепился в гранаты:

— Дай мне пару.

— Бери, только пошли еще наворуем.

Я подумал. Еще от облавы страх сидел в поджилках, но и оружие очень уж нужно. А, была не была, ноги у меня на мази.

— Ну, стань рядом, — сказал я. Колька стал. Мы были одинакового роста, он лишь чуть тоньше.

— Ну разве видно, что мне четырнадцать?

— Ни черта не видно, — утешил Колька.

Мы нагло перелезли забор училища ПВХО, опять битком набитого солдатами, и пошли по его двору, как по собственному.

Солдаты выглядывали в окна, скучали, пиликали на губных гармошках, чистили оружие, и никому до нас не было дела. Один компот — когда они на облаве, другой — когда отдыхают.

У черного хода стояла под стеной винтовка, мы на нее посмотрели.

За углом дымила полевая кухня, и толстый краснолицый повар, не выпуская сигары изо рта, колдовал в котле. Сигара докурилась и ядовито дымила ему в ноздри, но это ему не мешало. Мы постояли у кухни и посмотрели, но повар обратил на нас внимания не больше, чем если бы перед кухней сидели, облизываясь, дворняжки.

Мы обошли дом по второму кругу, и винтовка все еще стояла под стеной. Мы подошли, цопнули ее и кубарем скатились в подвал. Там была разрушенная кочегарка. Один стоял на стрёме, другой торопливо заворачивал винтовку в солому и бумаги. Когда получился несуразный сверток, мы взяли его за концы, перекинули через забор и перелезли сами.

Колька достал из своих складов патроны, мы пошли на пустырь, где до войны строили дома, но теперь были лишь траншеи да остатки фундаментов, с которых растащили кирпичи. Развернули винтовку и принялись своим умом доходить, что да как в ней работает, а когда решили, что знаем уже достаточно, поставили кирпич и принялись палить.

Выстрелы неслись отовсюду, поэтому мы даже не очень остерегались. Винтовка отдавала в плечо, как добрый удар увесистым кулаком, я даже обижался. *Расшлепав несколько кирпичей, мы решили посмотреть, куда летят наши пули, если мы в кирпич* не по*падаем. Оказалось — точнехонько на улицу вдали, по которой ходили прохожие. Бог их хранил.* Просадили полсотни патронов, и плечи у нас распухли, а руки не поднимались, но мы были счастливы, что вооружены, и спрятали винтовку среди фундаментов, постановив, что возьмет ее тот, кому первому она станет нужна для дела.

5. Страшная ночь

Еще не дойдя до дома, я понял, что дело плохо. Бежали плачущие женщины с узлами и детьми; солдаты с винтовками стояли у наших ворот; высунув языки, на поводках вертелись овчарки; мать во дворе что-то доказывала плачущим голосом. Увидев меня, бросилась:

— Вот он! Сейчас уйдем, сейчас.

Солдаты поверили, пошли выгонять дальше. А мы шмыгнули на сеновал и завалились сеном. Мать тихо ругала меня в темноте. Я ничего не сказал ни про облаву, ни про винтовку, ни тем более про гранаты в карманах. Что ее волновать, она и так от всего этого стала сама не своя, постарела, ссутулилась, худющая, только нос торчит, так что, когда она, в фуфайке и черном платке, ходила по улице, бывшие ученики ее не узнавали, а узнав, поражались: "Мария Федоровна, что с вами сделалось?"

Я отковырял несколько щепок, и получилась амбразура, через которую я мог видеть колхозный огород. Уже темнело. Вдруг совсем близко раздалась стрельба — и отчаянный визг или крик, не похожий на человеческий. Мать так и затрепыхалась.

По огороду побежал немец с винтовкой, приложился и выстрелил. И со второго раза тоже попал: раздался хрип, тявканье, и я увидел, что он охотился за собакой.

Стало тихо, пришла ночь. Мы только пили воду, но не ели. Я заснул, а когда проснулся, увидел в сене слабый свет. Просунул руку и достал кусок гнилой коры, светившийся таинственно и прекрасно. Полночи я развлекался гнилушкой, но от пальцев она стала меркнуть и погасла.

Потом послышался легкий шорох: кто-то лез на сеновал. Я похолодел, но подумал, что это, может быть, дед прибежал от Садовника. Послышалось тихое тоскливое "ма-у", я разворошил сено, бросился к Титу, прижал к себе, и стало веселее.

Кошки — они ведь удивительный народ. Они живут среди нас, зависят от нас, но высоко держат свою самостоятельность, и у них — своя особая, сложная жизнь, которая только чуть соприкасается с нашей. У них свои календари, свои особые дороги и ходы, и узловые места на земной территории, редко совпадающие с нашими. Я всегда уважал личную жизнь Тита, но в эту ночь был безмерно рад, что она соприкоснулась с моей.

Так мы провели на сеновале сутки, не выходя. А потом я проснулся утром и увидел, что ни матери, ни Тита нет. Судорожно раскидал сено. Кто-то шел по улице. В доме Бабариков напротив ходила и закрывала ставни Вовкина мать. Мне стало легче. Мать деловито позвала со двора:

— Подавай вещи, уходим. За трамвайной линией есть пустая комната. Здесь обносят колючей проволокой.

Я долго искал Тита, звал, кискал, но он как сквозь землю провалился. Пошли без него. По площади, перебегая от столба к столбу, немец целился в кого-то. Мы сперва так и влипли в забор, потом увидели, что он стреляет по кошке. И повсюду валялись убитые собаки и кошки. Я мысленно распрощался с Титом, который тоже оказался неугоден оккупационным войскам Гитлера.

Вдоль трамвайной линии пленные долбили ямы, вкапывали столбы, тянули колючую проволоку. У газетного киоска объявление:

ЗАПРЕТНАЯ ЗОНА. ЗА ПРЕБЫВАНИЕ
БЕЗ ОСОБОГО РАЗРЕШЕНИЯ - РАССТРЕЛ

Как раз напротив этой доски была длинная низкая хата с крохотными оконцами, годная разве на снос, в нее со двора вели пять дверей с тамбурчиками.

Вероятно, тут раньше жили евреи, а теперь все комнатки были заняты беженцами. Но оказалось, что за углом есть еще одна дырявая дверь. В пустой каморке была плита и была скамейка.

Мы разложили на полу постель, табуретку возвели в ранг стола, и я пошел искать щепки для плиты.

6. Шли массы людей

Последнее печатное общение оккупантов с городом Киевом:

> УКРАИНСКИЙ НАРОД! МУЖЧИНЫ И ЖЕНЩИНЫ!
> После двухлетнего восстановления на местах война снова приблизилась. Германское командование желает сохранить свои силы и потому не боится оставлять определенные районы.
> Советское командование, наоборот, совершенно не жалеет командиров и бойцов, легкомысленно рассчитывая на якобы неисчерпаемые людские резервы. Поэтому немцы со всеми своими резервами выдержат дольше, а это имеет решающее значение для окончательной победы.
> Вы теперь понимаете, что германское командование вынуждено принимать меры, иногда тяжело ущемляющие отдельных лиц в их личной жизни.
> Но это есть война!..
> Поэтому работайте старательно и добровольно, когда вас призывают немецкие учреждения.
> ГЕРМАНСКИЙ КОМАНДУЮЩИЙ*

* “Новое украинское слово”, 30 сентября 1943 г., после чего газета перестала существовать.

В жизни это выглядело так. Прикладами, побоями, со стрельбой в воздух выгоняли на улицы всех, кто мог и не мог ходить, — на сборы давалась минута, и было объявлено: город Киев эвакуируется в Германию, города больше не будет.

Это было до ужаса похоже на шествие евреев в 1941 году. Шли массы людей — с ревущими детьми, со стариками и больными. Перехваченные веревками узлы, обшарпанные фанерные чемоданы, кошелки, ящики с инструментами... Какая-то бабка несла венок лука, перекинутый через шею. Грудных детей везли по нескольку в коляске, больных несли на закорках. Транспорта, кроме тачек и детских колясок, не было. На Кирилловской уже было столпотворение. Люди с узлами, двуколки, коляски — все это стояло, потом двигалось немного, снова стояло; был сильный гул толпы, и было похоже на фантастическую демонстрацию нищих. Провожающих не было: уходили все.

Мы с матерью смотрели в окошко на это шествие. Появление трамваев было феерическим: никогда в жизни не видел такой мрачной череды трамваев.

Немцы их пустили, чтобы ускорить вывоз. Трамваи делали кольцо по Петропавловской площади, беженцы загонялись в них, стоял вой и плач, лезли в двери, подавали вещи в окна, подсаживали детей. Все это — прямо перед нашим окошком. Полицай иронически говорил:

— Хотели большевиков встретить? Давайте, давайте, лезьте.

Не ожидая, пока нас погонят собаками, мы взяли узелки и вышли. Вовремя, потому что подгонялись последние толпы. Рядом у школы улицу перегораживала плечо в плечо серо-зеленая цепь солдат, и за ней была пустота, полное безлюдье. Мы подошли к переполненному трамваю.

— Пойдем в следующий, — сказала мать.

Подошли к нему.

— Пойдем в следующий, — сказала мать. Цепь трамваев тронулась, продвинулась немного и остановилась — затор. Мы бежали от одного трамвая к другому, никак не решаясь сесть. Немцы уже не кричали, не стреляли — просто терпеливо ждали.

Мать схватила меня за руку и потащила обратно к халупе, вскочили во двор. Все двери распахнуты, ни души. Мы кинулись в нашу каморку, закрылись на крючок. Мать села на пол, глядя на меня страшными глазами с бездонными черными зрачками. Мы сидели не двигаясь, пока не отчалил последний трамвай.

За окном темнело, изредка стучали сапоги. Петропавловская площадь была абсолютно пуста, усыпана бумажками и тряпьем. Метрах в пяти от окна стоял на тротуаре немец-часовой с автоматом, я мог видеть его, только глядя наискось, прижавшись к стенке; я замирал, как звереныш, и переставал дышать, когда он поворачивался.

На следующий день прогоняли группки выловленных людей, прочесывали, а часовые, сменяясь, все стояли у нашего окна, и именно это нас спасло: так спасаются утки, которые иногда безопасно живут под самым гнездом ястреба.

Мы понятия не имели, что будет дальше и что теперь с нашим дедом, живой ли он вообще. Но план я выработал такой. Если нас найдут, то, пожалуй, в комнате стрелять не будут, а выведут во двор; там мы должны прыгать в разные стороны и бежать, только не на улицу, а в глубь двора, дальше по огородам к насыпи; она длинная, поросшая кустами, без собаки искать трудно, но, поскольку собаки будут, надо бежать дальше — на луг, быстро бежать и петлять, на лугу же кидаться в болото, в камыши, и сидеть там, в случае чего нырять и дышать через камышину, я читал, что так делали на Руси, спасаясь от татар. Тогда будет полная, прекрасная безопасность.

Я шепотом рассказал матери все это и предложил гранату. От гранаты она отмахнулась, насчет болота задумалась. Мы не говорили, не шевелились. Вокруг была полнейшая тишина.

Потом стало известно, что немцы действительно посадили население Киева в товарные поезда и повезли на Запад. Основные массы расползлись и разбежались в Польше, многие на этом пути погибли, часть оказалась в Германии, некоторые попали даже во Францию.

Цифры. До войны в Киеве насчитывалось 900 000 населения. К концу немецкой оккупации в нем оставалось 180 000, то есть намного меньше, чем лежало мертвых в одном только Бабьем Яре. За время оккупации убит каждый третий житель Киева, но если прибавить умерших от голода, не вернувшихся из Германии и просто пропавших, то получается, что погиб каждый второй.

"Война миров"

Когда у нас кончилась вода и не стало еды, а часового сняли и город стал совершенно пуст и мертв, мы вылезли, раздвинули колючую проволоку под самой таблицей "За пребывание — расстрел" и пошли домой через сквер. Соображали: в этой зоне меньше шансов на прочесывание.

В сквере прежде были клумбы и детская площадка с качелями — можно ли было подумать, что будешь красться тут, отвечая жизнью! Мы перебегали, пригибаясь, зорко озираясь, готовые в любой момент упасть на землю, но площадь была пуста и нигде ни звука. Гниют собачьи и кошачьи трупики.

Мама только руками всплеснула, когда увидела нашу хату. Ворота раскрыты, двери разбиты и сорваны с петель, окно выбито, повсюду валялись книжки, битая посуда, разные мои фотопринадлежности. Немцы были в доме на постое: в комнатах полно соломы, журналы, консервные банки, из шкафа вырваны дверцы, прострелено цинковое корыто.

Под стенкой сарая валялась икона, которую, я точно помнил, дед прятал в погреб. Мы кинулись в сарай. Они не нашли люка, а просто отгребли землю и ломами продолбили дыру в погреб, в ней повисли разные лоскутки материи, лежала старая облезлая лисья горжетка с оторванным хвостом. Мама заломила руки и заголосила.

Я полез в дыру, пошарил, нашел пустой чемодан и лом, которым долбили. Иконы валялись по сараю. *Самая главная, строгая Богоматерь с ребеночком-старичком, была разбита, и вот, наконец, все ее золоченые листья, цветы и пупырышки были в моих руках. Они были примитивно скручены, из жести, холодные и жесткие, ничем не интересные.*

Попробовал заглянуть под оклад, отогнул его, и оказалось, что там — расписанная доска иконы. Она была вся расписана, а потом кто-то сделал оклад и закрыл все, кроме лиц и рук Богоматери с младенцем. Больше ничего интересного в футляре не нашлось. О Рублеве и древнерусской живописи мы в те поры понятия не имели, меня учили, что иконы — одна глупость и обман, поэтому я размахнулся и швырнул Богоматерь так, что она, несколько раз перекувырнувшись, улетела на огород.

Тут за хламом раздался отчаянный кошачий вой. Когда мы пришли, кот Тит, видимо, затаился — и лишь теперь узнал. Он вылез, изо всех сил протискиваясь, с вытаращенными глазами, голося жалобным басом, рассказывая, как ему тут было плохо, одиноко, как он боялся и прятался. Он прыгнул мне на грудь, уцепился когтями, лез мордой в рот, стукался лбом — словом, всячески изливал свою радость.

Я сам очень обрадовался, что он такой сообразительный, что все время, пока стояли немцы, он ни разу не попался им в руки. Нам стало веселее, и мы взялись за уборку.

Под водосточной трубой стояла бочка, полная воды, — от жажды не пропадем. Порылись в огороде, выкопали несколько забытых картошек. По огородам прыгали одичавшие кролики, быстрые, как зайцы, но их никак не поймать. Топить мать не решилась: виден дым из трубы. Она поставила рядом два кирпича на земле и развела огонь между ними. Спичек было всего несколько штук, вот что плохо, но мы решили держать уголья постоянно.

Соседние дома были распотрошены, окна побиты, двери открыты, там на улице лежала табуретка, там книга, ведро, мусор. Я решил обследовать окрестности и направился в дом Энгстремов.

Вошел, натыкаясь на катающиеся по полу банки и кастрюли, осмотрел полки буфета, шкафчика, заглядывал под кровати — и не ошибся, нашел завалявшийся сухарь.

Это меня вдохновило, я перескочил забор и пошел дальше. В соседнем доме был такой же погром, даже кто-то нагадил на полу.

Я обследовал погреб. Поскольку спичек не было, шарил в темноте, натыкался на скользкие доски и нашел то, что искал: там была кучка старой, порченой картошки, а также несколько вялых морковок. Это уже было что-то.

Переходя улицу, взглянул на дом, в котором жили Кобцы, и чуть не выронил добычу от ужаса. Из разбитого окна на меня смотрели налитые кровью маленькие глазки лохматого дикого кабана.

Это было кабанье чучело Кобцев, видно, какой-то немец-шутник выставил его в окно. Отнеся картошку, я вернулся к чучелу, осмотрел его, пихнул в рыло, и оно повалилось внутрь комнаты. Я полез в окно за ним.

Стекла хрустели под ногами, пол был завален вывернутыми из ящиков письменного стола бумагами, старыми письмами, альбомами. Я поднимал, рассматривал то разбитую фарфоровую статуэтку, то ложку с вензелями, то книгу — они грудами лежали по углам — и швырял все обратно. Все это было мне безразлично.

Я поднял чучело кабана и снова укрепил его в окне. Потом отыскал оленя, волка, лису, долго укреплял и подпирал их книгами во всех окнах, в приятной компании с вепрем. Мне стало весело, я решил сходить на улицу и посмотреть, как выглядит этот дом со звериными мордами в окнах. Ничего, забавно...

Выдвигая один за другим ящики комода, я нашел склад фотографий, которые когда-то показывала старуха. Они стояли, как картотека, строго по размеру, на них были знакомые мне уже дамы, усачи, дети в матросских костюмчиках, Николя у автомобиля на тележных колесах и Севочка у самолета-этажерки. Это была самая дорогая коллекция близких ей людей, и я подумал: значит, они с Мимой бежали очень поспешно, если оставили ее.

Мне-то эти однотипные картонки ничего не говорили, но теперь они были ничьи, все рухнуло, и я подумал, нельзя ли их на что-нибудь употребить. Вынул всю "картотеку" вместе с ящиком, вышел на огород и стал запускать фотографии в разные стороны. Они отлично летали, вертясь и планируя, как тарелочки, застревали в кустах, улетали через заборы на улицу.

Наконец и это мне надоело, я столкнул ящик в канаву, пошел в хату нашей соседки Мишуры, помня, что и у нее был погреб. К сожалению, ее погреб уже был обчищен, только на дне кадки оставалось несколько сплюснутых старых огурцов. Я стал доставать их, в укропе и плесени, вытирал о штаны и грыз. Сидел себе в темном сыром углу погреба, хрупал огурцами и думал, что вот стало как в "Войне миров" Уэллса, когда на землю пришли марсиане, потом сами стали вымирать: все разорено, все пусто, и людей нет.

Профессия — поджигатели

Мы жили в полном одиночестве и безмолвии. Раз или два по Кирилловской проходили немецкие войска, громыхали танки, но мимо нашего дома они не шли. Случалось, что со стороны Вышгорода постукивали пушки, но, в общем, все притихло, словно никакого фронта не было.

Я изучил все окрестные дома; для удобства, чтобы не показываться на улице, проделал дыры в заборах. Мои трассы, как у кота Тита, проходили по крышам сараев, через лазы и окна: я все искал еду.

И вдруг улица наполнилась шумом, грохотом колес. Мы испуганно притаились: пришла немецкая часть. Во двор быстро вошли офицеры, протопали по крыльцу, распахнули дверь — и испугались. Передний выхватил пистолет, направил на мать:

— Матка, малчик! Почему? Эвакуир, эвакуир!

Мать стала что-то объяснять. Офицер, не слушая, сказал:

— Паф! Паф!

Мы стояли ни живые ни мертвые. Но они быстро осмотрели квартиру, показали нам жестами: вон.

Солдаты уже распахивали ворота, и во двор въехала роскошная легковая машина с каким-то большим начальством. На нас уже никто не обращал внимания, мы поскорее вышли в сарай.

Развернулась бешеная деятельность: в дом тащили телефонную станцию, радиоприемники; побежали связисты, разматывая катушки проводов; денщики шустро тащили из соседних домов никелированную кровать, диван, горшки с цветами; у ворот то и дело останавливались связные верхом на конях.

Въехал грузовик с вещами, около него вертелись и распоряжались две русские девушки. Немецкие солдаты беспрекословно их слушались.

У начальства была прорва вещей: женские шубы, валенки, отрезы, даже детская коляска — видимо, собирался отправлять в Германию. В доме загремело радио, повар сворачивал гусям головы и потрошил их. Стало весело и шумно.

Одна девушка была черненькая, другая белокурая, обе хорошенькие, пухленькие, с капризными голосами и ленивыми манерами. Они называли друг друга Шура и Люба.

— А вы остались? — спросила черненькая Шура у мамы. — Вас могут запросто расстрелять. А может, выгонят, смотря кому попадетесь, они ж как звери, эти немцы. Здесь все равно ничего живого не останется, так что вы не надейтесь понапрасну, тут фронт будет долго стоять, и город сгорит.

— Почему долго? — спросила мать.

— Наш генерал получил приказ не сдавать Киев любой ценой. Фронт остановится здесь, вот увидите.

— А вы кем тут, переводчицами? — спросила мама.

— А! — махнула рукой Шура и засмеялась. — Мы, в общем, при генерале, от самого Харькова с ним отступаем.

— Он с двумя любит спать, — цинично сказала Люба, жуя пирожок. — Греем его с двух боков, старый, ночью мерзнет.

Они расхохотались. Пришел солдат и позвал мать на кухню чистить овощи и рубить мясо, она пошла и возилась там до вечера. Прибежала на минутку, принесла мне богатого генеральского супа.

Я решил не шляться и не маячить на глазах, засел на сеновале, забрал с собой всего Пушкина, читал “Евгения Онегина”. Раньше принимался не раз, но что-то он мне не шел, больше нравилось про Пугачева да повести Белкина. А тут вдруг раскрыл — и не мог больше оторваться, забыл про сеновал, про всех этих немцев, упивался музыкой:

Ты в сновиденьях мне являлся,
Незримый, ты мне был уж мил,
Твой чудный взгляд меня томил,
В душе твой голос раздавался
Давно...

Читал до ночи, пока мог разбирать буквы, потом лежал на сене, перебирал в памяти эту музыку, горевал, что нет Тита: едва немцы вошли, Тит опять как сквозь землю провалился.

Генерал простоял дня три и снялся так же внезапно, как и явился. Моментально свернули провода, погрузили диван, никелированную кровать, горшки с цветами — и генерал со всей частью уехал на север, к Пуще-Водице.

Но дом пустовал всего несколько часов: на улице появились власовцы — с гармошкой, веселые, шумные. И мы им обрадовались, что не немцы, а свои, и все говорили по-русски, а мы тут за долгое одинокое сидение уже отвыкли слышать свою речь. Они даже не удивились, увидев нас. Просто сказали, что наш дом поцелее других, так они в нем будут жить.

Сразу они расположились, о чем-то заспорили, кричали и хохотали — такая бесшабашно-судорожная орава. Завели патефон, а пластинок у них была пропасть, только сперва вышло что-то не то: какое-то кваканье сквозь шипение и хрип, оказывается, речь Ленина (а ее до войны нагрузкой к "Катюше" продавали). Один вышел на крыльцо, запустил Ленина через забор на мостовую, так что он разлетелся на тысячу осколков, а патефон заиграл "Гоп, мои гречаники".

— Так что, мамаша, прибыли мы с заданием все это уничтожить, — хмуро улыбаясь, сказал их взводный, бывший командир Красной Армии. — Плачьте не плачьте, а такой у нас приказ. Все эти дома мы сожжем, здесь будет мертвая зона, и Киева больше не будет, прощайтесь с Киевом-то. А сами уходите, пока еще не поздно. Ну, пока мы здесь, я скажу, что вы нас обслуживаете, а другие придут — шпок, и вас нет. Это ж очень просто. По правде, и мы должны шпокать...

Власовцы начали с того, что украли у немцев корову. Дерзкая эта операция была осуществлена где-то за мостом, но немцы вынюхали след, бегали по нашей площади злые, с автоматами. А у наших ворот стоял грозный часовой-власовец, и в сарае братва сдирала с коровы шкуру.

Вечером у них был пир горой, играли на гармони, плясали так, что с потолка валилась штукатурка, и отчаянно пили, выползали во двор, валялись по всем углам. "Эх, перед смертью попляшем!" — выкрикивали.

Но утром все были в форме, как огурчики, построились и отправились к Пуще-Водице.

Они вернулись поздно, уставшие, закопченные и пахнущие бензином, несли большие тюки разного барахла.

— Приступили, — сказал взводный матери. — Сегодня сотню домов сожгли.

— Бензином обливали?

— Где бензином, где соломой. Это зависит от сноровки. У нас норма на каждого, и надо смотреть, чтоб сгорело дотла. Оно будто назло: как случайный пожар, так само вспыхивает, а как надо сжечь, так и не загорается. Работа!..

— И вещи оттуда?

— Вещи из ям.

— Куда ж вам девать столько?

— На водку менять.

Действительно, двое из них тотчас отправились с узлами за мост и возвратились с канистрой самогона: у немцев выменяли. Другие тем временем развернули по всем правилам охоту на кроликов, только и слышалось: бах! бах!

Третьи пошли по огородам с шомполами, медленно, развернутой цепью, словно мины искали. Глаз у них был пристрелян, они яму находили сразу: втыкали шомпол в землю, щупали и принимались копать. Добывали сундук или бочонок, тащили вороха одежды, белья, особенно радовались, найдя патефон или гитару.

— Немцы-барахольщики все возьмут!

Второй вечер пили, орали на всю Куреневку, разбили одну гармонь, играли на другой. Мы достали у них бензину, сидели, прислушивались. Было что-то жуткое в этом веселье.

Взводный увидел свет, зашел пьяный, сел, обхватил голову.

— Мамаша, мамаша, пропали мы. За свободу России шли. Вот так она — свобода...

— Это вы из тех, говорят, что оружие повернули?

— Кто оружие повернул, кто из плена, от голодухи да от смертушки. А немцы не дураки, они сразу нам — самую черную работу, чтоб обратно не было ходу, так и засели, по уши. И с немцами путь до первого перекрестка, и красным попадемся — за яйца подвесят.

— Неужели никакого спасения?

— Какое спасение? Где теперь на свете спасение?

Пришел товарищ звать его:

— Михаил, брось! Вот так вечно: не допьет — сразу в эту хвило-софию. Пошли выпьем.

Михаил вскочил, истерически зарычал, терзая на груди рубаху:

— Э-эх, пошлепают нас где-нибудь, как сукиных сынов!

— Это возможно, — охотно согласился друг. — Только зачем рубаху-то портить?

Несколько дней они каждое утро, построясь повзводно, ходили на свою работу в район парка "Кинь грусть". Потом решили, что далеко ходить, и переселились за насыпь. Мы снова остались в доме одни.

Мы сидели тихо, как мыши. По ночам из-за насыпи виднелись сильные безмолвные зарева, зловещие именно своей полной безмолвностью. "Мертвая зона" приближалась.

Сколько раз меня нужно расстрелять?

К четырнадцати годам жизни на этой земле я совершил столько преступлений, что меня следовало расстрелять по меньшей мере вот сколько раз:

1. Не выдал еврея (моего друга Шурку).
2. Укрывал пленного (Василия).
3. Носил валенки.
4. Нарушал комендантский час.
5. Прятал красный флаг.
6. Не полностью вернул взятое в магазине.
7. Не сдал топлива.
8. Не сдал излишков продовольствия.
9. Повесил листовку.
10. Воровал (свеклу, торф, дрова, елки).
11. Работал с колбасником подпольно.
12. Бежал от Германии (в Вышгороде).
13. Вторично бежал (на Приорке).
14. Украл ружье и пользовался им.
15. Имел боеприпасы.
16. Не выполнил приказа о золоте (не донес на Дегтярева).

17. Не явился на регистрацию в 14 лет.
18. Не доносил о подпольщиках.
19. Был антигермански настроен и потворствовал антигерманским настроениям (был приказ о расстреле и за это).
20. Пребывал в запретной зоне сорок дней, и за это одно надо было расстрелять сорок раз.

При этом я не был еще членом партии, комсомольцем, подпольщиком, не был евреем, цыганом, не имел голубей или радиоприемника, не совершал открытых выступлений, не попался в заложники, а был ОБЫКНОВЕННЕЙШИЙ, рядовой, незаметный, маленький человечек в картузе.

Но, если скрупулезно следовать установленным властями правилам, по принципу "совершил — получай", то я уже двадцать раз НЕ ИМЕЛ ПРАВА ЖИТЬ.

Я живу упрямо дальше, а преступления катастрофически множатся, так что я перестал их считать, а просто знаю, что я — страшный, но не пойманный до сих пор преступник.

Я живу почти по недоразумению, только потому, что в спешке и неразберихе правила и законы *властей* не совсем до конца, не идеально выполняются. *Както я проскальзываю в оплошно не заштопанные ячейки сетей и ухожу по милости случая, как по той же милости мог бы и попасться. Каждый ходит по ниточке, никто не зависит от своей воли, а зависит от случая, ситуации, от чьего-то настроения, да еще в очень большой степени — от своих быстрых ног.*

А от чего еще? Сегодня одна *двуногая* сволочь произвольно устанавливает одно правило, завтра приходит другой мерзавец и добавляет другое правило, пятое и десятое, и бог весть сколько их еще родится во мгле нацистских, [энкавэдистских, роялистских, марксистских, китайских, марсианских мозгов непрошеных благодетелей наших, имя им легион].

Но я хочу жить!

Жить, сколько мне отпущено матерью-жизнью, а не двуногими дегенератами. Как вы смеете, какое вы имеете право брать на себя решение вопроса о МОЕЙ жизни:

СКОЛЬКО МНЕ ЖИТЬ,
КАК МНЕ ЖИТЬ,
ГДЕ МНЕ ЖИТЬ,
ЧТО МНЕ ДУМАТЬ,
ЧТО МНЕ ЧУВСТВОВАТЬ,
КОГДА МНЕ УМИРАТЬ?

Я хочу жить долго, пока не останется самых следов ваших!

Я ненавижу вас, *диктаторы,* враги жизни, я презираю вас как самое омерзительное, что когда-либо рождала земля. Проклятые. Проклятые! ПРОКЛЯТЫЕ!!!

Пять ночей и пять дней агонии

1 ноября, понедельник
В ночь на понедельник я почувствовал предсмертный ужас. Не было прямых поводов. Просто вокруг была глухая тьма, в ней лежал мертвый город. У меня возникло предчувствие, что моя жизнь сегодня кончится.

У каждого бывают моменты, когда мы ясно представляем свою будущую неизбежную смерть. Один раньше, другой позже, но обязательно вдруг с леденеющей душой ясно понимаем, что настанет минута, когда вот это мое “я” перестанет существовать. Перестанет дышать, думать, не станет вот этих ладоней, головы, глаз. И каждый по-своему задыхается, отбрасывая это отвратительное ощущение, хватаясь за успокоительную соломинку: “Это еще не сегодня. Это еще далеко”.

Впервые я пережил такое ощущение, когда умерла бабка, но то была чепуха по сравнению с тем, что навалилось на меня в эту ночь. Дело в том, что я не мог ухватиться за “еще не сегодня”, — именно в каждый день могло случиться “сегодня”. Я задохнулся.

От глухой тишины кружилась голова. Словно ты завязан в черном мешке или погребен заживо глубоко под землей, даже корчиться не можешь, и дергаться бесполезно: нет выхода.

Слез с печки, нащупал ледяными руками коптилку, спички, осторожно, на ощупь, в полной тьме вышел во двор. Словно и не выходил — та же тьма, тот же мешок, и ни шороха, как бы уши заложило. Я взял лопату и полез под дом.

Под дом вела низкая дыра, едва протиснулся в нее, и дальше, между землей и балками, было пространство всего сантиметров двадцать. Но я полз, загребая песок подбородком, распластавшись, держа одной рукой коптилку, другой подтягивая лопату, натыкался на столбы и дохлых, высохших, как пергамент, крыс. Одну я отпихнул с досадой, она покатилась со звуком пустой коробки.

Забравшись достаточно далеко, я зажег коптилку и поставил ее в песок. Лицо было в пыли и паутине. Я утерся и, лежа на боку, принялся копать.

Сперва было неудобно, каждую лопату приходилось вынимать, извиваясь. Потом я перекатился в вырытую ямку, где мог подняться на локтях, и стал рыть быстрее.

Песок был сухой и сыпучий, полный обломков кирпича, о которые скрежетала лопата. Скоро я стал мокрый, но зато в яме мог стоять на коленях. Она получалась неровная, осыпающаяся, как продолговатая воронка. Я выкопал черепки, четырехгранный гвоздь, в песке попадались газетные обрывки. Здесь все сохранилось так, как при постройке дома еще при царе, и, наверное, уже не было тех людей, которые печатали и читали эти газеты или отбрасывали битые кирпичи.

Яма была нужна мне, чтобы спрятаться. Действительно, мне стало спокойнее. Здесь я мог умереть лишь в трех случаях: если меня найдут с собаками, если в дом попадет бомба, если дом будет гореть.

Я думал, что совсем один, и чуть не потерял сознание, когда рядом вспыхнули два зеленых огня. Это Тит пришел и смотрел огромными глазищами.

Я чуть не расплакался от благодарности к нему, радости и тепла. Перетащил его к себе на колени — он не протестовал, наоборот, стукнулся лбом и замурлыкал, и стали мы сидеть, читать обрывки прессы полувековой давности.

Мы внимательно изучили торговое объявление, что какой-то Шмидт имеет честь предложить большой выбор самых лучших швейцарских граммофонов, к ним иголки "Амур", и у него можно приобрести роскошный набор пластинок, а цены дешевые... Почему-то он же занимался скупкой часов, жемчуга и антикварных вещей. С ума сойти, были когда-то на земле времена: люди спокойно жили, покупали часы, граммофоны, жемчуг... Трудно поверить. А нам с Титом как раз только и не хватало граммофона.

Я незаметно уснул, скорчившись в песке, а когда проснулся, дыра под домом светилась: значит, был уже день. Кот ушел, я замерз, и вообще мне показалось тут не так уютно и безопасно, как ночью. С досок пола свисали целые занавеси грязной паутины. Этот низкий пол давил и угнетал. У меня опять взвинтились нервы: представилось, как дом рушится и раздавливает меня всей тяжестью. Я по-пластунски, торопясь, пополз к дыре, словно крысы меня за пятки кусали, выскочил.

Чтоб успокоиться, наклонился над бочкой с дождевой водой — попить. В воде плавало много опавших листьев, я их вылавливал, дул на воду; она была сладкая, очень вкусная. Я еще подумал: если когда-нибудь доживу и увижу настоящий водопровод, все равно буду пить воду дождевую, она мне нравится.

Тут послышались какие-то звуки. Я вздрогнул, поднял голову и увидел, что во двор с улицы входит немецкий солдат с винтовкой, а на улице я успел заметить второго. Инстинктивно и очень глупо я присел за бочкой, отлично понимая, что меня сейчас увидят.

Когда мне показалось, что они в мою сторону не смотрят, я пошел за угол дома, опять-таки глуповато пригибаясь, суеверно не оглядываясь и не видя их, словно при этом и они не должны меня увидеть. Я услышал: “Э!.. Э!” — выпрямился и остановился.

Солдат смотрел на меня строго. Он был чернявый, коренастый, лет тридцати, мешковатый, в грязных, стоптанных сапогах. Его лицо было очень обыкновенное, будничное, чем-то знакомое — ни дать ни взять слесарь со “Спорта”... Фуражка на нем сидела косо, из-под нее лихо выбились темные кудри. Он сказал по-немецки:

— Подойди.

Я сделал несколько шагов вдоль стены.

— Растрелят, — строго сказал он и стал поднимать винтовку.

Она, очевидно, была заряжена, потому что затвором он не щелкнул. Другой немец подошел, взял его за локоть, что-то спокойно-безразлично сказал, это звучало примерно как: “Да брось ты, не надо”. (Это я так думал.)

Второй солдат был старше, этакий пожилой дяденька со впалыми щеками. Чернявый ему возразил, на миг повернул голову. В этот миг — я понимал — мне надо было прыгнуть и мчаться куда глаза глядят. Надо же, что именно сейчас мои гранаты лежали в сенях. Это был тот момент, который я предвидел.

Не было времени даже крикнуть: "Пан! Пан! Подождите!" Чернявый просто поднимал винтовку, на один миг отвернул голову, возражая пожилому, и это был последний миг моей жизни.

Все это я понял, не успев шевельнуться. Это как бывает, толкнешь локтем графин или цветочный горшок — видишь, как он кренится, падает прямо на твоих глазах, и успеваешь подумать, что надо схватить, что он сейчас, такой еще целый и совершенный, разобьется, но не успеваешь сделать движения, только с досадой и обидой подумаешь, — и он вдребезги.

Перед лицом я увидел — не в кино, не на картинке, не во сне — черную дырку ствола, физически ощутил, как она, опаленная, противно пахнет пороховой гарью (а пожилой, кажется, что-то продолжал говорить, но чернявый — горе! горе! — не слушал), и долго-долго не вылетал огонь.

Потом дырка передвинулась с моего лица на грудь, я мгновенно, изумленно понял, что вот, оказывается, как меня убьют: в грудь! И ружье опустилось.

Я не верил, и уже верил, и ждал, что оно опять начнет подыматься. Пожилой скользнул по мне взглядом, тронул чернявого за плечо и пошел со двора. Чернявый строго сказал мне:

— Вэ-эг!

Только тогда я наконец сделался ни жив ни мертв и облился холодным потом. Словно во сне, я пошел за угол на дрожащих, похолодевших, тонких, как проволочки, ногах, вошел в сени, стал в угол лицом и стоял там, покачиваясь.

Сколько потом ни думал, так до сих пор не понимаю, что это было. Шутка? И пожилой говорил: “Перестань ребячиться, не пугай его”? Или серьезно? И пожилой говорил: “Да брось ты, на что он тебе сдался”? Если шутка, то почему он хотя бы чуть потом не улыбнулся? Если серьезно, то почему не выстрелил? *Ему только стоило чуть нажать пальцем. Я, возможно, должен ежегодно, 1 ноября, вспоминать и благодарить этот палец, указательный, на правой руке, который оставил меня жить.*

2 ноября, вторник

Я принадлежу к людям, безоговорочно любящим яркий свет. Мне никогда не бывает чересчур много электрических ламп или чересчур много солнца. Это ни хорошо, ни плохо, а просто, видно, биологическая особенность организма. Никогда не носил темных очков, потому что чем ярче вокруг, чем ослепительнее песчаные пляжи или снежные равнины, тем мне лучше, настроение выше, а глаза не только не болят, но, наоборот, купаются в море света.

У матери глаза болели. Она закрывала окна занавесками, я открывал. Когда все мучились от летней жары, я только входил во вкус. А в возмутительные осенние пасмурные дни, как подумаешь вдруг, что где-то в этот момент в Крыму, или Африке, или на островах Тихого океана ярко сияет и припекает солнце, — вдруг такая тоска нахлынет, хоть плачь... *Счастливчики эти перелетные птицы, без всяких разрешений могут взять себе и полететь.*

Ненавижу шеренги туч, когда солнце то светит, то надолго скрывается. Смотришь, смотришь на эту чертову тучу: и когда она пройдет? Вспоминая событие, происходившее много лет назад, я безошибочно скажу, светило ли тогда солнце или был пасмурный день.

Все это к тому, что я очень обрадовался, когда после пасмурных октябрьских дней глянуло наконец солнце.

Словно и не меня вчера расстреливали: я стал беззаботный, уверенный. Словно раз уж повезло, то такова моя судьба и я выкручусь дальше.

Я положил в карманы по гранате, теперь уже ученый, не расставался с ними, временами проверял, не отвинчиваются ли шляпки. Смотрел я вокруг зорко, как кошка, готовый в любой момент исчезнуть. Охваченный жаждой деятельности, прорыл траншею под домом, раскопал яму, чтобы в ней могла поместиться мать.

Она слазила, посмотрела, но в восторг не пришла, а предложила спрятать туда чемодан. Я это быстро сделал, еще и зарыл его поглубже, чтобы не сгорел. А в пожаре я не сомневался — если не от боя, так уж от власовцев нашей хате не спастись. Я смотрел на нее, чтобы запомнить, какой она была.

Опять на улице шаги и голоса. Я метнулся к дыре и увидел, как по нашей пустынной площади медленно-медленно двигались кума Ляксандра и кум Миколай.

Старуха вела слепого осторожно, оберегая от ямок и булыжников, что-то приговаривая. Он был в своих знаменитых очках с синим стеклом и фанеркой. Когда они обнаружили нас, оба расплакались. Они искали людей.

Мать сейчас же повела их в дом, накормила. Они не умели найти еду и уже два дня ничего не ели.

— Сядзим у builds, — жаловалась старуха. — Усе равно памираць, старый, пошли шукать людзей.

Мать чуть не плакала. Нет, вы только представьте, что такое одиночество в вымершем городе! Она оставляла стариков ночевать, они согласились, что надо держаться кучей: спасаться вместе, погибать тоже. Они мостились, мостились, улеглись было, но вдруг решили, что надо присматривать за своей квартирой в доме ДТС и что им лучше спать там в подвале, они прямо невменяемые были, отпусти их в подвал, и все.

Мать дала им картошки, которую они приняли с низкими поклонами, и они потащились через площадь обратно. Я сказал:

— Вы пошукайте по дворам, по погребам.

Старуха всплеснула руками:

— Па чужым пагребам? Красци? Господь прости тябе, дзетка моя!

Долго я смотрел им вслед с опаской: не подстрелили бы. Очень они были необычные, прямо “не из мира сего”. Ушли себе по площади, по этому разрушенному миру, под ручку, беседуя.

Я уже засыпал, когда загудел мотор. По окнам пробежали лучи света. Прямо через огород, упираясь фарами в нашу хату, с грохотом шло что-то похожее на танк. Не сбавляя хода, оно врезалось в забор, только щепки полетели, и казалось, сейчас врежется в дом, но оно остановилось под стеной, именно в том месте, где была моя чудесная дыра. Бежать было поздно. Во дворе хлопали дверцы, бодро разговаривали немцы.

Мать, словно кто ее надоумил, бросилась зажигать коптилку, чтоб они увидели свет и не испугались, войдя. Это было правильно сделано: они вытерли даже ноги на крыльце, постучали. Мать откликнулась. Они вошли, энергичные, подтянутые, улыбаясь.

— Гутен абенд! — И показали жестами, чего хотят. — Шлафен, шлафен, спат!

— Битте, — сказала мать.

Они привычно заходили по комнате, располагаясь, сразу ориентируясь, куда повесить шинель, куда швырнуть сумку. Стали носить из машины одеяла, ящики. Мы тем временем свернули свои постели и пошли на другую половину. Я немного успокоился, вышел и посмотрел, что за машина. Это был вездеход, по-моему, бронированный, к нему была прицеплена пушка.

Немцы бодро переговаривались, минут через десять застучали на нашу половину:

— Матке, малчик, иди сюда!

Мы вошли. Кроме коптилки, которую мать не решилась забрать, горела ослепительная карбидная лампочка, но мигала, и один с ней возился. На столе была гора еды и выпивки. Вино — в глиняных бутылках с пестрыми этикетками, вместо рюмок — железные стаканчики. Немцы показали на стол, как радушные хозяева:

— Битте, битте! Кушат!

Один протянул мне хлеб с ветчиной. Потрясенный, я стал пожирать его, и у меня закружилась голова.

Их было трое. Франц — пожилой, рыжий, очень спокойный. Герман — лет семнадцати, черноволосый, красивый и стройный. Имя третьего я не узнал, он был водитель, направил карбидку, чуть пожевал и свалился от усталости.

Старый Франц налил нам с матерью вина, взбалтывая глиняную бутылку, похвастался:

— Франс, Париж!

Вино было сладкое и пахучее. Мама выпила и сказала Францу, что они хорошие немцы, но другие ходят и хотят нас "пиф-паф".

Франц нахмурился:

— Это не есть зольдат. Это есть бандит, стыдно немецкий нация. Мы есть зольдат-фронтовик, артиллерист. Война — "пиф-паф". Матка, киндер — "пиф-паф" нет.

Герман вынул из бокового кармана губную гармошку, заиграл. Франц все пил вино, с трудом, но упорно подбирал слова, рассказывал, как они зверски устали. Они втроем сначала были в Норвегии, потом воевали в Африке у Роммеля, а сейчас их сняли с того, Западного фронта. И везде им приходилось воевать.

— Майн готт, матка! Здесь — война! Там война! Война, война.

Этот Франц был серьезный, мужественный, словно просоленный, словно насквозь пропахший порохом, я его побаивался. А вот молодой Герман, всего на каких-нибудь года три старше меня, — этот был наивный и симпатичный, как мой Болик, и он разговаривал больше со мной.

— Франц есть фон Гамбург, их ист фон Берлин, — гордо сказал он. — Я уже год воевать!

— А страшно воевать? — спросил я.

Он улыбнулся:

— Говорить правда — страшно. Франция есть нет очень страшно. Россия есть страшно.

Он немедленно достал фотографию, где снят с отцом: очень солидный дядя в шляпе, с палкой, и рядом с ним робкий костлявый мальчишка в коротких штанах на фоне какой-то берлинской площади.

Мать спросила, где фронт и сдадут ли Киев.

Франц сразу помрачнел. Нет, Киев не сдадут. Фронт здесь, в лесу. Но русские в Киев не войдут никогда. Будет ужасный бой. Уж если перебросили войска из самой Франции, о, тут будет такое! Да, тут будет Сталинград, только для русских. Он подумал и, посидев немного, повторил, выговаривая довольно четко: Сталинград.

Мама сказала:

— Седьмого ноября самый большой советский праздник.

— Йа, йа! — воскликнул Франц. — Совет хотеть взять Киев праздник — Октябрь. Но они нет взять, они умирай.

Мне стало тоскливо. Он не врал — охота ему была! И они отнеслись к нам, как люди. Это был серьезный разговор. Я спросил:

— А если возьмут? Вы же отступаете?

— Йа, йа, понимай, — серьезно сказал старый Франц. — Вы совет ожидать, но я говорил, я альтер зольдат: вы уходить, уходить, пожалуйста. Здесь — умирай.

Он стал объяснять, что нам надо бежать куда-нибудь в село или в лес, выкопать ямку, сидеть и ждать, пока отодвинется фронт, а Киев будет превращен в мертвую зону, таков приказ Гитлера.

Франц стучал себя пальцем в грудь:

— Это я говорить, альтер зольдат. Я воевать еще Польша. Это все так есть: наступление, отступление. Русский устал.

Водитель спал на кушетке, не раздеваясь. Герман захандрил и отложил гармошку. Франц пьянел. Мы пошли к себе, слышали, что Франц и Герман долго не спали, о чем-то говорили.

Ночью я проснулся от крика. Мать отчаянно звала:

— Толя, Толя! Ох, помоги!

Слышалась возня, полетела табуретка. Сонный, я закричал:

— Кто тут? Кого?

Зажег спичку, сперва ослеп от света ее, потом увидел, как мать борется с рыжим Францем. Он был крепко пьян, бормотал по-немецки, убеждал ее, толкал.

На печи у меня всегда были заготовлены лучины. Я зажег одну и решительно стал спускаться с печи. Рыжий Франц обернулся на свет, пьяными глазами уставился на огонь, задумчиво посмотрел на меня и отпустил мать.

— Криг, матка. Война, нихтс гут, — сказал он. — А!..

И, шатаясь, вдребезги пьяный, ударившись о дверь, вышел.

Мать, дрожа, заложила дверь жердью.

— Он пьяный, он совсем пьяный, — сказала она. — Хорошо, что ты зажег свет. Спи... Спасибо.

Я впервые по-настоящему почувствовал себя мужчиной, который может и должен защищать. Я много раз просыпался до утра, прислушивался, проверял гранаты под подушкой. Высчитывал дни и часы. До праздника 7 ноября оставалось девяносто шесть часов. А вокруг — тишина.

3 ноября, среда
Среда третьего ноября началась великолепным утром. Небо было совсем чистое и синее. Я вышел на крыльцо и буквально захлебнулся этой свежестью, чистотой, утренним солнцем.

Вам знакомо это состояние, когда утром глядишь на небо и хочется хорошо прожить этот день, а если это выходной, то тянет спешно собираться, заворачивать бутерброды в пакет и двигать на рыбалку или просто на травку.

Это был день решающего боя за Киев, и сейчас, снова переживая его начало, я опять и опять, хоть убейте меня, не могу понять, почему на этой прекрасной, благословенной земле — с таким небом и таким солнцем, — в среде людей, одаренных умом, размышлением, не просто животных с инстинктами, но в среде мыслящих, понимающих людей возможно такое предельное идиотство, как война, диктатуры, терроры, все эти *взаимные смертоубийства и садистские издевательства одних над другими.*

Да, да, конечно же все это добротно анализируется *специалистами всех "-измов", и с точки зрения каждого великолепно* объяснено политически, исторически, экономически, психологически. Все разобрано, доказано, все ясно. Но я все равно НЕ ПОНИМАЮ.

Герман и водитель черпали воду из бочки, умывались, хохотали, плескались. Рыжий Франц ходил помятый, у него, должно быть, после вчерашнего трещала голова; ночного происшествия будто и не было, так он хотел показать.

Мама разложила щепки под кирпичами, стала готовить. При дневном свете вездеход выглядел не страшно, обыкновенный себе вездеход, спереди колеса, сзади гусеницы, кузов под брезентом. Он мирно стоял у дома, глядя на мир внимательно-вопросительными фарами, пахнущий бензином и пропыленный.

Франц и Герман подняли брезент, принялись выгружать из кузова мешки с картошкой. Я крутился рядом, стараясь угадать, зачем им столько картошки.

Но оказалось, что под картошкой лежат снаряды. Или интендант заставил их возить эту картошку, или они сами где-то прихватили это добро, уж во всяком случае, не собирались же они торговать ею. Они выгрузили все дочиста, попросили веник и подмели в кузове. Герман развязал мешок, высыпал на землю пуда полтора, подмигнул мне: бери, мол, это вам.

Вдруг затряслась земля.

Это было так странно и неуместно, что я не успел испугаться. Земля просто заходила ходуном под ногами, как, наверное, бывает при землетрясении, в сарае повалились дрова, захлопали двери. Несколько секунд длилось это трясение земли при чистом небе и ясном утре, и тогда со стороны Пущи-Водицы донесся грохот.

Это был даже не грохот, это был рев — сплошная лавина, море рева. Никогда в жизни больше не слышал ничего подобного, и не хочу услышать: словно разрывалась и выворачивалась наизнанку сама земля.

Каким-то толчком меня выбросило на середину двора, я не понимал: что это, отчего, рушится ли мир, идут ли оттуда валы по земле, как цунами? А немцы тоже заметались, тревожно глядя в ту сторону, но за насыпью было только синее небо.

Водитель быстро влез на кабину, вытянул шею, но тоже ничего не увидел. Тут немцы перекинулись двумя-тремя короткими фразами и быстро, деловито стали загружать картошку и снаряды обратно. Герман побежал в дом, вынес автоматы. Франц достал каски и раздал всем.

Мама затопталась вокруг кирпичей, не зная, продолжать ли варить обед или она уже не успеет.

Далеко за насыпью, там, над Пущей-Водицей, показались черные точки самолетов. Из-за грохота их не было слышно, только ползли по небу точки, как комарики. Небо вокруг них сразу покрылось белыми хлопьями. Они быстро прошли над Пущей-Водицей, и едва они скрылись, как из-за Днепра показалась вторая волна — чуть ближе.

Они прошли среди разрывов зенитных снарядов такой же стремительной дугой, а за ними шла третья волна — еще ближе.

Волна за волной они бомбили Пущу-Водицу, захватывая новые и новые дуги, точно и последовательно.

Франц, Герман и водитель оставили вездеход и в касках, с автоматами стояли у сарая, хмуро, собранно наблюдая. Вот дуга прошла по краю леса, вот уже в районе “Кинь грусть”, еще ближе...

Я подошел и стал рядом, прислушиваясь. Артиллеристы тихо переговаривались, не отрывая глаз от клокочущего, захватывающего представления в небе:

— Ильюшин.

— Да.

— Там есть окоп.

— Поставь прицел.

Рыжий Франц взял меня за плечо и очень серьезно, озабоченно стал говорить, показывая на огород, на мать: мол, бегите, прячьтесь.

— Пиф-паф. Совет Ильюшин... "Шварцер Тод".

Я покивал головой, но, не знаю почему, не ушел. Во мне все было напряжено до предела. *Приближалась "черная смерть", и может,* это *пришли уже* последние *минуты жизни.*

В этот момент загорелся один из самолетов. Он медленно, косо пошел и скрылся за насыпью. В небе вспыхнул купол парашюта — кто-то из экипажа выбросился, и его понесло ветром на лес. Точечка человека висела под белым кружком парашюта — вопиюще беззащитная среди зенитных хлопков и трасс. Не думаю, чтоб он долетел до земли живой, а если долетел, то попал к немцам. Артиллеристы отнюдь не радовались, глядя на него. Они, так же как и я, хмуро смотрели, как он спускается и скрывается.

Черные, отчаянно ревущие, почти на бреющем полете штурмовики тройками прошли за насыпью. Они и бомбили и стреляли — в общем, шквал огня, и там взлетели какие-то обломки, доски, земля. Небо было все рябое от разрывов. Следующая волна должна была прийтись на нас.

И она пришлась.

Они вынырнули из-за садов и домов, отчаянно низкие, чудовищно низкие, прямо достать рукой. Они ревели так, что не слышно было голоса, мчались тройка за тройкой, у каждого сверкал впереди огонь, и последнее, что я запомнил, — это прижавшийся к сараю в неестественно распластанной позе рыжий Франц, который направлял вверх трясущийся от стрельбы автомат, но это было как в немом кино: автомат трясся, а звука не было, потому что стоял сплошной рев; и все закачалось.

Меня швырнуло, повалило, я пронзительно закричал, не слыша себя: "Бомбы!" — но вышло что-то вроде "Бо-ау-ы!", стало черно, стало светло, земля перекинулась, земля встала на место, я обнаружил, что бегу на четвереньках, сейчас ударюсь головой о крыльцо. И самолетов не стало.

Из-за сарая вышел, весь в песке с головы до ног, Герман с перекошенным лицом, схватил из машины новую обойму, чтобы перезарядить автомат, но не успел.

Из-за садов и домов черными стрелами вырвались новые самолеты. Герман полез под гусеницы вездехода. Я кинулся в дом, успел только забежать, прислониться спиной к печке, прямо влип в нее — и дом вместе с печкой качнулся, я увидел через окно перед собой, как у ворот, в кусте сирени ослепительно вспыхнул огонь, полетели куски ворот и забора, одновременно стекло в окне треснуло звездой, на меня посыпались известка и пыль, и шевельнулись волосы на макушке, словно кто-то погладил рукой. Самолеты исчезли, и слышен стал звон осыпающихся стекол.

Я как-то автоматически-деловито стал чиститься, потряс головой, чтобы с нее осыпалась штукатурка, взглянул на печку и удивился: в ней, ровно на один палец выше моей макушки, зияла идеально круглая дыра. Я не поверил, прислонился к печке спиной, щупал у себя над головой, и палец мой просунулся в дыру. Вот, значит, кто погладил меня по волосам. Я обошел печку и посмотрел с другой стороны. Противоположная стенка была цела, осколок застрял внутри печи.

Тут я наконец понял, что нужно спасаться в окопе. Я понятия не имел, куда девалась мать. Вышел, оглядываясь, подумал: "Может, она уже там", — и в этот момент из-за садов и домов показались самолеты.

Я был в шоке, потому что, как заяц, побежал по ровному и открытому огороду к окопу, в то же время отлично понимая, что я прекрасная цель и что я не добегу.

Краем сознания отметил, что самолеты уже передо мной, что в огороде рядом со мной — огромнейшая яма и все вокруг усыпано слоем пушистого песка, по которому я мягко топотал, оставляя цепочку следов.

Самолеты уже были — вот. Я увидел головы летчиков и на крыльях красные звезды, тем же краем сознания машинально отметил, что вокруг меня взлетают песчаные столбики, и мне стало очень обидно, что они убивают меня, дурака, принимая за немца. Это была больше обида на себя и на судьбу, потому что на такой скорости охота им разглядывать, кто там внизу: немец или не немец, тем более они знали, что населения в городе нет.

Песчаных столбиков было так много, а я как-то пробежал между ними. Самолетов и след простыл, а я все бежал к окопу. Ввалился в него полуоглушенный, кинулся в самый темный и дальний угол, сильно ушибив мать. Радость! Она была там и была жива. Но снова зарокотало.

Из-за садов и домов вырвались самолеты, затряслась земля, словно какой-то разъяренный циклоп барабанил по ней, ходуном заходили балки перекрытия, посыпались струи земли, мать грубо затолкнула меня в глубину, упала сверху, накрывая собой, а когда грохот стих, она выглянула, бормоча, словно молилась:

— Так их, так их!

Она схватила меня, обезумевшая, раскачиваясь, и говорила не столько мне, сколько “им”:

— Пусть и мы погибнем, но сколько можно — бросайте. Бейте их, так их! Пусть нас, но чтобы и их!

Боюсь, что вы этого не поймете или не поверите. В самолетах сидели СВОИ, которые чесали и гнали ЧУЖИХ, и уж сыпали им что надо. Вот, значит, как их гонят, мерзавцев.

— Чешите, голубчики, чешите!

Так это началось.

Приспособляемость человека удивительна. К обеду я уже по звуку определял, куда летят самолеты и велика ли опасность. Стал привыкать к такой жизни. В интервалах бежал в дом.

Он выглядел живописно: стены побиты осколками, все до единого стекла вылетели, на крыше — словно кто лопатой набросал кучи песка, лежат обгорелые кирпичи, хотя труба цела. Яма от бомбы рядом с хатой была таких размеров, что в нее свободно вошли бы два грузовика. Повсюду много мелких воронок, земля как в оспе.

Артиллеристы сидели в щели за сараем, прижавшись друг к другу, обсыпанные землей, они уже не строчили, а, видно, думали лишь об одном: как бы уцелеть. Автоматы валялись по двору.

Франц замахал мне рукой:

— Уходить! Уходить, малчик!

Я отмахнулся. Смотрел вокруг и думал: “Жаль, эта бомба не долетела метров двадцать, а шла точно на вездеход с пушкой, правда, и хаты нашей тогда бы как не бывало”.

Через проломанный забор пришел озабоченный солдат, позвал наших артиллеристов, они вылезли, но тут показался самолет, они, как кролики, кинулись обратно в щель. Я подумал: “Ага, вам уже и одиночного самолета достаточно”.

Переждав, они побежали за солдатом. Я за ними, посмотреть, в чем дело. Третьего от нас дома Корженевских не было. Вместо него зияла яма, частью заваленная досками и забрызганная кровью.

Рядом стоял, весь ободранный осколками, тополь, и дверь дома висела высоко на его макушке, зацепившись за ветки. Вот откуда к нам на крышу прилетели кирпичи.

Солдат и артиллеристы принялись растаскивать доски в яме. *На столе во дворе лежали ярко-красные, испачканные песком куски мяса, некоторые с прилипшими тряпками. Я подумал, что, может, здесь резали корову. Но увидел, что немцы достают из ямы новые, передают друг другу и складывают в кучу на стол. Подали кусок головы с белыми торчащими зубами. Мне стало плохо, и я ушел.*

Много раз я замечал, что при сильной канонаде погода портится. Может, это случайно, но под грохот из Пущи-Водицы небо, утром такое чистое, к обеду стало затягиваться тучами, и они, низкие и седые, сделали день унылым, нехорошим. Штурмовикам они не мешали. “Черная смерть” летала почти над землей.

Артиллеристы отмывали руки от крови, окружив бочку, когда по улице проскакал верховой, что-то резко, гортанно прокричал. Они бросились в вездеход. Заплевался дымом мотор, машина выехала из ворот, круто вырулила, только пушка мотнулась, и где-то еще зарычали вездеходы, помчались, лязгая по мостовой, на север, к Пуще-Водице, в пекло.

4 ноября, четверг

Мы думали, больше никогда не увидим их, но они вернулись. Ночью дрожание земли и канонада утихли. Вдруг окна засветились под фарами, вездеход въехал во двор и остановился под кустом сирени. Я подумал: “Вот так, съездили в бой, как на службу, а вечером вернулись на ночлег”.

Они не сразу пошли в дом, но в темноте принялись ломать кусты и маскировать машину. Я вышел, они не обращали на меня внимания. Пушку они отцепили, выкатили на улицу и направили стволом на насыпь.

Брезент вездехода висел клочьями. А когда они вошли в комнату и зажгли карбидку, оказалось, что вид у них неописуемый: обгоревшие, в копоти, перевязанные руки дрожат. Особенно потрясенным выглядел юный Герман. Он бесцельно тыкался по углам, и казалось, вот-вот расплачется. Франц протянул мне котелок, попросил принести воды.

— Большой огонь? — спросил я.

— О! — сказал Франц, и вдруг они все заговорили, объясняя, рассказывая: им надо было выговориться, и они изо всех сил объясняли жестами и словами всех наций Европы, как там было ужасно, невозможно описать, град, огонь, ад... Герман вытащил из сумки словарик, рылся в нем, пока не нашел нужное слово и несколько раз повторил его с отчаянным выражением в глазах:

— Ужис. Ужис! Понимаешь? Ужис!

Из всего потока слов я уловил общий смысл: что Франция или Африка — курорт по сравнению с сегодняшним боем. Русские бьют "катюшами". Грохот и землетрясение с утра — это были в основном "катюши". Русские наступали от деревни Петривци и вошли в Пущу-Водицу. Немецкие части смяты, разгромлены, лес горит, земля горит. Им самим непонятно, как они остались живы.

— О малчик, майн малчик! — Рыжий Франц руками обхватил голову, покачал ею и так застыл, упершись локтями в стол.

Все это было неожиданно, ведь они приехали такие бодрые, мужественные, а теперь вели себя как перепуганные женщины.

— У Франца есть дети? — тихо спросил я у Германа.

— Йа, — ответил тот. — Есть три дети. Драй.

Три.

Я вышел. Горизонт в нескольких местах светился сильными малиновыми заревами, от них ночь казалась какой-то кроваво-красной. Изредка доносились орудийные раскаты.

У школы гудели машины, слышались команды, какие-то истерические выкрики. Словно бес толкал меня. Я вышел на улицу, прижимаясь к заборам, стал подкрадываться к школе, чтобы рассмотреть, что там, а если плохо лежит автомат, то стащить.

У дома Энгстремов меня остановил внезапный страх. Я крутил головой, пытаясь разобраться, что мне угрожает, и при кровавом свете зарев увидел за решетчатым забором человека.

Это был мужчина с сумкой или ящиком на боку. Он стоял не двигаясь, глядя прямо на меня. Я замер, как загипнотизированный. Я все еще воображал, что он меня не видит, а он, может, надеялся, что я не вижу его.

Постояв так, я медленно и беззвучно двинулся обратно, и, когда шмыгнул в дом, все во мне колотилось, словно с привидением повстречался. Что это за человек, я понял только на следующий вечер.

Зарева то затихали, то разгорались всю ночь. Артиллеристы не пили, не играли на губной гармошке — устало спали.

Утром прибежала Ляксандра. Она рассказала, что в школе стали немцы, двор полон вездеходов, весь первый этаж забит ранеными, они там кричат, кончаются, полы залиты кровью, врачей мало. Пришли и забрали у Ляксандры все простыни и полотенца на перевязки.

Она слышала, что где-то тут, на Куреневке, много людей спряталось в пещеру, вот бы к ним прибиться. Но где эта пещера? Мама снова дала Ляксандре картошки, та пошла кормить мужа.

Казалось, с минуты на минуту начнется канонада и полетят самолеты, но время шло, а все было тихо. Артиллеристы стали латать пробоины и нерешительно говорить, что прорыв русских остановлен, да вряд ли они сами в это верили. Однако день прошел в мучительной тишине.

В сумерках опять стали видны зарева, слышались редкие орудийные раскаты. И вдруг над нашим домом завыли снаряды. Взрывы ударили совсем близко. Во дворе школы вспыхнуло яркое зарево. Снаряды попали в самое скопище вездеходов, машины загорелись, в их кузовах стали рваться боеприпасы.

Я вылез на забор, с колотящимся сердцем наблюдал, как на фоне огня метались немцы, а то вдруг они бежали врассыпную и падали, прятались в ямки. Взрывались в огне снаряды, подымая тучи искр, и разлетались, фырча, осколки; грохот стоял, как при бомбежке. Я понял, что вчерашний мужчина был разведчиком и передал координаты, и поразился точности, с какой прилетели снаряды без всякой пристрелки, а было их всего два.

Немцы стали тросом вытаскивать вездеходы со школьного двора. От разлетающихся снарядов загорелся дом ДТС. Я побежал, сообщил матери, она накинула платок, и мы кинулись спасать стариков, но встретили их уже на улице.

Ляксандра и Миколай сидели в подвале, когда увидели, что горят. Старуха вывела старика на улицу, сама бросилась в дом, но только смогла в коридорчике схватить кастрюлю, кухонный нож и ложки. Она так и шла, одной рукой ведя Миколая, а другой неся алюминиевую кастрюлю.

Дом ДТС горел, как факел, всю ночь, так что и света зажигать не надо. Теперь нас стало четверо: старикам ничего не оставалось, как держаться за нас. Про нашего деда мы думали, что он уже погиб.

А он не погиб, он в это время сидел в канализационных трубах, он их хорошо знал.

5 ноября, пятница
Кот Тит растолстел. Я спал в яме под домом, он пришел ночью, лег мне на грудь, и меня всю ночь душили кошмары, я его шугал, но он упрямо лез на меня греться, плотный и тяжелый, как поросенок.

В оставленных домах развелось пропасть крыс и мышей. Тит охотился по сараям, а в свободное время спал, и ему единственному, кажется, приход фронта пошел на пользу. Он был одинок, потому что вокруг не осталось ни кошки, ни собаки.

Утром я проснулся от стрельбы. По небу опять дугами пошли штурмовики. Повторялось то же, что и третьего ноября, но была разница.

Нервы у немцев не выдерживали. Едва слышался самолет, они бросались кто куда. Штурмовики летали над самой землей и безнаказанно работали, словно поля ядохимикатами обрабатывали.

Опять артиллеристов поднял связной, опять они выехали в Пущу-Водицу. Вездеходы, которые уцелели, двинулись от школы. В полдень на огороде другие артиллеристы установили орудие и принялись палить через насыпь. Они стреляли так часто, словно перевыполняли план, но позорно разбегались при звуке самолета. Я не выдавал себя, только в щель наблюдал: как они заряжают, лязгают затвором, как отлетают звонкие золотистые гильзы. Думал: ладно, вот смоетесь, уж эти гильзы все мои будут.

Стрельба этого орудия, как и других, беспокоила меня уже не больше, чем шум трамвая. Когда летала "черная смерть", было хуже, но я исправно куда-нибудь кидался, потом вылезал, определял новые воронки и удивлялся, что хата все цела и цела.

Я обнаружил кота Тита в сарае, совершенно игнорирующего войну, взял его, сонного, в охапку, отнес в окоп, устроил там на мешке — он мирно спал себе, даже ухом не ведя при разрывах.

Мать меня не точила: мол, не вылезай да не выглядывай, и потом, она совсем растерялась. Откуда знать, где тебя шарахнет: шарахало всюду. Я в окоп бегу, а она навстречу из окопа в хату, смех и горе, одна надежда на удачу. Это настолько в нее въелось, что и потом, когда я отчаянно бродил среди минных полей, занимался разрядкой бомб и взрывами, она не ругала меня, перестала запрещать. *От жизни, постоянно насыщенной страхом,* в ней словно что-то сломалось. *Она почти не видела в жизни другого. Только один я у нее был,* она так беспокоилась обо мне прежде, так переживала, а поводам все не было конца, — что это перешло в противоположность, иначе обыкновенной душе не выдержать.

Старики Ляксандра и Миколай наотрез отказались идти в окоп. Они остались в доме, и вот я стал связным между ними и мамой. Старики сняли с кровати пружинный матрац, прислонили его под углом к печке, покрыли сверху ватными одеялами — получилось что-то вроде шалаша в комнате. Они залезли туда и сидели, прижавшись друг к другу. Я приходил, отворачивал одеяло:

— Вы тут живы?

— Живыя, сынок. Слава богу! — отвечала Ляксандра. — А мама живая?

— Полный порядок, скоро обедать будем!

Слепой Миколай, очень чуткий, говорил:

— От зудиць, зудиць, ляцяць два самолеты...

Я совсем ничего не слышал, но Ляксандра хватала *за руку:*

— Ховайся, ховайся!

Я залезал в их "шалаш", и действительно над крышей проносились два самолета, и бахали мелкие снарядики.

— От пушку увозяць, — сообщил Миколай.

Я кинулся во двор: действительно, вездеход увозил орудие. Я обрадовался, пошел собирать гильзы, но только от досады топнул ногой: вот же, черти, все гильзы до единой собрали и увезли.

Вдруг я увидел, как по огороду к окопу отчаянно спешат Ляксандра и Миколай. Она тянула его за руку, а старик не поспевал, размахивал палкой.

— Немцы там, немцы! — крикнула Ляксандра. В наш двор въезжали шикарные лимузины. Уже побежали связисты, разматывая катушки красных проводов. *Вернулся генерал. Двор наполнился офицерами, на лошадях скакали связные, генерал кричал по телефону. Я подумал: ну, теперь наша хата не лучше других и вообще вы тут долго не усидите.*

— А вы еще живые? — окликнула меня Шура из окна.

— Где фронт? — спросил я.

— Ой, ой, никто ничего не знает! Ой, какой страх, — сказала она, широко раскрыв глаза. — Ночью пошли советские танки, у каждого фары горят, и воют сиренами, так жутко воют, что душу раздирают, тьма, просто тьма этих танков, и они прут — и огонь, и рев, ну смерть, немцы просто с ума посходили, бежали, как мыши, и как мы еще живы — я не знаю. Киев сдают. Сейчас. Уже не держат. Вон генерал кричит, чтоб взрывали мосты и все жгли. За нами сейчас пойдет последняя облава и факельщики. Беги, скажи маме! Тикайте куда-нибудь.

— Куда ж тикать?

— *Не знаю ничего, тикайте, куда можете!*

Я отошел от окна, решил матери ничего не говорить, потому что бежать все равно некуда.

По насыпи забегали фигурки немецких солдат, устанавливали пулеметы, укладывались. От Пущи-Водицы неслась ружейная и пулеметная стрельба. Я ждал последнюю облаву.

Глава из будущего

1. Пропавшие без вести

Однажды в начале декабря мы с ребятами пошли в Пущу-Водицу собирать гранаты и добывать взрывчатку.

Лес был искалечен, повален. Под соснами, в кустах стояли разбитые пушки, сгоревшие вездеходы, танки без башен, штабелями лежали невыстреленные снаряды и мины. И вокруг была масса трупов. Кто-то ими уже занимался, они были раздеты и свалены в кучи высотой до трех метров — пирамиды убитых голых немцев серо-голубого цвета, разлагавшиеся, несмотря на морозец.

[В одной деревне дети на голых трупах катались с гор, садились по двое, по трое верхом и спускались, как на ледяшках. Сизый, прямой, с мутными стеклянными глазами, труп на сильном морозе тверд до звона. Но сейчас мороз был слабый, и кучи невыносимо воняли.]

Один убитый был с рыжими волосами, я видел только половину лица, но готов поклясться, что это был старый Франц. На сто процентов уверен-

ным быть не могу, однако, а подходить да переворачивать мы не стали из-за запаха, да и что с того? Думаю, в Германии много семей до сих пор не знают, где и как погибли их мужчины. Если эти строчки попадутся на глаза детям пропавшего без вести Франца из Гамбурга, пожилого рыжего артиллериста, участвовавшего в захвате Польши, Норвегии, бравшего Париж и воевавшего с Роммелем в Африке, то они могут знать, что их отец умер в Советском Союзе вместе с тысячами других отцов именно так — и лежал, серо-голубой, в куче трупов всю зиму 1944 года, потом весной их сгребали в канавы и рвы и засыпали землей.

Леса снова разрослись, и теперь не найти уже этих мест.

2. Необходимая щепка истории?

Отступая, немцы все-таки словили Болика и взяли в обоз. Он бежал оттуда и пришел на третий день после освобождения Киева. Родных никого не было, дом распотрошен, он жил у нас, у соседки, потом его мобилизовали в армию. И пошел наш Болик, наконец, воевать на фронт по-настоящему; я думал, что уж там-то он дорвался до пулеметика.

В следующий раз он пришел только где-то осенью 1944 года. Был он все такой же лобастенький, долговязый, но еще больше вытянулся и возмужал. У него было даже звание — младший сержант. Семь месяцев он провел на финском фронте, как-то упал в воду, простыл, долго лежал в деревне больной, и вот у него что-то стало нехорошее с легкими и сердцем, его отправили в Киев на излечение. Был он худой, бледный, про таких говорят: от ветра шатается.

— Как? Что? Где ты был? — накинулся я. — Как ты воевал?

Он грустно махнул рукой:

— Да... в санслужбе, в обозе был.

— А пулеметик?

— Не вышло. Только по самолетам из винтовки стрелял. Впустую патроны переводить...

Не узнавал я Болика — задумчивый, рассеянный, был на войне, а рассказывать не хочет.

— Мне медаль дали, — безразлично сказал он.

— Покажи!

— Дома.

Мы стояли у нас во дворе, и был холодный, серый день. С улицы пришел дед (он тоже выжил), удивился Болику:

— Значит, пришел?

— Пришел...

— Ну, смотри, как тебе досталось! Это б и Толику такая судьба, если б чуть старше.

Дед пристально посмотрел на Болика:

— А знаешь что, хлопец, твое дело плохо. Ты умрешь.

— Хо-хо! — сказал Болик.

— Вот тебе и хо-хо, — сказал дед, махнул рукой и пошел в дом.

Мы ошарашенно молчали.

— Вот идиот, — сказал Болик.

— Да не обращай ты внимания, дед совсем одурел после войны, — сказал я. — Пошли, у меня библиотека в сарае, я опять повсюду с мешком насобирал.

Хвастался своим богатством, показывал Болику хоть и раскисшие, но вполне читаемые книги про путе-

шествия, фантастику Уэллса, журналы “Техника — молодежи”, но он смотрел их рассеянно и никак не мог успокоиться:

— Нет, ну он ненормальный. Как можно такое сказать? Что за дед!

Через несколько дней Болика увезли в какой-то санаторий в Пуще-Водице. Я за него порадовался, потому что в Пуще-Водице хорошие санатории, в них всегда трудно было попасть, а главное, там он не будет голодать.

Тогда я вовсю занимался в школе, увлекался математикой, ночи просиживал над теоремами, а про Болика вспоминал не часто. Поэтому для меня было неожиданностью, когда вбежала в комнату мать и жалобно закричала:

— Иди проводи Болика, его хоронят!

По улице двигались похороны. Впереди шел дядя Болика и на подушечке нес одинокую медаль. Потом два или три венка, грузовик с гробом, за ним десятка два людей. Гроб был открыт.

Мой Болик лежал желтый, с неприятно сложенными на груди руками, в отглаженном костюме. Рядом сидела на машине тетя Нина, его мать, очень маленькая, скрюченная, такая же желтая, как и он, и не отрываясь смотрела на сына.

Напротив наших ворот — выбоины, грузовик закачался, и мать качалась, цепко держась за доски гроба. Я подумал, что, наверное, она не может идти, потому ее посадили на грузовик.

Что-то со мной было неясное, не могу объяснить. Пока грузовик проезжал мимо ворот, у меня пролетело множество мыслей — смутно и какими-то общими партиями. *Как мой дед угадал смерть Болика? Гово-*

рят: "У него на лице печать смерти". Значит, дед видел эту печать? Что это за печать?

И почему в таких хороших санаториях его не вылечили, и почему мне никто не сказал, что он умер, и почему меня никто не позвал, пока он лежал дома? Где его похоронят, я знаю: на Куреневском кладбище, рядом с памятником его деду, поляку Каминскому, я хорошо знаю это место, потому что там лежит бабка; я через несколько дней пойду туда, а сейчас не хочу, а только должен посмотреть и запомнить Болика. Он, покачиваясь, проплыл вместе с матерью мимо меня близко, так что я хорошо посмотрел. Моя мать подталкивала меня, говоря плачущим голосом:

— Иди, иди, проводи Болика.

Но я уперся молча, упрямо. Процессия пошла и пошла в сторону базара, а я только смотрел, пока она не скрылась.

Болик ушел.

3. *Миллион рублей*

[Как вешают людей, я впервые увидел не при немцах, а уже при советской власти. На киевских площадях построили виселицы — на пять—восемь петель каждая. Вешали украинцев и русских, которые сотрудничали с немцами и не сумели скрыться. Их подвозили на грузовике, надевали петли, открывали задний борт, потом грузовик отъезжал, а они начинали плясать, раскачиваясь на веревках. Некоторые очень кричали, боролись, пока грузовик не трогался, не хотели умирать. Потом они висели, закоченевшие, некоторые со спокойными лицами, другие с вывернутыми головами, выпученными синими языками, их подолгу не снимали, в назидание.

Тех военнопленных, которые выжили в немецких лагерях, автоматически переправляли в лагеря в Сибирь как изменников, сдавшихся врагу, а не сражавшихся до последнего. Голод продолжался и после войны, но теперь охватил и деревню. В 1948 году началась кампания против "жидов". Не будучи евреями, военнопленными или немецкими прихвостнями, мы с мамой оказались в категории "бывших в оккупации", и отныне до конца жизни это обстоятельство налагало на наши анкеты отпечаток третьего сорта. Много неприятностей, много объяснений на этот счет мне предстояло в будущем.]

А пока я работал статистом в театре, учился, думал над мировыми проблемами и космическим пессимизмом, приохотился бродить, задумавшись, по улицам. Так однажды шел по Троицко-Кирилловской площади и увидел у водопроводной колонки согнутую пополам, сухую, как коряга, старуху, в которой с удивлением узнал вдову кожевенного фабриканта Кобца.

Она набрала из колонки полведра, отошла, качаясь. Тут я, недолго думая, подлетел, отобрал ведро, долил его доверху. Старуха восприняла все спокойно и тупо.

— Вы должны меня помнить, — сказал я, — мы были соседями. Моя мать — Мария Федоровна, педагог. Когда вы жили на Петропавловской площади при немцах...

— Да, там у нас все пропало, — сказала старуха, напряженно глядя на меня, но, очевидно, не вспоминая. —

Да, да, очень рада вас видеть. Как это благородно с вашей стороны помочь, ведь мне уже девяносто лет.

— Как Мима, — спросил я, — здоров?

— Мима в Кирилловской больнице, — сказала старуха. — Когда немцы выгнали нас, мы попали в Польшу, потом долго добирались сюда, и негде было жить. В больнице теперь кормят, и я отдала Миму туда.

Он тихопомешанный, его выпускают, он там подметает дорожки, им довольны, но он неизлечим. Когда он был мальчиком, большевики поставили его к стенке, как буржуйское отродье, но я упала на колени и просила пощадить...

— Да, это я знаю, — заверил я. — Мы жили по соседству, приходили к вам. Вы еще тогда получали посылки из Франции от Николя.

— Когда немцы выгнали нас, — сказала старуха, — с Николя всякая связь прекратилась, и я боюсь, что его уже нет. Единственное, что у меня осталось, — это Мима. Не осталось даже фотографий.

Я промолчал: я-то знал, кто уничтожил все фотографии. Мы пришли в какой-то старый дом, в полутемную, тесную кладовку под лестницей, в таких обычно дворники хранят свои метлы. Дверь была дырявая, кое-как сколоченная. В кладовке едва помещались топчан с набросанным тряпьем, табуретка и грубый самодельный стол. Старуха велела поставить ведро в угол, накрыла его фанеркой, сверху поставила почерневшую и мятую алюминиевую кружку.

— Я вас не помню, — сказала она. — Не напоминайте, все равно не вспомню. Но скажите, вы не коллекционер? Вы не собираете старые деньги?

Я пробормотал, что нет, не думал об этом, но у меня есть много знакомых, могу поспрашивать.

— Дело в том, — сказала старуха, — что у меня есть старинные деньги. Мы берегли их, надеясь, что они еще будут ходить. Господи, и муж погиб из-за этих денег и ценностей. Ценности мы проели, а деньги остались. Мне надоело возить, я бы могла продать, я бы недорого взяла. Вы скажите вашему знакомому.

Она полезла под топчан и достала небольшой истрепанный мешок, завязанный шнурком. Когда она развязала, оказалось, что в мешке — пачки бумажных ассигнаций.

— Здесь примерно миллион, — сказала она. — Баснословные деньги по старому времени. Целые, хорошие, взгляните.

Никогда в жизни не видел мешка денег, мне даже не по себе стало. Я брал и рассматривал ассигнации, там были пачки царских сторублевок — бледно-радужных, с портретом Екатерины; были зеленые пятисотрублевки — с Петром Первым в рыцарских доспехах.

— Тут есть и керенки, а также деньги Войска Донского, — сказала старуха, складывая пачки. — Вы скажите вашему знакомому, пусть придет посмотрит, я недорого отдам.

До меня понемногу доходило, что ведь она берегла мешок все эти многие годы, менялись власти, погибли муж и родня, сошел с ума сын, происходили денежные реформы, — и на ее веку одни бумажки много раз сменялись другими, а она все на что-то надеялась, и даже взяла мешок с собой, когда немцы выгоняли весь Киев, — и вот только теперь убедилась наконец, что ее деньги годятся лишь для коллекции.

Я ушел, пообещав прислать коллекционера, но забыл, а вскоре услышал, что старуха умерла.

Потом как-то я написал рассказ о ней под названием "Миллион", но в редакциях мне его вернули, сказав, что это неудачная выдумка. И потом, что я этим хотел сказать, что из этого следует?.. Пожалуй, ничего. Вот только насчет выдумки: поскольку все это действительно было, упрек в неудачной выдумке надо, может быть, адресовать самой этой невероятной жизни?

4. Горели книги

В результате строительных усилий немцев еврейское кладбище над Бабьим Яром превратилось в хаос. Не осталось буквально ни одного неразрушенного памятника, склепа или плиты.

Казалось, что на кладбище ходили целыми ротами упражняться в стрельбе и ворочать тяжести. Лишь какое-нибудь сильнейшее, небывалое землетрясение могло бы причинить такие разрушения.

Кладбище было огромное, отличалось чрезвычайным разнообразием памятников и живописных уголков. Один из отрогов Бабьего Яра врезался в него, через этот отрог и доставляли строительный материал для печей, и в нем долго еще оставалась каменная осыпь сброшенных, но неиспользованных плит.

Последние даты захоронений обрывались 1941 годом, но на некоторых, очень редких, могилах были заметны уже попытки восстановления: соскребен засохший кал, неумело склеена цементом расколотая плита, лежат увядшие цветы.

Перед ржавыми дверями некоторых склепов выросли молодые деревья, так что открыть их можно, только спилив дерево, но открывать никто не собирался: данный род, видимо, прекратился, и открывать некому.

В то время я приноровился ходить сюда с этюдником — рисовать. Увлекался живописью одно время, но рисовал плохо, а жаль, потому что объекты для этюдов там были — не было лишь стоящего художника.

В тот раз со мной увязался соседский мальчик Валя. Со стороны Репьяхова Яра кладбище огибалось глухой и совершенно безлюдной дорогой, пришедшей в негодность из-за дождевых промоин. Кто-то додумался сваливать в эти промоины мусор, так что иногда с Лукьяновки сюда приезжали грузовики с мусором. Я обычно рисовал, а Валя собирал по свалкам разные железки, пружинки и другие полезные вещи.

Мы увидели огромный костер. Стоял грузовик, с него сбросили гору книг — и жгли.

Инстинкты собирателя дармовых книг проснулись во мне, я подумал, может, подберу себе что-нибудь, раз уж оно без пользы сгорает. Но мужчины от костра сурово заорали:

— Чего надо? А ну, проходите.

— А что, вам жалко?

— Давай, уматывай!

Вот оно что. Я подумал, что, вероятно, это жгут Зощенко и Ахматову — тогда только и писали о них как о клеветниках на советскую действительность и вышло постановление ЦК о повышении идейности литературы.

Мы с Валей сели на остатки кладбищенской стены и наблюдали издали, как они борются за повышение идейности. По внешнему виду — хорошие еще книги, разных форматов и цветов, можно сказать, добрая библиотека. Мужчин было четверо, этакие здоровые, с воинской выправкой, но в штатском. Длинными жердями они шуровали в костре, перемешивая книги, чтоб горели лучше. Жалко, обидно. Немцы просто выбрасывали, хоть можно было порыться, а эти даже не подпускают.

Наше присутствие, видно, раздражало их, один отделился и энергично направился в нашу сторону, показывая кулак.

Мы соскользнули со стены и скрылись в зарослях, от греха подальше.

5. Бабарик сидит

Меня носило по свету, работал на стройках. *Умер Сталин, бывшие в оккупации перешли из третьего сорта во второй, мне удалось поступить в Литературный институт*, учился в Москве и писал. Приехал однажды домой, и мать сказала:

— Вовка Бабарик дома. Подорвался на мине под Варшавой, сапером был, а из госпиталя только недавно вышел, не дай бог никому, недвижимый, без руки, темный, не хотел домой таким возвращаться, да уговорили, привезли. Ты бы сходил к нему: он радуется, когда приходят.

Это был тот Вовка Бабарик, с которым я дружил, потом враждовал, выпускал из клеток его птиц, а еще продал ему гнилой орех.

Я перешел улицу и постучался к Бабарикам. Двор был тот самый, сад, те же деревья, на которых Вовка развешивал свои клетки. Вышла Вовкина мать и всплеснула руками:

— Толик! Как Вовочка обрадуется! Проходи, проходи.

Я вошел, волнуясь, узнавая их сени, их кухню и "большую комнату", которая теперь показалась мне весьма маленькой. По полу прыгали бурые кролики.

У окна на сундуке сидел тучный, одутловатый человек, с нелепо стриженной головой и одной рукой. Казалось даже, что он не сидит, а как бы водружен на этот сундук, как куль с мукой.

Он был слепой — вместо глаз слезящиеся щелочки. Лицо было нездорового цвета, лоснящееся, всё в синих точках и полосках, словно его изрисовали химическим карандашом. И сквозь распахнутый ворот виднелись жуткие шрамы на груди у шеи. Он был совершенно неподвижен, как изваяние Будды, и единственная рука его, крупная, мужская, бессильно лежала на крае сундука.

Мать сделала странную вещь: она подошла, бесцеремонно взяла голову, приблизила губы к правому уху и неестественным, тоненьким, пронзительным, как флейта, голосом прокричала в ухо:

— Толик Семерик пришел! Толик Се-ме-рик! Помнишь?

Я смотрел потрясенно, понимая, что это — Вовка, и совершенно не узнавал его, соображая, что он ко всему еще и глухой. А Вовка заволновался, шевельнул головой и закричал густым, хрипловатым голосом, поднимая руку:

— Толик! Вот хорошо, что ты пришел! Где ты?

— Садись вот так, с правой стороны, говори ему в ухо, — сказала мать, растроганно улыбаясь и усаживая меня.

Я сел, слегка прижался к тучному корпусу, чтобы он ощущал меня, подал свою ладонь судорожно ищущей в воздухе руке, эта рука схватилась, тискала, тискала, и дальше она не отпускала мою руку, держась за нее, то поглаживая, то пожимая.

— Да, да, — говорил Вовка, — ты пришел. Хорошо, что пришел. Я слышал, что ты в институте учился. Молодец. Ты в писателях, говорят?

Он подставил ухо.

— Да, — закричал я, — пишу!

— Говорят, ты в писателях? — повторил он свой вопрос, и я понял, что он не слышит меня. — Какой институт, говоришь?

— Литературный! — отчаянно закричал я в самую дырку уха.

Мать подошла, взяла его голову и опять прокричала пронзительным тоненьким голосом в самое ухо:

— Он говорит: литературный! Он в писателях!

— Ага, ага, — удовлетворенно и весело кивнул головой Вовка. — Хорошо... молодчина. А мама твоя здорова?

— Да! — закричал я и одновременно качнул его руку сверху вниз утвердительно, давая понять, что это значит "да".

— А дед Семерик?

— Нет! Умер!

— Дед Семерик умер! — прежним способом прокричала мать, и ее-то Вовка услышал.

— Что ты? Так дед Семерик умер?.. — протянул Вовка. — Я не знал... Так-так. Ну, за тебя я рад. Я вот, как видишь. Совсем неподвижным был, но сейчас вроде отхожу, сижу вот. Слуховой аппарат не идет, у меня там одна ниточка нерва осталась. *Может, мать дохлопочется мне путевку, хоть бы дать ей отдохнуть...* Пока мама жива — все хорошо. Ко мне иногда хлопцы заходят. Газеты читаем. Сельское-то хозяйство *все "на крутом подъеме"*, а?..

— Да, да! — закричал я, помогая себе рукой, я держался за его руку, как за единственный канал связи, сидел рядом, слишком прижимаясь к этому неподвижному, рыхлому телу, и лицо было рядом, но я не узнавал, совершенно не узнавал его, только голос и манера говорить чуть-чуть напоминали Вовку прежнего.

Мать оставила нас, ушла к печке. Стараясь произносить слова максимально четко, я закричал Вовке в ухо:

— Из-ви-ни ме-ня! За орех на базаре, помнишь?

— Да, да, — сказал он, — такие-то дела. Ты молодчина. *Высшее образование...* А я помню, ты, босяк, птиц у меня выпускал.

— Да! Да! — завопил я, опять дергая его руку вертикально, потом зачем-то справа налево.

— Я теперь держу кроликов, — сообщил он. — Мама, подай кролика.

Я замотал его руку горизонтально:

— Мать вышла!

Осмотрелся — ни одного кролика, спрятались куда-то. Вовка терпеливо подождал, потом, не дождавшись кролика, спросил:

— Читаешь, как там в ООН? Насчет напряженности, крутят!

Я затряс его руку вертикально.

— Меня бы туда посадить на трибуну, — съязвил Вовка. — Я бы им сделал доклад. Слушай, будет война?

Я повел его рукой горизонтально. Он понял, но не согласился:

— Война будет. Мы живем под прицелом. Это как все нацелились один в другого, спустили предохранители — вот так мы живем, на все города нацелены ракеты, только чуть где заелись — кнопку нажимай, и пошла потеха... Мам, где кролик?

— Ничего, — закричал я, впрочем не надеясь уже быть услышанным, — может, войны не будет, пока все хорошо!..

— Да, так, Толик, — ласково сказал он, гладя мою руку. — Значит, мама здорова, а ты человеком стал... Но ведь ты заходи, не забывай.

Я потряс руку вертикально.

— Левым ухом я не слышу, — объяснил он, — а правым слышу. Ты прямо в ухо четко говори.

— Вовка, Вовка, — пробормотал я, пожимая его руку.

— Не забывай, заходи, а то возьми опиши меня как есть. С чем ее, значит, войну, едят... Ладно?

Я замотал его рукой вертикально.

Вот — выполняю это обещание, описывая Вовку Бабарика, моего товарища, который сейчас, когда вы читаете эти строки, сидит там, в Киеве, Петропавловская площадь, 5, — один из миллионов участников Второй мировой войны, оставшийся в живых. *И мама его пока жива.*

La commedia é finita*

Генерал сел в машину, девушки тоже отчаянно полезли за ним. Весь кортеж шикарных лимузинов снялся и уехал буквально в три минуты, оставив телефон со всеми проводами. (Потом они долго служили маме как отличные бельевые веревки.)

Напряженный, я бесцельно заметался по двору, выглядывал на улицу, а по ней все шли отступающие войска. Никогда не видел такой массы растерянных, озабоченных людей. Эту картину невозможно описать словами, это еще можно было бы приблизительно показать в кино.

В направлении Подола мчались грузовики, вездеходы, телеги, вперемежку ехали немцы, мадьяры, власовцы, полицейские. Машины ревели, сигналили, перли на своих. Лошади были в мыле, возницы, какие-то одержимые, нахлестывали их. Отступали они на наших маленьких лошаденках, ни одного огненно-рыжего тяжеловоза: видно, передохли, не выдержав.

* "Комедия окончена" (*итал.*) — заключительная фраза Тонио в опере Р. Леонкавалло "Паяцы".

С телег падали узлы, патефоны, дорога была усыпана барахлом, а также патронами, брошенными винтовками, у столба стоял прислоненный, оставленный кем-то ручной пулемет.

Окна школы засветились, как это бывает при заходе солнца, но никакого солнца не было: серый, пасмурный вечер, уже темнело. Вид у школы был необъяснимо зловещий. Тут до меня дошло, что она горит — горит по всем этажам. Уходя, немцы облили классы бензином и подожгли. Войска шли мимо, а школа горела медленно, лениво, потому что была каменная и пустая.

У базара поднялся близкий столб черного дыма, прямой, как колонна, неизвестно было, что горит, но немцы выполняли свой план. Вот где я растерялся! С разных сторон неслись выстрелы, грохот, ничего не поймешь, но вдруг раздался такой сильный взрыв, что дом заходил ходуном и рассыпалось зеркало на стене. Я оглох и присел: мне показалось, что взорвалось во дворе. Раздался другой такой взрыв, и я опять присел.

— Ой, горенько! Мосты рвут! — пронзительно закричала во дворе мать.

Я посмотрел на насыпь — вместо моста провал, загроможденный каменными глыбами и песком. Через него продолжали карабкаться оставшиеся по ту сторону немцы, другие бежали через насыпь. (Когда потом раскапывали, выяснилось, что взрыв накрыл машину с четырьмя офицерами. Кое-кто считал, что это взрывники, которые покончили самоубийством. Другие, по-моему, более правильно думали, что машина случайно погибла: ведь много войск оставалось по ту сторону.)

Я уже обалдел от всего этого, бродил, тыкался в сарай, отыскал кота Тита, взял его на руки и носил, как ребенка.

Пришла ночь, но темно не стало. Все было залито красным светом. Отблески на тучах, как на экране, бегали, колебались, словно кто-то развлекался, пуская зайчики фонарем. Горело очень много, словно ты в центре костра, сплошные пожары.

И стало очень тихо.

В тишине время от времени из школы доносился глухой рокот, и тогда гейзером взлетали искры — это обваливались перекрытия.

Миколай и Ляксандра сидели в комнате под матрацем и плакали. Войди кто-нибудь посторонний — испугался бы: пустая комната, шалаш у печи, из-под него странные, тоненькие, скулящие звуки... Никогда не слышал, чтоб старики так скулили, пищали.

Мама взяла их за руки и повела, как детей, в окоп. Я тоже посидел там, но был слишком взвинчен, меня словно иголки кололи со всех сторон, вылез и опять стал метаться, напряженно вспоминая свой план: драться гранатами, ружье с собой, насыпь, луг, болото — и прекрасная безопасность... Во всяком случае, дешево я им не стану, только бы не зевнуть момента, голова уже ничего не соображает, а жить все равно хочется.

Про сон мысли не было. Кот Тит предал меня: темнота его оживила, он стал пружинистый, злой и пошел, хищная тварь, к своим крысам, плевать *ему на то, что сегодня сменяется режим.*

Кончилась пятница, пятое ноября.

Я стоял на крыльце с винтовкой. За насыпью в небо беззвучно взлетела зеленая ракета. Потом донесся выстрел, другой... Снова ракета. Они фантастически выглядели: зеленые ракеты на кровавом небе.

Я подумал, что вот наконец идут факельщики. Я бы с удовольствием написал, что в этот момент стал спокоен, достал гранаты, не спеша отвинтил шляпки...

Но было не так. Все мое оружие показалось мне совершенно беспомощным, в голове у меня застучали молотки, сквозь которые я улавливал крики со стороны насыпи. Что делать? Куда податься?

Вдруг меня молнией озарила подлинно гениальная мысль: нужно залезть на дерево, высоко, на самую верхушку. Они будут на земле все жечь, а деревья устоят, деревья всегда остаются. А если заметят, так уж сверху удобно швыряться гранатами, как камнями, и, пока шпокнут, я уж хоть посчитаюсь. Крики от насыпи стали громче, кричало много людей:

— а-а-а...щи...ит...а-а!

Я дикой кошкой прыгнул на дерево, обдирая ногти, взлетел на первую развилку, затаил дыхание, прислушиваясь.

С насыпи вопили на чистейшем московско-русском языке:

— Товарищи! Выходите! Советская власть пришла!

А факельщики где? Боже, да неужто мы живы остались! Елки-палки, у меня все поплыло перед глазами.

Что-то бессвязно забормотал, закричал, свалился с дерева и кинулся на улицу. По этой красной улице под красным небом я затопотал к красной насыпи, увидел, что еще судорожно держу в руках по гранате, приостановился, положил их рядышком на землю и дальше побежал.

Завал моста вблизи, да еще в этом кровавом свете, был страшен и зловещ. Какие-то живые существа, не то люди, не то звери, лезли на четвереньках на крутую насыпь.

Я понял, что это такие же прятавшиеся, как мы, кинулся вверх, обгоняя их, но я уже не был первым. Там, наверху, на рельсах, обнимались, плакали, истерически визжали женщины, оборванные старухи кидались на шеи советским солдатам.

Солдаты деловито спрашивали:

— Немцы есть?

— Нет! Нет! — рыдая, кричали им.

Солдат было немного, несколько человек, очевидно, разведка. Они перемолвились, и тогда один из них выстрелил в небо зеленой ракетой. Запыхавшись, с той стороны взобрался еще один, белобрысый, добродушный, совсем уж наш хохол, какую-то вязанку в руках пер.

— Ну шо, намучились? — весело спросил он.

— Намучились! — завыли бабы в один голос.

— То нате, чепляйте на домах. Праздник.

Вязанка, которую он принес, оказалась связкой красных флажков — немногим больше тех, какие дети держат на демонстрации. Бабы накинулись на флажки. Я тоже полез, солдат закричал:

— Не вси, не вси! Ще на Подол надо.

Солдат с ракетницей дал вторую зеленую ракету, и они побежали вниз. А я не побежал — я полетел к дому, ворвался в окоп, закричал во все горло:

— Наши пришли!

Не насладясь эффектом, выскочил обратно. Полез на чердак, шарил в темноте, нашел сверток. Бабка, бабка, была ты права и тут. В сарае я сломал грабли, чтобы иметь древко, прибивал флаг в полутьме гвоздями, бил себя по пальцам. Мир был кроваво-красный, и флаг в этом свете выглядел неопределенно-белёсым.

Освобождение Киева продолжалось всю ночь. Кое-где были уличные бои. Взрывались и горели дома — университет, школы, склады, огромные жилые дома напротив Софийского собора, но сам Софийский собор, к счастью для истории, и на этот раз остался цел.

Через Куреневку в город входили главные части наступавшей армии. Взорванные мосты перегородили улицу, поэтому дорогу проложили в обход через Белецкую улицу, откуда валили танки, невиданные еще американские "студебеккеры", артиллерия, обозы.

Пехота шла змейками прямо через завалы. Были они запачканные, закопченные, уставшие, *измордованные*, потрясающе те же самые, что уходили в 1941 году, *только теперь с погонами.* Шли не в ногу, мешковатые, *желто-мышиные, с* прозаически звякающими котелками. Некоторые шли босиком, тяжко ступая красными ногами по земле, уже застывшей от ноябрьских заморозков.

Глава последняя, современная [Уничтожение пепла]

И снова я приезжаю в Киев, где в том же доме на Петропавловской площади, 28 по-прежнему живет моя постаревшая мать.

[У нее плохо с глазами, она полуслепая, потому] оставила школу, в которой проработала почти сорок лет. [Из-за этого злосчастного пребывания в оккупации ей не повышали жалованье, не награждали и определили самую низкую пенсию, на которую не прожить, но у нее есть истинный талант на базаре подешевле покупать.

Она живет одна. Больше всего боится, когда на улице гудит машина и когда громко стучат в калитку. Просила меня сообщать о приездах письмом, а не телеграммой, потому что разносчики телеграмм стучат и требуют расписаться. Ей страшно.

Мама много помогла мне при работе над этой книгой, уточняя подробности. Но если я заводил речь о политике, она вдруг могла замкнуться и сказать: “А зачем ты спрашиваешь? Ты что, собираешь политический материал против меня?” После этого я ошалело махал рукой и уходил чинить крышу.

Иногда она навещает в доме 38 свою подругу Нину Иосифовну Каминскую, мать Болика. Та больна, не встает с постели, совсем высохла, пальцы на руках у нее скрючились и не двигаются. Обе боятся предстоящего сноса домиков. Завод “Кинап” в бывшей церкви Петра и Павла преобразован в “номерной”, то есть военный, и расширяется. Когда дом сносят, одиноким отдельная квартира не положена, но — лишь комната в коммунальном жилье и, как правило, на далекой окраине, где нет базара, а последнее для матери — катастрофа.

Строительство же расширяется.] Куреневка сильно изменилась: [по главной улице Фрунзе (Кирилловской) ходят троллейбусы, часто проносятся “Чайки” с членами правительства, едущими на свои дачи в Пуще-Водице], вдоль трассы стоят девятиэтажные дома, белые и модерные, как океанские лайнеры.

[Я любил гулять по Киеву. Очень хороши в нем парки над Днепром, древние улицы, полные седой истории.

Центр Киева мне неприятен. Он выстроен после войны, под лозунгом “Восстановим родной Крещатик, разрушенный немецко-фашистскими захватчиками” — сталински помпезный, с домами, похожими на приторные торты.

На углу Крещатика и Прорезной, где когда-то был первый взрыв в комендатуре, теперь — Министерство культуры Украины, русифицирующее остатки этой культуры. Во имя социалистического гуманизма по всей Украине идут политические процессы, а вольнодумцев сажают в лагеря. КГБ Украины — все там же, на Владимирской, 33.]

Андреевская церковь все так же парит над Подолом. В Софийский собор ходят экскурсии школьников. В Лавре, угнетающей туристов своими развалинами, сейчас снова “Музейный городок”. [Выставки в отстроенных помещениях. Прежде чем попасть в пещеры, экскурсанты проходят через антирелигиозный музей. На колокольне звонят куранты. В бывшей Церкви-трапезной представлены диаграммы роста народного образования в СССР и качается маятник Фуко, показывая, что Земля вертится. Непонятно только, в какую сторону. Потому что рядом, над руинами, над кучами древних кирпичей стоит щит с надписью: “Успенский собор (XI в.), зверски взорванный немецко-фашистскими захватчиками 3 ноября 1941 года”.]

Бабьего Яра нет. [По мнению некоторых руководящих деятелей, его и не было.] Овраг засыпан, по нему проходит шоссе.

[С самой войны раздавались голоса (начал И. Эренбург), что в Бабьем Яре нужно поставить памятник. Но украинский ЦК партии, который тогда возглавлял Н. Хрущев, считал, что люди, расстрелянные в Бабьем Яре, памятника не заслуживают.

Я не раз слышал такие разговоры киевских коммунистов:

— Это в каком Бабьем Яре? Где жидов постреляли? А с чего это мы должны каким-то пархатым памятники ставить?

Действительно, наступил государственный антисемитизм 1948–1953 годов, вопрос о памятнике был снят.

После смерти Сталина стали опять раздаваться осторожные голоса, что Бабий Яр, собственно, не только еврейская могила, что там втрое или вчетверо больше процент русских и других национальностей.

Такие аргументы мне всегда казались дикими: значит, если доказать, что некий процент больше, то памятник стоит воздвигать только в таком случае? Как можно вообще считать проценты? В Бабьем Яре лежат ЛЮДИ.

Украинский ЦК, который в 1957 году возглавил Н. Подгорный, видимо, проценты посчитал, нашел их неубедительными, и было принято соломоново решение: чтобы навсегда покончить с разговорами — уничтожить Бабий Яр и забыть о нем.

Так началась вторая попытка вычеркнуть Бабий Яр из истории.

Засыпать такое огромное ущелье — титанический труд, но при огромных размахах строительства в СССР задача выполнимая. Было найдено остроумное инженерное решение: не засыпать, а замыть способом гидромеханизации.]

Бабий Яр перегородили плотиной и стали в него качать по трубам пульпу с соседних карьеров кирпичного завода. По оврагу разлилось озеро. Пульпа — это смесь воды и грязи. По идее грязь должна была отстаиваться, оседать, а вода стекала через плотину по желобам.

Я ходил туда и потрясенно смотрел на озеро грязи, поглощающее пепел, кости, каменные осыпи могильных плит. Вода в нем была гнилая, зеленая, неподвижная, и день и ночь шумели трубы, подающие пульпу. Это длилось несколько лет. Плотину подсыпали, она росла и к 1961 году стала высотой с шестиэтажный дом.

В понедельник 13 марта 1961 года она рухнула.

Весенние талые воды устремились в Яр, переполнили озеро, желоба не успевали пропускать поток, и вода пошла через гребень плотины.

Широким своим устьем Бабий Яр выходил на улицу Фрунзе, то есть Кирилловскую, прямо на трамвайный парк и густонаселенный район вокруг него, даже в самом устье Яра по склонам лепились дома.

Сперва вода залила улицу, так что застряли трамваи и машины, а люди в это время спешили на работу, и по обе стороны наводнения собрались толпы, не могущие перебраться.

В 8 часов 45 минут утра раздался страшный рев, из устья Бабьего Яра выкатился вал жидкой грязи высотой метров десять. Уцелевшие очевидцы, наблюдавшие издали, утверждают, что вал вылетел из оврага как курьерский поезд, никто убежать от него не мог, и крики сотен людей захлебнулись в полминуты.

Инженерные расчеты заключали в себе ошибку: грязь, которую качали долгие годы, не уплотнялась. Она так и оставалась жидкой, поскольку главной частью ее была глина. Глинистые откосы Бабьего Яра, как водоупорные стены, надежно сохраняли ее в жидком состоянии. Бабий Яр, таким образом, был превращен в ванну грязи, такую же чудовищную, как и породившая ее идея. Размытая вешними водами плотина рухнула, и ванна вылилась.

Толпы людей вмиг были поглощены валом. Люди, бывшие в трамваях, машинах, — погибали, пожалуй, не успев сообразить, что случилось. Из движущейся вязкой трясины вынырнуть или, как-либо барахтаясь, выкарабкаться было невозможно.

Дома по пути вала были снесены, как картонные. Некоторые трамваи покатило и отнесло метров за двести, где и погребло. Погребены были трамвайный парк, больница, стадион, инструментальный завод, весь жилой район.

Милиция оцепила район и следила, чтобы никто не фотографировал. На некоторых крышах видны были люди, но неизвестно, как к ним добраться. В 1 час дня прилетел военный вертолет Ми-4 и начал эвакуировать уцелевших больных с крыши больницы, снимать других уцелевших.

Место катастрофы очень оперативно было обнесено высокими заборами, движение по улице Фрунзе закрыто, остатки трамваев накрыты железными листами, трассы гражданских авиалиний изменены, чтобы самолеты не пролетали над Куреневкой и нельзя было сфотографировать.

Трясина, широко разлившись, наконец получила возможность уплотняться, вода с нее понемногу стекла ручьями в Днепр, и к концу весны можно было приступить к раскопкам.

Раскопки длились два года. Было откопано множество трупов — в домах, в кроватях, в воздушных подушках, образовавшихся в комнатах под потолком. Кто-то звонил в телефонной будке — так и погиб с трубкой в руках. В трамвайном парке откопали группу кондукторов, как раз собравшихся там сдавать выручку, и кассира, принимавшего ее. Цифра погибших, естественно, никогда не была названа. Бабьему Яру не везет с цифрами.

[Попытка стереть Бабий Яр обернулась неожиданной стороной, привела к новым массовым жертвам, даже возникли суеверия. Популярной была фраза: "Бабий Яр мстит". Основная черта большевистского характера, однако, в том, что он не сдается.

В 1962 году началась третье попытка — и самая серьезная.] *На Бабий Яр было брошено огромное количество техники — экскаваторов, бульдозеров, самосвалов, скреперов. Грунт был водворен обратно в Яр, частью распланирован на месте погибшего района. Бабий Яр был все-таки засыпан, через него проложили шоссе. Далее были проведены следующие работы.*

На месте концлагеря выстроен новый жилой массив, можно сказать, на костях: при рытье котлованов постоянно натыкались на кости, иногда скрученные проволокой. Передний ряд этих домов выходит балконами как раз на места массовых расстрелов евреев в 1941 году.

На месте старого трамвайного парка выстроен новый.

На месте погибшего жилого района построены девятиэтажные здания, белые и модерные, как океанские лайнеры.

[Остатки плотины усажены молодыми тополями.

И наконец, уничтожено еврейское кладбище. Были пущены бульдозеры, которые срывали могилы и плиты, попутно выворачивая кости и цинковые гробы.

На месте кладбища развернулось строительство новых помещений телецентра, оборудованных по последнему слову науки и техники, что еще раз подтверждает: наука варварству не помеха.

В эпицентре *же* всех этих работ, над засыпанными местами расстрелов, началась планировка стадиона и разных увеселительных комплексов. Летом 1965 года, ночами я писал эту книгу, а днем ходил и смотрел, как работают бульдозеры. Работали они вяло и плохо, а свеженасыпанная почва проседала.

В двадцать пятую годовщину первых расстрелов, а именно 29 сентября 1966 года, в Бабий Яр потянулись люди со всего Киева. Говорят, это было внушительное зрелище. Возник стихийный митинг, на котором выступали Дина Проничева, писатель Виктор Некрасов, молодой украинский публицист Иван Дзюба — и опять они говорили о памятнике...

Операторы киевской кинохроники, услышав о митинге, примчались и засняли его на кинопленку, затем на студии разразился скандал, директор был снят с работы, а кинопленка передана КГБ.

Но видимо, власти забеспокоились. Через несколько дней удивленные жители обнаружили немного в стороне от Яра гранитный камень с надписью, что здесь будет сооружен памятник жертвам немецкого фашизма. Когда привезли этот камень и кто его ставил — никто не видел. Но теперь, если иностранные гости настаивают, их могут повезти к этому камню, предварительно обложив его цветами. После отъезда гостей цветы убираются.

Проект стадиона остался нереализованным. На проклятом месте теперь не делается ничего. Между жилым массивом на месте лагеря с одной стороны и телецентром на месте кладбища с другой — посредине лежит огромный, заросший лопухами и колючками пустырь.

Так с третьей попытки Бабий Яр все-таки исчез, и я думаю, что если бы у немецких нацистов было время и столько техники, то о лучшем они и мечтать не могли.

В скобках можно добавить, что бывший секретарь ЦК КП Украины Н. Подгорный, при котором совершен такой подвиг, нынче пошел в гору. Он Председатель Президиума Верховного Совета СССР, то есть президент страны.]

До последнего времени в кладбищенском доме над оврагом жила сторожиха М.С. Луценко — тетя Маша, которую в свое время немцы совершенно упустили из виду и не подозревали, что она подкрадывалась в зарослях и видела все, что они делают. Мы ходили с ней, она еще и еще раз показывала, где начиналось, где подрывали склоны и как "вон там и там их клали на землю. А они ж крича-ат!.. О Матерь Божья... Они их лопатами бьют, бьют". *При этом она указывала рукой под землю, вглубь, потому что мы стояли над оврагом несуществующим. Только такие старожилы еще могут указать границы Бабьего Яра, остатки плотины и другие следы событий. Но улик от преступлений не осталось. Пепел, как вы помните, был частью развеян, зола и кости теперь лежат глубоко-*

глубоко, так что от погибших не осталось ничего. Сколько их было — тоже никогда не узнать. Все официальные цифры — условны, их меняют в зависимости от ситуации.

И все же я думаю о том, что ни одно общественное преступление не остается тайным. Всегда найдется какая-нибудь тетя Маша, которая видит, или спасутся пятнадцать, два, один, которые свидетельствуют. *Можно сжечь, развеять, засыпать, затоптать — но ведь остается еще людская память.* Историю нельзя обмануть и что-нибудь навсегда скрыть от нее — невозможно.

Этот роман я начинал писать в Киеве, в хате у матери. Но потом не смог продолжать и уехал: не мог спать. По ночам во сне я слышал крик: то я ложился и меня расстреливали в лицо, в грудь, в затылок, то стоял сбоку с тетрадкой в руках и ждал начала, а они не стреляли, у них был обеденный перерыв, они жгли *из книг* костер, качали какую-то *пульпу*, а я все ждал, когда же это произойдет, чтобы я мог добросовестно все записать. Этот кошмар преследовал меня, это был и не сон, и не явь, я вскакивал, слыша в ушах крик тысяч гибнущих людей.

Мы не смеем забывать этот крик. Это не история. Это сегодня. А что завтра?

Какие новые Яры, Майданеки, Хиросимы, [Колымы и Потьмы] — в каких местах и каких новых технических формах — скрыты еще в небытии, в ожидании своего часа? *И кто из нас, живущих, уже, может быть, кандидат в них?*

Будем ли мы понимать когда-нибудь, что самое дорогое на свете — жизнь человека и его свобода? Или еще предстоит варварство?

На вопросах, пожалуй, я и оборву эту книгу.

Желаю вам мира. [И свободы.]
1969 г.

Избранные выступления на “Радио Свобода”

Беседа 1. Вступительная

11 ноября 1972 г.

Работая над романом “Бабий Яр”, я подсчитал, что за два года немецкой оккупации Киева, к своим 14-ти годам, я совершил столько преступлений, что меня надо было расстрелять 20 раз. Об этом в романе есть глава: “Сколько раз меня нужно расстрелять?”

По немецким приказам того времени, например, грозил расстрел за выход на улицу после 6 часов вечера. Многих застрелили. И я выходил, но не попался на глаза патрулям, мне повезло.

Был другой приказ, процитирую его:

“Все имеющиеся у штатского населения валяные сапоги, включая и детские валенки, подлежат немедленной реквизиции. Пользование валяными сапогами запрещается и должно караться так же, как недозволенное пользование оружием”.

То есть расстрелом. Но я валенок не сдал, иначе бы не в чем ходить, и две зимы носил, за каковое пользование меня и теоретически, и практически надо было казнить, как и за невыдачу еврея, моего приятеля

Шурки, помощь беглому пленному дядьке Василию, неявку на регистрацию в 14 лет, побег от угона в Германию; наконец, просто за антигерманские настроения.

"При этом я не был еще членом партии, комсомольцем, подпольщиком, не был евреем, цыганом, не имел голубей или радиоприемника, не совершал открытых выступлений, не попался в заложники, а был ОБЫКНОВЕННЕЙШИЙ, рядовой, незаметный, маленький человечек в картузе. Но, если скрупулезно следовать установленным властями правилам, по принципу "соверши — получай", то я уже двадцать раз НЕ ИМЕЛ ПРАВА ЖИТЬ".

Далее в романе следовало размышление, которое цензура почти целиком убрала, приведу его по полному изданию "Бабьего Яра", вышедшему теперь на Западе:

"Я живу упрямо дальше, а преступления катастрофически множатся, так что я перестал их считать, а просто знаю, что я — странный, но непойманный преступник.

Я живу почти по недоразумению, только потому, что в спешке и неразберихе правила и законы властей не совсем до конца, не идеально выполняются. Как-то я проскальзываю в оплошно не заштопанные ячейки сетей и ухожу по милости случая, как по той же милости мог бы и попасться. Каждый ходит по ниточке, никто не зависит от своей воли, а зависит от случая, ситуации, от чьего-то настроения, да еще в очень большой степени — от своих быстрых ног".

В книге "Воспоминания" вдова поэта Мандельштама, погибшего в застенках НКВД, пишет, что ее не постигла судьба мужа только потому, что ее выгнали из квартиры, она перестала мельтешить перед глазами и затерялась: "Меня спасла случайность. Нашими судьбами слишком часто управляла случайность, но в большинстве случаев они были роковые и случайно приводили людей к гибели".

Поэт Мандельштам написал стихотворение, высмеивавшее Сталина. Нет, не опубликовал, просто написал. За это страшное преступление он и был убит.

При тоталитарном строе человек вообще не может прожить, не совершая преступлений в том или ином смысле. Или он сопротивляется этому строю, нарушает его свирепые предписания — и тогда он преступник перед строем, или он выполняет, служит строю — и тогда еще хуже, тогда он действительно преступник, против человечности. Что делать старому доброму служаке, если ему приказано травить детей в душегубке? Не травить — сам туда пойдешь. Травить — встает призрак Нюрнбергского процесса...

Все без исключения граждане тоталитарной страны неизбежно должны выбрать из дилеммы одно. Третьего — не участвовать, уйти, отгородиться — не дано; это третье является преступлением, и серьезным, с точки зрения строя, по знаменитому большевистскому принципу: кто не с нами, тот против нас.

Поняв все это, я потому и перестал считать свои преступления и только возношу благодарность Небу, что живой.

В 1948 году мне шел девятнадцатый год. Я написал гротескную пьесу — сатиру на сталинский строй. Там действовали Железные Феликсы, они ходили монолитной когортой по идеально прямой линии, состоявшей из сплошных зигзагов, Ленин вертелся в гробу,

Сталин хлопал крыльями, народ безмолвствовал, и тому подобное.

Стихотворение Мандельштама было обнаружено. Мою пьесу не обнаружил никто. Но интересно, что бы со мной было, случись тогда в нашей квартире обыск по какому-нибудь поводу, был бы приговор к расстрелу или всего лишь на 25 лет? Пьеса была злая, написанная в упоении, одним духом. Позже я ее сжег.

В комсомол я был принят "скопом", когда учился в багетной студии при Киевском оперном театре. Нас, пятнадцатилетних балетных мальчиков и девочек, привели в райком на бульваре Шевченко и в каких-нибудь полчаса пропустили через приемный конвейер. В 1949 году, на двадцатом году моей жизни, я, кипя яростью, решил, что не буду участвовать в комедии, творящейся вокруг. Снялся с учета в райкоме, сказал, что уезжаю в Хабаровск, получил на руки учетную карточку — и уничтожил ее вместе с комсомольским билетом. Легко решить — не участвовать. Но как?

В 1952 году я работал на строительстве Каховской ГЭС, там проводили 100-процентную комсомолизацию, и я вторично "скопом" оказался в комсомоле. Мы все под диктовку написали заявления: "прошу", "обещаю быть", "выполнять заветы", потому что если все это делают, а ты один нет, то изволь объяснить, а ну, объясни, что ты имеешь против...

Это теперь, бывает, и объясняются. Но в 1952 году не объяснялись.

Со всей трезвостью я увидел тогда, что обречен жить в обществе, где не погибают те, и только те, кто глубоко в себе погребет свое искреннее лицо. Бывает, так глубоко погребет, что уже и сам потом откопать не может...

Конечно, я утаил от родного комсомола, что уже был в нем, как утаил и дальше, вступая в партию, поступая в институт, в Союз писателей. Иначе студентом не быть, ни одно мое произведение никогда бы не увидело света; наконец, и за границу бы не пустили, и никогда бы я не убежал от этого невероятного строя.

Но уже на Каховской ГЭС я узнал от комсорга стройки, что, оказывается, не один я такой "изобретатель", что по стране разыскиваются сотни тысяч беглых комсомольцев, "мертвых душ", их вылавливанием занимается целый аппарат. Угроза быть пойманным нависла надо мной, с нею я жил далее семнадцать лет.

Шансы, что меня выловят, увеличились, когда я стал писателем, оказался на виду. Достаточно было какой-нибудь балерине в Киеве вспомнить, как мы вместе вступали в комсомол, тогда как во всех биографических справках на моих книгах и вплоть до Литературной энциклопедии значится, что я вступил в ВЛКСМ на Каховской ГЭС. К счастью, балерины меньше всего думают о ВЛКСМ.

Мне повезло, хотя многих ловят. Правда, с годами суровость наказания по данному делу уменьшилась до малого: кроме скандала, объяснений на собраниях и бюро, может быть, исключения из партии и испорченной карьеры, мне в шестидесятых годах ничего худшего не грозило.

Худшее грозило, если бы в Яснополянском лесу вдруг начались без моего ведома земляные работы в том месте, где я хранил закопанными некоторые свои рукописи. Я писал в них все, что думал, вынашивая смутные планы размножения их фотоспособом. Это уже не были грешки комсомольской молодости, но даже без натяжки их можно было бы квалифицировать как зрелые, обдуманные действия во вред существующему государственному строю. Но земляных работ не было, канав не рыли, деревья не сажали, — пронесло.

Сколько сейчас сидит людей в лагерях Мордовии за попытки бежать! Ленинградский поэт, член Союза писателей Анатолий Родыгин пытался переплыть границу в Черном море. Мой однофамилец Кузнецов Эдуард и вся группа, пытавшаяся захватить самолет. Матрос Кудирка, перепрыгнувший на американское судно и возвращенный... Не повезло людям, фатально не повезло.

А двум парням-художникам удалось переплыть Черное море поперек на надувной лодке, сейчас они живут в Нью-Йорке. Про себя могу сказать, что рассматриваю как большую удачу то, что никто из пограничников в Шереметьевском аэропорту не обратил внимания на отдувающийся карман моего пиджака, когда я шел на посадку в самолет, отлетающий в Лондон. Карман был полон фотопленок с переснятым архивом всей моей жизни, в том числе и рукописей, зарытых в Ясноpolянском лесу.

Другое дело: чем закон, предусматривающий заключение в концлагерь за желание жить не в СССР, а в другом месте, — чем этот закон принципиально отличается от запрета выходить на улицу после 6 часов? А вот при Сталине отправляли в Сибирь за опоздание на работу, за сбор колосков. Сейчас, кажется, не отправляются? Нелогично, однако. За пение песен под гитару — нужно отправлять, за рассказанный анекдот — обязательно. Было это, все было...

Прочитаю еще одно размышление из “Бабьего Яра”.

"Сегодня одна двуногая сволочь произвольно устанавливает одно правило, завтра приходит другой мерзавец и добавляет другое правило, пятое и десятое, и бог весть сколько их еще родится во мгле нацистских, энкавэдистских, роялистских, марксистских, китайских, марсианских мозгов непрошеных благодетелей наших, имя им легион.

Но я хочу жить! Жить, сколько мне отпущено матерью-жизнью, а не двуногими дегенератами. Как вы смеете, какое вы имеете право брать на себя решение вопроса о МОЕЙ жизни: СКОЛЬКО МНЕ ЖИТЬ, КАК МНЕ ЧУВСТВОВАТЬ, КОГДА МНЕ УМИРАТЬ?

Я хочу жить долго, пока не останется самых следов ваших".

В самом деле, если жить достаточно долго, то можно видеть, как законы меняются. И пугала перестают пугать. Кажется, страшнее кошки зверя нет, а кошка возьми да и умри. Вот дожились же мы — о чудо! — до того, что за ношение валенок уже не расстреливают. Также после 6 часов выходить на улицу МОЖНО. Даже в полночь можно, это не преступление. Более того, хоть и не рекомендуется, но МОЖНО опоздать на работу, собирать колоски, а антигерманские-антифашистские настроения не только можно, но ПОХВАЛЬНО иметь.

Но! антисоветских — нельзя. Проживать без прописки — нельзя. Бежать в Австралию очень нельзя. Иметь мнение, что американцы обогнали советских в космосе, — категорически нельзя. Иметь вообще любые взгляды, отличные от взглядов газеты "Правда", — преступление.

За это преступление генерал Григоренко сегодня медленно умирает в сумасшедшем доме. Андрей

Амальрик находится в магаданском концлагере. Судьба тысяч подобных "преступников" угнетает меня...

Но все же искра оптимизма зреет. Как видим, за давностью лет, а главное, за полным исчезновением некоторых законодателей, многие преступления уже не рассматриваются как преступления, приговоры по некоторым полностью аннулированы, как с теми валенками или колосками...

И так, грешным делом, думаешь иногда: а вдруг мы доживем до такого дня и привалит такое невиданное счастье, когда вообще все подобные приговоры... аннулируются?

Беседа 10.
Труд писателя там и здесь

13 января 1973 г.

Когда я учился в Москве, в Литературном институте, на Тверском бульваре, там, кроме марксизма, политэкономии или языкознания по Сталину, преподавались несколько дисциплин литературных: теория стиха, теория прозы, труд писателя.

Последний курс — "Труд писателя" — читал проф. Цейтлин, ныне уже покойный, — сухонький, замкнутый старичок, который скрупулезно выбрал, казалось, все, что можно, — не о том, ЧТО писатели всех эпох писали, а КАК чисто технически они это делали.

Один любил держать ноги в тазу с холодной водой, другому требовались гнилые яблоки в ящике стола. Один писал сидя, другой лежа, а третий только стоя. Одни писали по утрам, другие только ночью. Одни ждали вдохновения, к другим оно являлось в процессе работы, а третьи его вообще не признавали. Лекции были разбиты на разделы: "Бытовые условия писателя", "Стол писателя", "Влияние местности на работу писателя". Там было собрано все, за исключением, по-моему, работы писателя в условиях диктатуры — и работы писателя в изгнании. Этого мы не проходили.

Недостающий раздел насчет диктатуры мы, его слушатели (а мы — то были Евгений Евтушенко, Белла Ахмадулина, Анатолий Гладилин, Лина Костенко, Юнна Мориц, а также наш сокурсник Владимир Фирсов), вынуждены были постигать каждый в силу своего разумения. У одних, как у Ахмадулиной, Гладилина или Костенко, это кончилось работой в стол, отверженностью, травлей. Другие, как Евтушенко, сперва акробатически лавировали на лезвии ножа, а кончилось чем-то похожим на панельную торговлю собой. Третьи, как Фирсов, не мудрствуя лукаво, стали обыкновенными погромщиками и фашистами.

Мне же, грешному, судьба уготовала перейти к разделу "Работа в изгнании", который мы тоже не проходили. Сейчас я мог бы пополнить курс профессора Цейтлина большим количеством материала, точного, неожиданного, выстраданного, потому что этот раздел оказался для меня лично самым потрясающим из всего, что вообще было в моей жизни. Кардинальным настолько, что, прибегни я к банальной литературщине, его можно было бы считать не продолжением, а просто началом другой, иной жизни.

С момента посадки в самолет 24 июля 1969 года в Шереметьевском аэропорту, курсом Москва — Лондон, новое обрушилось на меня, и продолжает обрушиваться, лавиной. По-польски говорится: "Цо задужо, то нездорово". Если полжизни дышать спертым, бедным на кислород воздухом и вдруг оказаться на берегу океана, то от свежего воздуха можно угореть, заболеть, обожжет легкие. Только здесь я узнал от старых, опытных эмигрантов, что почти каждый, вырвавшийся из СССР на Запад, должен "переболеть", бытуют даже термины: резкий перепад давлений, "кессонная болезнь", "культурный шок". Одни подвержены этому больше, другие меньше, мне же, как вижу теперь, было уготовано испить эту чашу "кессонной болезни", "культурного шока" сполна, может, даже больше, чем сполна. Вероятно, потому, что в СССР я принадлежал именно к категории, которая называет себя работниками культуры. Я, естественно, ожидал — и свежего воздуха, и перепада в культурном уровне. Но сногсшибательных размеров всего этого, ножниц, которые настолько, оказывается, расходятся, что трудно вообразить, когда и как они могут сомкнуться, — вот этого я не ожидал. Со мной случился означенный "культурный шок".

Начать с того, что вот уже четвертый год живу в Англии — но не опубликовал ни одной новой книги. Я выпустил "Бабий Яр", но он написан раньше, в СССР, теперь лишь опубликован в полном виде.

Любопытно, что когда я остался в Англии и вдогонку мне, кроме газетных статей, полных терминологии в оде "Иуда, родину продал", была пущена волна писем и от якобы "простых советских читателей", и от близких людей, — в них после вариаций "Тебя ждет осиновый сук", "Ты умрешь под забором", следовало несколько странное предсказание: "Писать ты уже не сможешь".

На месте главы КГБ товарища Андропова я бы этих авторов "Иуды", "осиновых суков" и "заборов" гнал бы в шею: плохо работают. Бездари. А вот на человека, предсказавшего, что советский писатель писать на Западе не сможет, рекомендую обратить внимание — и премировать его хотя бы путевкой в спецсанаторий "Горячий камень" в Пятигорске.

Узнать бы у способного работника, из каких посылок он исходил? Впрочем, поставлю сто против одного, что главной причины он не знает.

Говорят о губительной оторванности от родины, корней, родных берез и языка; о предательстве священных идей коммунизма; о зверином оскале капитализма, наконец... Все это болтовня, вздор.

Когда Герцен или Горький уходили в эмиграцию, поляк Конрад стал мировым писателем в Англии, испанец Пикассо навсегда оставил Испанию, а турок Назым Хикмет эмигрировал в Москву (последний случай, видимо, вообще абсолютно похвален?), то никто не вспоминал об оторванности от родных корней, берез, пальм или баобабов.

В священные идеи коммунизма теперь и в ЦК КПСС никто, пожалуй, не верит всерьез. Оставим их, эти идеи, бог уж с ними, оставим их армянскому радио, Мао Цзэдуну и Энверу Ходже.

Насчет звериных законов Запада — я их наблюдаю четвертый год, теперь не с чужих слов, а сам могу сказать: дай бог нашей инквизиторской, феодально-крепостнической стране когда-нибудь не то что превзойти — приблизиться к современному уровню духовной и материальной западной жизни. Погодите с сияющими вершинами, скажите, в каком столетии хоть крепостное право-то отмените?

И сказать крепостному, который из такой страны не уехал легально, а должен был тайно бежать, как из концлагеря, — сказать такому беглому крепостному писателю: "Ты без нашей колючей проволоки не сможешь писать", — согласитесь, это все-таки нужно было додуматься.

Главная причина более серьезная, трудная, прозаическая: это беспросветная отсталость и провинциальность наших так называемых советских писателей и всей их литературы, я же имел несчастье к этой кунсткамере принадлежать.

Я, например, состоял членом Союза писателей СССР. Но писатель и член Союза писателей СССР — это вещи не только разные, но, как сказал бы Пушкин, НЕСОВМЕСТИМЫЕ. Достоевский или Лев Толстой не могли бы быть членами союза. Достоевского бы ни строки не печатали и не приняли бы уже за один общечеловеческий гуманизм, а Толстой — тот бы сразу заявил: "Не могу молчать!" Александр Солженицын, перед которым преклоняется мир, из Союза писателей изгнан. По советской терминологии он, собственно, "лицо, не занимающееся общественно полезным трудом". Тунеядец. Другой великий писатель, Михаил Булгаков, был не членом союза, а дворником при нем. О расстрелянных не говорим.

Я же был довольно прочным членом Союза писателей СССР, со всеми вытекающими из этого последствиями. Последствия таковы, что мне на Западе пришлось элементарно переучиваться. Во многом — начинать сначала, с азов. Пока официальная советская литература толкалась на пустыре соцреализма, мировая литература куда-то, со скрипом, шла на шестьдесят лет впереди, что-то находила. Но мы-то, на Тверском бульваре, у нас в деревне, этого НЕ ПРОХОДИЛИ. В некоторых областях я почувствовал себя на Западе так, как почувствовал бы себя сельский учитель арифметики, перенесенный в центр космических исследований и уполномоченный сделать обыкновенные расчеты траекторий полета Земля — Луна — Земля.

Покидая СССР, я переснял свои рукописи на пленки и думал: если удастся побег, то уж я все это первым делом напечатаю. От издателей отбою не было. Прежде всего мой литературный агент попросил список, и я составил только для начала список из семи книг, в общем готовых, только перевести с пленки в машинописный вид.

Да, из этого списка я выполнил № 1 — полный "Бабий Яр". Это было единственное, что более или менее стоило сделать, и то не обязательно. Сегодня я бы все прописал заново, вычистив хвосты моих былых советских представлений.

Затем я приготовил вторую книгу, сюрреалистический роман "Тейч Файв", успел, к несчастью, опубликовать в журнале отрывок из него... и осекся. Это был момент, когда я и увидел, что я еще не писатель, а только БЫВШИЙ ЧЛЕН СП СССР. С "Тейч Файвом" было банально-примитивно. Почитали рукопись один, другой, в меру хвалили, но сказали, что это, в общем, на уровне подражаний Замятину и Оруэллу. Я писал это в глубокой тайне, по ночам, в своей квартире в городе Туле и понятия не имел, что какие-то Замятин или Оруэлл вообще существуют на свете. Сегодня могу сказать, что называться современным русским писателем и не знать, что существовали Замятин и Оруэлл, это все равно что называться поэтом, не зная, что ли, что были Лермонтов и Блок, мучительно изобретать паровоз, не зная, что по дорогам бегают тепловозы и электровозы. Я, благословенный советский писатель, в своей благословенной

Туле, работая с риском по ночам, изобрел велосипед, причем по конструкции хуже, чем те, которые в Лондоне сотнями пылятся по магазинам, 8–11 фунтов штука. 8 фунтов — это дневной заработок водителя лондонского автобуса. Да.

Это лишь один штрих из сотен. Общая картина гораздо сложнее, но для меня важнее всего оказалось конечное открытие: что мы в СССР, "деятели культуры", находимся на ТАКОЙ ступени невежества, нет, я этого не ожидал. Три года я непрерывно учусь и пытаюсь наверстать. Сегодня несколько новыми глазами просматриваю привезенные из СССР свои рукописи — и почти не могу понять: как это было можно такие наивные, окоселые, китайские вещи всерьез думать и писать, как драгоценность переснимать, везти через границу... Можно было и не переснимать. Этот эклектический сумбур имеет разве лишь цену сырья. Чеховских записных книжек, откуда можно выбрать детали, фразы... Еще — благодатный материал для психолога, социолога, философа, не знаю, кого еще, кто вздумал бы исследовать странный, перекошенный отросток рода "гомо сапиенс", вида "гомо-советикус", подвида "советский письменник", если это интересно, если это вообще кому-то нужно...

Как видите, трудный случай. Я благословляю судьбу за то, что она привела меня в сегодня. Если она была так добра ко мне, то, может, отпустит еще и времени жизни? Ах, как хотелось бы успеть. Я-то ведь пишу, каждый день пишу, а наутро перечитываю и вижу: нет, не все клочья шерсти сошли, и вот клок, и вот, я сгорю со стыда, если с таким выйду на люди. Впервые в жизни ощущаю, что работаю действительно по-настоящему, это очень счастливое ощущение, кто однажды испытал его — верните его хоть десять раз в клетку, он будет десять раз бежать или погибнет, но жизнь и работа по прежнему, по-советски для него уже невозможна.

Беседа 18.
Страх

17 марта 1973 г.

На днях один мой знакомый в Лондоне рассказал, что к нему обратился молодой актер с просьбой довольно неожиданной. Этому молодому актеру досталась роль в пьесе из советской жизни — роль простого обыкновенного человека, придавленного страхом. Он не может войти в образ и просит консультацию.

Нет, он понимает, конечно, страх такого типа, как во время стихийного бедствия, землетрясения, например; страх человека под дулом револьвера, который направил на него бандит в темном переулке; страх преступника-убийцы или ограбившего банк, который прячется, зная, что за ним охотится полиция.

С одной стороны, страх перед опасными несчастными случайностями в жизни; с другой стороны, страх перед поимкой и наказанием за явное совершенное преступление.

Но он не может понять и прочувствовать то, по-видимому, чисто восточное состояние, когда человек, не убив, не украв и так далее, тем не менее не может позволить себе быть естественным, должен всю жизнь очень обдуманно, осторожно высказываться, скован вечно, хронически, до гроба — и бледнеет от страха уже при одной мысли, что в любой момент, в любую секунду жизни он не гарантирован от того, что "придут", "будут проверять", "чистить", "обыскивать", засекут, что он сболтнул лишнее, заподозрят его в непозволительных убеждениях и мыслях. Вот этот страх.

"То есть я умом как-то это осмысливаю, — говорил молодой актер. — Но сам этого никогда не чувствовал, я как-то с детства — рос, учился, жил, НЕ БОЯСЬ, и не могу вообразить, наверное, как живущий на экваторе не может вообразить, как это: замерзнуть от мороза. То есть он может заглянуть в холодильник, подержать в руках кусок льда, и все же это не то. Я не боялся в жизни, как вы, меня не арестовывали, не сидел в лагере... Просто отчаяние берет, до чего благополучная, бедная опытом жизнь".

Слушая эту историю, я ощутил какую-то горечь или безнадежное чувство зависти. Имея по самые уши этого самого "опыта", о котором он тоскует, я бы охотно отдал его именно за самую "бедную", благополучную, рядовую жизнь БЕЗ СТРАХА. Как пораженный на всю жизнь полиомиелитом, не задумываясь, променял бы свои костыли и весь свой опыт калеки на возможность быть просто здоровым.

Именно такими глазами калеки от рождения я смотрю на живых, естественных детей и молодежь в Англии — какие они свободные, раскованные, непуганые — и думаю: "Везет некоторым!" А они, конечно, недовольны, имеют претензии к жизни, недостаточно осыпавшей их испытаниями.

Это у Гоголя Собакевич сокрушается, что имеет железное здоровье: ни разу в жизни не болел, ни малейшей простуды хотя бы. А Чичиков думает: эк его, нашел на что жаловаться...

Да, попробуй такому, никогда не болевшему, объяснить, что такое болезнь. Ты, пролежавший всю жизнь в больнице. Да, если хотите, все наше общество в СССР больно. Страхом. Да так, что уже и забывается, и не представляется: как же иначе можно, и вообще, бывает ли? Именно поэтому молодые советские актеры, играя дерзких персонажей в пьесе западного автора, изображают их как нарушителей-вольнодумцев, которых вот-вот арестуют. Это очень смешно. Вольнодумцем на Западе вольно быть. Каждому. Если хочет, пусть себе вольнодумствует, а мы послушаем: кто знает, может, и дельное что-то скажет — но это же естественно, безобидно, нормально и банально. Никому в голову не приходит, что это СТРАШНО.

В первые времена моей жизни вне Советского Союза я ловил себя на мысли: "Боже, что это я говорю, разве можно такое вслух говорить?!" И тут же потрясенно вспоминал: "Можно. Можно все".

Как изголодавшийся, я накинулся на эту дивную, невероятную возможность, так бы сказать, пировал, объедался, пробовал на все лады — ничего, кроме перспективы, что за тобой установится репутация невыносимо говорливого, да и только. Я бы, не боясь, сравнил это с бегом на длинную дистанцию после сорокалетнего лежания в постели с парализованными ногами.

Все без исключения люди, оставившие СССР, с которыми я говорил на эту тему, подтверждают, что с ними было то же самое: они, так сказать, поначалу слишком много, в кавычках, "бегали", "прыгали", удивляясь, что это возможно, что это получается, — и тогда спрашивается, зачем и как же это было можно жить до сих пор прикованным, так сказать, к "постели".

Я чувствую, что должен подкрепить это примерами, потому что, помню, вольнодумные герои западных пьес казались мне ужасно смелыми, значит, и я сам все-таки не понимал, что значит полная естественность и свобода самовыражения. Ну вот сегодня я напишу плакат: "Премьера Великобритании Хита надо утопить в Темзе, парламент разогнать, министров судить. Да здравствует коммунизм! Да здравствует анархия! Да здравствует рабовладельческий строй! Ввести в Англию пять миллионов хунвейбинов!" — ну, я не знаю, ВСЕ, ЧТО УГОДНО. Пойду по улицам, пойду и буду две недели стоять у входа в парламент и говорить в пользу своих тезисов непрерывно. Возможно, в конце концов меня уже будут показывать туристам находчивые гиды как достопримечательность: "А тут стоит человек, который считает, что Хита нужно утопить в Темзе. Послушаем, у него очень любопытные аргументы".

Англичане любят серьезную классическую музыку. Перед началом концерта с Бетховеном или Чайковским в программе билет достать невозможно. Тем не менее время от времени устраиваются разные концерты, как мы бы в СССР сказали, экспериментальные, и множество слушателей подходят именно с принципом: "Послушаем этого автора концерта для мотоцикла с оркестром консервных банок, возможно, у него какие-то любопытные аргументы". На днях такой концерт передавался по телевизору, и надо сказать, в самом деле любопытно. По телевизору устраивается интервью с коммунистом на тему, почему он считает, что в Англии должен быть коммунизм. Устраиваются открытые дискуссии на любую тему, где каждый говорит, что ему в голову взбредет, бывает спор, крик, бывает хохот. Еще я видел как-то интервью с гомосексуалистом и лесбиянкой, на полном серьезе, они очень спокойно, без страха, конечно, с достоинством высказывали перед всеми телезрителями страны свои ЛЮБОПЫТНЫЕ АРГУМЕНТЫ. И так далее, без границ. Неинтересно — переключите телевизор на другой канал. Ничего не случится, мир не рушится, земля вертится, никто премьер-министра в Темзе не топит, кто хочет быть коммунистом — тот им является, а кто хочет быть гомосексуалистом — тоже. "Каждый развлекается по-своему", — сказал черт, садясь на сковороду голой задницей. Или, более прозаически, известный принцип: "Живи сам, как считаешь нужным, и дай такое же право другим".

Нет, в 1917 году некая группа в России сказала: "Живите все так, как мы считаем нужным. А несогласных — уничтожим". И этот странный, на мой взгляд, дикий принцип, неумный принцип повлек за собой неисчислимые, ненужные беды, жертвы, кровь, садизм — вот что самое худое. Я говорю о самом принципе: "Живи только так". КАК? — это уже следующее. Возможно, что это красиво, лихо выглядит. Но ведь мы же люди, такие разные. Один любит маршировать в компании — другой отшельник-индивидуалист. Мне говорят: "Электрифицируем весь твой быт", — а по мне, ну ее к лешему, эту электрификацию, а вдруг я люблю жить в лесной или горной жизни со свечкой и сверчком? Нет, не имеешь права, не понимаешь, что счастье — есть наша власть плюс электрификация всей страны и всех. В расход тебя, к стенке. Так, пойдя по дорогам, полным благих намерений, общество, конечно, пришло в ад насилия.

Террор революции, террор после революции, террор коллективизации, террор лет тридцатых, террор лет военных и послевоенных — жизнь поколений и поколений в непрерывном страхе. При достаточно долгом сроке он может превратиться во врожденный. Я думаю, что, как, например, заяц, вынужденный постоянно спасаться, со страхом рождается, так, в принципе, можно выработать в течение ряда поколений инстинкт общественного страха не благоприобретенный, а уже врожденный. Думаю также, что этого не случится. Но упорные опыты продолжаются. Как сам бывший подопытным сорок лет моей жизни, могу сказать, что избавление от рефлексов страха благоприобретенных — не врожденных еще! — не приходит сразу, быстро и безболезненно. Это длинный, трудный процесс. Сохраняются остаточные явления. “Пуганая ворона и куста боится”. Медленно она привыкает не бояться куста, но стоит случайно хрустнуть ветке — и страх на месте. Всегда ложный, странный и непонятный для глядящих со стороны ворон непуганых.

Я уже сказал, что ловил себя на страхе: “Боже, что это я говорю? Как меня сейчас не сцапают?” Около года у меня проходил страх проживания без прописки. То есть, пока я думал и понимал, что живу теперь в обществе, где самого понятия прописки не существует, все было вроде нормально, но я не мог понять, что меня подспудно беспокоит? Оказывается, что именно живу вот просто так, без штампа о прописке.

По сегодняшний день еще не могу безразлично пройти мимо полисмена. Это нужно, во-первых, знать, что такое британский полисмен — это верх симпатичности, корректности, помощи, авторитета, и, кстати, они не вооружены. Ничем. В Англии детей не пугают полицией. Но я, с детства милицией пуганный, вечно подлежавший ни с того ни с сего “проверке документов”, столько раз хватавшийся и отпускавшийся опять-таки ни с того ни с сего для проверки, — я сегодня прохожу мимо английского “бобби”, внутренне дрогнув, приняв независимый, “невиноватый” вид, и это происходит прежде, чем головой успею сообразить: С ЧЕГО??? Это рефлекторно во мне происходит. С годами слабеет, но медленно. Так после войны с отчаянными бомбежками я не мог спокойно слышать грозный вой пассажирского самолета в небе. Прошло лет, пожалуй, через пятнадцать—двадцать.

“Испытание страхом, — пишет вдова Мандельштама в книге воспоминаний, — одна из самых страшных пыток, и после нее люди оправиться уже не могут”. Это очень обидно, неумно, что над такой деликатной, уязвимой, тонкой организацией, как человек, кто-то находит нужным проделывать пытки. Не среди нас уже, но среди детей наших детей будут ли молодые актеры, которым окажется трудно вжиться в образ странного, подавленного хроническим страхом, скованного и вечно настороженного советского человека XX столетия?

Беседа 19.
Из моего опыта агитатора

4 марта 1973 г.

Мой дед Семерик Федор Власович, бывший рабочим, слесарем-канализатором на киевской обувной фабрике № 4, ненавидел Ленина, Сталина, большевиков и их, как он выражался, "босяцкую власть". В день "всенародных выборов" он поднимался в пять утра — и к шести ноль-ноль был у дверей избирательного участка, чтобы проголосовать одним из первых.

В темноте топталась на морозе, перед закрытыми дверями, большая толпа. Без четверти шесть начинался митинг, выкрикивались краткие речи и здравицы. Затем торжественно распахивалась дверь, и право первого голоса предоставлялось какому-нибудь заранее намеченному ударнику-передовику, его фотографировали для газет, по радио гремели радостные песни. Дед, изо всех сил работая локтями, проталкивался, чтобы получить бюллетень и опустить его в урну, и затем бежал в очередь к летучему буфету: там давали сардинки. А иногда даже двухсотграммовые пачки масла. Пришедшим позже масла не хватало, а оставались только слипшиеся конфеты “подушечки”.

Второй причиной активности деда, как избирателя, было желание отделаться, и с плеч долой. Потому что уже с семи часов утра во все двери тарабанили агитаторы: “На выборы!”, и тарабанили, и не отставали до тех пор, пока где-то часам к одиннадцати утра не поступали реляции: проголосовало 99,99% избирателей, так-то лихо это делалось в добрые старые времена.

Сногсшибательная либерализация в послесталинскую эпоху распустила избирателя до того, что, бывает, последний голос отдается в пять, шесть, а то и семь часов вечера. По квартирам начинают ходить и гнать лишь в полдень. Дают поспать. Это ведь всегда воскресенье. Цифру проголосовавших иногда оглашают в 99,97%, а то даже и 99,93%. Однако сардельки в буфете, как и прежде, кончаются в первые же часы.

В последних трех или четырех “всенародных праздниках выборов” я участия не принимал, спал спокойно, игнорируя даже сардельки, и никто не тарабанил в мою дверь. Вся хитрость в том, чтобы загодя вычеркнуться из списка избирателей. Незадолго перед выборами, забежав в избирательный участок, я говорил, что уезжаю, и получал открепительный талон, с которым можно голосовать в поезде, на пароходе, в любом пункте, где его предъявишь. Талон этот рвется в мелкие кусочки.

Много раз я слышал, как люди ругаются с агитатором, пришедшим подгонять. К иным агитатор прибегает тарабанить в дверь несколько раз, и ему, бывает, выкрикивают обидные, необдуманные слова, со ссылками на какие-то законы, права гарантированные и пр.

Не надо ругаться с агитатором; он человек подневольный, лишенный воскресного отдыха и виноват разве лишь в том, что хотел бы поскорее уйти. Уйти же он не может, пока не проголосует последнее закрепленное за ним лицо. В агитаторы добровольно не ходят; агитатором быть приказывают. Чаще всего это студенты.

В мою бытность студентом в Москве мне регулярно объявляли, что я — агитатор. Лично я не знал ни одного студента, который бы полез в бутылку и отказался из идейных соображений. Ну, откажется, исключат из института, на его место назначат другого, только и делов. Считается, что агитаторы перед выборами проводят бурную кампанию агитации по квартирам. Действительно, получив список закрепленных за ним квартир, студент бывает в каждой из них по одному разу. И, робея, стыдясь, уточняет список проживающих, напоминает о дне выборов — и только его и видели. Дальше начинается великая всенародная липа. Пишутся отчеты, сколько бесед и на какие трепещущие темы — "Единство партии и народа", "Выборы в самой свободной стране", "Голосуйте за блок коммунистов и беспартийных", — сколько этих самых бесед проведено по квартирам, при невиданной активности избирателей. А вы живете и даже не знаете, как вы были активны. Отчеты эти никогда не проверяются, потому что начальство лучше, чем кто-либо другой, знает, что они — липа.

Самая-то неприятность начинается, конечно, именно в день выборов, когда, за исключением этой формальности, люди имеют воскресенье, а голодный студент-агитатор — нет.

В одной из аудиторий института, отведенной под "комнату агитаторов", у нас висели по стенам расчерченные на квадратики ватманы с номерами избирателей. У каждого агитатора свой ватман, и на нем вычеркиваются номера проголосовавших, о чем все время сообщают из комнаты для голосования. Как игра в лото. Вы видите, что у вас еще не проголосовало восемнадцать номеров. Руководитель бригады агитаторов отдает приказ: "По квартирам!" И вы бежите по всем восемнадцати номерам, звоните, тарабаните и просите. Через час у вас осталось шесть номеров. "По квартирам!" Вы бежите, снова звоните, стучите, просите. На вас злобно орут. Еще через час вы уныло видите, что все те же шесть остаются, а ваш коллега радостно кричит: "У меня все!!!" Все завидуют счастливцу, который может уйти. К пяти часам вечера у вас остается два. Один пьян в дрезину, но "сейчас придет, уже обувается". Другой уехал с утра за город и еще не вернулся, возможно, забыл. К шести часам вечера — уж радости-то, радости! — пьяница проголосовал. Докладываете об уехавшем в тайной надежде, что его скостят. Не тут-то было: достать из-под земли, живого или мертвого. Идете еще раз на квартиру, уточняете, куда он уехал — и отправляетесь на вокзал. Приезжаете в Одинцово, или Апрелевку, ищете по адресу, находите дом, который заперт, и соседи ничего не знают. Поздним вечером возвращаетесь на избирательный участок, надеясь на какое-нибудь чудо. Тупо сидите, уже без надежды, до полуночи, когда урны опечатывают — тоже еще одна из формальностей, неизвестно зачем. Потому что тут же они будут открыты, на столы вываливаются все эти тысячи фиговых бюллетеней с единственной фамилией на каждом, и избирательная комиссия возьмется за труды.

Труды эти заключаются в следующем: разгладить листки и сложить в стопки. Тщательно отобрать такие, на которых фамилия зачеркнута, заменена, вообще что-либо написано, антисоветский ли лозунг, неприличное слово ли, или нарисован чертик. Это все квалифицируется как "испорченные бюллетени", сжигается и заменяется равным количеством бюллетеней чистых. Затем всю ночь эта гора макулатуры тщательно считается, и к ней опять добавляются чистые бюллетени ровно в таком количестве, чтобы получилась цифра, согласованная с райкомом партии: один раз это будет 99,98%. Другой раз — для разнообразия — 99,96%.

Известно, что на каждом участке для проформы непременно устраиваются из занавесок так называемые "кабины", где даже есть чернильница и ручка. Наблюдатели от КГБ скрупулезно берут на заметку каждого, кто заходит в кабину и тем более долго в ней задерживается. Быть замеченным — вот единственный результат захода в кабину. Написанное на бюллетене, будь это хоть целый политический манифест — дальше комиссии не пойдет, не изучается, а просто игнорируется до того, что, как правило, даже не поступает в КГБ, чтобы узнать авторов по почерку. По крайней мере, я ни об одном таком случае не знал, хотя много членов избирательных комиссий и в разные времена по секрету выдавали мне "государственные тайны" о подсчете бюллетеней. Под утро они вознаграждаются скромным банкетом с пьянкой по случаю окончания работы.

Значение кампании и церемониала выборов для периодического подтягивания дисциплины масс, конечно, ясно как день, как и то, что никто никого не выбирает, а просто проводится некий ритуал. Суетой комиссий и агитаторов-погонял проверяется, находится ли в должном рабочем состоянии кнут, а легкими дозами дефицитных пряников, сарделек или апельсинов поощряются наиболее активные, голосующие с раннего утра.

Но, признаюсь, мне не совсем понятно значение всего, что после опечатывания урн происходит при закрытых дверях: эта совершенно бессмысленная, помоему, работа по пересчитыванию, отбиранию, пополнению, сжиганию. Кому нужны, в какие хранилища поступают и каких потомков способны убедить эти горы девственно чистых, из-под типографской машины бюллетеней? Делается ли эта часть циничной комедии для того, чтобы укреплять дисциплину уже в самих блюстителях дисциплины? В этом вроде бы нужды нет. Их дисциплина проявилась бы гораздо эффективнее, если бы, скажем, содержимое из урн вываливать сразу прямо в костер, вокруг которого они бы стояли с обнаженными головами и хором пели "Интернационал". Но они считают, балансируют, мухлюют всю ночь — должен же быть в этом какой-то смысл? Или его нет? Похоже, они что-то делают такое, что еще недоступно моему пониманию.

Как, например, и то, зачем в Советском Союзе время от времени проводится перепись населения. Это какой-то пережиток прошлых веков, когда не то что сам царь, но и иной помещик не знал толком, сколько у него точно душ. Население Советского Союза все до последнего человека находится на учете в милиции — раз, в избирательных списках — два, как минимум.

Однажды в жаркий день я выкупался в останкинском пруду в Москве, а, оказывается, это запрещено. Меня вытащили из воды и забрали в Останкинское отделение милиции, а документов при мне не было. Записали со слов фамилию, имя-отчество, год рождения, где прописан (а тогда я был прописан в Киеве на Куреневке). Стали куда-то звонить. Через полчаса получили подтверждение, что такой-то, такого-то года рождения и прочее, действительно проживает в Киеве по указанному адресу. После чего меня выпустили. Как видим, всесоюзный паспортный стол, выдающий в полчаса справку о любом гражданине страны. Система, способная вызвать восхищение. Спрашивается: зачем тогда комедия переписи? Тоже для дисциплины, как и выборы и прочие комедии?

В кабину для голосования я лично не заходил ни разу в жизни. Те, кто заходил, рассказывают, что их, случается, придерживают у урны: "Покажите бюллетень". Эта мера мне понятна, она логична и целиком в духе общей картины.

Наряду с показателем дисциплины, выборы являются показателем полного презрения власти к массам.

Если бы даже был полный рай во всем, скрупулезно исполнялись статьи конституции и законов, но существовала бы только одна эта ложь — советские "выборы" в их существующей форме-ритуале, — то и одного этого для меня было бы вполне достаточно, чтобы считать любые разговоры о советской демократии циничной болтовней.

Беседа 24.
Ясная Поляна и КГБ

5 мая 1973 г.

Ясная Поляна — и КГБ, два понятия, на первый взгляд совершенно несовместимые. Мемориальный дом-музей Льва Толстого; пашни, где он пахал; калиновый луг, где косил; холмик могилы в глухом лесу. Что уж, казалось бы, здесь делать Комитету государственной безопасности? Сегодня, по крайней мере.

Раньше было что? Раньше были толстовцы. Непротивлявшиеся злу, опасные враги, многих из них расстреляли. Сейчас еще остались — но считанные единицы. Я столкнулся с одним из них совершенно случайно и только потому об этом знаю.

Был очередной толстовский юбилей, и из Москвы и Тулы в Ясную Поляну съехалось множество важных чинов. Раскормленные, в дорогих пальто, барашковых шапках, взгромоздясь на веранду, говорили речи, казенные слова, потом под стрекотанье аппаратов кинохроники возлагали венки, толпясь вокруг могилы, как стадо носорогов. Было холодно, снежная метель, потому все это провернули поскорее и, наконец, дорвались до банкетного зала, оборудованного в старом доме Волконского, где уж зажевали всласть и, не стесняясь, напихивали в карманы отменные яснополянские яблоки.

Я должен был присутствовать при всем этом, так сказать по долгу службы, как представитель организации тульских писателей. До банкета выдержка у меня была, здесь кончилась. Решил уехать. Площадь перед воротами была забита "Волгами" и "Чайками", которые потом должны были всех увезти. Я пошел на остановку рейсового автобуса Щекино—Тула, это в полутора километрах от Ясной Поляны, и сквозь метель увидел, что ухожу не один. Впереди прокладывал по снегу следы какой-то оборванный, закутавшийся по-бабьи мужичок. Догнал я его на остановке, разговорились, потом в автобусе вместе доехали до Тулы, он оказался довольно глубоким стариком и рассказал так.

До революции он и его жена стали членами общины толстовцев, которая решила поселиться на свободных землях Казахстана. Обрабатывали землю все сообща, все имели общее и жили строго по толстовскому учению. Таких общин было довольно много, по его словам. С приходом революции началось много неприятностей. Но в целом они держались вплоть до организации колхозов. Колхозам воспротивились. Собственно, у них было более чем колхоз — коммуна, но не коммунистическая, а толстовская, и большая идейная разница, потому они подпали под рубрику врагов. Часть арестовали и сгноили по лагерям, остальные рассеялись, но продолжали оставаться толстовцами в личной жизни, как бы подпольно. Во время войны, следуя завету "Не убий", мужчины отказались идти в армию, и все они были расстреляны. Старика по годам не призывали, но расстреляли троих его сыновей. Жена тогда умерла. Сейчас их осталось, может, десяток-другой, стариков в Казахстане, и вот к юбилейной дате они сложились и послали одного в Ясную Поляну положить на могилу Толстого пучок сухих цветов.

Он ехал более недели, добрался вчера вечером; пользуясь метелью, не замеченный милицией, остался в усадьбе на ночь, просидел на могилке до утра, поглядел еще казенные торжества, очень уж замерз, спешил обратно в Казахстан, мечтая на вокзале и в поезде отогреться.

Меня тогда это потрясло. Среди общих бед трагедия толстовцев прошла незамеченной, так, еще, оказывается, одна щепка при рубке дров.

Доживающие последние могикане, конечно, не представляют никакой угрозы государственной безопасности, и сеть КГБ покрывает Ясную Поляну по другой причине. Она становится вполне логичной, если вспомнить, что Ясную Поляну ныне посещают иностранцы.

Любопытно, что по пути из Москвы в Ясную Поляну иностранцам приходится пересекать запретный город Тулу. Они этого не замечают, потому что автобус или машина идет через город, в том числе и мимо знаменитых оружейных заводов, без остановки. Правда, иногда там на полигонах производятся испытания скорострельных пушек, от которых дрожит земля, и туляки любят рассказывать такую шутку.

Едущие в Ясную Поляну иностранцы слышат канонаду и спрашивают, что это за завод. Экскурсовод отвечает: это сахарный завод, для повышения благосостояния и прочее. А почему такая стрельба? — Это колют сахар.

Сперва, поселившись в Туле, я не знал, что она закрыта для иностранцев, из-за этого был озадачен, даже обижен одним происшествием. Мне позвонил писатель Валентин Катаев, сказал, что везет на своей машине в Ясную Поляну американского писателя Митчелла Уилсона, и просил меня проводить и все показать. Я сразу же пригласил в гости к себе домой, на что Катаев что-то пробормотал без энтузиазма, и когда они приехали в Тулу, то даже не хотели подъехать к моему дому. Я вышел на шоссе, к какому-то столбу, где меня и подхватили в машину. В Ясной Поляне выяснилось, что иностранец не может ходить по ней без “квалифицированного” экскурсовода, так что мне показывать не пришлось, приставили даже двоих. Невесело плетясь позади, я слышал, как один из этих квалифицированных шепотом отдавал распоряжения: организовать представителей, из оранжереи букет цветов, в кабинет директора — малину. Яснополянские рабочие вручили растроганному Уилсону букет, в директорском кабинете он покушал из вазочки малины. Сколько я ни приглашал на обратном пути — только один квартал от шоссе и вот мой дом, — Катаев говорил, что уже нет времени, что куда-то опаздывают, и не заехали, и не шепнул мне тогда, что инструкция такова, а я обиделся.

Часто бывая в Ясной Поляне, я познакомился с ее работниками, узнал, что там, в доме Волконского, есть комнаты для приезжих научных работников, которые обычно зимой пустуют. И на одну зиму мне разрешили поселиться в такой комнате, рядом с библиотекой, я там думал спокойно писать роман.

Заходили ко мне сотрудники музея, пили чай, вели разговоры, дальше — больше, а потом одна сотрудница вдруг призналась, что ее приставили следить за мной, выпытывать и доносить о каждом слове. Один из якобы “научных сотрудников” музея — офицер КГБ, и фактически он — хозяин Ясной Поляны, и все от директора от экскурсоводов перед ним отчитываются, его задания выполняют. Здесь постоянно бывают иностранцы, могут быть их контакты с советскими, вплоть до передачи и получения каких-нибудь материалов или информации. То, что я здесь снял комнату, — подозрительно. Она должна писать обо мне отчеты, от нее требуют факты.

— Что ж, давайте попробуем вас выручить, — озадаченно сказал я, — давайте сочинять отчеты вместе.

И дальше — до конца дней своих не прощу себе этого, — по глупости своей я ее и подвел. Обедал я в кафе при входе в усадьбу, и там ко мне подсаживался, бывало, этот “толстовед в штатском”; когда он опять подсел и начал задавать всякие вопросы, я посмотрел ему прямо в глаза и сказал:

— Слушайте, путем чисто логических умозаключений я понял, что вы из органов и что я вас интересую. Давайте как мужчина с мужчиной. Что вы хотите знать? Задайте вопросы прямо — и я честно отвечу. И вам будет легче, и мне.

Он растерялся, смутился, забормотал, что лично я его не интересую, как можно, я вообще вне подозрений, но вот у меня в Москве знаменитые знакомые, а они ведут себя странно, и вообще мое окружение какое-то такое... и так далее. (Их всегда интересует ваше “окружение”.)

Пообедав, мы пошли к дому Волконского, где он пригласил в свою рабочую комнату, тараторил о книгах, о лыжах, даже звал в гости домой, “жена будет очень рада”, — а я обратил внимание, что в комнате много проводов, контактов, переключателей. "Это столько аппаратуры?" — спросил я. Он смущенно заулыбался, развел руками. Он сыграл такого простецкого рубаху-парня, а я поверил. Ничего подобного, оказывается, он был очень взбешен. Он сделал СВОИ умозаключения. Сотрудница была затерроризирована, созналась, уволена с "волчьей" характеристикой, долго скиталась без работы. Я бежал из Ясной Поляны, как из зачумленного места, доходили до меня слухи, что он еще долго там бушевал и допрашивал всех. Зимой — мертвый сезон, у него было много свободного времени, а тут со мной провал. Кагэбисты не любят провалов. Я стал для музея персоной нежелательной.

По приглашению Иностранной комиссии Союза писателей приехал из Японии молодой переводчик, который перевел на японский язык мой роман "Бабий Яр". Он позвонил из Москвы в Тулу и радостно сообщил, что ему дают машину для поездки в Ясную Поляну, по пути он хотел бы повидаться, конечно. Я подумал: интересно, что из этого получится? И очень подробно объяснил, как в Туле подъехать к моему дому, чтоб дальше поехать вместе, я покажу музей. Напрасно я ждал несколько часов. Но вечером раздался звонок: японец звонил из уличного автомата в Туле. Он был совершенно расстроен — ему дали какого-то немыслимого шофера. Сколько он ни кричал, шофер привез его не ко мне, а прямо в Ясную Поляну. Когда он хотел оттуда сообщить об этом недоразумении, ему сказали, что это невозможно, связи нет. Сейчас они уже в обратном пути, битый час ездят взад-вперед по главной улице Тулы, он объясняет шоферу, как подъехать, но тот ничего не понимает, куда-то звонит из автоматов, спрашивает и не может найти дороги. Я сказал: "Стойте на месте, сейчас приеду". Но не успел я надеть пиджак, как "Волга" с японцем остановилась под окнами. Пробил-таки! Шофер, видимо, долго звонил в КГБ, спрашивая, что делать.

Гость у меня пообедал; шофер — этакий белобрысый, улыбающийся рубаха-парень, — конечно, тоже; внимательно слушая все, о чем мы говорили. За девять лет жизни в Туле это был единственный удивительный случай, когда иностранцу удалось заехать ко мне домой, на целый час. Потом другие рассказывали, что ездили через Тулу в Ясную Поляну и пытались мне звонить. Но им говорили, что мой телефон не отвечает.

Беседа 25.
Голод

12 мая 1973 г.

В свое время, работая над книгой “Бабий Яр”, я не смог найти ни одного немецкого документа, за исключением самого первого обманного приказа евреям города Киева явиться с вещами в район товарной железнодорожной станции.

В течение двух лет лагерь смерти в Бабьем Яре проходил в немецкой хозяйственной документации под названием “Баукомпани” — “Строительная компания”, но и эти бумаги были уничтожены. Наконец, отступая из Киева, фашисты раскопали рвы, сожгли трупы и пепел развеяли. Далее, уже в послевоенное время, по решению советских властей Бабий Яр был превращен в озеро, а когда плотину прорвало, засыпан по самые края с помощью огромного количества техники. Ни документальных, ни вещественных доказательств не осталось. Тем не менее события в Бабьем Яре удается восстановить не только в общих чертах, но и с огромным количеством подробностей, от первого до последнего дня.

Не знаю, сохранились ли в советских секретных архивах какие-либо документы относительно голода 1932–1933 годов на Украине и Кубани. Организованный на Украине десятилетием раньше Бабьего Яра, этот акт геноцида, выполненный примерно в те же два года, по своим масштабам, однако, был во множество раз больше гитлеровского: ряд исследователей приходит к цифре жертв от голода в 7 миллионов человек.

По своим масштабам в столь сжатые сроки, как и по организации, причем — что следует подчеркнуть — в абсолютно мирное время, безо всякой войны, — это был, на мой взгляд, самый крупный акт геноцида в человеческой истории.

Можно полагать, что в архивах КПСС — тогда ВКП(б), и в архивах чекистских — ГПУ, НКВД, КГБ — должна быть документация, касающаяся этого акта. В какой мере она уничтожалась, что сохранилось, увидит ли свет — покажет отдаленное будущее. Но это не так уж существенно. Несколько хуже, по-моему, то, что по мере ухода из жизни старших поколений, очевидцев и современников трагедии, новые поколения советской молодежи часто не знают и не подозревают, какой рекорд, наряду с другими рекордами, поставлен на родине.

Мне лично во время великого голода было всего 4 года, но это первое по-настоящему яркое, осмысленное впечатление, с которого началась моя жизнь, и видимо, я тоже могу в определенной мере отнестись к современникам. Когда я рассказывал о голоде молодым советским людям или даже людям моего возраста, но родившимся и выросшим не на Украине, они часто слушали удивленно, не веря, потому что ни о чем подобном не слышали, не подозревали, значит, этого, возможно, не было, или если было уж, то что-то незначительное.

Нужно отдать должное работе советского Министерства Правды (употребляя термин Оруэлла), и иногда упорно приходит в голову малооптимистичная мысль, что, по-видимому, теоретически, по крайней мере, можно какие-то, даже самые крупные события из истории стереть. Стереть так, что не останется ни в семейных преданиях, ни в легенде даже. Может, при активном сложении способствующих обстоятельств, совсем не такие большие нужны временные сроки, как кажется, и смена всего каких-нибудь двух-трех поколений.

Это, конечно, идеальная мечта общественных преступников, заметающих следы: остаться чистыми перед историей и в будущем, но обычно сокрытие или извращение исторических фактов удается лишь на какой-то срок. Эта "программа-минимум" диктатуру вполне удовлетворяет: для нее главное, чтобы нужная ложь жила сегодня, сейчас, поддерживая ее. Эта конкретно-практическая задача, судя по полувековому опыту в СССР, выполнима.

Для идеального сокрытия правды и установления лжи навсегда не хватает ряда идеальных же условий. Например, полной согласованности следующих друг за другом руководств. Чтобы они не разоблачали предшественников и не выбрасывали их мумии из мавзолеев. Но самое главное: нужно единообразное и централизованное общество на всем земном шаре, то самое, о котором мечтал Маркс. Если бы идея о всемирной революции осуществилась и все человечество оказалось охвачено одним общественным строем, то эксперименты с исторической правдой, сокрытия и искажения ее навсегда, пожалуй, имели бы много шансов на успех. Без таких условий эксперименты с правдой не только недолговечны, но и удаются в пределах ограниченной и то в какой-то степени затравленной местности, пусть это даже одна шестая часть земного шара под названием Советский Союз, что, впрочем, надо отметить, тоже рекорд, и тревожный.

Пока на Земле будут разные общественные устройства, разные мировоззрения, разные люди, историческая правда будет существовать.

Сегодня, несмотря на сорок лет советского, образно говоря, развеивания пепла по ветру, события сталинского голода 1932–1933 годов восстанавливаются не только в общих чертах, но и с огромным количеством деталей, и можно сказать, от первого до последнего дня.

Правда, когда, живя в Советском Союзе, я начал втайне собирать сведения о голоде, я натыкался на глухие стены. Чаще всего те, кто что-то знал, видел, уцелел, — предпочитали молчать.

Я перед этим сталкивался с упорным молчанием свидетелей даже гитлеровских преступлений. Единственная известная спасшаяся свидетельница первых расстрелов в Бабьем Яре 41-го года, выбравшаяся из-под трупов, из полузасыпанной ямы, Дина Проничиева вначале ничего не желала рассказывать. Это понятно, если вспомнить, что и сегодня евреи, приходящие в Бабий Яр, всегда должны считаться с возможностью ареста. Из более чем десятка оставшихся в живых заключенных, сжигавших трупы в 1943 году, участников восстания в Бабьем Яре, только четверо согласились мне все описать. Другие живут, работают, но на темы Бабьего Яра говорить отказываются категорически.

Это, подчеркиваю, свидетели гитлеровских преступлений. Что же говорить о свидетелях 33-го года?

Однако на Западе я был поражен количеством вырвавшихся из СССР фактов, свидетельских показаний, и газетных корреспонденций, и фотографий, многочисленной литературы на эту тему. Одним из первых людей, с кем я познакомился в Англии, был старый известный публицист Малькольм Мэгэриджз, который в 1933 году был корреспондентом в Советском Союзе, наблюдал картины голода своими глазами, и его корреспонденции в английской печати едва ли не первыми сообщили миру о не поддающейся воображению, поистине апокалиптической трагедии на Украине. Были другие западные корреспонденты, их материалы и снимки сохранились. Мир знал. Сразу же, уже тогда. Правда и то, что многие не поверили: слишком это не укладывалось в голове, не вязалось со сказочным представлением о счастливейшей первой в мире стране "освобожденного труда". Затем пошли появляться живые свидетели. Десятки, сотни. Особенно много выбросила война.

У меня сейчас дома на отдельной полке собралась довольно порядочная литература о голоде, от тонких брошюр до увесистых томов, и одно время у меня, признаться, расшатались нервы от изучения ее. Это не книги, это не бумага — это крик, это обжигает, раскрой только на любой странице. Я понимаю неверивших западных скептиков: в это трудно поверить, нормальному цивилизованному человеку просто невозможно поверить. После гитлеровских фабрик смерти с газовыми камерами и печами, по-видимому, можно поверить и не в то еще. Но в 1932–1933 годах, задолго ДО гитлеровского апокалипсиса, это было ново. Во времена Сталина происходила такая знаменитая кампания по установлению приоритета и в радио, и в лампочках, и в паровых машинах, паровозах и пароходах, достойно запечатлевшаяся, наконец, в народном анекдотическом выражении "Россия — родина слонов". История восстановит, однако, другой тогда не упоминавшийся, но как раз самый главный приоритет партии Ленина—Сталина, и в отличие от других нереальных и фиктивных он-то, к сожалению, действителен и слишком реален.

Многим людям в Советском Союзе до сих пор в голову не приходит, а другим если и приходит, то только в виде немыслимой, жуткой догадки, то, что для мира является непреложным фактом: что в деле геноцида, в деле массового уничтожения с исчислениями на миллионы гитлеровские фашисты шли ВСЛЕД за большевиками. Так бы сказал, Гитлер был эпигоном и Ленина, и в особенности Сталина, весьма самонадеянным и не в такой степени хитрым, из-за чего Сталин, одно время так с ним друживший, впоследствии отнюдь не подарил ему портрета с надписью "победителю ученику от побежденного учителя". Он мог бы, впрочем, надписать: "Бездарному ученику от непобедимого учителя" в дни, когда Гитлер кончал с собой в подземной канцелярии.

И как бы это не могло служить ни хоть микроскопическим оправданием, но микроскопическим ключом к какой-то рани феномена это, может, и подойдет, — история показывает, что Гитлер направил всю машину уничтожения на ИНОПЛЕМЕННЫХ, в этом есть определенная дикарская логика, прослеживающаяся еще от палеолита, каменного века. У нас же уничтожались СВОИ... Да еще кто? ТРУДЯЩИЕСЯ люди —

в данном случае голодной смертью 33-го самые главные труженики народа, крестьяне с черными от мозолей руками, ограбленные и обманутые до предела самими же почему-то вдруг возмутившимися и разъярившимися убийцами. Сперва пообещать этим рукам "Земля и воля народу", и благодаря этому обещанию совершить этими руками переворот и удержаться в нем, а затем забрать и землю, и плоды, и волю, превратив людей в фактических государственных крепостных (какими бы красивыми словами ни называлось это крепостное право), возмутиться, что люди его не хотят, — и начать их уничтожать, — нет, такого, кажется, не бывало, вот это был действительно вклад в развитие марксизма, вообще в историю, и — приоритет.

После таких событий как вообще в результате коллективизации, утверждать которую понадобилось таким способом, — кто-то надеется, что советское сельское хозяйство дождется "крутого подъема"? Еще в XIX веке как божий день было ясно, что крепостной труд непроизводителен. В XX веке, чтобы его ввести, погубили столько миллионов ни в чем не виноватых крестьян, и женщин, и стариков, и детей... Это все были живые люди. Как сказано: "Имена их Ты, Господи, знаешь".

Беседа 32.
Эффект закрытой двери

29 сентября 1973 г.

Однажды я крутил приемник и случайно поймал необычное интервью по канадскому радио. Интервью было взято у сумасшедших в психиатрической больнице города Квебека.

На вопрос “Как вам тут живется?” один больной ответил так: “Раньше было плохо. Директор запрещал выходить за ворота, были сторожа, запоры, мы бегали через забор, нас ловили, наказывали. Потом старый директор ушел на пенсию, пришел новый, убрал стражу и открыл ворота. Так что мы теперь никуда не убегаем. Когда открыта дверь, кто же будет убегать?”

В Англии довольно часто у меня бывало ощущение, словно я просыпаюсь. Оглядываюсь на разные события в своей жизни — и как-то трудно, почти невозможно, что ли, поверить, что они были. Кажется, что некоторые вещи, по размерам своей нелепости, могли бы только присниться — но ведь были. Свежо предание, но верится с трудом. Хотя бы, скажем, мой ПОБЕГ — побег ли из Советского Союза.

В “туманной Англии”, как ее называют, — туманной, кстати, не больше, чем Ленинград, — ясную солнечную погоду люди ценят. Лето на побережье Англии примерно такое, как на Рижском взморье, то есть если приходят жаркие солнечные дни, их надо использовать тут же, немедленно, потому что неизвестно, что дальше Бог пошлет.

И так в один из дней этим летом, встав утром, я пошел вниз взять за дверью бутылки с молоком и утренние газеты, увидел, что небо чистое, без единого облака, тут же отложил все, что было намечено, бросил в машину газеты вместе с полотенцем, термосом и бутербродами — и через час с лишним был на отличном, почти безлюдном пляже на берегу Ла-Манша, там, где в него широким устьем выходит Темза. Тишина, мир, покой, искрящееся, нагретое солнцем море. Неподвижный автомобиль, раскаляющийся на солнце, стоит в траве, уставясь фарами вдаль на горизонт, за которым где-то там — Франция. Для полноты идиллии не хватало разве лишь белеющего паруса одинокого. Лениво я потянулся к брошенным в песок газетам, машинально посмотрел на дату — и тут увидел, что именно в этот день, ровно четыре года назад, я прилетел самолетом из Москвы в Лондон.

В такой хороший день, на этом вольном берегу, при той нормальной человеческой жизни, к которой я уже привык, мне показалось особенно невероятным, не укладывающимся в сознании, что хотя бы и вот эта простейшая из простейших вещей — скажем, взять и в любой момент поехать позагорать на берегу Ла-Манша, — была мне абсолютно недоступна всего лишь несколько лет назад. Что я, лично, почти сорок лет жил на земле, по границам огороженной колючей проволокой и строжайше охраняемой, дабы никто не мог шагу ступить дальше ее так называемых "священных рубежей", — но я бы их назвал постыдными.

Неужто не в глупом сне, не в какой-то нелепой беллетристической выдумке мне, чтобы пересечь эти священно-позорные рубежи, понадобилось долго, трудно готовиться, филигранной игрой усыплять подозрительность сторожей, рисковать при срыве загреметь в концлагерь, но главное — принести в жертву возможность вернуться обратно, — словом, побег трудный и сложный, побег по всем правилам, побег через ужасные препятствия, поистине маниакально нагроможденные на пустом месте.

До XX века человеку запрещалось покидать строго установленные границы его местонахождения, насколько я понимаю, в трех случаях: если он был раб, или крепостной, или заключенный преступник. После победы Октябрьской революции в России родилась четвертая, на мой взгляд сногсшибательная форма: человеку запрещено покидать такие-то рубежи только потому, что он внутри этих рубежей родился.

Наиболее законченную, кристальную форму идея обрела при Сталине: человека, убежавшего из страны, даже за границей часто настигала и убивала сталинская тайная агентура; если в СССР оставалась семья беглеца, она немедленно расстреливалась без суда. Выразительная иллюстрация ко всем красивым словам марксистско-ленинского учения о царстве свободы для всех.

Обуреваемый нездоровой завистью, Гитлер в свое время перенимал сталинские методы для своего "тысячелетнего" царства, в котором — я сам тому в юности был свидетелем — о свободе, раскрепощенном духе и гуманизме очень много, красиво говорилось. Более подробно у меня об этом есть в романе-документе "Бабий Яр". В нем многие места в равной степени касаются "благодеяний" коммунистических, как и "благодеяний" гитлеровско-фашистских. Например, я писал о мальчишеских своих переживаниях в полном запретов, разгороженном и перегороженном немецко-фашистском мире. Но писал это в шестидесятых годах в мире советском, задыхаясь от горечи и тоски снова и именно так же. Это было одно из многих иносказаний, умышленно без точного адреса. Я прочту это место, из второй части романа:

"Невыносимое ощущение духоты; молчаливый мир; багровые полосы по небу. Я почувствовал себя муравьишкой, замурованным в фундаменте. Весь мир состоял из сплошных кирпичей, один камень, никакого просвета, куда ни ткнись головой — камень, стены, тюрьма... Это же вдуматься: земля — тюрьма. Кругом запреты, все нормировано от сих до сих, все забетонировано и перегорожено, ходи только так, живи только так, думай только так, говори только так. Как это, зачем это, кому надо, чтоб я рождался и ползал в этом мире, как в тюрьме? Настроили заграждений не только для муравьишек — для самих себя! И называют это жизнью?"

Я знаю, что после моего побега КГБ допрашивал моих близких, друзей, коллег, начальников, поручителей и так далее, и так далее: мол, как это так, что задумал сбежать и никто не знал, да зачем задумал бежать, да почему бежал?

А вы прочтите это место, у вас там в моем пухлом "деле" должны быть непременно экземпляры "Бабьего Яра", из библиотек изъятого, но для внутреннего пользования оставленного. И отчеркните это место карандашом. Задолго до побега я более чем в трех миллионах экземпляров своей книги объяснил причину, может, даже больше для самого себя, чем для кого иного. Именно в процессе работы над "Бабьим Яром" меня окончательно задушила тоска подневольной, закрепощенной человеко-единицы, заживо погребенной среди ваших нелепых запретов, стен, директив, кар вперемешку с принудительными юродскими ритуалами.

Перед тем как выпустить на две недели, под строгим присмотром, в Англию, в убедительную командировку для сбора материалов о Втором съезде РСДРП, меня вызвали в ЦК КПСС, где зам. нач. отдела культуры Мелентьев устроил форменный допрос относительно моего рассказа "Артист миманса". А ведь правильно чуял товарищ Мелентьев, только не ту улику взял в руки. Возьми он "Бабий Яр" и прочти некоторые места с особенно повышенной бдительностью, он бы понял, что советского человека, дошедшего до ТАКОЙ степени тоски, нельзя выпустить за границу не то что на две недели, но и на две минуты.

Недавно мне попался на глаза афоризм: "Тяжелая судьба — навсегда оставить родной край, но еще тяжелее — вообще не иметь возможности оставить его".

Надо же, чтобы среди множества ненужных, неразумных тяжестей и сложностей правители обрушили на жизни людей в так называемых социалистических странах — еще и эту тяжесть. Со стороны эти страны, с Советским Союзом во главе, выглядят какими-то анахроническими средневековыми крепостями, ощетинившиеся пиками, с наглухо забаррикадированными крепостными воротами, самоосадившиеся, взвинтившиеся от постоянного напряжения, и душатся один на другом людишки за стенами, а не позволено носа высунуть, кто же в дыру выскочил — ату его, ату, собаками травить. Сколько одних сторожевых собак содержится в СССР и сколько они съедают мяса? И это не против американских империалистов, израильских агрессоров или захватчиков с Марса. Они натренированы против своих людишек.

Знаете, в конце концов, просто по-людски — это оскорбительно. Да, беря изолированно уже хотя бы только один-единственный запрет свободного передвижения, я нахожу жизнь при нем неприемлемой, а его самого в высшей степени оскорбительным для человеческого достоинства. Да, рабы древних времен, да, крепостные Средневековья, заключенные преступники всех времен характеризуются ограничением свободы передвижения, но даже не буйных, по-видимому, больных новый директор квебекского сумасшедшего дома не счел нужным мучить и возбуждать видом наглухо запертых ворот.

В Советском Союзе, до тех пор, пока не будут открыты ворота, нужно срочно изъять книги, например, Горького, что ли, где написано, что "Человек — это звучит гордо". Эти слова должны быть государственной тайной, их нельзя сообщать населению. Потому что заключенный человек — это не гордо.

Я не могу представить себе, что бы произошло в Англии, если бы здесь ввели систему прописки, по всем берегам протянули колючую проволоку, вспахали пляжи, поставили прожектора, радары, миллионы военнослужащих и собак с целью: не позволять жителям свободно жить внутри или свободно ездить за границы. Англичане бы решили, что это уже конец света.

Осадное положение, холера, война миров по Уэллсу, ну, тогда еще понятно. Но чтобы в мирное время, ни с того ни с сего... Это мы, в СССР, не ошеломлены, не потрясены до глубины души лишь потому, что и рождаемся, и вырастаем, и старимся, и умираем за проволокой. А как же иначе? Разве бывает иначе?..

Вот именно что — бывает, самое смешное, что на земле, в большом Божьем мире, вне СССР — ничего не происходит. Государства не рассыпаются; иностранных шпионов проникает столько, сколько и положено; патриотизм не меньше, а больше; за границу ездят не много; а больше всего меня, помню, поражало, что множество англичан предпочитают проводить отпуск в Шотландии, совсем не стремясь куда-то ехать далеко или... язык не поворачивается сказать такую нелепость: БЕЖАТЬ из родной страны. Потому что "когда открыта дверь, кто же будет убегать?".

Беседа 36. Рождение одного анекдота. Часть 1

27 октября 1973 г.

Кто выдумывает анекдоты? Я всегда усиленно пытался выяснить это, но до сих пор не встретил лично ни одного человека, который бы, положа руку на сердце, доказал, что такой-то известный анекдот придумал он.

И все же рождение одного анекдота, получившего широкую, даже мировую известность, кажется, я могу проследить уверенно, потому что хотя и не выдумал его, но, как говорится, был при сем.

Возможно, вы знаете этот анекдот. Тульский секретарь Союза писателей в докладе гордо сообщает о бурном росте писательских сил за годы советской власти: теперь в Туле и области насчитывается двадцать восемь писателей, тогда как до революции был только один, Лев Толстой.

Последние девять лет моей жизни в Советском Союзе я был прописан в городе Туле и состоял как раз одним из членов ее грандиозного Союза писателей, а началось все с того, что у меня не было прописки.

В 1960 году я закончил Литературный писательский институт, и в паспорте автоматически кончилась временная студенческая московская прописка. Выпускники Литинститута обладают такой роскошью, как освобождение от принудительного распределения, там, скажем, на Сахалин или в Коми АССР. Некоторые женятся, другие дают крупную взятку (что, кстати, очень опасно и сложно), чтобы получить постоянную прописку в Москве, третьи уезжают туда, откуда приехали, домой.

Я к тому времени стал членом Союза писателей, моя повесть “Продолжение легенды” оказалась популярной, издавалась миллионными тиражами, была переведена примерно на 35 языков, и редакция журнала “Юность” с Валентином Катаевым (тогда) во главе решила ходатайствовать, чтобы мне дали постоянную прописку в Москве.

Официально не москвичу добыть ее таковую столь же трудно, как верблюду пройти сквозь игольное ушко. Тем не менее многие тысячи ежегодно ухитряются пройти через это ушко, кроме взяток, еще по следующим каналам: по вызову, подписанному не ниже, чем союзным министром, далее, если человек имеет престарелых, нетрудоспособных родителей или близких в Москве, нуждающихся в его помощи, и в-третьих, вступающему в законный брак с москвичом или москвичкой. Правда, вот недавно случай с Солженицыным показал, что даже этот закон писан не для всех: и жена, и дети Солженицына в Москве, а самому ему жить с ними не позволили.

Родных или близких в Москве я не имел. Моя мать жила в Киеве на Куреневке, в комнате 16 квадратных метров, в полуразваливающейся хате, и вернуться туда мне было трудно хотя бы потому, что я уже был женат на студентке (не москвичке), такой же бесприютной, как и я, и мы со дня на день ожидали ребенка. По скольким клетушкам и подвалам, разным нелегально сдаваемым комнатам мы покочевали, платя иногда до 50 рублей в месяц, — рассказать, это была бы целая эпопея.

Валентин Катаев избрал главный официальный путь и вошел в Министерство культуры с письмом, чтобы оно исходатайствовало в ЦК КПСС позволение на московскую прописку мне, ну как специалисту, что ли. Как я убедился потом много раз, самые высокие начальники в СССР, вплоть до членов Политбюро, львиную долю своего времени решают подобные частные вопросы: кому дать квартиру, а кому дачу, кому дать пропуск в закрытые спецмагазины, кого пустить в заграничную командировку, вплоть до устройства элитных детей вне конкурса в институт. Собственно, вещи, которые мог бы решить самый последний писарь в канцелярии, они почему-то вершат сами, и я подозреваю, это потому, что им импонирует быть такими всемогущими распорядителями даров.

Однажды киносъемочная группа, в которой был и я, увидев в кинобудке главка коробки с фильмом Феллини "Сладкая жизнь", попросила разрешения посмотреть. Уйму времени этим занимались масса высокопоставленных чиновников, и выяснилось, что это невозможно без позволения самого министра культуры Фурцевой. Только она в каждом отдельном случае решает, какое заграничное кино и какой аудитории демонстрировать. Был затребован список, и она лично утвердила группу в шесть человек. Нас по списку впустили в просмотровый зальчик, заперли за нами дверь на замок — и показали "Сладкую жизнь". Прошу прощения за отступления, но мне кажется, что все это — довольно любопытно. Причем это не анекдот.

Те, кто читал книгу Светланы Аллилуевой "Только один год", узнали, например, что вопрос о том, может ли жена отвезти прах умершего мужа в Индию, решал не кто иной, как член Политбюро ЦК КПСС Суслов, а когда запретил, то потом — чуть ли не все Политбюро. Тот же Суслов корпел над чтением моей рукописи "Бабьего Яра", чтобы решить, может это журнал "Юность" напечатать или нет. Однажды ради минутного дела я сидел в кабинете секретаря Тульского обкома более часу, потому что он постоянно отрывался телефоном, по очереди выбивал номер в гостинице приехавшему чиновнику, устраивал в ясли ребенка местного художника, трезвонил в прокуратуру, чтобы замяли дело нашкодившего сына директора комбината, далее выписать кому-то для дачи оцинкованное кровельное железо, выделить обкомовский грузовик для перевозки кому-то мебели из квартиры в квартиру. Подумать только, какие самоотверженные государственные мужи, если при этом они ухитряются принимать еще решительные меры по крутому подъему сельского хозяйства, либерализации общественной жизни или вводу танков в Чехословакию. Ведь денно и нощно только и делают, что раздают благодеяния или отбирают.

Итак, я вдруг получил по моему делу с пропиской вызов ни больше ни меньше как в сам Центральный Комитет Коммунистической партии Советского Союза — на аудиенцию к самому начальнику отдела культуры Центрального Комитета товарищу Поликарпову.

А ведь, так подумать, могут ноги подкоситься от мысли, что на время этой аудиенции по вопросу, разрешить ли прописку в Москве некоему студенту-выпускнику, вся культура государства должна была, так сказать, отодвинуться и подождать.

Знаменитый 5-й подъезд ЦК на Старой площади. Вооруженная охрана при входе, при лифте, по этажам. Тщательная проверка документов, пристальная сверка фотографии с лицом, выписка разового пропуска после проверки по книге, точный маршрут по молчаливым пустым коридорам, ни шагу в сторону, напряженное ожидание на краешке стула в гробовой тишине приемной, и наконец, секретарша торжественно пропускает за дубовый дверной тамбур в необъятный кабинет.

В том кабинете можно было бы свободно устроить спортивный зал для игры в баскетбол. Далеко на другом конце его, у противоположной стены сидел за столом человек, и пока я долго шел по ковровой дорожке от дверей к нему, он что-то кричал. Постепенно до меня дошло, что это он кричит на меня. И стал разбирать некоторые слова: что писателей в Москве — как нерезаных собак. Что всем, видите ли, подавай только Москву. Что товарищ Екатерина Алексеевна Фурцева правильно недавно привела в пример товарища Шолохова, который живет в гуще народа, на Дону. (Пример, мягко говоря, сомнительный, потому что в своем роскошном имении, окруженный поварами, горничными, садовниками и прочими холуями, Шолохов живет "в гуще народа" лишь в таком смысле, как некогда, скажем, граф Шереметьев, и в Москву прилетает, когда ему вздумается, как говорят, персональным самолетом.) Но возразить бы я не мог, потому что Поликарпов, все больше самовоспламеняясь, орал, не давая мне открыть рта.

Кто знает, может, его возбудил кто-то передо мной или телефонный звонок, может, он был уже готов сделать мне благодеяние, но тут, разозлившись, обрушился на меня, и то, что меня угораздило подвернуться в такой момент, сразу диаметрально могло изменить мою судьбу.

Накричавшись вдоволь, как наставник на нашкодившего ученика, он буркнул: "Садитесь", — и вынес приговор: "Сейчас у меня в Москве ни одной свободной квартиры нет. И не предвидится. Я вас отправляю на периферию".

Я получил, наконец, возможность говорить — и сказал, что, вероятно, это какое-то недоразумение, потому что я просил не квартиру, а только позволение на прописку. Жилье я найду себе сам, буду снимать и на квартиру не претендую, более того, и в будущем обязуюсь не просить.

"Прописка без наличия жилплощади не дается, — наставительно сказал он. — Если вам дать прописку, значит, надо давать и квартиру. А частным образом сдача квартир в Москве не разрешена". ("Уж мне-то лучше знать", — подумал я.) И сказал, что у меня есть друзья, которые поделятся со мной жилплощадью; наконец, я недавний строительный рабочий, подыщу, скажем, какой-нибудь пустующий чердак и сам себе выстрою в нем отличную мансарду, только бы позволили.

Это его вдруг рассмешило: "Вы с ума сошли. Вы писатель, вас могут посетить иностранцы и потом напишут, как в СССР писатель ютится на чердаке! И не думайте даже. Не позволим".

“Я построю себе домик в пригороде”, — ухватился я за последнюю возможность.

“Нет, — отрезал он. — Вот из разных мест секретари обкомов просят прислать писателей. В Рязани мало, в Ставрополе мало, в Туле нет ни одного. Тула, Рязань или Ставрополь, выбирайте”.

Ни в одном из этих городов я прежде не бывал, не представлял их. “Тогда мне все равно. Пусть будет Тула”, — пробормотал я.

Как я потом жалел, что мой безразличный язык не сказал: “Пусть будет Рязань”. В Рязани в те времена жил не известный никому учитель Александр Солженицын, что-то ночами писал. Кто знает, как бы иначе многое повернулось бы в моей жизни, окажись я с ним в одном литературном кругу. А так я был настолько уже сыт общением с так называемыми советскими писателями, что подумал: “А может быть, даже к лучшему, что не позволили остаться в Москве”. Может, потому и сказал “Тула”, что там их — ни одного.

Поликарпов велел секретарше дать телефонограмму в Тульский обком и отметил на моем разовом пропуске время ухода. Так я отправился на постоянное местожительство в город Тулу.

Беседа 37. Рождение одного анекдота. Часть 2

3 ноября 1973 г.

Я прибыл в Тулу в промозглый, туманный зимний день, и когда поехал с вокзала в город каким-то совершенно допотопным трамваем, сердце у меня упало. Город был грязный, унылый, ободранный, косые разваливающиеся дома на кривых уличках, дымный промышленный воздух. Люди казались болезненными, забитыми, ужасно одетыми, все сплошь почему-то в черном. Часто попадавшиеся на улице солдаты среди них казались вырядившимися франтами.

Мне вспомнился лесковский Левша, подковывавший "аглицкую" блоху в своей тульской хибаре, вросшей по окна в землю, и город, казалось, на 80 процентов на сегодня состоял из таких хибарок. За каждым подслеповатым окошком виднелись занавесочки или гераньки — жили люди, и уму непостижимо, где в этом скоплении развалюх могли разместиться 400 тысяч человек — столько населения насчитывает Тула.

Заглянул в один-другой продовольственный магазин — и охнул. По сравнению с Москвой пусто, шаром покати. В отделе молочном — одни закаменевшие кубы сыра. В отделе мясном — ржавая, распадающаяся "сельдь тихоокеанская". В магазин под названием "колбасы, копчености" стояла ужасающая очередь человек на тысячу, с давкой, свистками милиции. И поперек улиц единственные яркие пятна — кумачовые транспаранты: "Перегоним США по производству мяса и молока!"

Обком помещался в одном из двух лучших зданий на центральной улице — бывшем губернском управлении. Напротив — бывшее Дворянское собрание, теперь Дом офицера. При входе в обком — охрана, но только одна, на лестнице, люди шли чередой, проверялся лишь партийный билет, но тщательно, со сверкой фотокарточки и оборотом страницы с отметками об уплате членских взносов. Вопрос "К кому идете?" не последовал. В обком может входить всегда и любой, обладающий партийным билетом, это уже как бы постоянный пропуск. Что чрезвычайно существенно, как я понял в следующий же час.

Прежде всего, тут же в гардеробе киоск с газетами и книгами. Сборник стихов Вознесенского — в Москве с огнем не найдешь, купишь только из-под полы. Тут — лежит свободно. "Неделя" опять же стопкой, "За рубежом", а в киосках Союзпечати их расхватывают в какие-нибудь десять минут.

В приемной мне сказали, что секретарь еще не приехал, и посоветовали пока пойти в столовую. Столовая помещалась в просторном полуподвальном помещении, меню скромное, но все поразительно дешево. Никогда не встречал таких дешевых. Людей было много, все довольно жадно ели, но я обратил внимание, что здесь не только едят, но главным образом набирают с собой в авоськи, кошелки. Даме рядом со мной официантка принесла пять десятков сырых яиц, и та их старательно запаковала в сумку. Другие брали по нескольку бутылок молока, кефира, сардельки килограммами, по две-три сырых курицы. Все это так судорожно-жадно.

Я понял, почему не закрываются двери обкома, так популярного среди широких масс тульских коммунистов. Зачем-то про себя дал слово, что, если буду жить в Туле, ноги моей в этом полуподвале обкома больше не будет. И надо сказать, сдержал слово в течение следующих девяти лет, но руки надорвал, возя из Москвы все — от риса и пшена до булок “городских” и ветчинно-рубленой колбасы. Мне-то хорошо, я не служил, что давало возможность таких поездок. Всякий раз, приезжая потом из Тулы в Москву, я чувствовал себя так, словно попадал в сказочный рай изобилия. Невероятно: в Москве яблоки продаются прямо в магазине, 1 рубль 40 копеек кило, яйца — бывают по 90 копеек. В Туле яблоко можно было увидеть только на базаре, где грузины привозили — по 3–5 рублей кило. Яйца только у бабок, и то не всегда, бывало, поднимались до трех рублей десяток. И я сколько раз видел, как обыкновенные тульские люди покупали одно яблоко, два яйца — не для себя, для больного. Сам вставал в пять часов утра и бежал с бидончиком к базару, чтобы уже на подходах перехватить бабку с молоком — для ребенка каждый день надо было.

Первым секретарем Тульского обкома был тогда Хворостухин, пожилой, казавшийся простоватым человек, несколько флегматичный, что не вязалось с его положением единовластного владыки области, по размерам и населению равной доброй европейской стране.

Не думаю, чтобы он читал хоть строку, написанную мной, или вообще когда-нибудь слышал мою фамилию, но он принял меня как живого классика. В Советском Союзе великий писатель не тот, кто пишет гениально, а от, кого одобрил ЦК, в моем же случае поступил звонок от самого начальника всесоюзной культуры.

Усадив в мягкое кресло, часа два Хворостухин рассказывал мне о делах в области; я узнал, что жилищный кризис в Туле сейчас в десятки раз больше, чем до революции, но план предусматривает крупное жилищное строительство. Есть масса недостатков, но сейчас все силы коммунистов и актива области, а также его лично брошены на то, чтобы догнать и перегнать Америку. Может быть, он думал, что я тут же начну писать новый роман “Секретарь обкома” — как некогда Кочетов?

Потом перешел к делам литературным. На Тульской земле всегда были большие литературные традиции, были писатели. Всего в одиннадцати километрах — Ясная Поляна. Лев Толстой. “Но после Толстого, — сказал печально секретарь, — писателей в Туле больше нет, так что поселяйтесь, милости просим, нужна будет помощь — поможем, нужен совет — приходите в областной комитет запросто. Хотите — завалим вас приглашениями на все заседания, собрания, слеты. Хотите — забудем о вашем существовании, сидите, работайте, пишите”.

Я робко сказал, что писание в общем-то требует сосредоточенности и что меня бы больше устраивало последнее. Он едва заметно поморщился, но поднял трубку и велел соединить его с председателем горисполкома.

“Хворостухин говорит. Слушай, к нам приехал писатель, поселяется у нас. Хороший писатель. Надо дать квартиру, из фонда. Какую двухкомнатную, ты с ума сошел? Три комнаты, не меньше. — Он оторвался от трубки: — Три комнаты вас устроит? — Я ошалело моргал глазами. — Нет, ты уж сам с ним поезди, посмотрите, подберите. Так давай, подъезжай”. Через несколько минут я сидел в машине с председателем горисполкома, и мы ехали выбирать квартиру в лопающемся от жилищного кризиса городе Туле. Тульский мэр извинился, что в настоящий момент нет ни одной свободной квартиры в старых, еще дореволюционных отличных барских домах, с высокими потолками. К сожалению, все сплошь современные клетушки-малогабаритки, но осталась одна в облторготделовском жилдоме, торговцы дошлый народ, отгрохали себе еще в прежнем, сталинском размере и окружились магазинами — “Хлеб” в самом доме, “Гастроном” напротив, “Овощи” во дворе.

Я был молодой, начинающий, это был мой первый робкий шаг в ряды мощной когорты советской элиты. Переступив порог этой первой же квартиры, не стал больше смотреть. В ней меня и прописали. Никогда, однако, не забуду момента получения ордера. Огромная очередь и толпа в темных коридорах горисполкома. Люди отстаивали годами. В двухкомнатные квартиры вселяются по две семьи. В давке у стола, где выдают эти сказочные ордера, крик и плач: вот многодетной семье после восьми лет ожидания в очереди дают однокомнатную квартиру. Толпа раздвинулась при появлении мэра со мной. Небрежное:

“Оформите товарищу номер 35 в облторготделовском”, — и все оттеснены от стола. Я даже не вижу ни одного недоброжелательного взгляда. Это ведь нормально, в порядке вещей. Делопроизводитель угодливо, чуть не виляя хвостом, каллиграфически выписывает мне ордер. До сих пор никто не спросил у меня даже о количестве членов семьи. Мне не нужно было даже формально иметь бумажное заявление. Я да жена и еще не родившийся ребенок. В две минуты мне выписали ордер. Вручили ключ.

Нет, я, конечно, не швырнул этот ключ им в лицо, не сжег ордер на спичке. Я даже нетерпеливо поехал скорее, отпер пустую, казавшуюся необъятной мою теперь квартиру, бессильно сел на пол прямо в прихожей — и всплакнул, припоминая все трущобы и общежития, по которым с женой ютились легально и нелегально, боясь всех комендантов, прячась от милиции.

О, за всем этим, что я рассказываю, кроется огромная и интересная гамма чувств, логических зигзагов, и самобичевания, и принятия, и философии типа “Так было, так будет во все времена”.

Вот весь мир удивляется, что случилось с великим бунтовщиком Евтушенко или как мог Шостакович подписать письмо, клеймящее академика Сахарова? Я-то знаю... хорошо.

А вот человека, который бы, исходя из побуждений совести или идейных соображений, отказался в Советском Союзе от трех- или четырехкомнатной квартиры вне очереди, — я такого лично не встречал, не знаю.

Когда я поехал в Москву укладывать чемоданы и кому-то похвастался квартирой, среди бесквартирных, детных писателей разнесся сенсационный слух, что в

Туле писателям по три комнаты дают. Немедленно в Тулу ринулись желающие. И секретарь обкома действительно самым первым успевшим дал по малогабаритной, но трехкомнатной (ничего не поделаешь, сам установил стандарт) квартире, а потом, вероятно, сообщил в Центральный Комитет, что все, литература у него укомплектована, хватит. Вместо одного члена Союза писателей в Туле оказалось пять.

Пять перьев, по Маяковскому — пять штыков, это уже союз. И состоялась торжественная организация Тульского отделения Союза писателей. О ней я расскажу в следующей передаче.

Беседа 38.
Рождение одного анекдота. Часть 3

10 ноября 1973 г.

На торжества по случаю организации новой и великой тульской советской литературы из Москвы прибыла большая группа руководителей Союза писателей РСФСР, с Леонидом Соболевым во главе. Писателей в Туле было пять, а организовывать их приехало, если не ошибаюсь, человек пятнадцать.

Почему нет? Проезд за казенный счет, гостиница люкс, вкусные обеды, прогулка в Ясную Поляну плюс немалые суточные. Руководители Союза писателей получают колоссальные деньги по различным графам. Любая поездка на курорт или в гости к теще называется "творческая командировка" или "встречи с читателями". Бездельничай, загорай, пьянствуй — все расходы оплачены, суточные капают. Отчет примитивен, должен включать слова "собран большой материал для романа там или поэмы". Будут ли роман или поэма потом написаны, никого не интересует; несмотря на богатый собранный материал, он может ведь и не получиться — творческая неудача.

За право ездить на различные "декады литературы" в Якутии, Грузии или Эстонии, за житье по люкс-классу, банкеты, приемы, чемоданы привезенных подарков и покупок, идет борьба, не хуже, чем между детьми лейтенанта Шмидта: в Якутию ехать никто не хочет, зато Грузия — непрерывный пир, Эстония — прибарахлиться, и так далее.

Деньги можно получить просто так, ни за что. Достаточно написать: "Прошу безвозмездную ссуду на творческий период". Это значит, писатель пишет эпопею. Написал ли он хоть первую строку, не спрашивается. С эпопеями тоже бывают творческие неудачи.

Творческие поездки в народ для получения жизни перемежаются для разнообразия эпикурейским житьем в санаториях, то бишь "домах творчества": "Прошу бесплатную путевку на два месяца в Коктебельский дом творчества для работы над собранным материалом..." Одни предпочитают Дубулты на Рижском взморье, другие Гагру (окна прямо на пляж). В Малеевке под Москвой отличный лесной воздух, летом грибы, зимой лыжи, пинг-понг опять же, чтоб сбросить жир. Для делового сочетания санатория с посещением редакций в Москве идеально подходит Дом творчества в Переделкине — двадцать минут на электричке.

Если советский писатель занял подходящий пост, а этих постов великое множество, капает большая зарплата, и далее он может прожить жизнь, не написав более ни строки (за исключением разве своей подписи под бухгалтерскими ведомостями или письмами, клеймящими Солженицына), как богатый барин, даже на тот свет его проводят по первому или второму разряду, на казенный счет, по графе "похоронные расходы".

Делегация во главе с Соболевым истратила какой-то пустяк — несколько тысяч, по графе "организационная работа". Сперва собрались в обкоме в узком кругу для распределения постов в Тульской организации. Мне предложили быть главой — ответственным секретарем, ставка 170 рублей в месяц и полное распоряжение по своему усмотрению всеми творческими командировками, всеми графами до подарков на елку и похоронных расходов включительно.

Я уже говорил прошлый раз, как на предложение секретаря обкома завалить приглашениями или, наоборот, дать спокойно работать и как бы забыть о моем существовании огорчил его своим осторожным пожеланием второго. Поэтому здесь я тоже наотрез отказался от какого-либо, хотя бы микроскопического поста. Это вызвало несказанную радость остальных, у них разрумянились лица, и они меня полюбили на много лет.

Обком утвердил расположение пяти писателей в новорожденном отделении Союза в следующей иерархии: Александр Лаврик — ответственный секретарь. Наталья Парыгина — заместитель ответсекретаря. Иван Панькин — уполномоченный Литфонда, то есть распорядитель материальных благ и кассир. Валентин Булгаков — ревизионная комиссия, проверяющая кассира. И Анатолий Кузнецов — я, член, то есть масса.

Был собран так называемый литературный актив Тулы и области, разные начинающие, пописывающие, газетчики и трудолюбивые графоманы, некоторые даже авторы книг о повышении надоев или исторических революционных событиях в Туле, выпускавшихся довольно обильно местным Тульским издательством вперемешку с плакатами-призывами перегнать Америку.

Обком предоставил просторный зал заседаний, который до отказа забили эти литературные силы, и на общем собрании единогласно избрали руководящий состав союза, в точном соответствии с градацией, составленной накануне в обкоме. Все местные улыбались, заискивали и поздравляли новоизбранных, но про себя ненавидели их и за приезжими прочно и навсегда укрепили кличку “варяги”.

Они не без основания опасались, что новый союз теперь безраздельно наложит лапу на Тульское издательство, заберет на свои книги все лимиты бумаги и гонораров, а их писания отодвинет в перспективный план. Никогда не забуду глаза главного редактора Тульского издательства Юдкевича, когда, еще в самый первый день, когда я был только один, я зашел представиться, из вежливости, и сказал, что меня вот прислали жить в Туле. Его лицо побледнело и вытянулось, в глазах появился холод смерти. Уходя, я трижды поклялся себе ни строки никогда не предложить для печати в Туле.

На историческом собрании, однако, вдруг выяснилось, что забыли еще один пост. А стенгазета? Кто будет выпускать стенгазету в новом союзе? И тогда все начальники посмотрели на меня, и я, к своему отчаянию, был единогласно избран редактором стенгазеты.

Вы знаете, какое это приятное занятие. Я подумал, что если тут же молниеносно выпущу первый номер, то это зачтется и я смогу не выпускать следующего аж до 1-го мая. Тут же в перерыве между заседаниями взял ватман, размашисто написал заголовок, то ли “Творчество", то ли "Тульский литератор", убейте, не помню, проставил номер один — и заполнил все место просто шаржами и цитатами из произнесенных только что речей. Центральное место занимала карикатура следующего содержания.

Помня, как секретарь обкома жаловался, что до революции в Туле была большая литература, был Лев Толстой, а после Толстого писателей нет, — я нарисовал грандиозную диаграмму. Слева очень низкий пункт, дата — 1910-й год, количество писателей в Туле — один. Крутая головокружительная стрела вверх, дата — 1960-й год, количество писателей — пять. Глава союза Лаврик с указкой в руке демонстрирует рост за пятьдесят лет.

Карикатура имела успех. Леонид Соболев увез свою делегацию в Москву, где они рассказали, как родился славный Тульский союз.

Пока история, с разными вариациями, шлифуясь от рассказчика к рассказчику, дошла до Михаила Шолохова, в ней вместо не такой эффектной цифры "5 писателей" фигурировало уже, кажется, 28.

На съездах партии во все времена, при всех генсеках, Шолохов выступает от советской литературы с речью, пересыпаемой его так называемым "сочным" юмором и прибауточками. Это вносит разнообразие в свирепую казенщину, и осовелые делегаты ждут его речи, оживляются, охотно смеются и аплодируют, подмигивая друг другу: "Вот дает! Михаил Александрыч, этот уж покритикует, этот не пощадит..."

На XXIII съезде КПСС, в числе прочего, Шолохов использовал для своего конферанса и анекдот о росте числа писателей в Туле. Он выдал, "Правда" его речь напечатала.

Приехав в Лондон, я был удивлен: здесь этот анекдот знают. Встречаю людей из других стран, из Франции, из Америки, — тоже знают. В руки далось это ускользающее и неуловимое: процесс рождения анекдота от самой первой искры, благодаря удачной случайности, что эту искру я-то сам, собственно, высек.

О нет, я не считаю себя автором анекдота. То была просто карикатура, из тех, над которыми улыбаются и которые забываются. Я нарисовал в своей жизни тысячи карикатур, это было, так бы сказать, мое хобби. Ни я их не помню, ни кто-либо другой. Здесь нужно было, чтобы соль превратилась в законченный кристалл. Над шуткой, пусть не без яда, больше всех смеялся сам Лаврик, тульский ответсекретарь. В анекдоте же он хвастается бурным ростом числа писателей совершенно серьезно. Даже без необходимого увеличения цифры с пяти до двадцати с чем-то — анекдот еще не был бы готов. Это сделала шлифовка при пересказываниях, это то, что называют народным коллективным творчеством. Или в данном случае лучше сказать “массовым”, потому что несколько кощунственным было бы назвать литературные круги, шлифовавшие данный анекдот, народными.

Сплошным, перманентным анекдотом было не только рождение в Туле филиалов СП, а и все его дальнейшее существование, как анекдотом вообще можно назвать весь Союз советских писателей. По отношению к подлинной литературе это даже не муха из крыловской басни: “Мы пахали”, это значительно хуже.

Беседа 40. О насилии

8 декабря 1973 г.

Самым большим духовным потрясением последних дней было для меня прочтение статьи Солженицына "Мир и насилие", опубликованной в норвежской газете "Афтенпосте", перепечатанной во всем мире и вызвавшей много обсуждений. Я бы сказал, что она равна по своему значению таким, ставшим классическими, выступлениям писателей, как, скажем, "Я обвиняю" Золя или "Не могу молчать" Толстого. Имею в виду именно масштабность.

В статье, на мой взгляд, можно назвать истинно новым основную мысль Солженицына: "Движение "против войны" это далеко еще не все движение "за мир". Противопоставление "Мир — война" содержит в себе логическую ошибку: целая теза противопоставляется части антитезы. Война есть массовое, густое, громкое, яркое, но далеко не единственное проявление никогда не прекращенного многоохватного мирового насилия. Противопоставление же логически равновесное и нравственно-истинное есть: МИР — НАСИЛИЕ".

Вы знаете, как это бывает: кто-то скажет что-нибудь очень точно — и вы вскрикиваете: "Да, да! Я сам это давно чувствовал, только не умел выразить словами". Одна из черт гения та, что он УМЕЕТ выразить то, что другие, чувствуя, даже вплотную приближаясь, выразить не умеют.

Почему, почему были так противны мне, думаю я, все те многошумные конгрессы в защиту мира, все эти движения борцов за мир, эти фотографии, где Александр Фадеев заседает рука об руку с патриархом в полном облачении, с крестом на груди. И настоятель Кентерберийского собора, и Бертран Расселл, и заслуженные кадровые энкавэдисты-кагэбисты в трогательном единодушии выпускают воркующего голубя Пикассо: "Летите, голуби, летите!.." Ведь святое дело! Миру — мир. Скандируем до хрипоты, выкладываем из выбеленных известкой камушков вдоль железных дорог. Вспоминаю: такая деталь была когда-то и у меня, грешного, в повести "Продолжение легенды". Отыскал, и вот процитирую, вызвав, вероятно, вашу улыбку, а ведь тогда это было на полном серьезе, в одна тысяча девятьсот пятьдесят седьмом году — мое описание Транссибирской магистрали:

"Мелькают будки, разъезды, выложенные камнями звезды у верстовых столбов, иногда — лозунг "Миру — мир!", "Братский привет китайскому народу", "Догоним США по производству мяса и молока!", и сотни путевых обходчиков в облаках поднятой поездом пыли протягивают нам вслед желтые флажки".

Вот он лежит передо мной, подлинный экземпляр тех лет, который я так, на память, прихватил с собой в чемодане, уезжая в Лондон, страницы уже пожелтели. Стоп. Кидаюсь рыться в ящиках — ищу другой экземпляр, мой однотомник, выпущенный ровно десять лет спустя, в 1967 году, тоже взял с собой в чемодан. Отыскиваю это место. Ага! Звучит вот как: "Мелькают будки, разъезды, выложенные камнями звезды у верстовых столбов, иногда — лозунг, что-нибудь вроде: "Догоним США по производству мяса и молока!", и сотни путевых обходчиков в облаках поднятой поездом пыли протягивают нам вслед желтые флажки"... Но я не помню, просто не помню, чтобы я что-нибудь переделывал для этого однотомника. Куда же делись лозунги "Миру — мир!" и "Братский привет китайскому народу"? Как интересно... если так пофантазировать, допустим, я бы по сегодняшний день оставался в Советском Союзе, вел бы себя хорошо, написал бы, значит, роман о Ленине, или на худой конец о Красине, или Дзержинском, или Александре Матросове, подписался под посланием, клеймящим Сахарова, и вышло бы, пожалуй, уже минимум трехтомное собрание, куда "Продолжение легенды" должно было бы войти обязательно. И что тогда с этим местом? "Мелькают будки, разъезды, выложенные камнями звезды у верстовых столбов... и сотни путевых обходчиков..." Нет, ничего, даже ритм фразы совершенно не нарушается. Ну, это ладно — отступление.

Вот фантазия совершенно другого рода. Если бы, допустим на секунду, Гитлеру удалось осуществить свой план и образовалась бы некая гитлеровская евро-афро-австрало-азиатская империя, поглотившая бы (для ее оккупации и колонизации) такое количество арийских кадров, что уставший и объевшийся Гитлер заключил бы мир с оставшимся Западным полушарием, отложив поглощение его на некоторое неопределенное время. Тут же бы, пожалуй, всплыла истина, что миру нужен мир. Пикассо или кто-нибудь другой нарисовал бы голубя. Люди такого типа, как Анджела Дэвис, Патриарх всея Руси, доктор Геббельс или начальник Бабьего Яра Пауль фон Радомский — очень важные люди — единодушно воссели бы в президиуме всемирного конгресса мира, а массы, надрываясь, скандировали бы на всех языках: "Мир", "Мир", "Миру — мир". И уж можно не сомневаться, что и Нобелевская премия мира была бы присуждена тогда — кому?..

В сущности, ведь начальство любого концлагеря может со стопроцентной искренностью вешать лозунги "Мы за мир!", "Мы — против войны!". Тысячу раз прав Солженицын! Противопоставление "война — мир" так же странно, как "ночь — сумерки", "зима — заморозки", "черное — серое", "горячее — тепловатое". Если на то пошло, то одним из самых миролюбивых явлений на свете следует признать тюрьмы. Тюрьмы между собой, кажется, и не воюют. Им главное, чтобы внутри в них сохранялся и порядок, и спокойствие, и мир — в общем, "статус-кво". И, перефразируя известное стихотворение, если мы спросим у тишины, хотят ли — как заключенные, так и тюремщики — войны? — то конечно же нет. Не хотят.

Так мне становится понятым только теперь странное когда-то мне самому чувство антипатии ко всем тем упомянутым конгрессам и движениям сторонников мира. Мне, автору антивоенной до мозга костей книги, к примеру, "Бабий Яр". По принятому в СССР делению, писателей часто называют "писатель сельской темы", "писатель рабочей темы". Я долго ходил в писателях "молодежной темы", но после "Бабьего Яра" мне добавили титул писателя "антивоенной темы".

В 1968 году мне сообщили из Союза писателей, что я включен в число участников совещания писателей антивоенной темы в Ленинграде. В первый момент это показалось мне лестным, кроме того, давно нужно было по своим делам поехать в Ленинград — и я ответил, что буду. Потом, с каждым днем мне становилось все противнее от мысли, что я поеду на это совещание. Я подумал, это потому, что мне противно брать командировочные, суточные, поселят там в люксах, будут банкеты, о-о, эти банкеты "писателей-гуманистов" за казенный, вернее, народный счет. Но я поехал в Ленинград на несколько дней раньше, сам по себе, остановился у знакомых, отказавшись таким образом от их материальных благ, и явился лишь к началу совещания.

Посмотрел на съехавшихся гуманистов, прочел пункты повестки дня, что-то вроде "Советские писатели в борьбе за мир" и т.д., — и вдруг почувствовал, что если останусь здесь еще 15 минут, задохнусь или со мной случится удар, не знаю, как это описать, но, очень сдерживая себя, отозвал в сторону руководителя совещания и сказал, что не могу участвовать, уезжаю. Первую секунду он смотрел изумленно, затем в глазах его появилась елейная ненависть, и он, многозначительно улыбаясь, сказал: "По-ни-маю". Мне было все равно, я уехал. Сегодня я, вспоминая пораженно и, может быть, чуть-чуть облегченно, вижу причину.

А я все-таки не был писателем антивоенной темы. Вернее, тема "против войны" — это было у меня само собой, как часть именно целого, более серьезного, чему война, как говорит Солженицын, "есть массовое густое, громкое, яркое, но далеко не единственное проявление". Они ошиблись, сделав меня делегатом этого совещания: у меня ведь даже военных сцен нет в полном смысле, у меня ведь о том, как человека душат, душат, душат. Даже в обезглавленном цензурой тексте — это о том, как издеваются и душат, вот о чем это прежде всего.

Но я тогда не мог найти формулировку, я не умел. Судорожно листаю сейчас, отыскиваю ключевые места. Конец первой части, глава "Ночь": "...И я удивленно посмотрел вокруг, и с мира окончательно упали завесы, пыльные и серые. Я увидел, что... на свете нет ни ума, ни добра, ни здравого смысла — одно насилие. Кровь. Голод. Смерть".

Часть вторая: "Это такой ужас, когда умирает человек, даже самый старый, от болезни, естественно, нормально. Неужели этого естественного ужаса недостаточно, что люди изобретают все новые и новые способы искусственного делания смерти, устраивают все эти проклятые голоды, расстрелы, Бабьи Яры?"

В главе "Пять ночей и пять дней агонии": "Я опять и опять, хоть убейте меня, не могу понять, почему на этой прекрасной, благословенной земле — с таким небом и таким солнцем, — в среде людей, одаренных умом, размышлением, не просто животных с инстинктами, но в среде мыслящих, понимающих людей возможно такое предельное идиотство, как война, диктатуры, терроры, все эти взаимные смертоубийства и садистские издевательства одних над другими?"

Как мысль бьется вокруг одного, вокруг и около!..

Кончалась же книга словами: "Желаю вам мира". Но, несмотря на такую правильность, точность, мне все время казалось, что в этой фразе — что-то не все. Я сделал потом так: "Желаю вам мира и свободы". В таком виде и существует полное, западное, издание. И вот теперь Солженицын показывает логическую, вопиющую и всечеловеческую ошибку. Понятие "мир" — но ведь это и есть свобода от насилия, от насилия, в которое "война" входит только как одна из составляющих частей. Не знаю, как кого, а меня это побуждает не на шутку задуматься, и в первую очередь над своей собственной хромотой мышления, и, что куда важнее, — а сколько же еще нравственных ошибок мы, гордое, цивилизованное человечество, принимаем в простоте душевной за ясные, как день, аксиомы?

Беседа 43. Им не интересно

29 декабря 1973 г.

В своей книге “Только один год” Светлана Аллилуева описывает сцену приема у одного из секретарей ЦК КПСС, Суслова. По распространенному на Западе мнению, Суслов считается главным идеологом советской коммунистической партии, следовательно, и страны.

Аллилуева просила разрешить ей поехать в Индию. Ее муж, индиец, коммунист Сингх был тяжело и почти безнадежно болен, и в качестве, пожалуй, последней попытки спасти его она хотела свозить его на родину, где климат, может, оживил бы его или, наконец, просто “дым отечества”... На свою просьбу она тогда получила отказ: не пустили в поездку за границу.

Здесь никак нельзя не акцентировать того, что речь шла даже не о просто поездке, а — поездке по делу, и если так подумать, то по делу, важнее которого, собственно, на земле нет: с целью попытаться спасти человеческую жизнь. Суслов в такой попытке отказал, Сингх вскоре умер. Но в данной беседе не будет речи о моральном, вообще о гуманистическом аспекте этого дела. Я хотел бы изложить несколько замечаний совсем о другом.

Меня потрясла заключительная фраза Суслова, когда беседа была уже официально закончена, отказ, и безапелляционный, состоялся, и добавлять что-либо формально нужды не было. Это были слова уже просто так, после подведения черты, так бы сказать кулуарные и искренние. Я процитирую запись Светланы Аллилуевой:

"Что вас так тянет за границу? — спросил он напоследок, как будто я просила пустить меня в туристское турне. — Вот вся моя семья и мои дети не ездят за рубеж и даже не хотят! Не интересно!" — произнес он с гордостью за патриотизм своих близких".

Не знаю, как вам кажется, но мне думается, что данная фраза должна войти в историю. В качестве одного из ключей к пониманию советской действительности одна она может открыть больше, чем том аполитических или экономических разборов и выкладок.

Вообразим себе следующую ситуацию. В городе Берлине по две стороны от знаменитой Берлинской стены родились в двух одинаковых домах, в двух одинаковых семьях два одинаковых младенца. Дома стоят на расстоянии каких-нибудь сотен метров один от другого; географически — разница ноль градусов, ноль минут, какая-то доля секунды.

И какая огромная, диаметральная, непроходимая разница в правах, возможностях, судьбе этих двух людских существ, исключительно в силу того факта, что один появился на свет в одной точке земной поверхности, а другой — чуть-чуть правее.

Первый подрастет, и ему, допустим, захочется — и безусловно ведь захочется! — походить по свету, поглядеть, что где и как оно делается. Охота к перемене мест, обследование окрестностей ближних и дальних, подыскивание для жизни наиболее приемлемого места — это закон природы для всего живущего, такая же естественная потребность всякого живого существа, как дышать, есть, пить, размножаться. Это ОБЯЗАТЕЛЬНОЙ частью входит в само понятие "ЖИТЬ". Одному существу вполне достаточно передвижений небольших, другому требуются перемещения глобального порядка. Потребность здорового полноценного человека в передвижениях вообще безгранична. Происходили великие переселения народов, неисчислимое множество наиболее подвижных и любознательных Марко Поло, Миклухо-Маклаев, Магелланов, Пржевальских расширяли границы познанного.

И вот в свете этого наши два человеческих существа, родившиеся по разные стороны от какой-то нелепой стены, захотят тоже подвигаться. Один это сделает без особого труда; может, его занесет на другую сторону земного шара; может, он захочет посмотреть, что делается по другую сторону стены — выполнив, правда, кучу разных досадных формальностей, он и это сделает.

Во-первых, это просто интересно. Во-вторых, а вдруг он найдет место, лично ему более симпатичное, чем дом под стеной, — он возьмет, да и останется там жить. А потом поживет, вдруг увидит, что ошибся, переедет в другое место. Или увидит, что "всюду хорошо, а дома лучше", — и вернется домой. Пожалуйста, все это в порядке вещей.

Его двойник, родившийся на пару сот метров правее, подрастет и обнаружит, что для всех его безграничных потребностей передвижения отведен вот такусенький пятачок “от сих до сих”, огороженный колючими проволоками, под высоковольтным напряжением, вспаханными полосами, минными полями. Сотни тысяч вооруженных до зубов охранников и сторожевых собак заняты единственно одним: “Не пущать!” Чего не пущать? Проявления закона жизни, естественной потребности, инстинкта. Не прихоти, нет, отнюдь нет — инстинкта. Это точно так же, как, скажем, запретить разговаривать. Поставить через каждые десять метров стража, и кто скажет слово — стрелять!

При таком нелепом положении живому нормальному существу остается одно из трех. Первое: послушная неподвижность до гроба, с воспаленным и щемящим до звериного воя, подавленным инстинктом. Второе: если этот инстинкт особенно велик — то смерть (в конце концов, есть же звери, которые в неволе жить не могут, умирают; нередко кончают с собой и узники в тюрьме). Третье: бежать. Любой ценой, любым путем. Одному удается получить позволение на кратковременную вылазку за стену, он там, бывает, остается, другой бежит напролом. Большое число застреленных или искалеченных при попытке перейти Берлинскую стену — это ведь все ВОСТОЧНЫЕ люди, не западные. Факт настолько очевидный и настолько не укладывающийся ни в какое понимание, что одного его, этого единственного факта, было бы достаточно для заключения, что здесь происходит что-то ненормальное, какая-то беда.

Пришельцы из другой звездной системы, угоразди их приземлиться аккурат на какой-нибудь социалистической пограничной полосе, увидя первым делом такой факт, переглянулись бы между собой и сказали: “А на этой-то планете разумной жизни пока нет, они еще в стадии дикости”.

И на богатом дикарском приеме у восточного короля пришельцев бы не удовлетворил ответ: “Наши людишки дураки, они не понимают, что родились в самом счастливом месте, потому пришлось построить забор и тратить, к несчастью, бешеные средства, чтобы подстреливать тех, кто бежит”.

На это ведь есть по-детски простое возражение: “Коль так, то не лучше ли им позволить убедиться на собственном опыте? Да вы их пустите, пущай себе идут, помыкаются, хлебнут горя, убедятся, что действительно были дураки, — и вернутся. Если правда, что у вас так хорошо. Зато, вернувшись, они будут вас вдвойне уважать, а не ненавидеть, как теперь. И бешеных средств тратить не надо, на эти средства лучше бы дома там или гостиницы построили, миллионы сторожей-дармоедов лучше бы сеяли хлеб или делали водопроводные краны; мясом, которое жрут сторожевые собаки, лучше накормить детей”.

Что бы на это ответил восточный король? Ну, как вы думаете, что тут умному, нормальному, мудрому человеку ответить? А вот что он ответил: “Да что вы ко мне прицепились? Что вас так тянет за границу? Вот вся моя семья и мои дети не ездят за рубеж и даже не хотят! Не интересно!”

Вот что, оказывается. Главному идеологу 250-миллионного народа “не интересно”. Видимо, он начисто лишен одного из кардинальнейших людских инстинктов. Его в таком случае обидела судьба. Ему ведь в самом деле, ему искренне “не интересно”. И он не может вообразить, что кому-то это почему-то интересно. Ну и естественно, он делает логичный вывод: если уж ему, такому умному, самому главному идеологу не интересно, то другим уж и подавно должно быть не интересно. А у кого интерес есть — то это грех, нарушение, преступление.

Ничто не ново под луной. Было в истории много обиженных Богом фанатиков, дорвавшихся до власти, которым было “не интересно” то или это, а потому оно объявлялось запретным. Главным идеологам Средневековья были не интересны мирские радости, развлечения, танцы, сжигали на кострах разных Эсмеральд, как ведьм, а скоморохам вырывали языки. Одному чудаку недавно неинтересны были поиски в живописи, и, посмотрев картины, которые были не похожи на те, понимать которые он научился по картинкам в начальной школе, он очень лаялся матом и обзывал почему-то художников “педерастами”, после чего просто взял да запретил рисовать то, что ему “не интересно”. Это было в его власти, потому что тогда ОН был главным идеологом 250-миллионной страны. Самое печальное, что он был искренен, да, искренен. Он так искренне, так по-детски крепко верил, что он — умнее всех на этой земле.

Это была его ошибка. Не он был самый умный на Земле. Самый умный человек всех времен, всех народов, всей истории человечества знаете кто? Мао Цзэдун. Не верите? А вы поезжайте в Пекин, спросите. Да, впрочем, я забыл, что вам ездить не интересно. Когда никуда не движешься, ни с чем не сравниваешь, то так здорово, так убедительно, так неопровержимо становится ясно, что ты умнее всех, твой огород лучше всех, а твой дом и есть центропуп Вселенной, которая вокруг него оборачивается.

Не без внутреннего содрогания, но вполне логично я думаю следующее: ну, хорошо, а что, если, не дай бог, главным идеологом человечества когда-нибудь оказался бы человек импотентный, которому не то что там путешествовать не интересно, а не интересно — любить? Или слепой, и ему не интересно — смотреть? Или глухой, и ему не интересно слышать? Или не интересно — черт возьми, ну, купаться? Ревматизм у него будет, радикулит, водобоязнь. Тогда, видимо, пограничников поставят на пляжи, на берега рек, морей и прочих водоемов? Это отнюдь не дикая фантазия. Если за границу путешествовать не интересно, то почему в море купаться интересно? Почему для входа на пляж до сих пор не нужны визы, заседания специальных купально-выездных комиссий, специальные паспорта, анкеты с фотографией и т. д., и т. д. Предлагаю такие вопросы тем, кому еще не совсем не ИНТЕРЕСНО мыслить.

Беседа 57. Организованность

20 апреля 1974 г.

Однажды в 1968 году мне удалось наблюдать так называемую народную демонстрацию гнева и возмущения от самого ее начала до полного конца, и на меня произвели большое впечатление ее четкость, организованность и продуманность вплоть до самых малых деталей. Это было в Москве, вблизи от площади Восстания — протест был против действий американского империализма, перед зданием американского посольства на Садовом кольце.

Помню все до мельчайших подробностей, не могу только вспомнить: по поводу чего именно был протест? Это можно восстановить, порывшись в подшивках газет, но существенный формально повод — в данном случае как раз и не так уж важен, ибо я хочу рассмотреть только одну чисто организационно-техническую сторону дела.

Я тогда ехал в редакцию на улице Воровского, у площади Восстания. Обратил внимание, что движение по Садовому кольцу перекрывается, кишела милиция, регулировщики направляли весь автотранспорт в объезд, но пропускали троллейбусы. Улица, широкая, как площадь, имела обычный вид: ни дыма от пожара, ни следа какого-нибудь строительства или аварии. Только очень внимательно вглядевшись, я увидел кучку людей перед чугунной решеткой, которая отделяла здание американского посольства от улицы. За счет таких зевак, как я, которые немедленно пошли смотреть, число людей перед посольством стало расти.

Со всех сторон подходили организованные колонны трудящихся. Ну, это известно как делается: из горкома звонят по райкомам, оттуда по учреждениям и предприятиям, дают разнарядку; местные парторги и спецотделы решают, кого без особого ущерба освободить на этот день от работы; потом в цеху, отделе или студентам в аудитории, что сейчас все как один отправляются на митинг, или на встречу кого-нибудь, или на гневный протест.

Рабочие, уволенные от работы, и студенты, освобожденные от занятий, охотно шли этими колоннами, в отличном настроении, с шутками. И день был хороший, тепло грело солнце. Так что вскоре широкая улица оказалась запружена толпой почти до середины проезжей части. Тогда милиция перестала пускать и троллейбусы, чтобы совсем уж не мешать народному гневу.

Гнев выражался в том, что руководители раздавали по колоннам наспех написанные плакаты со словами "Позор!", "Прочь руки от..." — а также, в малых количествах, небольшие камни, пузырьки с чернилами, в одной же группе — я сам видел — было роздано несколько старых калош. Подходя к зданию, — милиционеры деловито раздвигали толпу: "Отойдите, пропустите!" — каждая новая группа подходила, выстреливала свои камни поверх решетки, а также пузырьки с чернилами, которые делали на стенах кляксы, и убиралась, освобождая место другим. Наконец раздался звон: было разбито первое стекло, что вызвало в толпе много смеха и шуток.

После того как все камни брошены, а уполномоченные активисты прокричали в несколько голосов "Позор!", делать было, собственно, больше нечего, но все оставались стоять. Смотрели на окна. Настроение было добродушное, смешливое; комментировались удачные броски. Все ждали, не дадут ли новой колонне более увесистый камень, чтобы разбить еще одно окно. Но потом все это стало довольно скучно.

Окна посольства были мертвы, за исключением самого верхнего этажа. Там они были открыты, и на подоконниках расселись служащие, большинство в рубашках, потому что было тепло, и разглядывали сверху собравшуюся толпу. Комсомольские дружинники догадались, пошли в жилой дом напротив, высунулись из окон верхнего же этажа и стали зеркальцами пускать зайчики в глаза американцам. Это внесло некоторое разнообразие, но не долго, ибо солнце закатилось. Все в толпе стояли и стояли, совершенно не зная, что делать, говорили о домашних делах, о детях, службе. Так хотелось, чтобы что-нибудь делалось, что-нибудь случилось, но ровно ничего не случалось, если не считать вылазки кого-то из американцев на балкон второго этажа с фотоаппаратом. Он хотел снять всенародное возмущение крупным планом, несколько раз щелкнул. В его направлении полетела калоша под всеобщий хохот, не долетела, и он ушел.

У меня-то было дело в редакции журнала "Юность": надо было приготовить статью к 140-летию Льва Толстого, поэтому я уходил, писал, потом для разминки выходил посмотреть: все было по-прежнему, толпа не уменьшалась уже за счет зевак, которые приходили, стояли, заскучав, уходили, а организованные, снятые с работы трудящиеся уйти не могли без приказа, и добродушие на их лицах постепенно сменялось усталостью.

Позволили разбить еще несколько стекол. Вдоль решетки стояла милиция и не разрешала взбираться на нее. Американцам надоело смотреть, почти все они ушли из окон, а как стало темнеть, то, полагаю, и из посольства по домам. Толпа все держалась перед фасадом с решеткой, за угол же в Девятинский пер., где находится боковой служебный вход посольства, милиция не пропускала, и там было свободно.

Это тянулось до самой полуночи. Организованных наконец распустили, осталась лишь масса милиции и дружинников, по обязанности, но толпа не уменьшилась, потому что сюда, проведав, стекались гуляющие со всей Москвы. Ведь вечером в Москве, кроме ресторанов с очередями у входа и еще разве чертова колеса в парке Горького — куда деваться? В кино, театр и цирк — стоят шпалерами, спрашивают: "Нет ли лишнего билетика?" Тут же был бесплатный цирк. Вон какой-то дружинник опять бросил помидор, а другие свистят в два пальца. Зрители иронически смеются. И главное, какая свобода: гуляй себе во всю ширь проезжей части, свисти ухарски, распивай на троих, — бутылку выкинь за ограду к империалистам — можно! Постоянно отрываясь и выходя на площадь, я свою статью так и не закончил, решил дописать ночью, ибо заело любопытство: ну, интересно, а когда же и как этот народный гнев будет прекращен? До какого часа он был запланирован? Ведь все же сильное неудобство для движения: улица Герцена и Баррикадная забиты пробками. Троллейбусы должны переставлять штанги на другие провода, идут по каким-то диким маршрутам, а тут, видите ли, какое-то гулянье, под охраной цепей милиции. Неужели до утра?

Ничего подобного. Ровно в 12 часов ночи на площадь Восстания выехали три поливальные машины и стали деловито, дуга за дугой, мыть улицу. Толпа, естественно, отодвигалась от струй, и вообще это было правильно понято, как знак, что представление окончено. Буквально в 15 минут у посольства не осталось ни души. Все было чисто, вымыто, по Садовому кольцу побежали автомобили и троллейбусы, только оставшиеся кляксы чернил на стене посольства и два-три выбитых стекла говорили, что тут что-то было. На другой день наши же, советские рабочие быстро соскоблили пятна, вставили стекла. В газетах были помещены фотографии вчерашнего гневного протеста, на которых, однако, можно было видеть на заднем плане и смеющиеся, и добродушные физиономии.

Да, наши органы общественного порядка дают возможность трудящимся выражать их чувства вплоть до того, что перекрывают вот уличное движение по самой крупной артерии столицы, чтобы оно не помешало выявлению этих чувств. Это, я думаю, надо подчеркнуть, чтобы вспомнить, как потом, через несколько месяцев несколько человек уселись на Лобном месте с плакатами, тоже выражавшими их чувства, — в связи с вторжением в Чехословакию.

Их немедленно схватили, вырывая плакаты и выбивая зубы, как "мешающих уличному движению", хотя через Красную площадь транспорт не ездит и при Лобном месте никакого уличного движения нет. Подобных примеров сотни, вплоть до сегодняшнего дня: все, что не по распоряжению сверху, — мешает уличному порядку, оказывается. Советские люди прекрасно знают, как прекращаются все уличные движения, когда надо кого-то встречать: космонавтов ли, Фиделя Кастро ли. Массовые снятия с работы и занятий, организованные колонны на точно распределенных участках вдоль трассы встречи, казенные раздаваемые цветы и флажки, которые по окончании процедуры следует сложить в кучи под табличками с названиями районов.

Я видел однажды в Болгарии, в Софии более экономичную, я бы сказал остроумную, организацию встречи. По центральный улице Софии вдруг через каждые десять—пятнадцать метров стали милиционеры — и всех, кто хотел перейти улицу, возвращали обратно. Никто ничего не понимал: что случилось? По противоположным тротуарам в пять минут скопились толпы желающих перейти на другую сторону — кто домой, кто на работу, в магазин и так далее, — а милиция кричала, свистела, яростно ловила и заворачивала перебежчиков. Через полчаса вдоль всей длинной улицы стояли черные шпалеры возбужденных, недоумевающих людей. И вдруг побежали активисты, раздавая передним цветы и флажки и сообщая, что сейчас проедет какой-то великий гость.

Показались машины, кавалькады машин, эскорт мотоциклистов, и, стоя в открытом автомобиле, великий гость улыбался и махал рукой радостно возопившим толпам по обеим сторонам улицы. Этот вопль был действительно искренне радостный, потому что наконец все разъяснилось, ну и великого человека, конечно, вдруг неожиданно увидели, но, главное, теперь, когда он проедет, можно будет наконец перейти через дорогу. Как только скрылась последняя машина с охраной, так сразу уличное движение и возобновилось. Спрашивали: кто это был? Оказалось, Новотный из братской Чехословакии. Как раз то были его последние месяцы.

У меня осталось вопросом: любопытно, этот великий гость тогда в самом деле верил, что столько людей сами, специально собрались, чтобы его встретить? Он так искренне, даже благодарно, растроганно улыбался по тротуарам. Все эти братские гости Москвы, Фидели Кастро и другие — неужели они верят, что эти тысячи людей действительно сами выходят их встречать. Не думаю. Все прекрасно знают, что играется ритуал, театр представления, все стороны старательно его играют, как играют многое всю жизнь. Но болгарский опыт мне понравился. Не понимаю, почему его не применяют широко в СССР: он куда более экономичен, не отбирает рабочих часов — и поэтому совсем не наносит ущерба народному хозяйству.

Беседа 71.
Совесть.
Часть 1

10 августа 1974 г.

Раз тридцать, может быть, если не больше, я слышал, как мой дед Федор Власович рассказывал свою историю ухода из родительского дома. Рассказывал, когда приходили гости, рассказывал приятелям по второму и третьему разу. Особенно когда случалось выпить рюмочку, он возбуждался и, перебивая разговор, без всякой связи вдруг восклицал: "А вот послушай, как я в молодости ушел из дому!" Краткая эта история заключалась вот в чем.

Дед родился и вырос в селе Шендеровке, Каневского уезда, в какой-то отчаянной крестьянской семье с одиннадцатью детьми, отцом-пропойцей, жившей в полуразрушенном курене, и спасали их коровенка да две лошади. И дед рассказывал, что когда ему исполнилось то ли шестнадцать, то ли семнадцать лет, послал его отец в ночное пасти коней. "А я взял этих коней, — говорил дед, — и погнал их, и погнал их в город, и продал на ярмарке. И с той поры домой больше не вернулся". Здесь дед умокал и странным взглядом, с каким-то глубинным, больным вопросом смотрел на собеседника, а тот, озадаченный, бормотал что-то вроде глубкомысленного "М-да...".

Никто не спрашивал, и я не спросил, да если бы и догадался спросить: а зачем, собственно, дед рассказывает ЭТО? — думаю, что он сам не нашел бы внятного объяснения. Из него это просто выпирало, и все. Жило в его естестве, давило, и естество делало попытки как бы изрыгнуть, выбросить это. Причем любопытно, что дед никогда не продолжал, не делал оценки, и невозможно было понять, что из этого следует: "Смотрите, какой я был удалой молодец" или "Какой я был подлец, какая шкура: семью зарезал ведь, зарезал отца-мать и детишек малых". Надо помнить, что значила лошадь для крестьянской, да еще такой нищей и многодетной семьи.

Нет, дед никаких оценок не делал; рассказывал просто факт. Может быть, подспудно, подсознательно ждал, что кто-нибудь оценку сделает? Именно подсознательно уже жаждал какого-нибудь суда, приговора, меры наказания и искупления. Может быть, тогда тяжелый как камень факт полегчал, растворился бы и забылся. Дед был, конечно, верующим, на исповеди ходил, но, по-видимому, и исповеди, и отпущения грехов не помогали. Доказательство тому: когда ему уже было под девяносто и он впал в старческое детство, уже почти ничего не помнил из своей жизни, факт об украденных у родителей конях выпятился у него в сознании вообще чуть не на первый план. Он постоянно рассказывал его таким же, как он, глубоким старикам, да так и умер с тем в доме для престарелых где-то под Полтавой.

В одной из прошлых бесед я уже говорил об одном пьянице-газетчике на строительстве Каховской ГЭС по фамилии Бурыба, у которого на совести был свой, так сказать, "факт-фикс". В прошлом он был герой войны, фронтовик, танкист, что подтверждали и многочисленные жуткие шрамы, и целая гроздь медалей и орденов. Но, напиваясь, он из всех своих военных похождений, как заведенная пластинка, рассказывал всегда только одно и единственное: как они, танкисты, насиловали немок в Пруссии.

Ворвавшись первыми в какой-нибудь городок, танкисты его тридцатьчетверки первым делом бросались по немецким домикам в поисках ценностей и женщин. Потом отводили танк метров на сто пятьдесят и прямой наводкой разносили в щепы домик вместе с ограбленными и изнасилованными немками в нем. "Раз-дол-бали — и пошли дальше, во как, брат!" — заканчивал он, грохая кулаком по столу и сверкая дикими, пьяными глазами.

Поскольку он пил постоянно, то и рассказывал часто, и всякий раз повторялся с большой точностью, никогда не путал деталей. Это в нем клокотало, жило неугасающим огненным сгустком, и он — совершенно точно так же, как мой дед — испытывал, по-видимому, непонятную, невыразимую для него самого потребность это рассказывать, рассказывать, рассказывать, без всякой опять-таки оценки, и ошарашенные собутыльники не находились тоже ни на что другое, кроме глубокомысленного "М-да...".

...А скажите, вам не приходилось вдруг резко переворачиваться или садиться в постели от ни с того ни с сего вдруг явившегося воспоминания о чем-то скверном, нелестном в вашей жизни? В постели, потому что чаще всего такие образы являются в момент, когда засыпаешь, или во сне, когда сознание находится в состоянии расторможенном, предоставленное самому себе.

В это время оно иногда играет с нами шутку: выкладывает нам то, что мы хотели бы забыть, что мы приказывали себе забыть или ловко сплетенной сетью логических натяжек и софизмов давно уже покрыли, погребли, утоптали и утрамбовали. Кто бы мог подумать: а оно, оказывается, живет.

Если вы скажете, что с вами никогда и разу ничего подобного не случается, то позвольте усомниться: не кривите ли душой? Разве что вы просто еще очень молоды. Молодая совесть довольно ленива и толстокожа; мучает она все больше с возрастом. К такому заключению я пришел, наблюдая других людей, наблюдая самого себя. У меня, кажется, нет одного такого ведущего факта-фикс, как у деда Федора Власовича или у героя-танкиста Бурыбы, но не в меру служивое, все, оказывается, помнящее сознание время от времени вдруг ни с того ни с сего, казалось бы, преподносит мне какой-нибудь неблаговидный факт из моей жизни — во всей его объемности, так сказать, в красках и запахах, потом другой, третий, и из них можно составить коллекцию.

Это что-то вроде архива, кладовой или склада в нас, с надписью — хотя бы вроде этого популярного — "Никто не забыт, ничто не забыто". Даже если нам самим кажется, что забыто накрепко и навсегда. В нужный момент — или, вернее, в НЕнужный момент оно может выскочить и встать перед глазами живее живого.

Поясню, пожалуй, теперь собственным примером — только одним, да и то самым безобидным, отваги для изложения которого мне хватает, главным образом, наверное, и потому, что дело очень давнее, случилось, когда мне было 17 лет. Я не помнил этого, совершенно не помнил, как его и не было, на протяжении лет двадцати эдак. Потом однажды — как выстрел, как удар в лицо, это полуприснилось, полупривиделось мне в момент, когда я засыпал, и я подскочил и сел с мучительным стоном. До микроскопических подробностей, до действительно воздуха, погоды, цвета, запаха, звуков — все память выдала в неприкосновенности.

То было в 1947 году, в эпоху, когда "архипелаг ГУЛаг" достигал кульминационных вершин своего разбухания. Человека хватали за одно слово или случайность. Портниха шила и, не глядя, воткнула иголку в газету — случайно попала в глаз портрета Лазаря Моисеевича Кагановича — загремела в лагеря. Сторожу приказали перенести в клуб огромный гипсовый бюст Сталина, он обвязал его веревкой, взвалил на спину — и получил срок за то, что провокационно и контрреволюционно набросил петлю на вождя. И так далее.

Я, как всякий молодой человек, конечно, курил. Мама моя, как всякая мать, конечно, на меня за это кричала. Я курил, прячась от нее. Однажды, придя с работы раньше, она застукала меня в сенях с папиросой. Я, увертываясь, выскочил на крыльцо, она за мной с нотациями, да так громко, чтобы и соседи и улица слышали и чтобы мне стало стыдно. "Курение убивает здоровье, курят одни только лодыри, болваны и дураки!" — на что я, напыжась, торжествующе сверкнув очами, так же громко, на всю улицу, ответил: "А товарищ Сталин — курит!" Мама так и поперхнулась. Сегодня это смешно. Тогда это было — страшно. Побледнев, дрожащим голосом она что-то забормотала, что товарищ Иосиф Виссарионович Сталин — человек уже в возрасте и он начал курить при старом царском режиме, это совсем другое дело, а я живу при советской власти, которая мне все дала... Это говорилось так жалко, так перепуганно, для людей, для ушей улицы, которые жадно слушали. Но победа была, конечно, моя. Обошлось, это...

Но скажите, какая юная дрянь! Какой готовый, оформленный, кругленький Павлик Морозов! Какая во всем этом безграничная мерзость! Юная, розовощекая мерзость...

Так вот, именно только к примеру, эта сценка начисто выветрилась из моей молодой головы на срок в целых лет так двадцать — а потом вдруг из глубин памяти явилась, как удар, да так, что я застонал. И с того началась ее вторая жизнь, нет, совсем не назойливая, наоборот, очень скромная, строго моей совестью осужденная, конечно, но объективно отпечатанная на страницах моей жизни краской несмываемой, несчищающейся. Было? Было. Не забыто? Оказывается, нет.

...Да, в этой беседе я говорю о совести. В сегодняшнем практическом до абсурдов, материализированном до, порой, фарсов и свинства мире говорить о совести некоторым представляется безнадежно старомодным, или смешным, или наивным. Напрасно. Это они сами очень наивны.

Пользуясь выпавшей мне возможностью сравнивать Запад и Восток, я нахожу, что в советском обществе положение с такими вещами, как совесть, доброта, порядочность, честь, — неизмеримо тревожнее, чем где бы то ни было. Этими словами в советском обществе часто называются явления, диаметрально противоположные тому, что эти слова означали раньше и что единственно они могут означать... Честью и совестью эпохи пытается присвоить себе право называться группа последователей Ленина—Сталина, по вине которой в стране произошли трагедии, самые крупные во всей ее истории. Якобы подлинной “социалистической” (в кавычках) добротой называется умение быть безжалостным. Слово “порядочность” почти исчезло из обихода. Это печально, но это совсем не значит, что сами явления могут исчезнуть. Нет, они ни приказным, ни декретным, ни агитационно-пропагандным путем, ни путем лжи перед другими или перед самими собой — неуничтожимы.

Совесть — это нечто такое, что существует независимо от нашей воли. Это сильнее нас. Управлению не поддается. Временному искривлению, временному молчанию, временному подавлению — да. Но только временному. Зато с тем большей силой, как вышедшая из-под контроля пружина, расправляется потом, и мстит, и бьет. С совестью шутки плохи — эта истина старая, как мир, но она и вечна, как мир, не стоит забывать об этом.

Беседа 72.
Совесть.
Часть 2

17 августа 1974 г.

В прошлой беседе, сознательно рискуя в чьих-то глазах оказаться смешным, я попробовал поговорить о совести. Да, знаю лично много, даже слишком много людей, которые при слове "совесть", "чистая совесть" способны только хмыкнуть скептически. Таким людям кажется, что в сегодняшнем практическом до мозга костей мире и до абсурдов материализированном до, порой, фарсов и прямого свинства, говорить о совести — есть занятие смешное, старомодное или по меньшей мере очень наивное.

Напрасно. Я бы взял на себя смелость заверить и циников, и скептиков, ни во что не верящих, что они ошибаются. Это ОНИ наивны. И очень.

В прошлый раз я рассказал самые простые, прямотаки "учебно-наглядные" случаи, когда какой-нибудь гнусный поступок, совершенный в молодости с легким сердцем и без всякого зазрения совести, даже забытый на долгое время, потом вдруг начинает все чаще вспоминаться, мучить, жечь, отравляет всю дальнейшую жизнь вплоть до самой смерти.

Это происходит помимо воли человека, и очень часто — решительно вопреки его желанию. Совесть никакому управлению, включению там или выключению — не поддается. И между прочим, одним из парадоксов людской цивилизации мне лично кажется то, что в изучении неживой природы мы дошли до порядочных таки глубин и можем похвалиться знанием мельчайших движений нейтронов и позитронов, но о кардинальных — важнее которых, может быть, и нет? — явлениях в человеческой личности, как, скажем, совесть, — знаем не больше, чем древние ассирийцы или вавилоняне. А то, может, и меньше?

Но ведь от того, что мы этого не знаем, что мы это игнорируем, что мы над этим, в невежестве своем, еще, бывает, и смеется, происходит, как мне кажется, ЛЬВИНАЯ доля бед людских.

Ну, хотя бы вот такое, в чем я (наперед говорю) глубоко убежден и могу доказать и объяснить, как на ладони, но изложенное в виде просто краткого тезиса: "Совесть не поддается управлению, не поддается полному выключению, заглушению или обману" — многие с этим согласятся ли? И уж тем более многие ли из молодых, вступающих в жизнь, знают это, понимают и мозгом и душой как серьезнейшую непреложную истину? Глупая ошибка дедов, повторенная глупыми отцами, продолжает повторяться глупыми детьми, затем детьми их — каждый что-то там слышал о совести, но не верил, потом, может, убеждался на опыте под конец жизни, что это серьезно, но уже было поздно, а когда пытался научить других — ему уже не верили. И так поколения за поколениями повторяют, как по писаному, все одно и то же.

Один из моих самых простых, этих, так сказать, “учебно-наглядных” примеров был с героем-фронтовиком, танкистом по фамилии Бурыба, которого я знал лично уже как беспросветного, страшного алкоголика, который, напиваясь, из всех событий войны постоянно, маниакально рассказывал только одно: как в Пруссии они, танкисты, врываясь первыми в какой-нибудь городок, бросались по домикам грабить и насиловать немок, а потом, немного отведя танк, прямой наводкой разносили в щепы и домик, и немок в нем. Вечно заросший щетиной, какой-то изломанно-сгорбленный, с дикими, по-звериному сверкающими глазами, с трясущимися руками алкоголика, этот Бурыба производил тяжелое впечатление, и кончил он свою жизнь где-то всего лет в сорок с лишним довольно бесславно: лежащего пьяным поперек дороги, его переехал бульдозер, возвращавшийся со смены без света.

В связи с этим такой вопрос. Если бы ему, молодому, в его лет шестнадцать—семнадцать, восемнадцать показали, как на экране, каким он будет в сорок, какой он главный подвиг совершит в жизни, как будет о нем рассказывать собутыльникам в заплеванной пивной и как он закончит свою жизнь, выйдя из этой пивной, — не пришел бы он в ужас ли, юный мальчик?

Допустим опять, что после демонстрации такого фильма отец бы сказал ему: “Знаешь, постарайся не делать в жизни бесчестных и подлых вещей. Ты можешь избежать военно-полевого суда, можешь ни от кого не услышать даже полслова упрека, но это чепуха. Главный суд в нас. Он казнит страшнее любых придуманных людьми судов и мер наказаний. И главное, его избежать невозможно, он не включается, не заглушается, не обманывается". И может быть, в данном случае данный человек, юный мальчик по фамилии Бурыба, прислушался? Может быть, он иначе бы жил? Может быть, и не грабил бы, и не насиловал, и не разносил дома с людьми прямой наводкой? А что? Может быть, и сегодня он был жил?

Так нет же, кинофильма о своем будущем он видеть не мог, а тирады насчет совести он, возможно, слышал, и не раз, так, краем уха, не придавая им значения, а то и просто зубоскаля: "Ха-ха, нашли чего нам говорить: о совести! Наивные дураки!" Напрасно. Сам он был наивный дурачок.

Это, повторяю, случай наиболее простой и прямолинейный, который для классификации и можно определить, если хотите, с довольно мрачной иронией как "учебно-наглядный". Далее я хочу привести случай чуть сложнее.

Многие задаются вопросом: что сейчас поделывают былые сталинские энкавэдисты, все эти следователи, начальство сталинских тюрем и лагерей, эти садисты, руками которых как раз конкретно и уничтожались миллионы? Частично они сами себя стреляли, судили, замучивали, естественно, как пауки в банке, ликвидировались самим хозяином, подобно Ежову, в этом проявилась какая-то справедливая месть жизни. Но те, что уцелели, что остались безнаказанными, ушли на персональные там разные пенсии — и живут себе по сей день припеваючи? И совесть их не мучает, и не рассказывают они своих подвигов, как Бурыба, потому что с самого начала так убили в себе эту самую совесть, что и следов не осталось? Мучает разве что иногда страх, как бы все ж наказание не вышло? Я лично знал ряд таких... язык не поворачивается сказать "людей", одно время они меня очень интересовали, пока я не убедился, что в подавляющем большинстве они посходили с ума.

И это такое сумасшествие, при котором очень плохо. Им вечно плохо, и в этом виноват весь мир, а расстрелять или посадить мир у них уже как-то нет возможности, и от этого еще хуже — не жизнь, а постоянное жаренье на сковороде. Одного такого типа я наблюдал более года, живя с ним в одной квартире.

Однажды я снял нелегально комнату в центре Москвы, на самой улице Горького, у Моссовета. Это была квартира коммунальная, с общим коридором и кухней, но — только три съемщика. Две соединенные комнаты занимал сталинский следователь в отставке по фамилии Кутовенко, с женой. Две другие комнаты — дряхлая старушка со старой же дочерью-вдовой, семья какого-то умершего своей смертью министерского чиновника — они-то и сдавали "втихаря" от милиции одну из своих комнатушек, подрабатывая к пенсии. Больше комнат в квартире не было, но была кладовка с крохотной амбразуркой-окошком, достаточная, чтобы в ней поместились кровать и табуретка. Там жила в качестве третьего съемщика старая одинокая актриса на пенсии, маленькое, забитое, несчастное существо, жившее едино надеждой на то, что ей, может быть, дадут однокомнатную квартиру.

Кутовенко работал следователем НКВД всю жизнь, и это был как раз случай, когда никакое внешнее возмездие палача не коснулось. Наоборот, он имел приличную пенсию, две комнаты на самой улице Горького, окнами на Моссовет. Он был худой, какой-то высушенный, мощеподобный, на восковом лице углями горели шизофренические глазки. При стуке входной двери или малейшем шорохе в коридоре он высовывал голову из комнаты и сверлил глазами. Или его бочкоподобная, вся в каких-то бородавках и наростах жена. Они стоили один другого. Я никогда не видел, чтобы они выходили погулять, только жена кратко отлучалась в магазин. Дома, все время дома, как в добровольном заточении. Кутовенко ходил по коридору, то изучая туалет, то обследуя кухню, и бормотал:

— Я вас научу уважать советские законы! Я вам покажу социалистическую законность! А за решеточку не хотите? За решеточку! За решеточку!

Мои старушки-хозяйки прятались от него и мне советовали не говорить с ним, не обращать внимания: человек больной, что там! Он в основном прицепился к актрисе в кладовке. Он написал грозные расписания: когда кто должен подметать коридор, вычислял до десятых долей копейки, кто сколько обязан платить за общую лампочку, у дверей кухни висело много бумажек с расписаниями, и старенькая актриса путалась и забывала о своей очереди. Кутовенко грохотал кулачищем в ее дверь и орал: "Я тебя научу правилам социалистического общежития! За решеточку!" Так он все время метался, следил, окруженный нарушителями, врагами, ужасным миром. Улыбаться он просто не умел; кажется, он не знал даже поводов, по которым люди улыбаются. Это был сгусток мрака, мучительного, отвратительного общего состояния. Даже жрали с женой они что-то такое ужасно отвратительное, от него, когда жена готовила, по квартире шла такая удушливая вонь, что нечем было дышать. Среди ночи из-за их дверей доносились крики, кошмары их душили, возможно, а то и что-то вообще подобное звериному вытью. Ну, знаете, не позавидуешь такой жизни. Уж не то что счастливой, но даже просто хоть немного выносимой я бы затруднился ее назвать. Формально же, повторяю, наказаний никаких Кутовенко не понес, наоборот, формально все так хорошо: вышел вчистую на приличную пенсию, безбедная старость, жилье на улице Горького, два квартала от Кремля. Но я бы не хотел так кончать свою жизнь и не знаю, кто бы хотел.

Не хочу сказать, что ВСЕ ОНИ кончают, как этот Кутовенко. Конечно, вариантов и вариаций множество. О них я еще скажу. Но случай Кутовенко статистически, кажется, наиболее распространен и типичен. И не кажется ли вам, что тут есть над чем задуматься?

Беседа 73.
Совесть.
Часть 3

24 августа 1974 г.

В сегодняшней беседе я буду продолжать разговор о совести. В отличие от множества чересчур умных скептиков, которые убеждены, что говорить сегодня о совести — смешно, анахронизм, — я так не думаю. Это никогда не было анахронизмом — и не будет.

Очень заблуждается тот, кто полагает, что с совестью можно не считаться, что ее можно поворачивать и так и этак или вообще из своей жизни упразднить. В прошлых беседах я приводил иллюстрации к тому, что совесть не поддается управлению, не поддается полному выключению, заглушению или обману. На время, может быть, и да. Но только на время. Зато с тем большей силой, как вышедшая из повиновения пружина, расправляется затем, и бьет, и мстит.

До самой смерти людей мучают воспоминания о когда-то совершенных гнусностях. Если у мозга хватает сил бороться с ними днем в бодрствующем состоянии, они являются ночью во сне, когда наша воля и наши приказы и самоубеждения бессильны. Они многих палачей приводят к безумию. “Кого боги хотят наказать — лишают разума”, — говорили древние.

Одно время, живя в Советском Союзе, я специально занимался вопросом: а как поживают уцелевшие, повыходившие на персональные пенсии бывшие сталинские следователи, энкавэдисты, тюремщики? Я думал, что хорошо. Но с удивлением убедился, что в подавляющем большинстве они просто посходили с ума. Кто ярко выраженно, вплоть до помещения в сумасшедший дом; кто просто домашний, несносный для окружающих шизофреник, параноик, причем это не те счастливые дурачки, которые всему рады, безмятежно смеются, а несчастные, денно и нощно мучимые чем-то изнутри: им плохо, плохо, плохо, и все вокруг плохо, и улыбаться они не умеют. Третьи — еще тоньше: иной, кажется, и выглядит нормальным, но при более пристальном рассмотрении оказывается клубком маний, типичных психических маний, плюс некоторый идеологический мертвый автоматизм, плюс автоматизм физиологический, а ЛИЧНОСТИ нет. Мешок, полный маний, и автоматизм, но не живая личность. Какой-то НЕчеловек.

Это мое сугубо личное мнение, но мне все больше кажется вероятным, что в будущем наука психиатрия коснется по-серьезному многих фактов в человеческой истории и внесет в их освещение и толкование крупные коррективы. Например, Сталин с точки зрения психиатрии. Ленин с точки зрения психиатрии. Руководящий энкавэдист или крупный партиец — с точки зрения психиатрии. И так далее, и поглубже в века, к Грозным, и Неронам, и прочим Иродам, и могут всплыть на поверхность прелюбопытнейшие вещи.

Так вот энкавэдисты. В начале шестидесятых годов я задумал написать повесть, позаимствовав название у Чехова: "Дуэль". Два однокашника, два друга детства, из которых один стал чекистом, а другой, так сказать, честным коммунистом. Во время сталинских чисток последний арестован, и его следователем оказался бывший друг. С тем большим садизмом чекист издевается над "честным коммунистом". Конечно, здесь диалоги, и правда-матка в лицо, и цинизм. Потом, чудом дожив до хрущевской реабилитации, полуинвалид-реабилитированный узнает, что друг-то чекист живет-поживает себе как ни в чем не бывало, имеет дачу, разводит клубнику. Он направляется к нему со старомодным и наивным намерением: вызвать его на дуэль.

Далее, по моему замыслу, следовала встреча, долгий разговор между ними. Чекист, бледный от страха, это паскудство, даже не понимал толком, что ему предлагается именно благородная дуэль, а только думал, как сообщить в милицию, что его пришли убить. В общем, видя перед собой ничтожество, мой герой должен был потерять всякий свой запал, отказаться от глупой дуэли: кому и что теперь докажешь? Встать и уйти.

Это была литературная схема из головы. Я знал много прототипов для своего положительного героя, но нужны были прототипы для отрицательного, и то была одна из причин, почему я стал их искать и заниматься ими. Вот тут я и увидел, что если следовать за жизнью, то мой герой находит не просто ничтожество, а — умалишенного, психически больного. От той, какой бы там ни было личности бывшего друга, что существовала когда-то, ничего не осталось. Ноль. Личность давно умерла. Осталась формальная оболочка, мешок, наполненный шизофренией, маниями и рефлексами, а человека нет. И стреляться — не с кем. С больными не стреляются. Как, если хотите, и судить — некого. Не судят умалишенных...

Написанная до половины, эта вещь у меня застопорилась, осталась незаконченной, потому что по ходу работы становилось все более ясно, что и положительного-то никакого человека у меня нет, а есть оболваненный — тоже автомат, только иного оттенка. Какая там дуэль — пауки в банке! То, что в процессе борьбы они друг друга так жестоко уничтожали, пытали, морили — в этом можно увидеть одно из проявлений справедливого возмездия жизни. Судьба Ежова, Ягоды или Берии — законченные иллюстрации, к которым слова не прибавишь.

В “Архипелаге ГУЛаг” Солженицын при разборе показательных процессов рисует и картинку, как лезет на свое место под нарами, выпятив зад, бывший Генеральный прокурор Крыленко — гремевший и свирепствовавший в стране, как демон, один из первых организаторов показательных процессов, палач, засудивший столь многих, а потом посаженный и ликвидированный сам. Под нары Крыленко влезать было трудно, зад застревал, и Солженицын иронически замечает: “Грешный человек, со злорадством представляю этот застрявший зад, и во все долгое описание этих процессов он меня как-то успокаивает”.

Да, они довольно-таки серьезно расправлялись друг с другом, так сказать, в своем же кругу, своими же собственными руками. Но очень многие из тех, кто формально, казалось бы, избежал возмездия, на самом деле тоже его не избежали. Вот что меня поражает. Каким-то неумолимым, логичным и неотвратимым способом личность отмирает, остается оболочка, ходячий труп, НЕчеловек.

И в этом смысле, смею предположить, жизнь гораздо более справедлива, чем мы думаем. Есть ее непреложные законы, вот такие, как, например, соблюдение совести, за нарушение которых она сама, помимо любых людских кодексов, Нюрнбергских трибуналов, карает так, как не покарает никакой трибунал. Действительно, после людских кар — заключений в тюрьме, лагерей и прочее, человек, если выйдет, то может сохранить личность, а то выходит личность еще живее и оформленнее, чем была раньше. Жизнь карает же так, что живой личности не остается. Перефразируя Солженицына, я мог бы сказать, что и меня, грешного человека, это наблюдение как-то утешает.

Это ведь не теоретическое рассуждение. К такому заключению поневоле приходишь, наблюдая факты, именно факты. Ко многим НЕчеловекам в Советском Союзе я тогда нарочно обращался с простым, очень простым вопросом в упор: "А вы счастливы?" Это было потрясающе — смотреть и слушать, как отвечают эти автоматы. Примерно так: "Да, я счастлив, что жизнь моя была служением делу построения коммунизма в нашей стране". Ни один не оговорился хотя бы, что где-то там чуточку и несчастлив. Но и то ведь — что такое счастье? Они же ведь этого не знают и даже не подозревают. В простоте душевной даже самые сохранившиеся из них ведь под счастьем понимают право сесть в первом ряду президиума. И — право латать свой разваливающийся мешок-оболочку в правительственном санатории "Горячий камень" в Пятигорске. Вот их, собственно говоря, представление о счастье. Ну, да, они боролись, ого как, клочья и зубы летели! Значит, выходит, тем более, даже по марксизму — вполне счастливы.

Ну, знаете, повторяю я сказанное в прошлой беседе после описания сошедшего с ума бывшего следователя НКВД на пенсии Кутовенко: ну такой в кавычках "жизни" ведь, собственно, не позавидуешь. Не хотел бы я, в результате своей жизни, превратиться вот в ЭТО и не знаю, кто бы хотел. Резюмирую:

Я не встретил в своей жизни ни одного действительно счастливого бывшего палача, бывшего чекиста ли, энкавэдиста ли, или хотя бы просто старого большевика. Более того, я не видел ни одного такого, чтобы он был в ясном уме, без патологических искривлений, комплексов, маний, психозов. Может быть, вы встречали? Я — нет.

В Переделкине, где находятся дачи Союза писателей, где я долгое время студентом жил в общежитии, между прочим, Дом старых большевиков. Нас назначали туда агитаторами, да и вообще, каждый может туда прийти, посмотреть, поговорить с этими странными существами. Попробуйте. Поглядите на них, хотя это довольно тяжелая и грустная картина. А ведь людей в прямом смысле слова там нет. Есть тени, повторяющие некоторый набор фраз из газеты "Правда", как радиола-автомат, которую заело и в которой даже не может смениться пластинка. Это оболочка чего-то такого, что когда-то, при иных обстоятельствах имело шансы сделаться людьми, дожить до старости людьми, но в несчастливый момент пропустило мимо ушей предупреждение, что с совестью шутки плохи. Посмеялись, как над старьем или там, скажем, религиозным дурманом старого мира: совесть, ха-ха, это еще что такое?

Им подсунули взамен эрзацы: партийная совесть! социалистическая законность! советский гуманизм! О, эти прилагательные... Жизнь знает одну совесть как таковую — совесть. Без прилагательных. В мире есть один гуманизм — гуманизм. Без прилагательных. И кто пытается прицепить прилагательные — расовая там совесть, фидель-кастровская совесть, хунвейбинская совесть, — тот (чувствуете!) имеет в виду нечто другое, к подлинной совести не имеющее никакого отношения, а являющееся издевательством над ней. За такие неумные или корыстные попытки жульничать с самой жизнью, она, жизнь, мстит эпически-равномерно, как древняя Фемида с завязанными глазами, пропорционально тому, что кладут на чашу весов. По воспоминаниям современников, Ленин в последние годы жизни подбирал кадры для ответственных постов, задавая вопрос: "Сколько врагов вы лично расстреляли?" Лихие кадры, по-видимому, набирались, с кристальной партийной совестью, но с полным подавлением совести просто человеческой. Они не знали, что этот фокус с подменой удается только на время и что, топча свою совесть, они подписывают себе приговор, означающий, как мне думается, фактическое духовное самоубийство личности.

Беседа 74.
Совесть.
Часть 4

31 августа 1974 г.

В этой беседе я продолжу изложение моих личных мыслей и наблюдений, связанных с явлением человеческой совести.

В прошлый раз я рассказывал, как в Советском Союзе одно время специально занимался вопросом: как поживают уцелевшие и повыходившие на пенсии бывшие сталинские следователи, энкавэдисты, тюремщики. Я думал, что они живут хорошо, благополучно и совесть их не мучает. Но с удивлением убедился, что в огромном своем количестве они просто посходили с ума. В разных формах, в разной степени, но чаще всего это — такая свирепая унтер-пришибеевская шизофрения, с целым букетом мучительных маний, при которой субъект не знает ни секунды умиротворения или покоя, но ему плохо, плохо, ужасно, он вечно настороже, а по ночам скрипит зубами и стонет от предчувствия, что вот-вот случится что-то совсем уж жуткое и фатальное. Объяснение этого явления для психиатра не представляет труда.

Память хладнокровно сохраняет и затем преподносит человеку, независимо от его воли и часто вопреки его воле, наяву ли, или во сне, события его прошлого — в том числе, особенно, подлые поступки. Как бы он ни убеждал себя, что они не были подлыми, самое глубинное, самое затаенное или задавленное его "Я" все же знает им цену. Верхнее сознание может даже вполне искренне не знать — подсознание знает. И возникает неотвратимое ощущение угрозы, расплаты. Откуда угроза, какая? Все вокруг благополучно сложилось, прекрасно, полная безопасность, концы спрятаны в воду, следы выжжены и развеяны пеплом — а ощущение УГРОЗЫ не покидает. Уже одна эта смутная, абстрактная, нереальная (но в иных случаях и тем более страшная своей неоформленной смутностью) угроза, сидящая в душе до самой смерти, начисто лишает субъекта счастья, а непрерывное напряжение вызывает в психике патологические изменения.

Иными словами, по-бытовому говоря, какое уж там счастье или уж как тут хотя бы не чокнуться, если нет-нет да и "мальчики кровавые" в глазах, а неровен час — в советской действительности все может случиться, в один день, одно решение, один указ — и вдруг именно ты загремишь, как козел отпущения, — почему нет? Это столько раз было, и столько "козлов" трепыхалось — но в ТВОИХ руках, и столько твоих коллег, ничем не лучше, не хуже тебя, в один миг превращались из обвинителей в жертвы. Да, тебе вроде бы повезло ПОКА, и в разряд жертв ты так и не перешел ДО СИХ ПОР, и материально вот вроде бы ничего. НО. Час ведь неровен. Пока все есть так, как есть, — хорошо. А ну, что-то чуть изменится? Объявлять своих же коллег, лучших служак вдруг злейшими врагами —

сколько раз это было? Да зачем далеко ходить — ведь уже клонилось, уже как было начало клониться: "Правда" расхваливала повести про разных зе-ка Иванов Денисовичей, косяками какие-то мемуары реабилитированных пошли, рассуждения, намеки. Впору в небе было призрак петли над головой увидеть. Ну, хорошо, что прекратилось, — но надолго ли, насколько прочно прекратилось? Это ведь благодаря старикам, там, у верхов, не отошедшим, как ты, от дел, удалось затоптать, завалить открывшуюся щель, но надолго их хватит, стариков-то, сдерживать? А ну, каким-то новым, молодым и уже к прежнему непричастным покажется политически для себя выгодным вытащить все же тебя на показательный суд? Что тогда твое призрачное везение, зыбкое материальное положение и так далее? Дым. Мыльный пузырь. Вот так ты живешь и обречен жить до смерти. Да!

Я думаю, вы согласитесь, что такой или примерно такой клубок рассуждений не может не шевелиться хоть время от времени в сознании бывшего сталинского палача. Причем это — как минимум, по самой меньшей мере, не прямые угрызения совести, а только простой примитивный страх, постоянно висящая УГРОЗА.

На протяжении этих бесед о совести я ловлю себя на том, что как бы примеряю к себе различные состояния описываемых субъектов, и у меня уже становится рефреном: ну, знаете, я бы не хотел на склоне своих лет язвой ощущать в душе что-то подобное и не знаю, кто бы хотел. Более того, предполагаю, беру на себя смелость, да, предположить, что если бы каким-нибудь чудом в самой ранней юности всем этим палачам открылось их будущее, этак ярко, осязательно, объемно, по большому счету — и пусть со всей внешней (внешней!) благополучной пенсионной старостью, и благополучнейшими похоронами, с орденами на подушечках, на литерном кладбищенском месте — да, да, с самым почетнейшим, благополучнейшим внешне концом! — если бы им открывалась их будущая палаческая жизнь, со всеми подоплеками и последствиями, то большая часть этих юных людей (очень большая часть, а то, может, и все?) круто повернула бы в ужасе и строила бы свою жизнь иначе.

Нет перед нами такого “кино” в начале пути каждого из нас. Есть бормотание разных стариков да мудрецов, из которых песок сыплется, о какой-то совести, советы жить не по лжи, беречь честь смолоду и тому подобное, которым беспечная молодость внимать не желает, верить не хочет, а когда приходит время, что пора, кажется, все же поверить, то, бывает, оказывается поздно.

Остается удел страха, ощущение угрозы, мании, с переходом — как показывают факты жизни — к патологическим, необратимым изменениям в сознании, шизофрениям, паранойям и не так редко полному умопомешательству. На этот счет спросите персонал сумасшедших домов: сколько у них доживает веку бывших энкавэдистов. Я когда-то спрашивал, ответы меня ошеломили и озадачили.

Повторяю тезис, который тоже, как бы рефреном, проходит в этих беседах о совести: жизнь, оказывается, гораздо справедливее, чем нам кажется. От несовершенного людского суда можно уйти; и уходят сплошь да рядом. От суда жизни так не уйдешь, подозреваю более того — что уйти вообще невозможно.

Ну, это вот: помрачение разума — распад личности, нелепый конец личности при живом еще физическом теле. “Кого боги хотят наказать — лишают разума”, — говорили древние. “Лучше посох и сума, только б не сойти с ума”, — припоминаются строчки какого-то поэта.

А те, кто не сошел с ума? И до посоха и сумы не упал, а, по обывательскому представлению, живет припеваючи, дом полна чаша, дача за высоким забором, “Волгой” на базар клубнику отвозит и прочее? Если встретите такого бывшего палача и он вам скажет, не сморгнув, что ни о чем в жизни не жалеет, что прожитой жизнью гордится, доволен или что он, тем более, счастлив, — не верьте. ЛЖЕТ. И не столько вам, сколько в первую очередь себе: изо всех сил себя убеждает, судорожно убеждает каждый день, потому что очень трудно и хитро построенный домик самоубеждения постоянно разваливается, почему-то его нужно укреплять и подстраивать и заново строить и строить до самой смерти. Своего рода труд Сизифа, так же однообразно повторяем, такой же процесс в границах процесса, такое же наказание.

Из той, как я считаю, меньшей части бывших палачей, кто не рехнулся, чья личность не развалилась заживо, но уцелела в пределах, так сказать, среднестатистических стандартов, из этих, оставшихся нормальными, что делает большинство, как вы полагаете? Так ведь ПЬЮТ. Так ведь большинство этих якобы нормальных — не то что глухие пьяницы, а законченные, кристальные алкоголики. И можно ли их в таком случае числить нормальными?

Древнее наблюдение: совесть отлично топится в вине. И страх тоже, неясные висящие угрозы всякие.

Но это одна часть дела. Топится, пока действует вино, пока сознание искусственно, алкоголем, приведено в состояние оглупления, забытья. Когда действие алкоголя кончается, состояние ужасное, нужен немедленно новый алкоголь, как известно, и так без конца.

Организмы одних долго этого не выдерживают и безвременно разваливаются. Другие в отчаянии спохватываются, или их близкие спохватываются, делаются попытки лечения алкоголизма, антабусы и прочее. Здесь любопытно спросить у медперсонала отделений больниц для лечения алкоголиков: сколько прошло через эти отделения бывших энкавэдистов. И опять ответ поразителен и озадачивает. Но что лечится-то? Следствие, а не причина. Знаю случаи, когда и приняв антабус, в безумии, ничего не помня, пьют — и как по писаному умирают. А те, чей организм особо долго тянет при беспросветном алкоголизме, представляют, согласитесь, довольно мрачное зрелище.

В соседнем подъезде дома, где я когда-то жил, обитал один такой типичный алкоголик, энкавэдист малого чина на пенсии. Его фамилия была Таран. Этого Тарана никто никогда не видел трезвым. Руки его тряслись, лицо буро-восковое, слюни изо рта. За столом доминошников во дворе его презирали, над ним потешались, но в числе “на троих” за углом гастронома он непременно был — пенсию-то пропивал, рубль и копейки всегда имел.

Доподлинно было известно, что он служил в СМЕРШЕ. Менее внятно он проговаривался, что то ли постоянно был ИСПОЛНИТЕЛЕМ, то ли только от случая к случаю приводил приговоры в исполнение. Но что-то его сильно мучило: похоже, он где-то делал большее, чем от него требовалось, то ли что-то по собственной инициативе делал, что можно было вообще не делать. Допиваясь до прострации, метался, терзал на себе одежду. Бабушки во дворе качали головами: "Как душа его горит! Как демон его терзает!" Да, было похоже, как если бы в него вселялся некий мифический демон: временами он даже катался по земле, пускал пену и брыкался ногами. Это называется "алкогольная эпилепсия".

Однажды этот Таран умер, довольно жалким образом. Притащившись, как обычно, и повалившись на кровать в бессознательном состоянии, он лежал ничком, у него пошла рвота, которую он захлебнул в дыхательное горло — и так задушился. При склонности к символам, эту смерть в собственной блевотине можно было бы назвать довольно символической. Просится тот же рефрен: о, не хотел бы я себе такого конца, не знаю, кто бы хотел.

О тех, кто непьющий или кто бросил пить — у меня накопилось тоже немало любопытных наблюдений. О них в следующий раз.

Беседа 75.
Совесть.
Часть 5

7 сентября 1974 г.

В этой сегодняшней беседе я хочу продолжить изложение своих наблюдений и мыслей, связанных с явлением человеческой совести. Я рассказывал в прошлых беседах, как мне довольно много приходилось наблюдать своего рода “месть совести”. До самой смерти человека могут угнетать — хочет он того или не хочет — воспоминания о совершенном зле, иногда это превращается в своего рода мучительную, жгучую мысль-фикс, так что не может быть и речи, чтобы назвать такую жизнь счастливой.

Задавшись вопросом, как поживают уцелевшие и повыходившие на пенсию бывшие сталинские следователи, энкавэдисты, тюремщики, я был в свое время поражен тем, что огромное количество их просто посходило с ума. Другие превратились в законченных, потерявших человеческий облик алкоголиков. Прошлую беседу я закончил вопросом: ну а те из них, кто не пьющий или кто бросил пить? Присмотритесь к ним, копните их в глубину. Уверен, что каждый может привести не так мало любопытных и озадачивающих наблюдений. Я же приведу свои. Рассказ этот можно назвать “Три самоубийства”.

Первое. Я знал случай, когда директор сельской школы (живший, по сельским понятиям, очень хорошо, богато живший) вдруг зарубил топором в кроватях спящую жену и детей — и затем повесился сам на балке в кладовке. Случай был настолько дикий и необъяснимый, что следствие долго доискивалось, не было ли это убийство, искусно замаскированное под самоубийство. Была одна деталь, из ряда выходящая, труднообъяснимая. Руки висельника были заведены за спину, обвязаны веревкой по запястьям, и эти веревочные кольца соединены и заперты на висячий замок, ключ от которого сколько ни искали, так и не нашли. Но криминалистика как раз знает подобное явление, когда самоубийцы разными хитроумными способами как бы страхуются от спасения, от передумывания в последний момент, в том числе описаны случая запирания себе рук для надежности на замок, с выбрасыванием ключа куда-нибудь в кусты или выгребную яму.

Происшествие, конечно, потрясло село и весь район, его долго обсуждали на все лады, недоумевая: “С ума ли он сошел? Чего ему не хватало? Дом полная чаша, жил, как буржуй, по сравнению с другими, греб откуда мог, льготами пользовался”, — и так далее. Нет, и алкоголиком не был. Выпивал, как всякий здоровый мужчина, на именины, на праздники, крепко выпивал, но держать себя умел, так что водка здесь ни при чем. Как и приступ временного помешательства (как условно записали, чтобы закрыть следствие и как-то формально объяснить то, что на поверхностный взгляд казалось совершенно необъяснимым).

Но объяснение просилось на поверхность, намеком содержалось в шепоте колхозников, сквозь зубы, по углам: “Собаке собачья смерть”. Такое он заслужил, оказывается, (в кавычках) “соболезнование”, так, значит, его любили. Он был не только обычным, типичным представителем колхозной так называемой “номенклатуры”, этой сельской элиты, единственно благоденствующей при бедности и беде остальных, — он еще был нештатным представителем органов безопасности в данном селе, уполномочен был следить за настроениями, писал отчеты. Карьера его началась в сталинские времена. Редкая карьера тогда делалась без доносов. И в своей школе из сил выбивался, чтобы сделать школу показательно-передовой, липовая успеваемость, барабанный идейный шум, школе постоянно присуждалось какое-то там переходящее знамя. На совещаниях в районе и области директор, конечно, на цыпочках перед начальством танцевал, мановение руководящего мизинца ловил, а у себя в деревне — лев рычащий, конечно, и все в таком роде. О, какое это изнурительное дело. Вся жизнь, без проблеска, во лжи, изворотливости, слежке, интригах и так далее. И хотя бы ради чего-то действительно крупного, а то — директор школы где-то в глубинной глуши, куда по осеннему бездорожью, бывало, месяцами не было проезда, только трактор и проходил. Вот это удача в жизни! И так, значит, надо до конца дней отбарабанить и там же на сельском кладбище почить. Нет, перспектива у него еще была: говорили, что его прочили в члены ревизионной комиссии обкома, но своим неосмотрительным самоубийством он заставил кого-то возмущенно поморщиться в обкоме, и гигантское место члена ревизионной комиссии досталось кому-то счастливому другому.

Экстраординарность случая говорит, по-видимому, и о какой-то экстраординарности личности. Видимо, какими-то углами эта личность вылезала из предписанных шаблонов. И может быть, ей однажды открылась свирепо-холодная истина. Раз открывшись, уже не уходила. И какой же ледяной она должна была быть, эта истина, если перед лицом ее совершенно невозможно стало жить и нужно было только убить себя, а перед этим топором рубить в кроватях жену, детей — род свой убить, затем обдуманно соорудить петлю, запереть себе руки на замок, сунуть голову в петлю и ногами отбросить табуретку подальше... Вообразите себе, какое душевное мучение, и безвыходное, и бесконечное, могло довести до такого шага. Хотели бы вы такой жизни? С постом директора и даже члена ревизионной комиссии, домом, полной чашей, переходящим знаменем от районо и прочей ЧЕПУХОЙ? Где здесь отыскать хоть след счастья, если оно тут и не ночевало.

Второй случай — не экстраординарный нисколько, личность ничем не примечательная. В Туле, в одном из старых коммунальных домов, повесилась простая домовая стукачка. Она была в прошлом детдомовка, то есть без отца, без матери. Когда выросла — стала обычная гулящая девчонка, в меру воровка, в меру пьянчужка, и, по-видимому, при приводах в милицию ее быстро привлекли к стукачеству. Родила дочку неизвестно от кого, стала мать-одиночка. Жила в крохотной голой комнатенке — клопы, гнилые половицы, жалкое тряпье. Растила дочку, которую очень любила и которая была, собственно, единственной отдушиной в ее жизни, работала сторожихой магазина, по совместительству активно стучала на весь дом. Все это знали, в коридорных ссорах кричали ей в глаза: "Стукачка! Сексотка!" Дочка на тульском базаре познакомилась с грузином, привозившим продавать мандарины и лавровый лист, тот на ней женился и увез в Грузию. Казалось бы, матери радость, что дочь удачно пристроилась. А она посидела, посидела одна несколько месяцев в своей каморке, среди окликов "Стукачка" — и повесилась. Что особенно мрачно: даже среди самых жалостливых старушек, какими так богата наша Русь, не нашлось ни одной, которая бы ее пожалела: мол, каждый ведь хочет жить, и оно, несчастное, как-то хотело, как-то спасалось, и что она видела за свою короткую жизнь (повесилась она, когда ей не было и сорока). Темная жертва советской действительности, имя которым легион. Нет, люди помнили, скольких она погубила доносами, особенно в войну и после войны. Она — тоже помнила. Свирепая история, вопиющая какая-то. Сколько их, таких, разыгрывается, невидимых миру трагедий — никто никогда этого не подсчитывал и не будет подсчитывать, к сожалению.

Наружу выплывают и становятся широко известными редкие случаи, когда личность была уже слишком знаменита, но и тогда не анализируют, а спешат что-нибудь солгать, чтобы затушевать истинные подоплеки. В этом смысле, как, впрочем, и во всех других, можно считать показательным случай с самоубийством писателя Александра Фадеева.

Знаменитый автор "Разгрома" и "Молодой гвардии", лауреат Сталинских премий, член ЦК и борец за мир, Александр Фадеев был личностью довольно страшной. Во все годы самых жестоких сталинских расправ Фадеев возглавлял Союз советских писателей, был, так сказать, правой рукой Сталина в области литературы, санкционировал расправы и, возможно, их подсказывал и намечал. Иначе как бы ему уцелеть? С годами Фадеев все больше пил, превращаясь в алкоголика.

После смерти Сталина, во время хрущевских реабилитаций Фадеев стал лечиться и совершенно перестал пить. Казалось, все хорошо: он жил в Переделкине на даче, что-то писал, много думал — и одним весенним утром застрелился у себя в кабинете. Два дня понадобилось высшему руководству на обдумывание, как об этом сообщить, и когда наконец вышла "Правда" с портретом Фадеева в траурной рамке, в некрологе черным по белому была напечатана неправда: что Фадеев-де покончил с собой из-за алкоголизма.

По случайности я, будучи студентом Литературного института, жил тогда в общежитии в Переделкине, по соседству с дачей Фадеева. Мы, студенты, были в числе первых, кто сбежался к фадеевской даче при известии, что он застрелился, мы знали ряд подробностей. Он оставил на столе два объемистых запечатанных конверта с надписями, на одном: "ЦК КПСС", на другом: "Моей семье". По-видимому, в них заключалось то, что он писал все последние дни. Конверты, как и весь его архив, были взяты под стражу КГБ — и потом бесследно исчезли. Жаль. Эти предсмертные письма могли быть очень важным свидетельством: что ощущает и что думает бывший палач, приняв решение о самоубийстве, — и почему он к этому решению пришел.

Но и без такого свидетельства, независимо от любых объяснений, вот, субъект, достигший максимальной власти в своей области, и славы, и материальных благ, — с чего это не пил? А потом не пил? А потом застрелился? Это была счастливая жизнь? О, я не хотел бы иметь подобную жизнь, такой конец; не знаю, кто бы хотел.

Итальянский философ Романо Гвардини утверждает, что если у человека нарушена связь с истиной, он заболевает духовно. Он еще не болен, когда лжет и творит зло, но знает, что способен вернуться к совести и правде. Если же с истиной порвана связь без возврата, то человек болен. Внешне он может казаться здоровым и преуспевающим. Но сознательная, без надежды на конец, "двойная жизнь" может оказаться так невыносимой, что человек даже выбирает смерть. Определение это полностью подходит ко всем трем описанным случаям самоубийств. Но самоубийства — это все же крайний случай, именно когда личности так невыносимо, что ей даже предпочтительнее умереть. Я думаю, стоит рассмотреть то состояние личности, сотворившей много зла, когда она до крайности НЕ доходит. Когда она со стороны кажется здоровой и преуспевающей. Именно: кажется. Об этом будет речь в следующий раз.

Беседа 97.
Двуличие

15 марта 1975 г.

Хочу описать одну картинку из жизни, которую наблюдал, в которой участвовал, так что за достоверность ее могу поручиться. Но впрочем, вы сами увидите, что тут, собственно, никаких поручательств в достоверности и не требуется: это бывает в жизни часто, многие, думаю, могли бы рассказать подобное, а то и похлеще. Случай же, который я наблюдал, был такой.

Праздновалось новоселье. Счастливые хозяева, после десятилетий ожидания получившие наконец квартиру, имели отношение к литературе, и гости поэтому почти сплошь были литераторами, в том числе и я. Главным гостем, “свадебным генералом”, хозяевам удалось пригласить важную шишку, директора огромного издательства, человека очень неглупого, но ярко выраженного циничного советского приспособленца. О таких говорят “О, он все понимает — потому тем более страшен и безжалостен”.

Один из литераторов, из тех, кто упрямо пытается что-то человечное в литературу протолкнуть, а ему все режут и режут, — сидел за столом молча-угрюмо, хлестал, хлестал водку, а когда важный директор счел нужным произнести какой-то идейно выдержанный тост, — этот писатель вскочил и выпалил 10-минутную речь. В ней он высказал присутствующим, а главное, почетному гостю-директору всю правду-матку в глаза. Примерно в таком духе, что в советской литературе — трусы, лжецы, шкурники и каждый сам о себе это прекрасно знает, да находит своей совести лазейки и оправдания. Но это значит, что жизнь каждого — уродлива, искривлена. Одна-единственная жизнь. “Неужели это вам интересно? — кричал он, обрушиваясь на директора, — вечно лгать, лгать самому и заставлять лгать других? Вы же все понимаете — а сами из себя сделали моральное чудовище; вы — как сломанный пополам, горбатый урод, роющий носом землю, — и нас всех заставляете делать то же. Этому, вы считаете, стоит отдать одну-единственную жизнь? Или вы на что-то надеетесь? Но вы так и умрете — пугалом, и о вас искренне даже никто не пожалеет. Вы там все, в цензурах, отделах пропаганды, вершители идеологии, сочинители директив — вы циники, гнущие в бараний рог всех, но прежде всего ведь самих себя! Что же это у вас за удовольствие — жить и умирать уродами?”

Он кричал в абсолютной тишине, потому что все маленькие, “униженные и оскорбленные”, склонив головы, в душе согласны были с каждым его словом, и могущественный, пронзительно умный бюрократ понимал, что говорится правда. Он заметно побледнел, слушал с каменным лицом, потом поднялся вместе с такой же каменно-молчаливой супругой и отправился в переднюю надевать пальто. Хозяева кинулись за ними, перепуганно что-то бормотали, извинялись. Важный гость, вполне владея собой, за порогом, на лестничной площадке успокоил: "У меня к вам — никаких претензий. Но некоторые здесь НЕ УМЕЮТ пить".

После его ухода пьянка по инерции еще некоторое время продолжалась, но все чувствовали себя скорее не как на новоселье, а как на пепелище. О случившемся, словно сговорились, — ни слова. А бедный литератор-правдолюбец молча, в одиночку, быстро выглушил еще водки и в бессознательном состоянии был погружен в такси и отвезен домой приятелями. Все гадали про себя, что теперь с ним будет. Гость-директор был очень важный тип, запросто вхож в ЦК, один из тех, кто там вершит судьбами идеологии и литературы.

Проснувшись рано на рассвете в муках похмелья, литератор, как он потом не раз рассказывал, с холодной ясностью увидел, что он кругом виноват. Добрых людей подвел, устроив скандал на чужом новоселье; правду-матку резал совершенно зря, потому что ее все знают и так прекрасно, доказать ничего не доказал, а себя по меньшей мере погубил: теперь уж ему дорога в печать будет закрыта навсегда. "Куска хлеба лишил себя, — рассуждал он. — Вот единственный результат". Заслуженная кара, его частная, личная — за то, что нарушил правила. Правила игры, которая много десятилетий ведется в обществе громадной, многомиллионной страны, игры, которую можно определить, перефразировав поговорку: "Что на уме — то НЕ на языке".

Даже в бреду. Даже в пьяном виде. В советском обществе даже безобразно пить — нужно УМЕТЬ. Даже в стельку напившись, нужно уметь САМОЕ ГЛАВНОЕ все равно держать за замком. Известно много случав безудержавного пьянства, алкоголизма больших деятелей — но любопытно, что, даже вдребезги пьяные, они, плетя вздор, даже ссорясь, даже оскорбляя лично представителей режима, ограничивались этим "лично", никогда НЕ ОБОБЩАЯ. Критиковать, но НЕ ОБОБЩТЬ. Тому, кто помнит это даже в пьяном бреду, рискованные выходки сходили и сходят с рук.

Литератор схватился за бумагу и — откуда только вдохновение взялось! — сочинил великолепное, благородное, убедительное письмо. Он по всей форме просил прощения у директора, глубоко горевал по поводу того, что не умеет пить, и просил учесть одно обстоятельство, которое хотя и не может служить оправданием, но в какой-то мере объясняет случившееся.

Дело в том, что накануне этого злополучного новоселья он много ночей, не сомкнув глаз, дорабатывал очередной роман, чтобы выдержать срок сдачи его в издательство. Один из главных отрицательных персонажей романа, злостный враг советской власти, произносит там в романе разные вражеские клеветнические фразы, и он, автор, так над ними мучился, что они колом ему засели в голове. После крайней усталости выпитая за столом водка его оглушила, и он автоматически выкрикивал реплики своего персонажа, врага из своего же романа. То есть это был просто бред.

Он просил, при желании, заглянуть в рукопись первого варианта романа, лежащую в издательстве, — и на страницах таких-то и таких-то убедиться, как отрицательный персонаж шипит: "Вы сломанные пополам, горбатые уроды, роющие носом землю", "Умрете пугалами, о вас никто не пожалеет" и тому подобное... Он спешил, письмо не переписывал, с первым трамваем помчался к дому высокопоставленных работников, где жил директор, подкрался на цыпочках к двери и опустил письмо в почтовый ящик. Вероятно, вовремя он это успел. Директор прочел письмо за утренним кофе, вместе с утренними газетами, — и ДЕЛО НЕ ПОЛУЧИЛО ХОДА.

Сотрудники издательства потом рассказывали, что директор не поленился, запрашивал указанную рукопись романа, пролистал, сверясь со всеми указанными в письме страницами. Усмехнулся, — возможно, удивляясь литераторской ловкости и находчивости. Именно находчивости. Не искренности, конечно. Искренность вообще ни при чем, никому она не нужна. Нужно только соблюдение правил игры.

Каждый восставший против этих правил человек — ведь, собственно, в потенции очень силен. Он несет в себе искру правды. А ну, из этой именно искры вспыхни вселенский пожар? Сгорая в нем, директор увидит, что действительно обидно и глупо сгибал он себя всю жизнь в бараний рог. Что ошибся! И он молится, чтоб искры гасли. Сам их топчет. Он видит тогда, как он прав, мудр, силен со своим, по-видимому, единственно правильным принципом циничного отношения к действительности...

"А мне, — мог бы сказать он, — думаете, самому не жаль, что так двулично приходится жить? Может, я вижу кошмарность такого положения в сотни раз лучше, чем вы. Может, глубокое горе мое куда больше вашего! Но такова жизнь. Вы высекаете искры правды? — ну так и гибните. Я горбатый, рою носом землю? Ладно, но я живу, и даже, если судить по практичным общепринятым меркам, не так уж плохо живу".

Я думаю, директор был рад, пусть даже невесело, но рад посрамлению выскочки с его правдой, лишнему подтверждению своих циничных принципов, — и потом он даже как-то симпатизировал этому литератору, хотя тот роман и зарубил, но зарубить предполагалось и раньше, безотносительно к инциденту, зато следующие книжки у литератора брали. Стригли как хотели, в общем, все как всегда. А директор много раз показывал покаянное письмо — особенно участникам того новоселья, и, невесело усмехаясь (отдадим должное: НЕВЕСЕЛО!), читал из него некоторые выдержки. Он долго носил его в левом боковом кармане, в бумажнике, вместе с деньгами и партийным билетом. Ценил, видимо, как документ двойного литераторского бытия. В книге Надежды Мандельштам "Воспоминания" в главе "Золотые правила" вдова великого поэта, замученного в сталинских лагерях, пишет следующие, довольно горькие слова: "...Двойное бытие — абсолютный факт нашей эпохи, и никто его не избежал... Все мы народ терпеливый, и у нас есть золотое правило: если на тебя наседают, ни в коем случае не упрямься — голосуй, подписывайся под любым воззванием, покупай облигации и отвечай стукачам на все вопросы, чтобы они могли отчитаться перед своим начальством, иначе "затаскают", как говорят в народе, и своего все равно добьются".

Двуличность, двуликость — обязательное условие, навязываемое любому думающему человеку в СССР. Если, конечно, он не хочет иметь осложнений. У Оруэлла в романе "1984" это называется "двоемыслием" и определяется так:

"...Все, что от вас требуется, — это побеждать и побеждать без конца собственную память... Знать и не знать, сознавать всю правду и в то же время говорить тщательно сочиненную ложь; придерживаться одновременно двух мнений, исключающих друг друга... забывать все, что необходимо забыть, затем, когда это требуется, восстанавливать забытое в памяти и снова моментально забывать и, наконец, — как высшее искусство, — применять этот процесс к самому процессу, т. е. сознательно усыплять сознание и следом за тем уметь заставить себя забыть акт самогипноза, который вы только что совершили".

Вопрос двоемыслия, сознательной вынужденной двуликости советского человека — очень большой; боюсь, мы не в состоянии сейчас определить весь размер последствий господства "двоемыслия" в нашей стране на протяжении многих десятилетий. К этому я хочу вернуться еще не раз в следующих беседах.

Беседа 117.
Самовзвинчивание

26 сентября 1975 г.

Случалось ли вам испытывать грустное чувство, время от времени обнаруживая, как нечто привычное, без чего, казалось, немыслима сама действительность, вдруг уходит из этой действительности — безвозвратно, навсегда? Я не говорю о людях. Когда они уходят безвозвратно — что тут уж сказать... Я говорю об уходящих безвозвратно вещах, явлениях.

Например, паровозы. Люди, жившие в прошлом веке, восторженно, или потрясенно, или испуганно смотрели, как они приходили. Мы же вот спокойно, почти равнодушно увидели, как они уходят. В Англии паровозов уже вообще больше нет. Все они, от знаменитой "Ракеты" Стефенсона до самых последних рекордсменов скорости и тяги, — ушли. Паровозы можно увидеть в музее, главным образом в Музее транспорта.

А знаете, ведь мы, люди, совершенно забыли, сколько тревог, страха, даже паники вызвало в свое время строительство железных дорог. Много авторитетных людей, ученые, общественные деятели выступали против неестественного, ужасного железного чудовища — паровоза, убежденно предсказывая, что он несет беду. Например, что он будет страшно пугать на пастбищах стада, коровы перестанут давать молоко. Что адская скорость (по тем временам 20–40 километров в час) гибельна для организмов пассажиров, и человечество выродится. Или более серьезное: что железная дорога уничтожит натуральную природу, воздух, что природе пришел конец. Это очень напоминает современную дискуссию насчет загрязнения среды, но острие ее теперь направлено уже не против паровозов — ясно, что относительно них страхи были необоснованны, принести конец натуральной природе, привести к вырождению человечества или хотя бы снизить удои молока паровозам было далеко, далеко не под силу...

Можно, вероятно, собрать несметное число подобных пророчеств за все века существования человечества. Большинство из них, как неоправдавшиеся, легко и прочно забываются, частью бесследно, так что сбор такой коллекции потребовал бы большого труда. А жаль, что никто не взялся ее собрать. Она бы была полезна каждому, кто так или иначе пробует предсказывать.

В наши благополучные времена — а благополучными, я думаю, их стоит считать уже за то хотя бы, что нет мировой войны. Кто хоть краем глаза видел войну, тот со мной согласится, что времена сейчас благополучные... Относительно? Так все на свете относительно. Пожалуйста: в сегодняшнее относительно благополучное время что-то слишком много слышно предсказаний, полных апокалипсического ужаса. Так ли уж мы, люди, устроены, что, когда вокруг нас, в общем, благополучно и долго благополучно, то нам делается страшно? "Да что же, мол, такое, беда-то должна быть, где же беда? Значит, вот-вот грянет!"

Кажется, мучительное, изматывающее ожидание беды само по себе настолько может сделаться невыносимым, что люди, уже будучи не силах беду ждать, — ее делают, прямо-таки искусственно вызывают, мол, пусть уж скорее валится, а то сил нет больше ждать. Бывает так, бывает.

Это, помните, у Ильфа и Петрова: "Конец Вороньей слободки" — совместно жившие обитатели так подозревали друг друга в том, что кто-то может поджечь дом, так измучились ожиданием пожара, что в одну ночь Воронья слободка действительно загорелась, подожженная сразу с четырех концов. Она не должна была загореться, никогда бы не загорелась, если бы ее обитатели сами себя не взвинтили.

Живя в Лондоне, я время от времени просматриваю советские газеты — и всякий раз, помимо прочего, бываю поражен нагнетанием тревоги, прямой установкой на "неусыпную бдительность", "боевую готовность", "решимость дать отпор" агрессиям, агрессиям, аж волосы дыбом могут встать: вот-вот, кажется, уже что-то случится, что-то ужасное... Да, советские газеты пахнут порохом, это еще Маяковский заметил, и с тех пор по сей день они не перестают пахнуть порохом. Советские газеты с сарказмом пишут о том, как воинственно самовзвинчивают себя сейчас китайцы. А о том, какое военное самовзвинчивание десятилетиями непрерывно идет в Советском Союзе, — вы об этом задумывались? И как это отражается на людях?

Что далеко ходить? Я расскажу о себе. Вот я жил в Советском Союзе, старался думать самостоятельно, а затем, конечно, не верил, думал, что умею видеть действительность более или менее объективно. Во многом я мог быть не уверен, но в том, что в недалеком будущем предстоит третья мировая война, я был уверен. Может, не завтра, может, конечно, не в этом или не в будущем году, но уж лет через десять—пятнадцать... и говорить нечего. С тех пор для меня прошло и десять, и пятнадцать, и двадцать.

Да, именно лет двадцать тому назад шли мы как-то с приятелем-художником через Первомайский парк в Киеве. Это очень красивый парк, роскошный, над крутыми приднепровскими склонами, и был, наверное, выходной день, потому что по аллеям прогуливалось особенно много людей — здоровых, цветущих, как все киевляне, родители с детьми, толстые старички, пышные матросы. Цветов еще масса в киевских парках, пахнут одуряюще. Каштаны, липы, солнышко, небо... в общем, такой мир и такое благополучие были в том парке в тот день!

Мой приятель остановился и посмотрел на меня какими-то бездонными, полными ужаса глазами. "Толя! — воскликнул он, показывая на толпы гуляющих. — Сколько людей, сколько МЯСА!.. Должна быть война... идет война, вот-вот".

И вы знаете, в тот момент я был с ним согласен. Его ужас передался и мне: действительно, если все так благополучно и уже выросло столько нового этого людского материала для пушек и бомб, то как же иначе, если не война? Благополучно долго — разве бывает?

Еще раз говорю: это было двадцать лет тому назад. Позже я с горечью узнал, что мой приятель-художник сошел с ума, его поместили в киевскую психбольницу имени Павлова. Всерьез сошел с ума; возможно, что одной из причин была и его слишком большая впечатлительность. И не знаю, где он сейчас, что с ним. Но боже мой, какие мы испуганные, какие мы взвинченные — рождающиеся и вырастающие в СССР, в постоянно взвинчивающей обстановке. Ну, как же — газеты, значит, пахнут порохом; радио, телевидение — порох; идешь по улице — каждый десятый военнослужащий в форме; едешь по шоссе — ракеты по сторонам, военные колонны, танки; по железными дорогам без конца идут воинские эшелоны; в школах — военное обучение, и так далее, и так далее — вплоть до праздников, с чего же они начинаются у нас — с демонстрации самых страшных видов вооружения...

Я шесть лет в Англии и не могу до сих пор надивиться: я еще ни разу не встретил здесь на улице человека в военной форме. Раза два или три, выезжая далеко за город в леса по грибы, я, да, видел несколько воинских английских грузовиков, на них ехали солдаты, там в лесах у них, по-видимому, лагеря, полигоны — но это все, что за шесть лет зрительно напомнило мне, что на свете существует такое явление, как война. Приезжают в Англию новые люди, выехавшие из СССР. Один из обязательных потрясенных вопросов (я уже знаю его наперед, я уже жду его): "Почему в Англии на улицах — ни одного военного?"

Но на это же простой ответ в виде вопроса же: "А что им делать в мирное время на улицах?!" Оказывается, далеко не везде такая — да, да — военная истерия, как в Советском Союзе. Живя в СССР, мы так к ней привыкаем, что думаем, будто иначе и быть не может. Так МОЖЕТ. Может.

В свете, как говорится, вышесказанного вы, возможно, лучше поймете меня, если я признаюсь, что с некоторых пор очень осторожно отношусь к тем, кто предсказывает человечеству возможные скорые беды, разные апокалипсические ужасы. Опасаться худшего, предупреждать о возможности этого худшего, одним словом, так сказать, здоровая бдительность — да, да, все так. Но где она переходит в самовзвинчивание? Бесконечные истерические крики, что без столкновений, кровопролитий... как это по коммунистической терминологии? “Кто кого?”, “Всемирный пожар”, “Или мы их, или они нас”, “Непримиримые противоречия”, “Глобальные конфликты” и так далее — что же это, если не прямое самовзвинчивание, как на той Вороньей слободке, когда пожар в конечном счете уже не может не состояться.

Не лучше ли бы наоборот: МОЖНО жить мирно, МОЖНО избежать катастроф и конфликтов. Взглянешь так на историю — Господи, скольких несчастий, войн, бед преспокойно могло бы и не быть. Если бы отдельные властелины, группы и целые народы не самовзвинчивались, а держали бы себя спокойно, в руках.

Так ведь многого и не было! Не случилось — история молчит. Не случилось — о чем же писать? Мы видим лишь то, что СЛУЧИЛОСЬ. А что, оно обязательно должно было случиться?

Да, да, потом специалисты, ученые, историки, экономисты, политики с выкладками в руках будут доказывать, что, мол, иначе и не могло быть, что тому были такие-то и такие-то коренные, глубокие и так далее основания. Задним числом все можно доказать.

Ну, вот, например, почему обязательно должна была быть советско-финская война в 1939 году. О, какая была тогда шумная, кровавая война, сколько людей убито, искалечено, кончилась для СССР позором. А ведь ее преспокойно могло бы и не быть... Не кажется ли вам? А как вы полагаете, семь миллионов одних только умерших от искусственного голода во время проведения коллективизации в 1933–1934 годах, этот действительно апокалипсический ужас, — это непременно должно было БЫТЬ? И другое, и многое, многое другое...

Беседа 135. Преступление в Виннице. Часть 1

5 марта 1976 г.

Небольшой документальный сборник лежит передо мной. В Советском Союзе простому человеку эти документы недоступны. Разными путями, в основном во время войны, они попали на Запад, они представляют события неполно, отрывочно, их надо рассматривать лишь как образец, лишь как какую-то энную, энную, микроскопически малую часть того, что могло бы и должно было бы быть вскрыто и собрано.

В 1943 году в тихом и уютном украинском городе Виннице (примерно 100 тысяч населения до войны), во время немецкой оккупации, были проведены раскопки массовых могил с жертвами сталинского террора. Немецкие фашисты поначалу (главным образом из пропагандистских целей, естественно) делали такие расследования, но только лишь, — так бы сказать, — слегка прикоснулись. В Винницу, так же как и в Катынь, они пригласили международную комиссию, опубликовали результаты расследований. Но после Винницы нацисты перестали этим заниматься: во-первых, из-за поворота военных событий им стало не до того; во-вторых, они сами были заняты наполнением могил, ничуть не менее страшных. Результаты расследований, подобных катынским и винницким, которые начинались в Киеве, Житомире, Каменец-Подольске и других местах, не были опубликованы.

В Виннице было раскопано примерно 12 тысяч трупов, по-видимому, еще много осталось неоткрытого. Слух говорит, что в Киеве и других местах открывались вещи, более крупные по масштабам. Но тех документов нет, мы можем лишь воображать себе общую картину, основываясь на ее малом винницком осколке.

За 20 с лишним довоенных лет советской власти жители Винницы, вместе со всем многомиллионным советским народом, подвергались волнам террора. Массовые расстрелы в Виннице происходили в 1921–1922 годах, когда Чека наполнила вблизи городского парка так называемое "интернациональное кладбище", на месте которого впоследствии был выстроен стадион. Далее особо крупные расстрелы происходили в 1928 году, когда ГПУ занималось делом так называемого "Союза Освобождения Украины". Следующая волна — 1929–1931 годы, во время принудительной коллективизации. Затем в 1933–1934 годах, без расстрелов, массово умирали люди от организованного по указанию Сталина голода. Затем мрачно знаменитый 1937 год, когда в городе со 100-тысячным населением оказалось в заключении 30 тысяч. Временами камеры в городской тюрьме, а также в превращенной в тюрьму психиатрической лечебнице были так переполнены, что заключенные все время стояли, прижатые друг к другу.

При раскопках 1943 года были обнаружены убитые лишь в этот последний период. Могилы не приходилось искать: многие свидетели совершенно точно указывали места. Судя по деталям, о которых будет речь потом, энкавэдисты были абсолютно уверены в том, что их дела никогда не выйдут наружу. Но оказывается, десятки невидимых глаз следили и все замечали. Вот типичное показание сотрудника винницкой гидробиологической станции Гуревича: "Я увидел напротив места моей службы новый забор, около 3-х метров высотой, из досок, плотно набитых в два ряда. На мои вопросы, что это значит и зачем здесь этот забор, я получил разные ответы. Чаще всего говорили, что это стройка НКВД... Однажды я уловил трупный запах, принесенный ветром из-за ограды. Тогда я внимательно осмотрел ограду и, найдя дырочку от сучка, заглянул в нее. Увидел много свеженасыпанной глины, а под самой оградой — кучу почерневших трупов, которые, очевидно, еще не успели зарыть".

Это было на улице Литинской, на территории огромного фруктового сада. Сравним с показанием бывшего сторожа сада Опанаса Скрепко: "Я был сторожем городских фруктовых насаждений на Литинской улице. В марте 1938 года один из фруктовых садов, рядом с плантацией, которую я сторожил, был огорожен высоким деревянным забором... Я влез однажды ночью на дерево, росшее у ограды. Ночь была лунная. У самой ограды я увидел шесть ям, в ямах было по нескольку трупов. Вероятно, было еще много места, потому они не были засыпаны. Я уже и раньше примечал, что сюда начали приезжать нагруженные машины, с которых за оградой что-то сбрасывали, — слышал глухие удары о землю. Конечно, видеть, что там происходило, я не мог. Несколько раз ранним утром, после проезда грузовиков, я замечал кровавый след, который вел по Литинской улице к огороженному участку. Утром дежурный НКВД, который постоянно жил в сторожке, засыпал этот след песком”.

Это лишь два отрывка из показаний десятков. Наблюдения одного свидетеля начались с того, что он наткнулся на дороге на окровавленную калошу. Вообразите себе эти грузовики, с которых капает кровь.

Отведение крупного участка земли для нужд НКВД, между прочим, оказалось зафиксированным документально, этот листок был найден среди бумаг, брошенных спешно эвакуировавшимся Винницким горсоветом, и этот очень ценный, на мой взгляд, для историка документ с пронзительно-прозаической простотой показывает, как, оказывается, решаются иные начала кровавых дел. Читаю:

“Выписка из протокола № 1 заседания президиума Винницкого городского совета от 1.4.1938 года.

Слушали: Сообщение Народного комиссариата Внутренних дел о закрытии для публики территории возле Славянской молочной фермы в г. Винница.

Постановили: Закрыть для публики земельный участок Славянской молочной фермы, принадлежащей Винницкому городскому совету, размером 27 гектаров 9151 кв. мет., и передать в распоряжение Наркомата Внутренних Дел.

На этом участке воспрещаются любые строения без специального разрешения Наркомата Внутренних Дел... Стоимость жилых строений возместит Наркомат.

Председатель городского совета Фурса, секретарь Слободянюк”.

Нет, вы только посмотрите, как это, говорю, пронзительно-прозаично: “Слушали — постановили”. И 9151 квадратный метр! Не кругло 28 гектаров, не 9150, нет — 9 тысяч и 151 квадратный метр, и даже стоимость жилых строений — конечно же, вон таковые отсюда! — возместит Наркомат.

Слушали — постановили, в каком месте устроить территорию смерти. Но почему фруктовые сады? На снятых в 1943 году фотографиях видно, что это были богатые, роскошные яблоневые, грушевые сады... это в протоколе не отражено. Палачи тоже имеют рты, вкусовые ощущения, слюновыделение; упарившись с наполнением могил и вытерев кровь с рук о казенные штаны, срывали антоновку или белый налив, хрупали яблочко, не смущаясь тяжким кровавым, трупным духом в этих садах. И в столовую НКВД ящиками! И домой в кошелку набирали. Так, что ли? Иначе зачем сады? Мало было в Виннице другой бросовой земли, пустырей, чтобы огородить их с таким же успехом трехметровым забором?

Стоят у меня перед глазами эти сады. Яблони, яблоки... какие могли бы быть, кстати, кадры для советских киношников, этак в духе Довженко или Тарковского.

Но садов оказалось недостаточно, всех 27-ми гектаров и 9151-го квадратного метра. Расширились на кладбище, затем на городской парк культуры и отдыха. Это был старый, еще дореволюционный парк, и вот в нем, как перед войной это стало модно, устроили “культурный отдых” для трудящихся: аттракционы, качели, тиры, летний театр, лекции и танцы, высокий забор вокруг всего парка культуры, за вход — рубль. Так вот, не прерывая культуры и отдыха, госбезопасность привозила грузовиками трупы убитых и зарывала их в парке в те часы, когда он был закрыт, — вот ведь в чем его удобство, — причем зарывали трупы прямо возле качелей. Заравнивали, утаптывали. На другой день трудящиеся как ни в чем не бывало продолжали культурно отдыхать, ничего и не зная...

Мое детство проходило в Киеве аккурат в те времена, и возле нас был устроен парк культуры и отдыха, мы бегали туда на эти самые качели и аттракционы, и вот я теперь думаю, где же зарывали свои жертвы киевские энкавэдисты... Московские и так далее? Где под землей эти массовые могилы, над которыми мы, наверное, не раз проходили? Ведь земля-то наша, советская, набита останками жертв. Они, массовые могилы-то, не только там, в вечной мерзлоте Севера и Сибири или казахстанских степях, они — в каждом городе, и городке, и поселке, может быть под стадионом, может быть в парке культуры и отдыха под качелями.

Винницкие свидетели, которых было много, очень много, указывали места, и начались раскопки. Но о самих раскопках стоит сказать подробно, я не хочу это комкать сейчас, а буду говорить в следующий раз, ровно через неделю, в это же время.

Беседа 136.
Преступление в Виннице.
Часть 2

12 марта 1976 г.

В прошлый раз я рассказывал, как могилы с останками жертв НКВД были открыты в Виннице, в роскошных фруктовых садах и в парке культуры и отдыха. Они были вырыты где только можно среди деревьев, и подчас в таких неожиданных местах, что если бы не указания свидетелей-очевидцев, их вряд ли бы нашли.

Могилы имели примерно три метра в длину каждая, два метра в ширину и три-четыре метра в глубину, то есть не слишком большие, но их были десятки. При раскопках лопаты сперва натыкались на слой одежды, потом уже, глубже, шли трупы. По-видимому, когда из камер забирали людей на расстрел, им не велели выходить с вещами, в камерах оставались их лохмотья, узелки; потом энкавэдисты все это собирали и бросали в ямы поверх трупов расстрелянных.

Слух о винницких раскопках разнесся по области и дальше. Отовсюду потянулись люди — родственники, жены арестованных — искать среди трупов своих близких. На месте раскопок происходили душераздирающие сцены. 450 трупов были на месте точно опознаны близкими, и комиссией было составлено 450 протоколов такого опознания, которые похожи один над другой. Вот показания Александры Пруссак из села Верховцы: "Мой муж Иван Пруссак, рождения 1898 года, до 1937 года работал в верховецком колхозе. До 1929 года он имел около 6 гектаров земли и три коровы. В 1929 году свое имущество сдал в колхоз... 6 апреля 1937 года, во время работы в поле, его схватили милиционеры... Я никогда не узнала причины его ареста... получила справку, что муж сослан на 10 лет в Сибирь без права переписки... Сегодня на бывшей территории НКВД (в фруктовом саду) я узнала плащ мужа. Ошибки не может быть — я узнала его по заплатам, которые сама пришивала".

Вот показания Надежды Гончар из села Ступиевки: "В декабре 1937 года энкавэдисты сделали обыск в моей хате, искали оружие и документы о вредительстве. Ничего не найдя, они арестовали моего мужа... Через две недели после ареста я попросила моего отца узнать в тюрьме о судьбе мужа. Там отцу сообщили, что муж уже сослан на Новую Землю. Когда это случилось и где эта "Новая Земля", отцу не сказали... До сих пор я думала, что мой муж отбывает десятилетнюю ссылку, пока сегодня на участке НКВД не нашла несколько вещей из одежды мужа, в том числе пиджак, который я узнала по заплатам, которые сама пришивала".

И так далее. По заплатам узнавали.

И всем, всем в НКВД давали справки (устно), что "такой-то сослан на 10 лет без права переписки". Вероятно, многие из тех, кто не обнаружил среди трупов своих близких, продолжали надеяться: мол, слава богу, что его здесь нет, значит, может быть, и в самом деле — на 10 лет, на эту самую какую-то Новую Землю, а где эта "новая земля", что за новая земля?.. Подавляющее большинство расстрелянных были самые простые колхозники, рабочие, может, никогда в жизни и географии не учившие, они-то шли за международных шпионов, вредителей и "врагов народа".

Для расследования немцы привезли международную комиссию, составленную из всемирно знаменитых медицинских специалистов, экспертов разных стран — Бельгии, Голландии, Италии, Франции, Швеции, Финляндии, и поскольку в данном случае не было ни малейших причин что-либо фальсифицировать, я полагаю, отчету этой комиссии можно верить. Предлагаю отрывок из этого отчета. Каждый может судить сам. Вот выдержки из отчета комиссии.

"Все трупы имели следы выстрела в затылок или в заднюю часть шеи, что парализовало шейные позвонки или нарушало деятельности мозга. Почти во всех случаях отмечены две, часто три, а иногда и четыре раны. Это можно объяснить лишь тем, что во время расстрела употреблялись малокалиберные пистолеты и оловянные пули. Это огнестрельное оружие настолько слабо, что убить человека можно лишь несколькими выстрелами.

Весьма характерное явление: во всех случаях констатированы лишь входные отверстия... Некоторые пули, отскакивая от позвонка или от кости черепа, вырывали куски мяса, но не причиняли смерти. Примерно в 60-ти случаях отмечены, кроме ран от пуль в затылок, еще и разбитые черепа. Иными словами, жертвы, не прикончeнные выстрелом, добивались тупым орудием...

У всех убитых — туго связанные за спиной руки. В одном случае у жертвы вместо руки был лишь обрубок, но и он был связан с другой рукой. Лишь три молодые женщины... были не связаны. В общую могилу их бросили целиком голыми. Также найдена одна женщина примерно 30-ти лет, также голая, но со связанными руками. Пожилые женщины были, как и мужчины, в одежде".

Думаю, хватит. Прерву чтение этого жуткого документа.

В прошлый раз я говорил, что, судя по некоторым деталям, энкавэдисты были абсолютно уверены, что их преступления никогда не будут в подробностях открыты. Возможно, в этом и не ошиблись энкавэдисты в других городах, но винницкие — ошиблись.

Вы, конечно, обратили внимание, как грубо, как примитивно они работали. Даже убить как следует-то не было чем, видимо, военная сталинская промышленность не поспевала за темпами террора, толковых револьверов не могла произвести в достаточном количестве. У столичных энкавэдистов, наверное, были получше, а винницким, провинциальным швырнули какие-то малокалиберные, с оловянными пульками, может, просто тренировочные — и эти мясники сажали по две-три-четыре пульки в голову несчастной жертвы, а потом еще били по черепу железяками, шкворнями какими-нибудь, чтобы прикончить. Ведь нелегкая работенка-то!.. А гляди сколько наработали — 12 тысяч в одной только Виннице, и это при общей численности населения в городе — сто тысяч, перед войной.

Стреляли в гаражах при Винницком НКВД, потом кучи этих окровавленных, теплых трупов грузили на машины. А кто-нибудь, может, помнит, какие у нас были перед войной грузовые машины — так называемые полуторки, да реже — трехтонки. Когда потом в войну прибыли американские "студебеккеры", так они казались просто танками, какими-то машинами из будущего по сравнению с игрушечными теми полуторками. Вот НКВД этими полуторочками возило да возило людское мясо в сады да парки, теряя по пути окровавленные калоши и оставляя на булыжниках мостовой цепочки капельки крови, стекавшей из щелей кузовов. Дежурный энкавэдист выходил в ведром песка (я зачитывал в прошлый раз показание свидетеля об этом) и следы крови аккуратно засыпал.

Послушайте, да было ли это, или, может быть, это всего лишь из какой-то сюрреалистической, неприятной повести слишком уж расфантазировавшегося автора? Так нет же, никакому автору такое не придумать, пожалуй, ну вот, чтобы всемогущее НКВД элементарных пистолетов для расстрела не имело и так мучилось, убивая какими-то тренировочными малокалиберными! Это же не придумать никакой фантазии. А гляди, в сталинско-советской действительности и получилось...

Винницкое расследование, к сожалению, по сей день остается единственным, по всей форме проведенным расследованием массовых убийств советских людей советской госбезопасностью. В невскрытых, необследованных, забытых массовых могилах, которыми, как оспой, усеяна земля советская, лежит неизвестное, но, конечно, чудовищное число жертв. Эти могилы ведь не только в Сибири, или Казахстане, или во льдах Новой Земли, но они буквально в каждом городе и в поселках, в полях и лесах или, как в Виннице, в фруктовых роскошных садах и в парках культуры и отдыха под аттракционами. Земля наша НАБИТА останками этих жертв, люди, может быть, ходят над ними, живут в домах над ними и не подозревают. Относительно героев и жертв войны в Советском Союзе родилось выражение: "Никто не забыт, ничто не забыто". Хорошие слова. Смысл выражения, однако, надо бы расширить. Оно подходит ко всем шести десятилетиям после Октябрьской революции: никто не должен быть забыт, ничто не должно быть забыто.

Беседа 205. “Поднятая целина”

2 декабря 1977 г.

Роман Михаила Шолохова “Поднятая целина” практически известен почти каждому в СССР. Он, как принято писать, “вошел в золотую сокровищницу советской литературы”.

Включенный в обязательные программы и учебники, он подробно изучается в школах, является наиболее популярной темой для экзаменационных сочинений, так что каждый школьник уже знает, что Шолохов в “Поднятой целине” “запечатлел революционный переворот в деревне в годы коллективизации”, что, “освобождаясь от власти частной собственности, люди освобождают себя для подлинно творческой жизни — такова гуманистическая мысль романа”. Кому не известны положительные образы коммунистов Давыдова, Нагульнова, проводящих коллективизацию? Хотя, впрочем, в народе более популярен дед Щукарь с его смешными злоключениями.

Общий тираж этой книги, включая переводы на несколько десятков языков, достигает примерно 10 миллионов экземпляров.

Разными косвенными путями, сопоставлением многих неопровержимых фактов и данных, число жертв, вызванных коллективизацией, определяется примерно в 10 миллионов человеческих жизней.

Любой исследователь при желании, запросив данные издательств, Всесоюзной книжной палаты, может установить число экземпляров "Поднятой целины" с абсолютной точностью. Число человеческих жизней, принесенных в жертву коллективизации, с абсолютной точностью не установит никто, никогда. Это не какие-то представляющие ценность книги, автомобили, тракторы или бриллианты, а всего-навсего человеческие жизни. Так, гражданская война поглотила, по примерному подсчету, миллиона три жертв. Красный террор, или деятельность ЧК, от октября 1917 года до начала коллективизации, стоила от 4 до 5 миллионов. С точностью плюс-минус миллион, ну кто же их там считал.

Миллионов 4–5–6–7 умерло от голода, эпидемий, бандитизма, замерзания, недоразумений, которые, не произойди переворот, не понуждали бы эти миллионы умирать, но это уже, так сказать, их личное дело. В 1929 году началась массовая коллективизация села — то есть "освобождение от власти частной собственности ради подлинно творческой жизни", и "освобождение" потребовало еще 10 миллионов.

Цифра эта названа, между прочим, и самим Сталиным, отнюдь не с трибуны или в документах, а случайно, походя, в разговоре с Черчиллем. Уютно расположившись в креслах и покуривая, наверное, один трубку, другой сигару, два союзника, главы наций, разговаривали о том о сем, просто как два уставших человека, и, конечно, о трудностях, трудностях... В четвертом томе объемистых мемуаров под названием "Вторая мировая война" Черчилль приводит этот разговор. Цитирую отрывок из него:

"—Скажите мне, — спросил я, — трудности этой войны — были ли они лично для вас так же тяжелы, как при проведении коллективизации?

Тема сразу возбудила маршала.

— О нет! — сказал он. — Коллективизация была ужасной борьбой.

— Я думал, что у вас должны были быть крупные трудности, — сказал я, — потому что тогда вы имели дело не с несколькими десятками тысяч аристократов или больших помещиков, но с миллионами маленьких людей.

— Десять миллионов, — сказал он, поднимая руки. — Это было страшно. Это длилось четыре года..."

Как видим, даже смертельная война с Гитлером для Сталина не шла в сравнение со временем коллективизации. "О нет! — сказал он. — Коллективизация была ужасной борьбой". "Это было страшно".

Как крепко и живо это стояло в его душе, если он так возбудился, сразу назвал десять миллионов, подняв руки, и четыре года. Во фразе имеется на первый взгляд неясность. Безусловно, это десять миллионов противников, или врагов. Черчилль не задал излишнего вопроса, Сталину излишне было добавлять: с противниками, врагами советская власть тогда поступала недвузначно: они физически уничтожались. К моменту коллективизации в стране насчитывалось более ста миллионов крестьян, и Сталин, ясно, назвал не это число “маленьких людей”, с которыми пришлось иметь дело, а именно число, с которыми расправились.

Не думаю, чтобы он преуменьшил. Это не вяжется чисто психологически: он ведь жаловался, как это было страшно. В таких случаях есть искушение скорее преувеличить. Но, допустим, число жертв составляло 9 миллионов. Это тоже мощная цифра. Девять миллионов — мог бы сказать он, поняв руки... Нет, он просто, не задумываясь, привел число, которое кому, как не ему, лучше знать, но именно огульно, ОКРУГЛЕННОЕ. Так хозяин бесчисленного стада, прогнанного с невероятной борьбой через горные цепи в поисках сказочных пастбищ, должен знать примерную, плюс-минус, величину потерь от падежа в пути. Погонщики, безусловно, отчет ему представили. Отчет, запрятанный подальше при помпезно-фанфарном банкете по случаю достижения намеченного пункта — “историческом” съезде “победителей”.

Потому что — столько лет хлестали батогами, прогнали через пекло, десять миллионов голов падежа, — и пришли в мертвую пустыню, поросшую чахлыми колючками. “Это есть земля обетованная, товарищи. Поднимаем целину!”

Новые поколения в Советском Союзе уже мало знают, а то и вообще не знают о том, что происходило во время коллективизации. Им предлагается официальная, ложная версия и книги вроде шолоховской “Поднятой целины”.

Ленинский лозунг “Земля — крестьянам”, сыгравший, пожалуй, решающую роль в победе большевиков, оказался лозунгом-оборотнем. Оказалось, что он толкуется диаметрально по-разному (как и другие лозунги, кстати). Когда отобрали у крупных помещиков землю и поделили ее, оказалось, что, собственно, дело не столько в земле, сколько в ПЛОДАХ с нее. А вот плоды-то новая власть и забирала, и не так редко случалось, что под метелку. Коллективизация же не оставляла крестьянину вообще ничего: ни плодов, ни самой земли. Это было, по существу, восстановление крепостного права, вернее, одной из его форм, существовавшей и при царизме. Тогда, наряду с помещичьими, тоже были крепостные государственные, но как скорее частность.

Это Новое крепостное право не могло не вызвать отчаянного сопротивления. В колхозы пришлось загонять револьверами. Возникали вспышки вооруженной борьбы. За неимением уже врагов-помещиков Сталину пришлось применить классический способ "РАЗДЕЛЯЙ" к самой крестьянской массе, натравливая менее зажиточных на наиболее зажиточных. Миллионы более старательных и только потому более "зажиточных" были раскулачены, то есть ограблены до нитки, вывозились в безжизненные места Севера и Сибири, выбрасывались среди диких лесов или тундры, где в большинстве погибали, или в концлагеря, где тоже гибли. А там, где и это не помогло, как, например, на Украине или Кубани, была сделана реквизиция всех продуктов пропитания подчистую и, в качестве карательной меры, применен голод.

Картины голода 1932–1933 годов были поистине апокалиптическими. Съев собак, кошек, лягушек, кору с деревьев, крестьяне бежали в города, но их ловили, устанавливали кордоны. Вдоль железнодорожных путей, у станций, лежали тысячи опухших, умирающих, трупов. Среди обезумевших людей возникло людоедство. По подсчетам некоторых исследователей, один этот голод унес до 7 миллионов жизней.

Писатель, пишущий книгу о коллективизации с шуточками и прибауточками, изображающий ее всего лишь как процесс перевоспитания, проводимого для пользы самих же перевоспитуемых, — такой писатель поступает, я считаю, так же, как если бы написал веселую повесть о перевоспитании в Бухенвальде или Освенциме, с положительными гестаповцами, несознательными заключенными и смешным дедом Щукарем с его забавными злоключениями среди газовых камер. Уже хотя бы в свете того, что коллективизация унесла человеческих жизней БОЛЬШЕ, чем все гитлеровские концлагеря и фабрики смерти, взятые вместе.

Поэтому я считаю роман "Поднятая целина" книгой не просто сознательно лживой, но книгой КОЩУНСТВЕННОЙ. То, что, будучи написана талантливо, с мастерством, она способна убеждать, своими огромными тиражами заслоняет массовую могилу настолько, что даже в свое время шведская Академия сочла вполне возможным дать премию Нобеля автору-"гуманисту", — это мне кажется таким кощунственным парадоксом, что только руками развести. Но время все поставит на свои места. Все поставит.

Беседа 207. Откуда они берутся?

16 декабря 1977 г.

Английская женщина задала мне вопрос, очень простой, тем не менее у меня не нашлось сразу ответа. Вопрос такой: “Русские люди, каких я знаю по литературе или каких я много встречала, — добрые, умные, человечные. Но когда видишь советских начальников, эту многочисленную, как их называют, касту, наблюдаешь, что они делают, что говорят, — я не узнаю в них ничего русского. Такое впечатление, что это не то что каста, но другая, особая раса. Посмотрите на снимки праздничных трибун, где они собираются вместе: у них даже во внешности что-то общее. Откуда они берутся?”

Подумав, я сказал:

— Они получаются в результате естественного отбора. В каждом обществе в процессе естественного отбора выделяются те или иные личности. Жизнь общества в Советском Союзе построена на таких принципах, что в гору пробивается только данный тип. Как из мешка белой фасоли можно выбрать редкие фасолины рябые и их горсть будет отличаться от остальных в мешке, так и из масс выделяется этот тип советского начальника, и, собранные на трибуне, они отличаются от тех, кто в массе идет под трибунами. Но когда в их песне поется: "Вышли мы все из народа", — то здесь они не лгут. Это так.

В Советском Союзе принцип наследственной власти, в отличие от монархий, практически не существует. Дети руководителей, например дети Сталина, дети Хрущева, не только не перенимают власти, но часто имеют самую изломанную судьбу. Дорога в начальники — и здесь коммунисты опять не лгут — подлинно демократически открыта для каждого. Но вся тонкость в том, ЧТО это за дорога.

В революционные времена принцип отбора руководителя, пожалуй, лучше всего иллюстрировался вопросом, который, по воспоминаниям современников, задавал сам Ленин: "Сколько врагов вы расстреляли собственноручно?" Говоря точно: естественно отбирался тип идейного самоотверженного палача. Дзержинский.

В сталинские времена этот тип почти целиком был перебит сменившей его категорией, более гибкой, хитрой и подлой, выкристаллизовывавшейся по принципу: сколько доносов сделали, скольких соперников заклеймили, перехитрили и утопили. Хрущев, например.

В эти два периода были возможны головокружительные взлеты, карьеры в считанные дни, как и расстрел в любую минуту.

Со стабилизацией режима стабилизировался и отбор. Сохранились те же сталинские принципы, но отбор стал спокойнее, длительнее и, с одной стороны потеряв свою кровавость, с другой стороны, приобрел почти абсолютную надежность. Головокружительных взлетов не стало, карьера строится всю жизнь, и в самом этом — залог прочности.

Кандидат в будущие руководители начинает вырисовываться буквально уже с детского сада. Это то несмышленое дитя, которое приходит к воспитательнице и, скажем, ябедничает на других. Советское воспитание, равняющееся на образец Павлика Морозова, донос одобряет — и такое дитя хвалится, поощряется, и оно начинает стараться. И песенку про Ленина оно поет громче всех, и когда никто не хочет есть вареную свеклу, оно от одной старательности свеклу ест.

Потом оно переходит в школу, построенную на субординации среди учеников. Привыкший к похвалам старших, вертящийся перед ними, умело ябедничающий ребенок — для директора и педсовета это находка и клад. Такой ребенок не откажется рисовать стенгазету ценой отказа от футбола во дворе — наоборот, он малюет самые яркие знамена и лозунги, он же будет старостой или председателем совета пионерского отряда, затем и всей дружины; он, не мигнув оком, когда прикажут, пишет заявление в комсомол и становится секретарем ячейки.

Комсомол — это уже выход в большое море: райкомы, обкомы, заседания, резолюции, отряды, прикосновение к крупным материальным средствам — и ощутимые награды, премии, путевки в молодежные лагеря. Масса пойдет на заводы, особо талантливые и способные, если удастся, продолжат учебу. Но отобравшиеся единицы пойдут "по комсомольской линии". Для этого не нужен талант, более того, он только помешает. Требуется умение следовать схеме, догме, улавливать и выполнять распоряжения сверху буква в букву. Талант же непременно попытается внести что-то свое, оригинальное, на чем рано или поздно погорит. Так несколько парадоксальным образом в гору выбиваются не талантливые, а бездарные, но активные. Деятельные ничтожества. Доносчики.

Из них отбираются слушатели ВПШ — высших партийных школ. Это уже гарантия на руководящий пост по их окончании. Это Царскосельский лицей, Итон, клуб для избранных. Отсюда они и "берутся". Кадры руководителей планово и продуманно готовятся, и они всей системой жизни выдвигаются так, что никто талантливый, независимый, слишком умный, оригинальный и честный автоматически в их ряды попасть не может. Если же каким-то чудом попал пусть не далекий, но хотя бы порядочный, — то он не выдержит дальнейшей борьбы. Потому что дальше разгорается борьба уже между ними самими, в которой побеждают наиболее ловкие, хитрые, изворотливые, беспринципные, то есть умеющие моментально перестраиваться, следуя всем зигзагам политики, умеющие себя подать, а других потопить, и так далее. Слабые останутся на постах инструкторов в захолустных райкомах. Наиболее пробивные дойдут до праздничных трибун, и поскольку у них сходные черты характера, одинаковые методы борьбы, склады ума, образы жизни — например, сплошное сидение за столами в президиумах, на пленумах, совещаниях и тому подобное, — одинаковое питание по "спец" сети, как правило чрезмерное, вызывающее ожирение при сидячем образе жизни, и даже одинаковые условия неспокойного, озабоченного отдыха в спецсанаториях ("ты тут отдыхаешь, а там тебя подсидят, и слетишь"), — видимо, все эти факторы, как и масса других еще, приводят к тому, что даже внешне они становятся похожи и отличаются от масс действительно уже как особая раса.

"Раса квадратов", — слышал я такое определение в Москве. "Раса партийных скобарей", — слышал определение в Ленинграде. Их жизнь — это нечто совершенно особенное, где ценности измеряются не величиной благородной радости, чистой совестью, творческими достижениями, а высотой партийного или административно-хозяйственного поста, количеством орденов, местом в президиуме и, главное, количеством обойденных соперников.

Я был знаком с секретарем Тульского обкома Иваном Юнаком. У меня всегда было ощущение, что кто-то из нас — или я, или он — существо с другой планеты, с совершенно разным мышлением, лежащим в разных плоскостях под крутым углом. То, что мне кажется верным, ему представляется боком, и наоборот. Однажды он преподнес мне с дарственной надписью... свой собственный предвыборный плакат, с изложением блестящей, по-видимому, так должно считаться у них, биографии. Я снял этот плакат на пленку, у меня до сих пор хранится его фотокопия. Мне кажется, интересно вдуматься в факты жизни одного из руководителей. жизни, подчеркиваю.

После партийной подготовки он начинает очень низко. Заведующий отделом животноводства, директор межрайонного пункта "Гострахфонд", главный агроном райсельхозуправления в городе Тальное Киевской области.

Это человек, который в будущем будет наместником и безраздельным владыкой Тульской области, равной по размерам доброму государству, владыкой во всем — культуре, искусстве, промышленности, науке, ракетостроении и языкознании, один из тех секретарей обкомов, на которых, как на столпах, и стоит строй.

"В 1949 году Юнак избирается первым секретарем Ладыжинского райкома КП Украины. С 1953 по 1954 год — он первый секретарь Корсунь-Шевченковского райкома партии.

В 1954 году — первый заместитель председателя исполкома Черкасского областного Совета депутатов, а затем — инспектор Центрального Комитета КП Украины".

Видимо, он чем-то здорово отличился в этом 54-м году, во всяком случае, развил деятельность, потому что тут же, в 1954 году, становится председателем облисполкома в Днепропетровске. Это неплохой пост. На нем он находится семь лет, когда вдруг, как написано в биографии... "В июле 1961 года пленум Тульского обкома партии избрал Юнака первым секретарем обкома КПСС". Где Днепропетровск, а где Тула! Как это тульский пленум влюбился в товарища Юнака? Украинца, который даже по-русски грамотно не говорит! С чего это его в Тулу? Может, он был поклонником Толстого?

Нет, тогда он был поклонником Хрущева. Он мне рассказывал, как это вышло, так это делается вообще. Хрущев был в Днепропетровске — банкетовали за столом, главе государства понравился, тучный, квадратный, деловой предисполкома, он в это время вспомнил, что у него дыра в Тульской области: проштрафился секретарь обкома Хворостухин, дававший липовые цифры по мясу и молоку в попытках перегнать Америку. Сказал: "Иван, пойдешь в Тулу". Хворостухина немедля вон, послом в Монгольскую Республику, а “пленум Тульского обкома партии избрал тов. Юнака первым секретарем”.

Для полноты представления: тов. Юнак, конечно, непременный депутат Верховного Совета, делегат всех последних съездов и член ЦК. Член планово-финансовой комиссии Совета Союза. Пятнадцать орденов и медалей, и даже две Большие золотые и две просто Золотые медали ВДНХ.

Подумать только!.. Будь у меня такая биография, я бы считал, что жизнь пропала, угробленная на фикции, на ничто.

Но, собственно, против плоскости существования, которую избирает себе тот или иной тип людей, возразить бы нечего, потому что дело каждого положить свою единственную жизнь на то, что ему нравится. Возразить бы нечего — если бы данный тип не требовал от всех остальных жить так, как он указывает. Это хуже. Я ему не указываю, а он мне — указывает. Я его ни в лагерь, ни в сумасшедший дом и не додумался бы направить — только за то, что он думает не так, как я, живет не так, как я... А он, куда ж там, распоряжается мной, как каким-то предметом, как крепостным. Поэтому лично я рассматриваю данный тип как общественно опасный, а взятие им власти в свои руки — большой исторической трагедией.

Беседа 217. Размышления о книге

17 марта 1978 г.

Известно, что за всю свою жизнь человек может прочесть максимум двадцать тысяч книг. Всего двадцать тысяч книг. На практике обычно мы, конечно, читаем меньше. Если не верится, то вот самый элементарный расчет. Допустим, что какой-то книголюб проглатывает по книге в день. Не работает, не отдыхает, ничем другим не занимается, только читает книги. Но книги есть — такие томищи, что уже никак за день не проглотишь, и они забирают по два-три дня. Короче говоря, я думаю, мы сойдемся на том, что этот фанатичный читатель поглощает 300 книг в год. Книг, я имею в виду, не брошюр там каких-нибудь или журнальчиков, а "Братьев Карамазовых", "Воскресений", "Кавалеров Золотой звезды", "Историй КПСС" и так далее. 300 книг в год, и читал он без передыху 70 лет, пока не умер. 300 умножить на 70 — двадцать одна тысяча. А поскольку мы работаем, отдыхаем, смотрим телевизор, пьем водку и играем в домино и мало ли чего еще мы делаем, то дай бог, чтобы самый отчаянный из отчаянных книголюбов из нас прочел за свою жизнь 10 тысяч книг.

Из этого следует, естественно, что выбирать книги для чтения надо, по-видимому, ох как придирчиво. Но следует и другое: полное и абсолютное отсутствие надежды прочесть хотя бы микроскопическую часть того, что, может быть, так хотелось бы прочесть...

Книг на свете рукописных было не так уж мало еще до того, как было изобретено книгопечатание. После изобретения книгопечатания мировая продукция книг с каждым веком увеличивалась в фантастической прогрессии. Если точно подсчитано, что через 50 лет после изобретения искусства книгопечатания, то есть в начале XVI века, в Европе было уже около 30 тысяч различных, напечатанных большими или меньшими тиражами книг (принято говорить "названий" — 30 тысяч названий уже в начале XVI века), что, конечно, было цифрой фантастической уже тогда, и уже тогда это все было не под силу прочесть одному человеку, — то уже к концу того же XVI века европейская, так сказать, "библиотека" выросла до 250 тысяч названий. Ну и дальше — больше, в XIX веке цифра названий перевалила через 7 миллионов.

А текущий XX век? Осторожные подсчеты предсказывают к концу текущего столетия цифру в 25 миллионов названий.

Однако при всем этом все чаще слышно и о своего рода парадоксе. Имея налицо такой фантастический "урожай" на книги, казалось бы, живя в "золотой век" книги, некоторые указывают на зловещие знаки на горизонте. И все чаще слышны голоса, что книга — это динозавр на пороге вымирания. Что именно наше время заключает в себе уже ясно выраженные зародыши болезни, которая приведет к смерти книги.

Ну, да, конечно, кончилась, так бы сказать, монополия книги в области духовного насыщения человека: кино, радио, телевидение, магнитофоны, видеокассеты, микрофильмы, разные достижения кибернетики, а вот скоро еще голография грядет — объемное изображение, — все это лавиной ворвалось на орбиту, где всего каких-нибудь несколько десятилетий тому назад безраздельно царила книга и только книга.

Конечно, много есть сегодня ярых защитников любимой книги, поносящих, иногда очень горячо и убедительно, все новые феномены, отвлекающие человека от традиционной книги. И с другой стороны, много таких, кто уже махнул на книгу рукой как на обреченное вымирать старье. И они также иногда витийствуют весьма горячо и убедительно. Ни те, ни другие, мне кажется, не окажутся абсолютно правы в своих предсказаниях или поношениях.

Ну, все-таки главным и важнейшим фактом остается то, что пока что и число названий, и количество тиражей книг в мире не уменьшается ничуть, а именно растет, да еще как. Растет, несмотря ни на телевидение, ни на кино, ни на радио, и так далее. Так, вот, например, точная цифра: по данным ЮНЕСКО, всемирная продукция книг в промежутке между 1955 и 1968 годами возросла от 285 тысяч названий в год до 487 тысяч названий в год. Нет, это с трудом укладывается в голове (а может, и не укладывается): за один год на земле печатается полмиллиона названий книг; чтобы поставить их на полках, нужна библиотека со многими залами, а чтобы прочесть одному человеку, ему надо — по 300 книг в год — полторы тысячи лет или более! Какое счастье, что 99% этой продукции, наверное, либо что-нибудь сугубо специфическое, для узких специалистов, либо пропаганда или прочая макулатура, так что жалеть не стоит и полторы тысячи лет на чтение тратить не надо.

Любопытные данные, касающиеся географической стороны современного книгоиздательства. Наблюдается поразительное расхождение между географической величиной и густотой населенности ряда областей и интенсивностью книгоиздания. По данным последних лет, Европа, Соединенные Штаты Америки и Советский Союз издают, вместе взятые, 75% мировой книжной продукции, в смысле названий. Рекордсмен — Европа, на которую приходится 45% мирового количества названий, хотя она занимает лишь 13% земной поверхности. Азия, в которой живет 56% всего земного человечества, издает лишь 20% мирового количества названий книг. Вся Южная Америка, как и вся целиком Африка, могут похвастаться только лишь двумя процентами каждая.

Не нужно доказывать, что развитие просвещения, науки и развитие книги — процесс, так сказать, неразрывный. Идет ли развитие просвещения, науки? Идет. Будет ли идти? О чем вопрос? Постойте-постойте. По данным той же ЮНЕСКО, сегодня на Земле имеется что-то порядка 800 миллионов неграмотных. Я не оговариваюсь: 800 миллионов. По крайней мере я беру эту цифру из весьма ответственных источников, и если там опечатка или если они врут, то пусть это останется на их совести, а я продаю за то, за что и купил: неграмотных на Земле сегодня 800 миллионов.

Другими словами, на земном шаре есть огромнейшая людская, так сказать, нетронутая целина, которая ждет семян "разумного, доброго, вечного". И сеять оные семена можно все-таки главным образом с помощью все той же книги, несмотря на шумное существование множества иных средств передачи информации, вроде того же радио и телевидения. Хотя фактически в иных развивающихся странах такое чрезвычайное значение радио и особенно телевидение уже имеют: в самом деле, ни книга, ни печать, периодическая или ежедневная, не могут быть средствами распространения насущной информации там, где 75, а то и все 90% жителей не умеют ни читать, ни писать... Господи, какие контрасты все еще сегодня на этом свете.

Но вернемся к апокалиптическим ужасам, которые кое-кто предсказывает судьбе книги. Любопытно, что это уже не ново. Уже несколько раз на протяжении последних лет семидесяти предсказания такие появлялись. В первый раз — когда появилось немое кино. Футурологи тех лет сразу сказали, что и театру, и книге пришел конец. Нет, ничего. Кино стало звуковым, цветным, широкоэкранным, панорамическим, объемным, а театров не меньше, а больше, а число названий и тиражи книг все растут. Особенно уверенно некоторые предсказывали конец книге с появлением телевидения: мол, уж такое заманчивое развлечение и информация, вошедшие к каждому в дом, начисто заберут время, уделявшееся раньше книге. Ну, в некоторых домах оно, может, так и случилось. Но почему же тиражи новых книг растут? Я знаю совершенно точный ответ на этот вопрос касательно такой части земного шара, как Советский Союз. Там, кроме футбола, хоккея и фигурного катания, смотреть по телевизору нечего. Остальное, знаете, все о сталеварении и свекле. Но западное телевидение, особенно лучшее в мире я считаю телевидение вот в Англии, где я живу, — это что-то такое, что действительно не оторвешься с утра до ночи. Но... не отрываешься, не отрываешься — а потом рано или поздно когда-то поворачиваешь выключатель, берешь с полки книгу и... и в поездах все только и делают, что читают, и в метро, и в постели, и в кресле, и проходишь вечером мимо стеклянных английских дворцов-библиотек — народу! очереди стоят на выдаче. Так что бы это значило?

Значит это, по-видимому, то, что каждому свое, то есть каждому средству сообщения информации своя область. Комбинация звука, изображения, цвета, объемности и прочее — это прекрасно, когда имеем дело с информацией более или менее динамичной, но НЕСЛОЖНОЙ. Когда же информация очень сложна, глубока, многогранно-многозначительна, то здесь обычная напечатанная страница куда нужнее, куда эффективнее. Вообще процесс впитывания серьезных, глубоких вещей куда более эффективен при чтении, чем при слушании или восприятии с экрана. Ну, крайний пример: какое серьезное философское образование можно было бы получить только и единственно с экрана телевизора, если бы нашлась такая сумасшедшая станция, которая задалась бы целью — не по верхам, не примитивно-популярно такое образование предложить? Нет, я не могу вообразить себе настоящего современного философа, который бы никогда книг не читал, а только телевизор смотрел.

Нет, вопроса о том, что значение книги упадет, по-моему, такого вопроса сегодня нет совсем и завтра не предвидится. Вопрос есть лишь в том, как справиться с книжной лавиной, как в ней разобраться, как отобрать те 5 или 10 тысяч книг, которые — из 25 миллионов к концу нашего столетия! — только-то и дано каждому из нас прочесть, да и то только если читаешь регулярно и много. 5 или 10 тысяч книг, максимум 15–20 тысяч. Обидно. Прямо ужасно.

Я так жалею, что в свое время потерял время на чтение "Цемента" Гладкова или "Кавалера Золотой звезды" Бабаевского. А то еще "Шаг вперед, два назад", "Вопросы ленинизма" и многие другие труды, вплоть до трудов по языкознанию одного ныне полузабытого автора... Это же значит, что я в моей отпущенной мне жизнью квоте не прочту никогда других, более увлекательных, более нужных, более умных книг.

Литературно-художественное издание

CORPUS 284

АНАТОЛИЙ КУЗНЕЦОВ

БАБИЙ ЯР

Главный редактор Варвара Горностаева

Художник Андрей Бондаренко

Редактор Михаил Калужский

Технический редактор Татьяна Тимошина

Корректор Ольга Иванова

Верстка Марат Зинуллин

Общероссийский классификатор продукции
ОК-034-2014 (КПЕС 2008);
58.11.1 — книги, брошюры печатные

Подписано в печать 10.03.2026. Формат 84 × 108 1/32
Бумага книжная кремовая пухлая. Гарнитура *OriginalGaramondC*
Печать офсетная. Усл. печ. л. 18,48
Доп. тираж 4000 экз. Заказ № 1872/26

Отпечатано в соответствии с предоставленными материалами
в ООО "ИПК Парето-Принт", 170546, Тверская область,
Промышленная зона Боровлево-1, комплекс № 3А
www.pareto-print.ru

Произведено в Российской Федерации в 2026 г.
Изготовитель — ООО "Издательство АСТ"

ООО "Издательство АСТ"
129085 г. Москва, Звездный бульвар, д. 21, строение 1,
комната 705, пом. 1, 7 этаж
Контактный адрес электронной почты: ask@ast.ru
Интернет-магазины:
https://www.chitai-gorod.ru/ и https://www.bookvoed.ru/

"Баспа Аста" деген ООО
129085, Мәскеу қ., Звёздный бульвары, 21-үй, 1-құрылыс,
705-бөлме, I жай, 7-қабат
Біздің электрондық мекенжайымыз: ask@ast.ru
Интернет-дукендер:
https://www.chitai-gorod.ru/ және https://www.bookvoed.ru/
Қазақстан Республикасындағы импорттаушы "РДЦ-Алматы" ЖШС
Қазақстан Республикасында дистрибьютор және өнім бойынша
арыз-талаптарды қабылдаушының өкілі "РДЦ-Алматы" ЖШС
050039 Алматы қ., Домбровский көш., 3 "а", литер Б, офис 1
Тел.: +7 (727) 251-59-89, 90, 91, 92, факс: +7 (727) 251-58-12, доб. 107
E-mail: RDC-Almaty@eksmo.kz
Өнімнің жарамдылық мерзімі шектелмеген

По вопросам оптовой покупки книг обращаться по адресу:
123112 г. Москва, Пресненская наб., д. 6, строение 2, БЦ "Империя"
Тел.: +7 (499) 951-60-00, доб. 574
E-mail: opt@ast.ru

9 785170 864157

18+